台湾传媒与台湾文化研究续篇

阎立峰 等著

九 州 出 版 社 | 全国百佳图书出版单位
JIUZHOUPRESS

图书在版编目（CIP）数据

台湾传媒与台湾文化研究续篇 / 阎立峰等著. --
北京：九州出版社，2023.3
　　ISBN 978-7-5225-1707-0

　　Ⅰ．①台… Ⅱ．①阎… Ⅲ．①传播媒介－研究－台湾
　Ⅳ．①G219.275.8

中国国家版本馆CIP数据核字(2023)第062275号

台湾传媒与台湾文化研究续篇

作　　者	阎立峰　等著	
责任编辑	郝军启	
出版发行	九州出版社	
地　　址	北京市西城区阜外大街甲 35 号 (100037)	
发行电话	(010)68992190/3/5/6	
网　　址	www.jiuzhoupress.com	
电子信箱	jiuzhou@jiuzhoupress.com	
印　　刷	北京九州迅驰传媒文化有限公司	
开　　本	720 毫米 ×1020 毫米　16 开	
印　　张	29	
字　　数	526 千字	
版　　次	2023 年 8 月第 1 版	
印　　次	2023 年 8 月第 1 次印刷	
书　　号	ISBN 978-7-5225-1707-0	
定　　价	88.00 元	

序　言

　　新闻媒体可以强有力地塑造接收对象的认知视野乃至价值取向，这已经是被现代的传播学研究和心理学研究所证实的事情。但也不能将此现象绝对化为必然的因果联系或恒定规律。信息主体的传播意图与信息客体的态度行为之间，路径复杂，变量甚多。而其中，传媒与传媒所处或所面对的文化环境之关系，最为重要。

　　文化的内容很宽泛，但附着于群体而存在是其根本。从最为一般的意义上讲，文化包含了语言、价值观和行为方式。文化对于人而言是先在的，既定的；但人也有发展、创新和选择文化的能动性。人的自由意志与文化的约束保护是辩证关系。

　　传媒（包括传媒业、传媒机构和传媒产品）本身是文化的构成部分，但远非文化的全部。传媒所表达的无外乎信息、故事，传媒的目的或在于娱乐，或在于教化，或兼而有之——寓教于乐。如果将文化视作一个金字塔的话，传媒只是处于该金字塔的上层部分——位置很显眼，但必须有所凭附。因此要理解传媒，必须先理解文化，文化的历史缘由、价值立场、群体心理，乃至"集体无意识"。从最简单的事例来看，阅读新闻的人，头脑并非一块白板，事实上用来支撑其理解、评判新闻的阐释框架早已具备，该框架是社会化的结果，是群体文化在个体头脑中积淀的产物（这里并不否认阐释框架可以发展变化）。

　　传媒的影响力受制于文化。首先传播者和接收者须共享一套意义符号系统，共享之所以可能则有赖于大致相通的生活经验，也即彼此之间能感同身受。其次传媒产品要获得效果，须通过沟通达到说服；从这一意义上讲，传媒的影响力属于"软实力"。

　　洞察传媒就得理解文化。传媒追求效果的确定性和反馈的及时性，相较之下，文化的效用虽相对滞后和间接，但却是在长时段内起结构作用的稳定要素。

正是基于以上缘由，本丛书想要表达的，是不能孤立地看待媒体现象，所倡导的，是一种将文化与媒体相互印证的视野，并依据这些想法来选择题目，框定范围，展开研究。

《台湾传媒与台湾文化研究》和《台湾传媒与台湾文化研究续篇》两本著作，是关于台湾传媒与台湾文化的专题研究合集。其中每一专题聚焦于台湾传媒的某一局部、领域或现象，做深入的个案研究。具体包括台湾传媒各分支的历史与现状、传媒与台湾政治、传媒与两岸关系等等。如果说一个选题或研究对象刻画的只是事物一侧之面相的话，那么诸多选题的拼图，可大致反映出事物的历史与现状的全貌。

某种程度上说，历史和现实是反理论的，因为理论常常会轻视稍纵即逝的现象以及意义模糊的事物。本丛书各专题在研究方法方面具有一致性。首先，强调微观个案剖析和文本细读，以此使研究立足于具体，立足于事实；不强求新观点新范式的建树，旨在做好学术的基础性内容。其次，将研究对象置于社会历史背景之下审视。让社会和历史作为变量介入，是为了使微观研究更为深入和宏阔一些，也更加具有问题导向，而非想建构什么一般的普遍性模式。

本系列是师生合作的产物。一方面，各研究专题是在研究生学位论文基础上修改而成；另一方面，研究生论文写作过程中指导教师做了最大限度的参与，包括拟定选题、提出假设、讲解研究方法和学术规范、修改定稿。这种合作模式颇有些早前文艺创作"三结合"的味道，教师提供问题和思路，学生负责文献搜集、辨析、解读、结论和写作；其中师生大部分时间"同调"，少部分时间"复调"。当然不足之处也相似，都属于"主题先行"。至于学术成效几何，还请方家正之。

2021 年 6 月

目　录

第二篇：台湾"四大报"社论研究
——以2016年台湾"大选"前对两岸关系议题的态度为例

第三篇：台湾"四大报"脸书政治态度研究
——以 2016 年台湾"大选"期间的报道为例

第四篇：台湾竞选广告的喜剧性研究

第五篇：台湾广告原型研究
——以"时报广告金像奖"获奖作品为例

第六篇：台湾新新电影的身份认同研究

第一篇：台湾媒体两岸关系态度研究

——以 2014 年台湾"九合一"选举后台湾"四大报"为例

绪　论

第一节　研究背景

2014年11月29日，台湾"九合一"选举结果出炉，颠覆了"蓝""绿"地方版图。这是台湾历史上规模最大的地方选举，根据台湾媒体报道，该选举覆盖了22个县市，共计产生11076个地方公职，选民达1800多万，无论从范围、人数、规模上都堪称台湾综合性地方选举之最。在22个县市中，国民党仅获得6地执政权，其中在台北、新北、台中、桃园、高雄、台南这6个对台湾政治、经济、文化有决定意义的"直辖市"，国民党只取得了新北执政权；而民进党共占13席，且争得4个"直辖市"，总体上颠覆了选前"蓝""绿"阵营15：6的格局。此外，无党籍人士柯文哲以25万票的优势击败国民党人连胜文，当选台北市长，而事实上柯是有着"深绿"背景的无党籍人士，考虑到这一点，"绿营"实则掌握了全台湾三分之二以上的地域和人口。如此，国民党遭遇了"1949年退台以来的空前惨败"，"绿营""地方包围中央"的政治格局形成。

虽然此次"九合一"地方选举与2016年台湾"大选"并无直接联系，但是"蓝""绿"形势的逆转对于两党的选民基础将产生重大影响，并且柯文哲代表的无党籍新力量开始登上政治舞台，发出"超越蓝绿"的"白色憧憬"。马英九于12月3日辞去国民党党主席职位，由朱立伦接任。政治形势的剧烈变化势必影响到2016年的选举结果。台湾舆论普遍对国民党的竞选形势表示担忧，岛内媒体认为国民党必须"下猛药"进行彻底改革，否则"2016极有可能出现'骨牌效应'"[1]。而2016年国民党能否连任、台湾是否要再经历一次"政党轮替"则

---

① 彭维学：《台湾"九合一"选举透视》，《领导文萃》，2015年第2期，第20页。

会直接影响到未来两岸关系的走向。

一般认为，马英九自执政以来，在解决民生问题方面政绩不佳，引发民众不满情绪，尤其食安风暴、国民党内部"马王"派系斗争、基层结构等种种问题使马当局在民众中大失威信；马英九拿自己人"开刀"讨好"绿营"，要做"全民总统"的做法也"伤透"了"蓝营"选民的心，致使传统"铁票"流失，以致他们"宁可付出败选代价，也要逼马英九辞去党主席"①。选举前台湾民众对马当局的满意度已经大幅下降，甚至马认为英九成为阻碍国民党胜选的关键因素。另外不可忽视的背景是，2014年3月，岛内发生"太阳花学运"，"恐中""反中"情绪进一步蔓延，青年群体对切身利益、就业困难、阶级矛盾等问题更加敏感，于是在态度和行为上表现为"反马"和"反国民党"。

在台湾整个政党政治发展过程中，大众传媒扮演着重要的角色。20世纪60年代，台湾政治形势趋于稳定，资本主义工商业迅猛发展，经济起飞，跃居"亚洲四小龙"之一，加之1988年台湾宣布"解严"，"报禁"取消，台湾报纸种类从"解严"前的31种暴增至122种，至2004年已经达到了723种，17年间增长了23.3倍，民营报纸发展迅速。②政治与市场的力量消长直接影响了民营报纸的发展路径和报道策略，经济力量的介入使得民营报纸在采编业务、经营和发行策略上愈加重视读者的口味和兴趣，迎合受众成为市场化报纸的一个重要特征。当下，在台湾政局突变、"民意"发生转向的情况下，台湾纸媒特别是"蓝营"报纸，在国民党"九合一"选举失势之时，在新闻报道上会坚守既有的政治立场还是会迎合岛内所谓的"主流民意"，转变对国民党的态度？"九合一"选举前后，媒体对涉及两岸关系的议题，包括大陆对台政治经济政策、岛内政党政治态势以及所谓"主流民意"等议题的设置发生了哪些变化？在报道过程中，媒体对两岸关系是否采用了新的叙事？如果是，那这种变化背后的深层原因是什么？将会对台湾社会的走向产生什么样的影响？以上问题将是本书将要研究的重点。

---

① 郭健青：《台湾"九合一"选举结果的几点观察》，《现代台湾研究》，2014年第1期，第69页。

② 陈飞宝：《当代台湾传媒》，九州出版社，2007年，第88页。

第二节 研究问题及对象

按照西方的新闻理论，传播媒体被视为"第四权力"，独立于立法、行政、司法权之外，对政府、统治者具有舆论监督的权利，以"客观、中立"为职业追求和力量源泉。然而事实上，媒体在社会结构中属于上层建筑，同时其操作和运营离不开人的参与，这使得媒体常因各种因素的干预而产生报道偏向，完全真空的媒体是不存在的，因此也不存在完全独立、客观的媒体。

就报纸本身的特点而言，由于版面编排的静态性，在横向结构上，整体版面上的议题显著性给人的视觉冲击更强烈，读者仅从设计的直观角度就可以判断当日的重要议题，在横向和时间的纵向上都提供了较好的研究典型。虽然随着技术的不断进步，传播渠道日益多元，但是语言文字在传播过程中仍然扮演着重要的角色，传统媒体形态和互联网都离不开语言文字，且还要通过语言文字来构建话语。报纸作为以语言文字为核心内容的载体，自然也就成为本书所选定的研究对象。

仅就报纸而言，2012 年台湾地区共有 2278 家。[①]"解严"是台湾报业发展的重要分水岭，随着资本主义经济的深入发展，拥有雄厚资本的民营报纸蓬勃发展，在市场化的强烈冲击下，党、公、军营报纸在民众中的影响力急剧下降，新闻权威受到严重挑战。经过几十年的发展，当前台湾地区发行量和影响力最大的报业龙头为《中国时报》《联合报》《自由时报》和《苹果日报》，加之"四大报"在统"独"问题上立场分明，因此将其作为台湾报纸言论方面的研究对象具有代表性。

一般认为《中国时报》属于典型的"蓝营"报纸，对两岸关系的发展持积极态度。在统"独"问题上，《中国时报》以"国家大义"为办报使命，其创办者余纪忠具有"大中国"情怀，认为"国土不容分裂"[②]，后加入国民党，在言论立场上，其"统派"色彩浓厚，对两岸关系的态度向"蓝营"靠拢，报纸的经营和运作也表现出支持并促进两岸关系发展的倾向。2008 年，《中国时报》被旺旺集团收购，此后更积极致力于推动海峡两岸在各个层面上的交流与合作。

《联合报》创始人王惕吾也是国民党人。他较为服膺报纸是"社会公器"的

---

① 商周编辑顾问公司:《2013 出版年鉴》,台北"文化部",2013 年, 第 298 页。

② 中国时报五十年报史编辑委员会:《中国时报五十年》,中国时报社,2000 年,第 14—16 页。

观点，倡导"正派办报"。为实现这一价值，王"从不干涉言论部及主笔们撰述评论时的独立自由意志"①，言论在《联合报》占有重要地位。随着台湾"台独"势力兴起，王惕吾坚信："'台湾独立'只是少数政客的主张，并无实现的条件，在海峡两岸都不可能获得多数人的支持。他认为，在大是大非上，报人不能媚世故作暧昧。"②尽管《联合报》在王以后也经历了发展和变化，但其"泛蓝"色彩则始终如故。

70年代初，依靠雄厚的资本、先进的设备、高素质的新闻专业人才，加上采编与经营的不断创新，"中时"与"联合"两大报系执台湾报界牛耳，根基稳固，实力雄厚，成为最有影响力的两大报系。而"两者保守性格虽有程度区别，但受制性地位则无轩轾"③。

《自由时报》是台湾典型的"绿营"报纸，该报以"本土化"为特色，成为民进党的言论机关，对两岸发展持否定态度。《自由时报》的定位是"'本土化''去中国化''独派''拥李派'报纸，由于色彩浓厚，纯度够，吸引许多这方面的读者，成为台湾报纸中强调'本土化'的领导品牌"④。因此，《自由时报》在言论上支持"台独"，抵制"九二共识"，倾向于反对大陆政策和两岸统一。其拥有台南帮林荣三雄厚的财团背景，于20世纪90年代跻身台湾"三大报"之一。

《苹果日报》在政治立场上亦属"绿营"报纸，但有其特殊性。其老板黎智英对中国共产党和大陆均持对立立场，这一理念在其办报立场上体现为对两岸关系议题的态度倾向于敌对和负面。《苹果日报》在香港以"膻腥色"起家，2003年挟60亿新台币的雄厚资金进军台湾，其延续以往的风格，并凭借杂志化、画报化的创新手法迅速打开台湾市场，创刊当天即发行60万份。至此，台湾报业由三足鼎立演变为《中国时报》《联合报》《自由时报》与《苹果日报》四雄割据。虽然《苹果日报》采编与经营的市场化风格突出，硬性议题较少，偏重娱乐化，但凡涉政治议题，其言论立场就具有鲜明的"反中"色彩。香港回归后，黎智英旗下刊物《壹周刊》和《苹果日报》经常批评香港政府和北京，在香港传媒界倾向性明显。⑤

---

① 王惕吾：《联合报三十年的发展》，联合报社，1981年，第138页。
② 王丽美：《报人王惕吾：联合报的故事》，天下文化出版股份有限公司，1994年，第397页。
③ 吕东熹：《政媒角力下的台湾报业》，玉山社出版事业股份有限公司，2010年，第403页。
④ 王天滨：《台湾报业史》，亚太图书出版社，2003年，第414页。
⑤ 维基百科：http://zh.wikipedia.org/wiki/%E9%BB%8E%E6%99%BA%E8%8B%B1。

"四大报"无论是发行范围、发行量，还是知名度、影响力，在台湾报业都具有举足轻重的地位，其议程设置对于媒介议题向公众议程的转化以及其他媒介议程的生产都至关重要。"在使用不同传播媒介的传统新闻机构之间存在相当程度的内容雷同……网站所呈现的议程在很大程度上和传统新闻媒介议程相匹配，以及网站与传统媒介形成'交响'之势。"①

所以，本书拟从"四大报"对"九合一"选举后两岸关系新闻议题设置的报道属性分析入手，管窥目前台湾媒体在整体上的言论态度与倾向，了解台湾社会舆情，把握岛内各派政治力量之间的博弈状况。

第三节　文献回顾

当前对于台湾媒体的研究，前人已经在各维度做了铺垫，这些学术成果也为本书全面了解台湾历史与媒体状况提供了重要参照。按照研究内容可以分为以下几个方面：

第一，台湾新闻事业的回顾与思索。方积根等人编著的《台湾新闻事业概观》（1990年）从台湾的报业、通讯业、广播、电视、新闻管理机构与法规、新闻教育及名人小传几个方面结构化地对台湾新闻业的发展轨迹展开了论述。陈扬明、陈飞宝、吴永长三人合著的《台湾新闻事业史》（2002年）则是从历史的脉络出发，论述了日本殖民统治时期的台湾报业延续到"解严"后广播、电视、通讯业等全方位的发展历史，完整地梳理了台湾新闻事业的发展路径。

第二，台湾媒体与政党政治的关系，其中包含了商业力量的兴起对政治力量造成冲击后的台湾媒体走向，放在当代背景下则主要体现为台湾选举与媒体之间的互动。在这个层面上，台湾学者的研究起步较早。吕东熹的专著《政媒角力下的台湾报业》以台湾著名报纸《自立晚报》的报史为线索，讨论战后台湾报业与政经力量此消彼长的博弈关系和历史，这些造成了台湾媒体不平衡的生态环境，这种媒体文化阻碍了台湾媒体的正常发展。陈飞宝1999年在《台湾研究》第4期上发表的《台湾大众媒体与政党权力之争》论述了台湾后起的民进党与国民党的权力斗争，并以史实描绘了大众媒体在其中扮演的角色及其政治版图。在大陆，佟文娟的《过程与分析：媒体与台湾政治民主化：

① 麦克斯韦尔-麦考姆斯、郭镇之、邓理峰：《议程设置理论概览：过去，现在与未来》，《新闻大学》，2007年第3期，第57页。

1949—2007》（2009 年）以国民党败退台湾至 2008 年为时间跨度，探讨台湾媒体的发展与民主政治错综复杂的关系，使用文化研究方法对二者的交互过程进行理论探讨，发现了台湾社会生态从媒体政治向政治媒体的转变，"是大陆在'媒体与台湾政治民主化'研究中的开创性著作"（陈培爱语）。

目前，关于两岸议题的研究多从政治、经济领域探讨两岸的交流与合作，从新闻传播角度进行深入探讨的相对较少。距离台湾"九合一"选举结束还不到四个月，对于此次选举的研究相对较少，所检索到的成果多以观察分析式的评论为主，主题涉及台湾岛内政治形势、社会舆论及两岸关系未来发展的判断和预测。综上，当前尚未有从新闻传播角度审视此次选举结果的研究，更遑论在国民党"失势"后，对岛内"偏蓝"与"偏绿"媒体的话语态度的分析。故本研究拟从该角度切入探讨。

第四节　理论框架

在人类哲学史上，理性主义和经验主义的对立从来不是一个新问题，正如柏拉图对艺术的评价那样——是"摹本的摹本"①——他否定人对经验世界的认识，认为"形式或理念"②（朱光潜认为此处应译为"理式"，因其不依存于人的意志存在，故不能译为"观念"或"理念"③）才是世界的本原。因此柏拉图推崇人的理念世界，认为只有跳出感性世界，人的理智才能得到自由，去追寻先验的真理。而亚里士多德则认为，"求知是人类的本性"④，肯定了人的知觉和感性在追求真理过程中的重要作用，从而在柏拉图的"纯纯粹粹的叙述"⑤之外确立了"模仿"的地位。这一对立在康德那里通过"纯粹联系"的概念得以汇流："所有纯概念的力量必须使我们更深地走入经验世界。它应当使经验本身以及它的逻辑结构和规律、它的普遍原则和条件为我们理解和洞见。"⑥

沿着这一合题，卡西尔认为从苏格拉底时代开始的"认识自己"这一终极命题只有通过中介符号才能实现。

---

① 朱光潜：《西方美学史（上卷）》，人民文学出版社，1964 年，第 44 页。
② [古希腊] 柏拉图：《理想国》，郭斌和、张竹明译，商务印书馆，1986 年，第 388 页。
③ 朱光潜：《西方美学史（上卷）》，人民文学出版社，1964 年，第 44 页。
④ [古希腊] 亚里士多德：《形而上学》，吴寿彭译，商务印书馆，1997 年，第 1 页。
⑤ [古希腊] 柏拉图：《理想国》，郭斌和、张竹明译，商务印书馆，1986 年，第 96 页。
⑥ [德] 恩斯特·卡西尔：《符号 神话 文化》，李小兵译，东方出版社，1988 年，第 5 页。

人不再生活在一个单纯的物理宇宙之中，而是生活在一个符号宇宙之中。语言、神话、艺术和宗教则是这个符号宇宙的各部分……人不再能直接地面对实在，他不可能仿佛是面对面地直观实在了……他是如此地使自己被包围在语言的形式、艺术的想象、神话的符号以及宗教的仪式之中，以致除非凭借这些人为媒介物的中介，他就不可能看见或认识任何东西。①

由于所有文化形式的背后都是符号形式，卡西尔提出应当把人定义为"符号的动物"，"符号化的思维和符号化的行为"是人之为人的根本所在和人类文化得以发展的基础。②卡西尔的思想从文化哲学的角度肯定了创造符号的活动以及符号对人类知识的建构性功能，这一观念是本书重要的理论前提。

按照符号学的观点，"符号学研究的目的，是使语言以外的意指系统重新建立和运作起来，它所依据的是结构主义的构想，而所有的结构主义活动都在为被考察事物建立模拟对象"③。结构主义是人们认识世界的一种思维方式，该理论认为，观察者及其对象之间的关系才是唯一能被感知的事物，意即世界的唯一现实。布洛克曼进一步指出："结构主义的哲学思考既是系列的实践，又是秩序的哲学。"④因此结构主义者最终的目标是"永恒的结构"，并且只能从人类心灵中寻找，而"几乎没有什么领域比语言学和人类学更接近于心灵的'永恒结构'"。⑤

一、结构主义的几个概念

（一）能指和所指

1916年瑞士著名语言学家费尔迪南·索绪尔的《普通语言学教程》开启了结构主义研究方法，将语言视作一个完整的符号系统，认为人们的一切言语活动都受制于一套规范，带有层级特征。按照结构主义的观点，任何事物背后都有一个深层结构，而现实世界一系列意义的产生都是表意系统的实践，其研究

---

① ［德］恩斯特·卡西尔：《人论》，甘阳译，上海译文出版社，2003年，第41页。

② ［德］恩斯特·卡西尔：《人论》，甘阳译，上海译文出版社，2003年，第42—43页。

③ ［法］罗兰·巴尔特：《符号学原理》，王东亮等译，生活·读书·新知三联书店，1999年，第89页。

④ ［比利时］J. M. 布洛克曼：《结构主义：莫斯科—布拉格—巴黎》，李幼蒸译，商务印书馆，1980年，第138页。

⑤ ［英］特伦斯·霍克斯：《结构主义和符号学》，瞿铁鹏译，上海译文出版社，1987年，第9页。

对象涵盖了文学、宗教、礼仪等社会生活的各个层面，旨在探索文化意义背后的结构及其生产过程。

索绪尔认为语言和言语不可混为一谈，因为言语是人们个别的、私人的智能行为，而语言则是"表达观念的符号系统"①，是社会制度层面，又贯穿于每个人的言语活动中。作为人们约定俗成、不可更改的契约，语言是一种社会产物，因而更具研究价值。

为了分析语言符号，索绪尔提出了一对重要的研究范畴——能指和所指。能指即"音响形象"②，即声音表象留下的心理印迹，带有心理性质，并且在知觉上是显在的，从广义上讲，文字、绘画、音乐等文本都可以看作能指。所指则是能指背后的意义，是由能指的显现而联想到的，是能指的深层结构，索绪尔将其称为"概念"。能指和所指相互对立，又统一于一个整体。语言符号就是由这两种要素构成的双重事物，并且通过联想这一纽带在大脑中连接。

本书将新闻报道和评论视为文本，"文本"一词本身就"突出了真理的相对性及意义的建构性"③，可被视为一个由文字搭建起来的、充斥着能指的表意系统。而文字唯一的存在理由就在于表现语言④，因此以文字为主体的文本必然带着作者精神世界的深刻印记，指向意识形态深处的意义结构。

（二）二元对立

索绪尔的结构主义方法被列维·施特劳斯应用于人类学研究，尤其是原始部落及习俗的分析，确立了二元对立的思维方式。结构主义者认为，二元对立普遍存在于自然现象和人类社会，并且随着历史的推移也会发生变化，因此无论在自然还是社会中，都带有浓厚的文化色彩，二元对立"归根结底是一种文化符号"⑤，是人类交流的基础。因此，从文化现象中发现二元对立亦成为我们探索文化意义和价值的重要途径。

---

① [瑞士]费尔迪南·德·索绪尔：《普通语言学教程》，高名凯译，商务印书馆，1985年，第37页。

② [瑞士]费尔迪南·德·索绪尔：《普通语言学教程》，高名凯译，商务印书馆，1985年，第101页。

③ 阎立峰：《思考中国电视》，陕西人民教育出版社，2009年，第6页。

④ [瑞士]费尔迪南·德·索绪尔：《普通语言学教程》，高名凯译，商务印书馆，1985年，第47页。

⑤ 罗钢：《叙事学导论》，云南人民出版社，1994年，第7页。

二、叙事学

叙事学是结构主义在文学领域的发展，这一学科以 1969 年茨维坦·托多罗夫提出"叙事学"一词为开端，至今不过几十年，但是叙事行为却与人类历史一样久远。

（一）隐喻和转喻

在文本研究中，雅各布森发展了索绪尔的二元对立，进而提出了隐喻和转喻这一对意义更深远的对立。隐喻在语言的选择轴上，强调相似性和替换性，比如"祖国"（本体）和"母亲"（喻体），二者之间的替换以其相似性为基础。隐喻在垂直方向上展开，指在场的成分与其背后不在场的所有成分之间的关系，依赖于联想来实现，象征主义的作品多使用此表达方式，引导读者探索能指背后广阔的深意。转喻则在语言的连接轴上，强调"邻近性"——将一个词置于另一个词旁边 ①，多用于现实主义作品，注重"逼真性"。在雅各布森看来，隐喻和转喻的对立存在于人类生活和文化现象的方方面面。

海登·怀特将叙事理论应用于史学研究，颠覆了一直以来历史就是事实的传统理念，他的一个重要论点是历史是诗学的，意即历史的编纂与其他的写作方式并无不同。用亚里士多德的观点来讲，诗是文学性、修辞性和非科学性的，因此，海登·怀特所认为的历史话语"隶属于一种修辞分析，以便揭示对现实的谦虚的散文再现之下隐藏的诗意的基础结构" ②。历史学家们将"在时间中"的事件通过话语的转义（隐喻、换喻、提喻和反讽）建构成历史中的故事，以实现构建客体的目的。

在这个角度上，历史学家是故事的发现者，这是他们与小说家的唯一区别。历史是昨日的新闻，怀特的这一史学观为本书分析报道文本提供了一个参考模型，从这个意义上讲，新闻报道亦是"诗学"的，新闻话语是埋藏在编辑记者意识深处的想象性结构，并或多或少地与当下时代的深层结构相契合。反之，通过对新闻文本转义的层层剖析，写作者意识形态的深层结构自然浮出水面。

（二）叙事策略

按照叙事理论和技巧，作者可以综合运用多种叙事策略谋篇布局、结构成文，包括叙事声音、叙事聚焦、叙事结构、叙事类型、叙事情境、音响等，每

---

① 罗钢：《叙事学导论》，云南人民出版社，1994 年，第 3 页。

② ［美］海登·怀特：《后现代历史叙事学》，陈永国、张万娟译，中国社会科学出版社，2003 年，第 106 页。

一个环节都渗透着作者的深层思想情感和意义秩序。根据传播的"把关"理论，新闻生产是选择的结果，现实世界中的事件虽有很多侧面，但新闻时间上、空间上的有限性决定了记者只能从个人角度出发，挑选相匹配的侧面进行呈现。因此，本书主要从叙事声音、叙事聚焦和叙事结构这三个方面细化分析"四大报"新闻文本的深层结构。

1. 叙事声音

在新闻叙事中，叙事声音解决的是"谁在说"的问题，其包含两个层面，一是外部叙述者，即"讲故事的人"[①]，在新闻生产过程中，是指由编辑记者一类的把关人创造的外在于故事的人。一般地，为了保持新闻客观性，新闻文本中的叙述者是隐蔽的、不露面的，虽然声音方向不明，但也暗示了叙述者的介入。评论体裁和一些风格化很强的新闻报道则会出现公开的叙述者，丝毫不回避对事件表达观点、发表意见，甚至其观点就是文本的主题。二是在新闻文本中显在发声的信息源，这是新闻结构的一个重要组成部分。叙述者隐退到幕后，借被采访对象之口说出自己想要表达但囿于文本中的身份而不方便表达的观念和倾向，叙述者转而成为一个倾听者，与被采访对象保持距离以显示中立和冷静，增强了新闻知觉上的客观性和可信性。

新闻的叙事人称分为第一人称叙述和第三人称叙述。第一人称叙述者以"我"为主语，是事件的亲历者或参与者，全面介入到事件之中，或者成为事件的一部分，报道的情感和体验感较为强烈，与文本中的经验世界距离很近，由此建构的新闻话语更具张力和真实感，达到一种强烈的"在场"效果。但这一人称在电视直播中使用较多，报纸因其出版的延时性，强烈的"在场感"会破坏其冷静、深度的特色，因此使用第三人称叙述较多——叙述者在事件之外，以局外人的身份旁观，与事件保持着距离，因此是一种事后记述，视野更为宽广，相对第一人称更具独立性。

2. 叙事聚焦

聚焦，解决的是观察对象的问题，但在叙事聚焦中牵扯到一个主体，即从谁的眼中观察到对象，由此叙事聚焦分为内部聚焦和外部聚焦。内部聚焦是指叙述者从某个人物的眼睛观察到周围事物，并将其描绘出来的叙事情境，聚焦者与人物所处的故事世界同属一个层面。外部聚焦类似于"讲述"的叙事方式，

---

① 罗钢:《叙事学导论》，云南人民出版社，1994年，第212页。

聚焦者与叙述者往往为同一人，聚焦者所见即叙述者所关注，处于人物世界的外部。

通过新闻叙事聚焦，叙述者在议题显要性上的处置就显见了。对于同一议题，不同叙述者的聚焦点呈现出多样性，即对各个侧面给予不同程度的关注和叙述，这是基于作者对事件材料选择的结果，选择暗示了立场，这一叙事聚焦行为隐含着话语建构客观世界的过程。本书以台湾"四大报"对于两岸议题的叙事聚焦展开定性分析，将议题切分为"正面""反面"和"中立"（不发表观点或者正反均有）三个侧面，对文本中叙述者和聚焦者对同一议题的关注面进行比较，特别是经作者允许进入文本视域的人物、言语、形象等给予特别的关注，试图找出文本中的聚焦基点以分析文本的倾向。

3. 叙事结构

叙事结构的分析致力于解决"怎么说"的问题，从语义层面剖析意义是如何生产出来的。本书从宏观和微观两个层面展开论述，宏观层面引入了格雷马斯的语义矩阵概念，从二元对立中审视文本的叙事模式。微观层面则从文本的总体架构、内容布局、语词表达等细节挖掘语言符号背后的象征意蕴。

三、语义矩阵

格雷马斯将结构主义的二元对立原则运用到叙事理论中，提出了一个基于人类社会普遍存在的二元对立现象建立的意义的基本结构模型——语义矩阵。他认为语言符号系统中能指的表达层面庞大复杂，变化多样，对能指的阐释有时只是用一种能指解释另一种能指，从而陷入了能指的无限循环，难以把握。但所指深层的意义系统则非常有限，人类的语义世界正是从这些有限的深层结构中衍生、组合形成的，意义从内在到外显要经历深层结构、表层结构和外显结构三个层面。格雷马斯从意义层面首先掌握有限的深层结构，切入点就是受列维·施特劳斯的人类学研究的启发，在语义世界中寻找二元对立的普遍性，语义矩阵就是这一深层语义结构的基本模型，也是意义生成的基本结构，并且可以应用于广阔的微观语义域。

如果存在着一个意义 S（内容层实体，可以是任意的符号系统），那么其对立面为非 S，两者相互矛盾，在意义上绝对互补，在 S 内部存在着两个相反的义素 A 和 B，二者互为前提，比如黑／白，那么就会有它们各自的矛盾项非 A 和非 B，该意义基本结构如下：

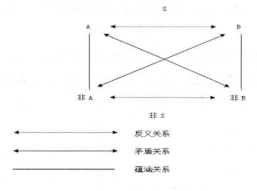

图 X.1 语义矩阵模型

来源：自制

S 和非 S 是矛盾关系，因此 A 和非 A、B 和非 B 均为矛盾关系，A 与其矛盾项非 A 的反义项非 B 则构成蕴涵关系。这就是格雷马斯进行语义分析的基本意义结构，也是生成庞大语言能指系统的根基。新闻叙事也是一个布满二元对立的语义集，比如英雄 / 平民、善 / 恶、强势 / 弱势、宏大叙事 / 个人叙事等等，从这些意义向外辐射，编辑、记者在表达层面上组织起一个覆盖整个结构的关系网，意义在关系框架内被切分，以碎片化的形式充斥于整个社会的语义系统。本书意在找出新闻报道中的二元对立，通过关系拼合，审视议题中的内容赋值，一窥新闻文本深层的意识形态系统。

四、议程设置与框架理论

议程设置理论是大众传播领域少有的短时间内发展成熟的理论，其与议题在公众中的显著性有关，基本论点认为，媒体议程可以转化为公众议程，在媒体上受到强调和突出的议题与同时期受公众关注的议题之间具有正相关性。

1922 年，李普曼在《舆论学》一书中第一次对大众媒体的议程设置作用进行了粗线条的描绘，提出了"拟态环境"的概念，人们对于自己所生存的环境的认识是间接的，"报道现实环境的新闻传给我们有时快，有时慢；但是，我们总是把我们自己认为是真实的情况当作现实环境本身"[1]。因此他将人们通过媒体这个窗口看到的世界称作"我们头脑中的图画"。1968 年美国总统大选，麦库姆斯和肖进行的查普希尔研究证明了媒体议程会影响公众议程的设定，动摇

---

① [美] 沃尔特·李普曼：《舆论学》，林珊译，华夏出版社，1989 年，第 2 页。

了此前盛行的最小效果论。

新闻媒介通过对客体的使用实现显要性的转移，完成传统的议题设置，并且"可以根据出现频率来集中测量这种内容的显要性。"[1]除此之外，麦库姆斯在《议题设置》一书中还提出了属性议程设置的重要概念，即对客体的一些具体特征的强调，比如年龄、出生地、党派等，人物、公众议题及其他客体的形象通过属性的选择构建起来，这不仅能够引起公众的注意，而且进入了理解阶段，"对一些客体，媒介不仅告诉我们想什么，而且告诉我们怎么想"[2]。麦库姆斯进一步将属性议题设置与框架理论结合，得出了一个关于客体的"主导角度"，公众被暗示什么是重要的，并且在组织思想上框架还表现出了强大的功能，"针对所描述事项提倡对问题的某种界定、因果解释、道德评估和／或处理意见"[3]。

议程设置理论给我们提供了一个关于大众媒介效果的图谱，对于考察报纸对人物、公众议题及其客体的显要性设置来说是一个重要的理论工具。

五、民粹主义

"民粹主义"是随着国际政治经济的发展而出现的一个词，或者说是一个现象，称其为现象而不是概念，是因为到目前为止国际上尚没有统一的定义。民粹主义在世界各国范围内具有众多的典型实践，但均离不开当时各国的社会背景，这一特殊性是阻碍民粹主义理论概念化的重要原因。

1861年的俄国，沙皇亚历山大二世宣布解放农奴，但是这一宣言并没有使农民真正获得实惠，因为他们需要通过购买才能获得对土地的使用权，而当时的农民阶级难以负担如此高额的费用。在严酷的革命形势下，亚历山大·赫尔岑汲取西方的空想社会主义理论，提出了"到人民中去"[4]的主张，这也成为俄国民粹主义的根基。

保罗·塔格特认为，民粹主义是潜在于社会中的一股普遍存在的力量，其出现具有偶然性和短暂性，当社会出现危机或处于困境，民粹主义者就通过运

---

① 马克斯韦尔·麦库姆斯：《议程设置：大众媒介与舆论》，郭镇之、徐培喜译，北京大学出版社，2008年，第19页。

② 马克斯韦尔·麦库姆斯：《议程设置：大众媒介与舆论》，郭镇之、徐培喜译，北京大学出版社，2008年，第84页。

③ 马克斯韦尔·麦库姆斯：《议程设置：大众媒介与舆论》，郭镇之、徐培喜译，北京大学出版社，2008年，第107页，转引自 Framing。

④ ［英］保罗·塔格特：《民粹主义》，袁明旭译，吉林人民出版社，2005年，第67页。

动或者政党组织起来进行动员，一旦付诸实践，"就是一种政治现象"，并具有强大的威慑力。民粹主义反政治，并且缺少自己的核心价值，往往依附于其他意识形态而存在，因此极易沦为各路政治派别的工具。民粹主义的另一个特征是推崇集体主义，以"人民"为信仰，并以其为中心确立排他性的中心地区，形成集合性的整体，在这个意义上，它是"对自由主义的反动"①。

民粹主义在世界各国的实践都具有特定的历史背景，并且建立在社会内深刻的阶级矛盾上，即平民与权贵、被统治阶级与统治阶级的矛盾，体现在制度上，就是对代议制政治的不信任。在民粹主义者看来，政治是腐败和堕落的集合，政党和议会在制度和组织上的复杂性和分散化都是他们极力避免的。但是民粹主义深刻的矛盾性也由此产生，虽然反对代议制政治，但是其运动成果的长久维系仍必须在制度逻辑的框架内运行，于是，民粹主义往往成为他们自身所反对的对象，反之则可能如"新民粹主义"那样面临崩溃。

为了解决制度上的困境，并且由于缺乏核心理念，民粹主义强调领袖的领导作用，正因为民粹主义反对复杂的制度，领袖的个人治理契合了他们关于简单政治的想象，由此，领袖的意志取代了制度，其统治地位得以确立——

> 领袖让每个人都感到与他有一种个人的关系，使他具有人们已经认同的思想和世界观。这样，他就有一种人为的与人同在、团结一致的感觉，以及一种面对面的人际关系的幻觉……领袖就从这人海中涌现出来，接受他们的奉承和效忠。他的形象让人疯狂，他的话语充满魅力，他唤起的敬畏感能感染每一个人……他就是体现为个人的民众。②

在无形中民众将权力赋予了领袖，同时由于缺少代议制那些复杂的制度制约，领袖所掌握的权力趋向于集中。按照群体心理学的观点，一个群体的智力水平取决于其中的"短板"，因此群体在思想和行动受强烈的情绪左右，理智所能发挥的作用极小，葛兰西因此将其称为"个人的退化和消逝"。塔格特也指出，"以最'极端'的方式来说，民粹主义可能会陷入独裁主义和背离民主的危

---

① [英]保罗·塔格特：《民粹主义》，袁明旭译，吉林人民出版社，2005年，第156页。

② [法]塞奇·莫斯科维奇：《群氓的时代》，许列民、薛丹云、李继红译，江苏人民出版社，2006年，第7页。

险"①。拿破仑、庇隆、希特勒、斯大林已经在他们的政治实践中验证了民粹主义带有极权主义趋向的这一论断。

第五节　研究方法

一、文本细读法

文本细读是本书的主要研究方法，该方法需对文本由表及里、由浅入深、从现象到本质进行语义学解读，是文学批评的重要方法，要求将文本看作一个独立的符号系统，从语义本身考察作品的深层文化内涵。本书在细读相关文本时借鉴了叙事学、符号学及相关的话语分析理论，对四大报纸在"九合一"选举后的两岸议题报道从叙事结构、叙事聚焦等多个层面进行剖析，试图揭示隐藏在文字表象之下的深层意图和内涵。为保证文本的代表性和典型性，本书以"九合一"选举后事关两岸未来和平发展关系的重要事件为参照点，包括"九合一"结果公布、马英九请辞党主席、朱立伦接任党魁、柯文哲的台北市建设、大陆"两会"召开、朱立伦访港以及"太阳花学运"一周年，选取了"四大报"关于这些事件的头条新闻和社论，这两类文本在报纸的议程设置上是有重要意义的体裁和类别，共计176篇。其中，《中国时报》选取新闻19篇，社论25篇，《联合报》新闻19篇，社论25篇，《自由时报》新闻19篇，社论20篇，《苹果日报》新闻23篇，社论26篇。

二、内容分析法

（一）基本内涵

内容分析法是研究传播内容的一种社会科学研究方法，是目前传播学研究中使用最普遍的研究方法之一，不少学者都对内容分析法下过定义。其中，美国学者贝雷尔森（Bernard Berelson）在1952年提出，内容分析法为"一种对显明的传播内容进行客观、系统和定量地描述的研究方法"，这一说法受到了学界认可，国内传播学研究多引用此定义。按照这一定义，内容分析法具有客观性、

---

① 　[英]保罗·塔格特：《民粹主义》，袁明旭译，吉林人民出版社，2005年，第154页。

系统性、定量性、描述性和显明性的特点 ①。优点是研究者不会对研究对象造成干预、书面文本较易获得、可适用于任何形式的文本等，但是其本身也存在不足，比如获得研究样本的方式、确定被试的数量、依赖分类系统和定义、"得到的资料不能作为推断传播效果的唯一基本资料"②。因此，本书在内容分析法之外，还采用了定性的文本细读法，以深入挖掘文本背后的深层意义。

（二）方法设计

1. 研究范围

本书以"九合一"选举后《中国时报》《联合报》《自由时报》《苹果日报》对两岸议题的报道倾向为研究内容，将选举后"四大报"涉及两岸关系主体（大陆、国民党、绿营、柯文哲）的新闻和评论作为研究样本。在内容上，这些样本指涉下一步将对两岸关系未来走向产生重要影响的政党、政策、改革、民意等方面的新闻和言论，具体包括以下几个方面：一、大陆对台政治、经济方针政策及与此有关的两岸政经交流实践，例如"九二共识"、海峡两岸经济合作框架协议（Economic Cooperation Framework Agreement，简称 ECFA）、《海峡两岸服务贸易协议》（简称"服贸协议"）、"两会"，以及在现有政策下官方和非官方展开的两岸交流与合作等，主要体现为在标题中出现"中国""两岸交流""九二共识"等字眼，或者影响两岸关系的关键人物的言论。二、国民党败选后的一系列改革，包括关于党主席变动（马英九请辞、朱立伦上任）和马当局后续作为的动态，以及对国民党为挽救民心、重整旗鼓所采取的方针、政策的评价，主要体现为标题中出现"国民党""马英九""朱立伦""改革""政府"等字眼。三、在选举中获胜的"绿营"在岛内的建设以及在两岸关系问题上的政策及言论评价，主要体现为标题中出现"民进党""蔡英文""绿营""柯文哲"等字眼。以 85 万票获选台北市长的柯文哲虽然标榜"公民参与"的"白色"旗帜，但其政治背景却是"深绿"，因此本书在编码时将其并入"绿营"进行统一测量。由于报纸的延时性，取材时间为选后第二天至"太阳花学运"周年纪念结束，即 2014 年 11 月 30 日至 2015 年 3 月 20 日。

2. 样本抽样

---

① 柯惠新、王锡苓、王宁编著：《传播研究方法》，中国传媒大学出版社，2009 年，第 166—167 页。

② 柯惠新、王锡苓、王宁编著：《传播研究方法》，中国传媒大学出版社，2009 年，第 180 页。

本书从研究时间段中的前四天，即 11 月 30 日至 12 月 3 日，将《中国时报》《联合报》《自由时报》进行随机排列，并以此为起点，各报每四天抽取一次，每个日期随机抽取四个文本作为样本，采用查阅存档报纸方式，共收集样本 332 条。其中《中国时报》108 条，《联合报》112 条，《自由时报》112 条。由于《苹果日报》纸质版在大陆无法获取，故未将其列入内容分析样本。

3. 研究类目与编码

本书将 332 条新闻与评论作为研究样本，主要从版面编辑、议题设置、态度倾向三个方面进行编码。版面编辑主要包含版面、位置、体裁、篇幅、配图、标题，其中标题细化为显著性、类型和态度。议题设置则在文献综述的基础上对研究对象的主题进行细化，并将报纸对该议题的态度进行编码。态度倾向包括信源、对议题的具体评价、对两岸关系主体的总体态度。其中信源进一步考察数量、来源与态度。

第一章　议题框架

第一节　大陆对台政策报道框架分析

大陆对台政策的报道共抽取样本 110 份，其中《中国时报》42 份，《联合报》42 份，《自由时报》26 份。

一、基本特征

本部分主要从新闻编辑的角度进行考察，分析各报关于对台政策的报道在版面编排上的区位和强势程度，以观察报纸对该议题的重视程度。

表 1.1　大陆对台政策报道版面属性

题项	中国时报		联合报		自由时报	
	条数	百分比	条数	百分比	条数	百分比
要闻版	1	2%	1	2%	5	19%
专版	41	98%	41	98%	21	81%
总计	42	100%	42	100%	26	100%

表 1.2　大陆对台政策报道位置属性

题项	中国时报		联合报		自由时报	
	条数	百分比	条数	百分比	条数	百分比
头条	18	43%	8	19%	15	58%
次条	7	17%	21	50%	5	19%

题项	中国时报		联合报		自由时报	
	条数	百分比	条数	百分比	条数	百分比
其他	17	40%	13	31%	6	23%
总计	42	100%	42	100%	26	100%

表 1.3 大陆对台政策报道标题属性

题项		中国时报		联合报		自由时报	
		条数	百分比	条数	百分比	条数	百分比
类别	一类	16	38%	10	24%	10	39%
	二类	8	19%	17	40%	11	42%
	三类	18	43%	15	36%	5	19%
	总计	42	100%	42	100%	26	100%
虚实	实题	25	60%	37	88%	25	96%
	虚题	17	40%	5	12%	1	4%
	总计	42	100%	42	100%	26	100%
态度	消极	9	21%	10	24%	15	58%
	中立	10	24%	21	50%	10	38%
	积极	23	55%	11	26%	1	4%
	总计	42	100%	42	100%	26	100%

表 1.4 大陆对台政策报道体裁属性

题项	中国时报		联合报		自由时报	
	条数	百分比	条数	百分比	条数	百分比
新闻	21	50%	25	59.5%	15	58%
社论	3	7%	4	9.5%	5	19%
言论	18	43%	13	31%	6	23%
总计	42	100%	42	100%	26	100%

表 1.5 大陆对台政策报道篇幅属性

题项	中国时报		联合报		自由时报	
	条数	百分比	条数	百分比	条数	百分比
600 字及以下	19	45%	24	57%	8	30.8%
601—1000 字	16	38%	15	36%	15	57.7%
1001—2000 字	7	17%	3	7%	3	11.5%
总计	42	100%	42	100%	26	100%

表 1.6 大陆对台政策报道配图属性

题项	中国时报		联合报		自由时报	
	条数	百分比	条数	百分比	条数	百分比
无	31	74%	32	76%	16	61.5%
照片	10	24%	10	24%	8	30.8%
漫画	0	0%	0	0%	0	0%
图示	1	2%	0	0%	2	7.7%
总计	42	100%	42	100%	26	100%

表 1.7 大陆对台政策报道信源属性

题项		中国时报		联合报		自由时报	
		条数	百分比	条数	百分比	条数	百分比
数量	1 个	10	26%	16	38%	7	27%
	2—3 个	10	26%	15	36%	11	42%
	4 个（含）以上	4	10%	1	2%	3	12%
	无	15	38%	10	24%	5	19%
	总计	39	100%	42	100%	26	100%

题项		中国时报		联合报		自由时报	
		条数	百分比	条数	百分比	条数	百分比
来源	台湾当局	5	9%	8	15%	15	32%
	蓝营	1	2%	4	8%	4	9%
	绿营	4	8%	1	2%	5	11%
	台湾工商业者	6	11%	1	2%	0	0%
	专家	7	13%	5	9%	5	11%
	普通民众	2	4%	1	2%	2	4%
	大陆高层	5	9%	3	6%	1	2%
	大陆政党	6	11%	13	25%	3	6%
	大陆媒体	0	0%	0	0%	0	0%
	两岸民间机构	16	30%	14	26%	6	13%
	无党派	1	2%	3	6%	6	13%
	总计	53	100%	53	100%	47	100%

在各报抽取的样本中，以新闻题材居多，基本占到一半以上；其次是言论，即在报纸上发表的署名文章，在某种程度上这一选择也能够表明该报的立场；社论最少。

从上述表格可以看出，三份报纸关于大陆对台政策的报道主要集中在报纸内页的专版上，分布在头版上的数量极少。而《自由时报》在关于大陆对台政策报道总量偏少的情况下，其头版分布的比重远超其他两份"蓝营"报纸，占19%。在版面内部显要性的分配上，《自由时报》将58%的相关报道安排在最显眼的头条位置；《中国时报》的头条编排比重次之，约40%；相比之下，《联合报》的头条编排比重仅占19%，为三报中最低，一半报道位于次条位置。

从标题来看，三份报纸均以实题为主，其中《自由时报》实题比重最大，《中国时报》最小。《中国时报》与《联合报》分别采用一类、三类和二类、三类标题居多，可知《中国时报》倾向于采用一类大标题搭配三类小标题的方式编排大陆对台政策新闻，《联合报》上的大陆对台政策新闻标题则相对不显眼。而《自由时报》则相反，80%的新闻标题采用的是报纸上最突出的两种标题，在三份报纸中最为吸引眼球。

在大陆对台政策类新闻标题用词的褒贬色彩上，三报风格迥异。《中国时报》55%的标题是积极倾向，即支持大陆方面对台湾采取的政策，24%为中立，21%为消极态度。《联合报》有一半为中性标题，只陈述事件，尽量避免使用有褒贬色彩的形容词，消极和积极标题各半，体现出《联合报》一贯的客观立场。《自由时报》的标题在倾向性上则较为明显，58%为消极用词，38%为中立，只有4%为积极，立场鲜明。《中国时报》虽然也有一半以上为积极倾向的标题，与《自由时报》对立，但在中立立场上显现出的差别则使《中国时报》在立场的彻底性上略逊一筹。

从信源上看，《中国时报》有信源的报道中，只有1个信源的占比为26%，2—3个信源比例相当，4个以上信源在三家报纸中均占比最大，为10%，来源主要是两岸民间机构负责人，其次是专家意见；《联合报》上信源为1个的报道和评论占38%，2—3个信源占36%，以两岸民间机构负责人和大陆方面的政党人物发言为主要来源，其次是台湾当局人员；《自由时报》使用2—3个信源的报道最多，占26%，以台湾当局人物——包括官方和"立委"——的言论为主要来源。"蓝营"报纸倾向于使用两岸民间机构的负责人——比如陆委会等主张两岸发展的交流机构——为主要信息来源。

综上来看，《中国时报》在标题编辑上以一类和三类标题搭配的实题居多，并且感情色彩以积极为主；《联合报》报道大陆对台政策时标题较小，并且立场中立，版面不突出；《自由时报》在关于大陆对台政策新闻标题的制作上倾向于使用大标题和消极词汇来吸引眼球、表明立场。

在篇幅上，三份报纸均以中小篇幅居多，《联合报》600字以下短篇占57%，居三报之首；《自由时报》以600—1000字的文章居多，占57.7%；《中国时报》中短篇数量相差不大，但1000字以上的长篇在三报中最多，达17%。

在配图上，不带配图为各报报道的主要形式，比重均超过一半，且配图基本以与事件相关的照片为主。《自由时报》使用照片最多，为30.8%，其余两报为24%，此外，《自由时报》还在新闻报道中使用了人工绘制的图示。

综上，在大陆对台政策报道的编排上，《自由时报》在视觉效果上最突出，从标题、篇幅以及图片的使用都给受众强烈的视觉冲击，值得注意的是，其标题呈现"一面倒"的消极态度，主观态度明显。

二、议题设置

表 1.8《中国时报》关于对台政策的议题设置（单位：条）

序号	议题	正面	中立	负面	总计
A	ECFA、服贸等对台经济政策解读及形势分析	21	1	1	23
B	大陆政策对台湾经济的影响	28	0	3	31
C	两岸产业合作进程及评价	24	0	2	26
D	大陆对台经济政策与台湾民众	17	0	2	19
E	"一中"立场（"九二共识"）	11	14	4	29
F	大陆对台政策对两岸关系的影响	27	4	3	34
G	两岸走向	30	3	7	40
H	台湾认同	5	9	10	24
I	各界对大陆军事认识与评价	1	0	0	1
	总计	164	31	32	227

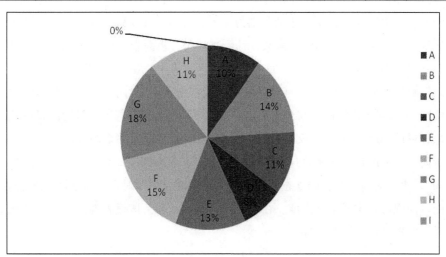

图 1.1《中国时报》议题分布

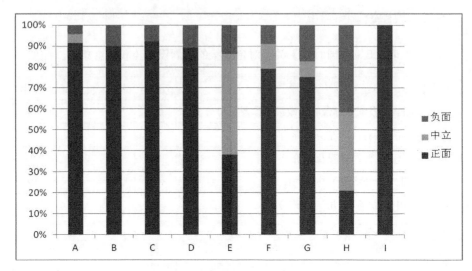

图 1.2《中国时报》各议题倾向性

从以上图表可以看出，《中国时报》关于两岸政策方面的议题主要集中在"两岸走向"、大陆对台政策对两岸关系以及台湾经济的影响、"九二共识"所强调的"一中"立场，所占比例分别为 18%、15%、14% 和 13%。在对这些议题的报道中，正面倾向占绝对多数，达到 164 条，占总报道数的 72%；中立和负面立场相当，分别为 31 条和 32 条。在各议题当中，"ECFA 和服贸等对台经济政策解读及形势分析""大陆政策对台湾经济的影响""两岸产业合作进程及评价""大陆对台经济政策与台湾民众"这四个议题的正面报道数量均占同一议题总数量的 90% 左右。在议题分布上，"大陆政策对两岸关系的影响"和"两岸走向"两个议题的正面倾向也占到 75% 以上。负面倾向最高的议题为"台湾认同"，比重达到 42%，中立态度占 38%，显示出《中国时报》对强调"本土化"的认同观持否定或中立态度。在"九二共识"问题上该报表现出中立偏积极态度，但积极表态仅占 38%。

表 1.9《联合报》关于对台政策的议题设置（单位：条）

序号	议题	正面	中立	负面	总计
A	ECFA、服贸等对台经济政策解读及形势分析	9	1	0	10
B	大陆政策对台湾经济的影响	10	1	0	11
C	两岸产业合作进程及评价	13	0	1	14

序号	议题	正面	中立	负面	总计
D	大陆对台经济政策与台湾民众	8	3	0	11
E	"一中"立场（"九二共识"）	9	9	2	20
F	大陆对台政策对两岸关系的影响	20	10	6	36
G	两岸走向	17	12	7	36
H	台湾认同	2	2	7	11
I	各界对大陆军事认识与评价	0	3	4	7
	总计	88	41	27	156

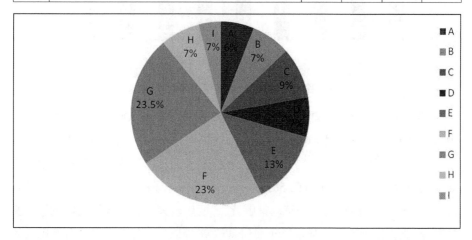

图1.3《联合报》议题分布

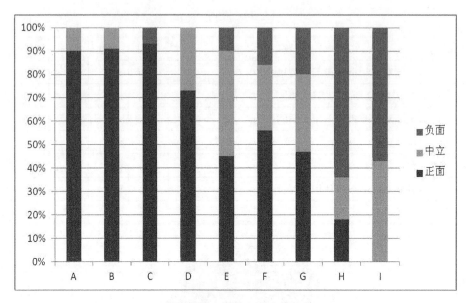

图 1.4《联合报》各议题倾向性

　　《联合报》的议题主要集中在"两岸走向"和"台湾认同"两个问题上，共占议题总数量的 46.5%，在倾向性上正面立场均在 50% 左右，加上中立态度可以达到 80%，其次是关于"九二共识"的报道，占 13%。在议题的属性上，正面立场有 88 条，占总比重的 56%，中立立场有 41 条，占 26%，负面立场占 17%。在所有的议题中，"经济政策解读""两岸政策对台湾经济的影响"以及"两岸产业合作进程"三项议题正面信息达 90% 以上，经济政策与台湾民众的关系也是正面加中立倾向，并无负面意见出现。《联合报》对两岸经济政策给台湾经济发展和人民生活带来的利益持肯定和支持态度。其负面倾向主要集中在"台湾认同"和"大陆军事"两个议题，其中"大陆军事"基本指涉 M503 新航线的划定问题，《联合报》在新闻中出现了带有怀疑和负面倾向的用词。

表 1.10《自由时报》关于对台政策的议题设置（单位：条）

序号	议题	正面	中立	负面	总计
A	ECFA、服贸等对台经济政策解读及形势分析	0	0	6	6
B	大陆政策对台湾经济的影响	0	0	11	11
C	两岸产业合作进程及评价	0	0	10	10
D	大陆对台经济政策与台湾民众	0	0	10	10

序号	议题	正面	中立	负面	总计
E	"一中"立场("九二共识")	0	0	18	18
F	大陆对台政策对两岸关系的影响	0	0	19	19
G	两岸走向	0	1	19	20
H	台湾认同	1	0	19	20
I	各界对大陆军事认识与评价	0	0	7	7
	总计	1	1	119	121

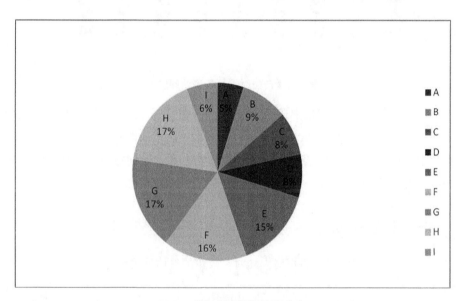

图1.5《自由时报》议题分布

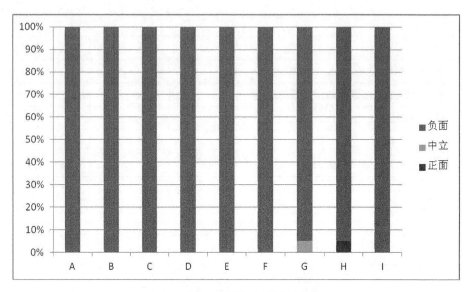

图 1.6《自由时报》各议题倾向性

　　《自由时报》的议题集中在四个方面："'一中'立场""大陆政策对两岸关系的影响""两岸走向"和"台湾认同"，占到议题总数的65%，并且在121条新闻中，负面倾向有119条，正面和中立各占一条，倾向性明显，对大陆政策的各个角度予以全面否定，显示出鲜明的"反中"立场和态度。

三、影响与评价

表 1.11 各报对大陆对台政策的具体评价统计

题项	中国时报		联合报		自由时报	
	条数	百分比	条数	百分比	条数	百分比
肯定经济政策	30	17.8%	9	11.9%	0	0%
大陆对台经济政策推动台湾经济整体发展	29	17.2%	10	13.2%	0	0%
ECFA、服贸等协议给台湾带来更多发展机遇，利于台企、产业发展	22	13.2%	8	10.6%	0	0%
利于提升台湾经济的外贸地位	15	8.9%	1	1.3%	0	0%
两岸合作优势	33	19.7%	14	18.4%	0	0%
利于改善两岸关系	24	14.3%	28	36.8%	0	0%

题项	中国时报		联合报		自由时报	
	条数	百分比	条数	百分比	条数	百分比
冲击台湾企业、产业发展	2	1.2%	0	0%	7	8.3%
财团控制受益	1	0.6%	0	0%	3	3.5%
民众抗议，损害民众利益	5	3.0%	1	1.3%	15	17.6%
"府院"失职	3	1.8%	1	1.3%	15	17.6%
台湾"自立""本土认同"	4	2.3%	1	1.3%	25	29.4%
大陆威胁意图"险恶"	0	0%	3	3.9%	20	23.6%
总计	168	100%	76	100%	85	100%

　　在具体的评价机制上分为两个方向，一方面是从台湾经济、台湾民众、经济地位等角度对大陆政策给予肯定和支持，另一方面则着眼其给台湾带来的冲击等负面影响，以及在台湾收到的不利反应。正面评价均来自《中国时报》和《联合报》，最多的是"两岸合作优势"和"利于改善两岸关系"这两则标准，分别占比47%和52%，《中国时报》的重点是两岸经济合作的益处以及在对外竞争中的优势，这一议题占19.7%，《联合报》主要肯定了两岸合作对改善两岸关系产生的积极影响，占36.8%。《自由时报》占据了负面评价的绝大部分，比重最大的一项是"台湾自立、本土认同"，占30%，其余"大陆威胁、意图险恶""民众抗议""'府院'失职"三项平均在20%左右，可见《自由时报》对大陆对台政策持否定态度，并且将否定视角聚焦于中共"阴谋"，马英九当局在应对上失职引起民众不满，因此呼吁"本土化"政策，主张台湾"人民"靠自己的力量摆脱经济困境。总体来看，在所有329条评价中，正面评价有168条，占51%，中立占23%，负面评价占26%，可见，《中国时报》和《联合报》的正面评价在数量上仍然占优势。

四、总体态度

表 1.12《中国时报》对各议题的倾向性

题项	正面		中立		负面		总计
	条数	百分比	条数	百分比	条数	百分比	
两岸关系	29	69%	6	14%	7	17%	42（100%）
国民党	6	35%	7	41%	4	24%	17（100%）

续表

题项	正面		中立		负面		总计
	条数	百分比	条数	百分比	条数	百分比	
台当局	8	42%	7	37%	4	21%	19（100%）
绿营	2	12.5%	4	25%	10	62.5%	16（100%）
民意	14	67%	4	19%	3	14%	21（100%）
大陆	29	69%	6	14%	7	17%	42（100%）

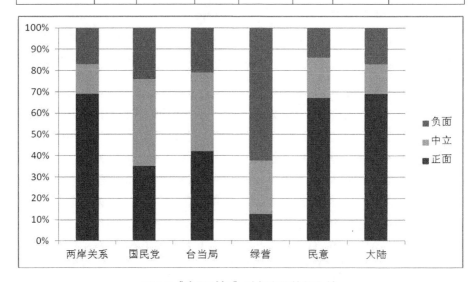

图1.7《中国时报》对各议题的倾向性

《中国时报》在对两岸关系各议题的总体态度上，对两岸关系和大陆流露出的正面态度占比重最高，并列居于其他各议题之首，均为42条，并且在倾向上近七成为积极态度；对国民党和台湾当局的评价相似，消极态度占到四分之一以上，中立与积极态度各半；支持和肯定岛内"民意"的比例占67%，几乎与对两岸关系和大陆的态度持平，唯一负面评价较为明显的是"绿营"，超过60%，与以上三个议题的态度倾向呈相反态势。

表1.13《联合报》对各议题的倾向性

题项	正面		中立		负面		总计
	条数	百分比	条数	百分比	条数	百分比	
两岸关系	24	54.55%	13	29.55%	7	15.9%	44（100%）

题项	正面		中立		负面		总计
	条数	百分比	条数	百分比	条数	百分比	
国民党	0	0%	3	43%	4	57%	7（100%）
台当局	3	20%	6	40%	6	40%	15（100%）
绿营	0	0%	2	22%	7	78%	9（100%）
民意	1	33%	2	67%	0	0%	3（100%）
大陆	21	48%	16	36%	7	16%	44（100%）

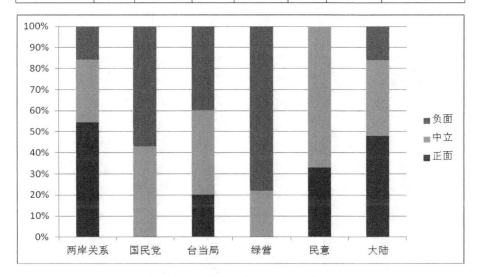

图 1.8《联合报》对各议题的倾向性

　　《联合报》对两岸关系和大陆的态度表达也最为明显，都达到 44 条，其积极立场徘徊在 50% 左右，有 30% 以上持中立态度，在正面的倾向性上略偏中立，包括对岛内"民意"的表达也是三分积极，七分中立；对国民党的态度负面评价超过五成，其余为中立评价，没有表达出积极态度；对马英九代表的台湾当局尚有 20% 的积极态度，但中立和负面评价各占四成；对"绿营"以负面评价为主，达到近八成，没有积极态度。《联合报》在表达对两岸关系的正面态度上有所节制，基本保持在五成或以下，中立立场为主，对负面评价的表达比正面明显。

表 1.14《自由时报》对各议题的倾向性

题项	正面		中立		负面		总计
	条数	百分比	条数	百分比	条数	百分比	
两岸关系	0	0%	0	0%	25	100%	25（100%）
国民党	0	0%	0	0%	17	100%	17（100%）
台当局	0	0%	3	15%	17	85%	20（100%）
绿营	5	50%	4	40%	1	10%	10（100%）
民意	9	69%	4	31%	0	0%	13（100%）
大陆	0	0%	0	0%	26	100%	26（100%）

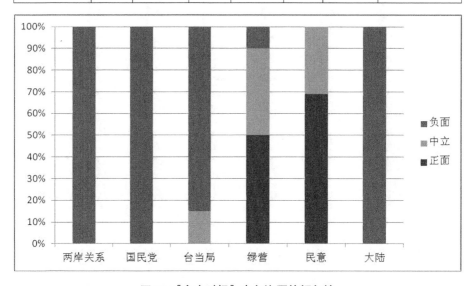

图 1.9《自由时报》中各议题的倾向性

《自由时报》在对各议题的评价上态度鲜明，对两岸关系、大陆和国民党持完全否定态度，负面评价为 100%，对台湾当局的负面评价也达 85%，唯一有正面态度的是"绿营"和岛内"民意"，分别为 50% 和 69%，对岛内"民意"没有负面评价。由此可见，《自由时报》对国共双方及其关系持排斥态度，但对"绿营"则以积极中立倾向为主，推崇岛内"民意"。

第二节　对国民党的相关报道框架分析

抽取的样本中，对国民党的相关报道共有 108 条，其中《中国时报》30 条，《联合报》29 条，《自由时报》40 条。

一、基本特征

表 1.15　对国民党相关报道的版面属性

题项	中国时报		联合报		自由时报	
	条数	百分比	条数	百分比	条数	百分比
要闻版	5	17%	1	3%	4	8%
专版	25	83%	28	97%	45	92%
总计	30	100%	29	100%	49	100%

表 1.16　对国民党相关报道的位置属性

题项	中国时报		联合报		自由时报	
	条数	百分比	条数	百分比	条数	百分比
头条	13	43%	7	24%	30	61%
次条	8	27%	15	52%	13	27%
其他	9	30%	7	24%	6	12%
总计	30	100%	29	100%	49	100%

表 1.17　对国民党相关报道的标题属性

题项		中国时报		联合报		自由时报	
		条数	百分比	条数	百分比	条数	百分比
类别	一类	13	43%	11	38%	24	49%
	二类	9	30%	10	34%	19	39%
	三类	8	27%	8	28%	6	12%
	总计	30	100%	29	100%	49	100%

题项		中国时报		联合报		自由时报	
		条数	百分比	条数	百分比	条数	百分比
虚实	实题	22	73%	24	83%	43	88%
	虚题	8	27%	5	17%	6	12%
	总计	30	100%	29	100%	49	100%
态度	消极	5	17%	10	34%	30	61%
	中立	15	50%	13	45%	18	37%
	积极	10	33%	6	21%	1	2%
	总计	30	100%	29	100%	49	100%

表 1.18 对国民党相关报道的体裁属性

题项	中国时报		联合报		自由时报	
	条数	百分比	条数	百分比	条数	百分比
新闻	21	70%	11	38%	25	51%
社论	2	7%	3	10%	8	16%
言论	7	23%	15	52%	16	33%
总计	30	100%	29	100%	49	100%

表 1.19 对国民党相关报道的篇幅属性

题项	中国时报		联合报		自由时报	
	条数	百分比	条数	百分比	条数	百分比
600 字及以下	11	37%	12	41%	18	37%
601—1000 字	17	57%	15	52%	21	43%
1001—2000 字	2	7%	2	7%	10	20%
总计	30	100%	29	100%	49	100%

表 1.20　对国民党相关报道的配图属性

题项	中国时报		联合报		自由时报	
	条数	百分比	条数	百分比	条数	百分比
无	13	43.3%	25	86%	33	67%
照片	16	53.4%	4	14%	15	31%
漫画	1	3.3%	0	0%	0	0%
图示	0	0%	0	0%	1	2%
总计	30	100%	29	100%	49	100%

表 1.21　对国民党相关报道的信源属性

	题项	中国时报		联合报		自由时报	
		条数	百分比	条数	百分比	条数	百分比
数量	1 个	4	13%	9	30%	6	12%
	2—3 个	16	53%	5	17%	18	37%
	4 个（含）以上	2	7%	0	0%	5	10%
	无	8	27%	16	53%	20	41%
	总计	30	100%	30	100%	49	100%
来源	台湾当局	6	12%	2	11%	11	16%
	蓝营	31	64%	13	69%	22	33%
	绿营	8	16%	1	5%	9	14%
	台湾工商业者	0	0%	0	0%	2	3%
	专家	2	4%	1	5%	12	18%
	普通民众	0	0%	1	5%	4	6%
	大陆高层	1	2%	0	0%	1	2%
	大陆政党	1	2%	0	0%	2	3%
	大陆媒体	0	0%	1	5%	0	0%
	两岸民间机构	0	0%	0	0%	1	2%
	无党派	0	0%	0	0%	2	3%
	总计	49	100%	19	100%	66	100%

从上述表格可知，各报对国民党的相关报道也集中在专版上，《中国时报》

的头版比重在三份报纸中最大，占 17%。在各版的位置上，《中国时报》和《自由时报》以头条为主，并且后者占比更大，达到六成，比前者高出近两成，而《联合报》有一半以上报道分布在次条位置上，头条和其他位置各占四分之一。

在标题的使用上，三份报纸均以在版面上最显眼的一类标题为主，其中《自由时报》比重最高，为 49%。在标题的属性上，《中国时报》一般的标题为中立不表态，积极态度的为三成，《联合报》倾向于中立偏消极，占比近八成，《自由时报》有六成标题为消极态度，37% 为中立，只有 2% 为正面态度。

在体裁上，《中国时报》以新闻为主，占七成，《自由时报》为五成，《联合报》一半以上报道集中在言论上。在篇幅上，三份报纸的报道主要为 1000 字以下的中小篇，《自由时报》1000 字以上的篇幅相对较多，占 20%。在配图上，《中国时报》使用照片最多，一半以上的报道都配有相关事件的照片，《联合报》则极少配图，以文字为主，《自由时报》有图和无图报道基本上为三七分，并且是唯一配有图示的报纸。

在信源上，《中国时报》一半以上报道使用了 2—3 个信源，来源主要为"蓝营"人士，占比 63%，其次是"绿营"和台湾当局；《联合报》一半以上报道没有信源，且 30% 只有 1 个信源，主要来自"蓝营"；《自由时报》的信源主要来自"蓝营"，其次是专家、台湾当局和"绿营"。可以看出在国民党的相关报道中，三家报纸都倾向于引用"蓝营"人士的言论。

由上述分析可以看出，《中国时报》对国民党的报道以新闻为主，且为 600—1000 字的中篇，辅之以一定量的评论，在版面编排上相对突出，17 次登上头版，但在版面内部区位的显要性上一般，以图片吸引眼球，标题制作以中立不表态为主，偏向积极。《联合报》上关于国民党的报道极少登上头版，在版面内部也多为次条，中篇长度，评论较多，实题占到八成以上，主要围绕相关具体事件和问题展开评论，标题大中小相互搭配，用语上呈现中立偏消极倾向，否定国民党作为。《自由时报》主要在专版上编排国民党的头条新闻，以文字新闻为主，偶尔配图，喜欢使用一类大标题，并且在态度表达上多为消极。

二、议题设置

表 1.22《中国时报》议题设置（单位：条）

序号	议题	正面	中立	负面	总计
A	国民党的两岸政策的态度及评价	8	2	0	10
B	国民党岛内执政及改革评价	16	4	10	30
C	国民党对民意的态度	9	5	5	19
D	马英九形象评价	3	4	10	17
E	朱立伦形象评价	10	2	3	15
F	国民党的家族统治	0	0	0	0
G	国民党整体形象	11	11	7	29
	总计	57	28	35	120

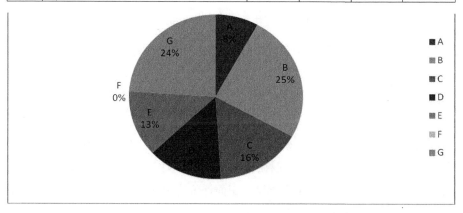

图 1.10《中国时报》议题分布

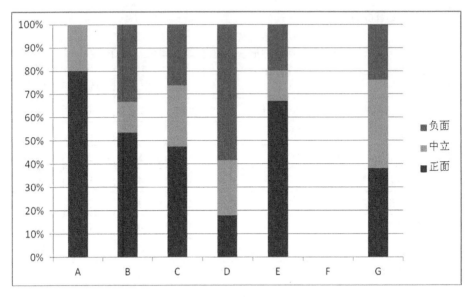

图 1.11《中国时报》各议题属性

　　《中国时报》的议题一半是关于国民党在岛内的执政、改革和国民党的整体形象，另有 16% 关注国民党对岛内"民意"的态度。在所有议题中，正面的数量为 57 条，占比 48%，中立为 23%，负面占 29%，在倾向性上还是积极为主，但也没有过半。在各议题的属性分布上，"国民党的两岸政策"这一议题的正面态度占比最高，达到八成，关于"朱立伦的形象评价"也有 67% 的正面信息，其余议题的正面态度占比均徘徊在 50% 及以下，关于"马英九的形象"负面评价占到六成，还有 24% 的中立态度，正面评价为 18%。国民党的整体评价负面占四分之一，中立和积极各半。

表 1.23《联合报》议题设置（单位：条）

序号	议题	正面	中立	负面	总计
A	国民党的两岸政策的态度及评价	1	3	1	5
B	国民党岛内"执政"及改革评价	3	8	14	25
C	国民党对"民意"的态度	5	2	9	16
D	马英九形象评价	2	3	11	16
E	朱立伦形象评价	2	7	4	13
F	国民党的家族统治	0	0	3	3

序号	议题	正面	中立	负面	总计
G	国民党整体形象	2	7	14	23
	总计	15	30	56	101

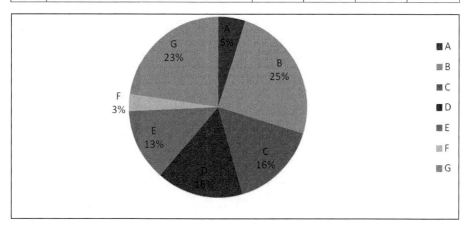

图 1.12 《联合报》议题分布

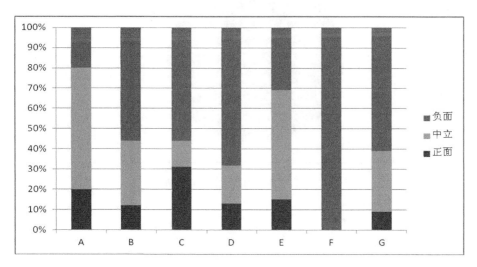

图 1.13《联合报》各议题属性

《联合报》的显要议题为"国民党在岛内的'执政'与改革""国民党的整体形象""国民党对'民意'的态度"以及"马英九的形象",并且议题属性为负面的有 56 条,占比 55%。从各议题来看,负面评价是主要态度,有五项议题的负面态度占到单独议题评价的一半以上，分别是"国民党的执政""国民党对'民意'的态度""马英九的形象""国民党的家族统治和整体形象"，只有"国民党的两岸政策"和"朱立伦的形象"中立评价稍多，分别占比60%和54%。

表1.24《自由时报》议题设置（单位：条）

序号	议题	正面	中立	负面	总计
A	国民党的两岸政策的态度及评价	0	0	22	22
B	国民党岛内执政及改革评价	0	5	39	44
C	国民党对"民意"的态度	0	2	28	30
D	马英九形象评价	0	1	37	38
E	朱立伦形象评价	0	9	8	17
F	国民党的家族统治	0	0	5	5
G	国民党整体形象	0	5	43	48
	总计	0	22	182	204

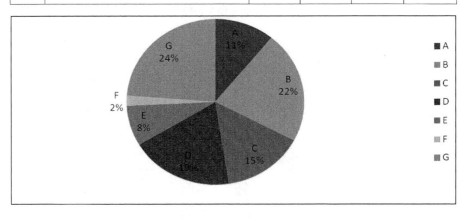

图1.14《自由时报》议题分布

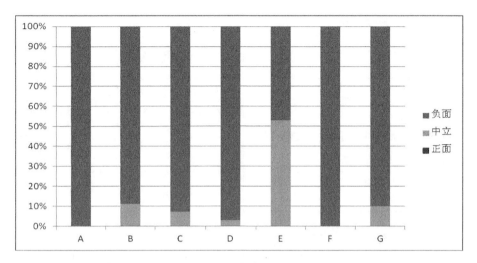

图 1.15《自由时报》各议题属性

《自由时报》关注的主要议题是"国民党的整体形象"和"国民党的岛内执政与改革"，分别占比 24% 和 22%，对马英九的形象评价也占到 19%，居第三位，在 204 条议题报道中，负面报道占 89%，没有正面评价。各议题的负面态度都占到九成或以上，只有对朱立伦的评价有五成中立态度。可见，《自由时报》对马英九的执政持彻底的否定态度，而朱立伦个人却从这负面的舆论中获得了中性偏消极的评价，可见《自由时报》对朱的态度属于不反感，至少不是非常反感。

从三份报纸的议题设置来看，国民党在岛内的一系列执政方针和政策，特别是选举后采取的改革举措吸引了各报的注意，成为国民党方面的主要议题，此外，马英九个人的作为和评价、国民党的整体形象、国民党与岛内民意的关系都是报纸"镜头"对准的焦点。但是这几项议题也是获得负面评价最多的议题，导致国民党在舆论声势上存在过多的负面报道，甚至传统的"蓝营"报纸《中国时报》和《联合报》也呈现出对国民党中立偏消极的态度取向，唯一取得较大优势的正面议题是《中国时报》对其两岸政策的肯定。因此在议题呈现上，三报联合形成了一种对国民党执政不利的舆论氛围。

三、影响与评价

表 1.25 各报对国民党的具体评价统计

题项	中国时报		联合报		自由时报	
	条数	百分比	条数	百分比	条数	百分比
国民党亲近大陆利于两岸关系及台湾发展	6	9%	0	0%	0	0%
国民党改革举措值得期待	19	28%	6	9%	0	0%
国民党有能力带领台湾走出经济困境，相信马英九当局	5	7.4%	3	4.4%	0	0%
民众对国民党未来持支持态度	0	0%	0	0%	0	0%
国民党应改变"不统不独"路线，坚定统派方针	5	7.4%	1	1.5%	0	0%
国民党执政失职，阻碍台湾发展	11	16%	17	25%	41	27.3%
国民党"亲中"损害民众利益，不利两岸发展	1	1.5%	1	1.5%	22	14.7%
马英九领导能力不足造成恶果	5	7.4%	13	19%	28	18.7%
朱立伦给国民党注入新活力，现转机	7	10.3%	6	8.8%	6	4%
朱立伦应转变两岸策略，保持距离	0	0%	0	0%	10	6.7%
反对国民党家族化统治	0	0%	3	4.4%	5	3.3%
民众对国民党及马当局不满，不信任	9	13%	18	26.4%	38	25.3%
总计	68	100%	68	100%	150	100%

　　从上表可以看出，三份报纸都对国民党"执政"的失职表达出不满，当然从内容上来看，"蓝营"和"绿营"的出发点不同；其次都反映了民众对执政的国民党和马英九当局的强烈不信任感，并且将这一结果归因于马英九个人领导的失败。只有《自由时报》表达了朱立伦应该转变"倾中"的两岸政策这一观点，《中国时报》和《联合报》倾向于支持国民党的改革，但这一声音在"绿营"的舆论形势下音量有限。

四、总体态度

表 1.26《中国时报》对各议题的倾向性

题项	正面		中立		负面		总计
	条数	百分比	条数	百分比	条数	百分比	
两岸关系	6	100%	0	0%	0	0%	6（100%）
国民党	14	50%	7	25%	7	25%	28（100%）
台当局	4	31%	3	23%	6	46%	13（100%）
绿营	1	12.5%	3	37.5%	4	50%	8（100%）
"民意"	11	78.6%	2	14.3%	1	7.1%	14（100%）
大陆	6	100%	0	0%	0	0%	6（100%）

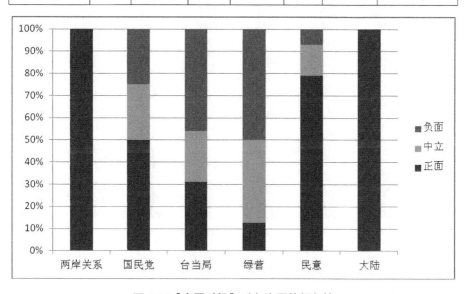

图 1.16《中国时报》对各议题的倾向性

《中国时报》对两岸关系和大陆持绝对肯定态度，正面倾向 100%，其次是对岛内"民意"的正面态度也占到八成，对国民党和台湾当局的正面态度分别为五成和三成，负面评价压缩了其对台湾当局的积极态度，对"绿营"则以消极中立为主，负面评价达 50%。

表 1.27 《联合报》对各议题的倾向性

题项	正面		中立		负面		总计
	条数	百分比	条数	百分比	条数	百分比	
两岸关系	1	20%	4	80%	0	0%	5（100%）
国民党	2	7.4%	13	48.2%	12	44.4%	27（100%）
台当局	2	18%	3	27%	6	55%	11（100%）
绿营	0	0%	3	50%	3	50%	6（100%）
"民意"	9	64%	4	29%	1	7%	14（100%）
大陆	0	0%	3	100%	0	0%	3（100%）

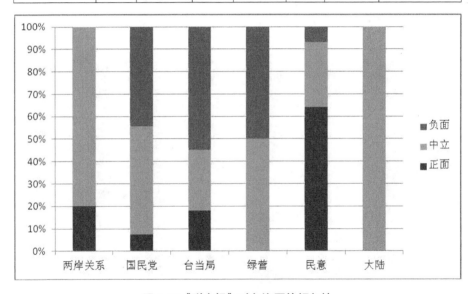

图 1.17 《联合报》对各议题的倾向性

《联合报》对大陆和两岸关系的中立态度分别为 100% 和 80%，倾向于不直接表态，在关于国民党的报道中，正面评价极少，主要出现在对岛内"民意"的肯定上，对国民党、台湾当局和"绿营"的负面评价比例相当，均在 50% 左右，在对所有主体的报道中，中立立场都是《联合报》的主要态度。

表 1.28《自由时报》对各议题的倾向性

题项	正面		中立		负面		总计
	条数	百分比	条数	百分比	条数	百分比	
两岸关系	0	0%	3	12%	22	88%	25（100%）
国民党	0	0%	2	5%	41	95%	43（100%）
台当局	0	0%	0	0%	42	100%	42（100%）
绿营	6	60%	4	40%	0	0%	10（100%）
"民意"	24	89%	3	11%	0	0%	27（100%）
大陆	0	0%	2	8%	24	92%	26（100%）

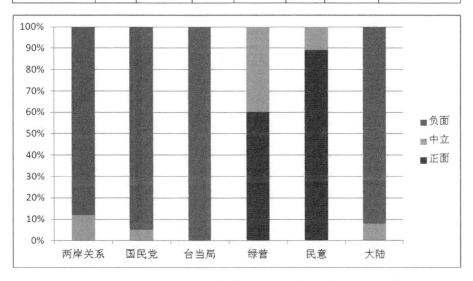

图 1.18《自由时报》对各议题的倾向性

《自由时报》在对国民党的报道中，国共关系相关议题的负面评价都占绝对多数，对国民党、台湾当局、两岸关系和大陆的负面评价占比都在 90% 以上，对"绿营"和岛内"民意"则是积极中立，且"民意"的正面评价占比超过了"绿营"。在《自由时报》对各主体的评价上，正面评价和负面评价在一个议题上不会同时出现，这也是该报立场态度的显性表达。

综上，在关于国民党内外部新闻的报道中，两岸关系和大陆两个议题在"蓝营"和"绿营"报纸上的评价鲜明对立，"蓝营"倾向于肯定，"绿营"则彻底否定；对国民党和台湾当局，"绿营"报纸对其采取与对待大陆一致的绝对否定态度，因此《自由时报》基本上将大陆和执政的国民党，即国共双方，视为一个整体来处理和对待。而"蓝营"报纸对国民党和台湾当局的情感态度则较为复杂，呈现出肯定和否定交织、用中立回避矛盾的态度。虽然对待"蓝""绿""红"的立场对立，但是三份报纸都对岛内"民意"持以肯定态度。

第三节　非"蓝营"的相关报道框架分析

在样本抽取时，据统计非"蓝营"的相关报道共114条，其中《中国时报》36条，《联合报》41条，《自由时报》37条。

一、基本特征

表1.29　对非"蓝营"相关报道的版面属性

题项	中国时报		联合报		自由时报	
	条数	百分比	条数	百分比	条数	百分比
要闻版	3	8%	3	7%	1	3%
专版	33	92%	38	93%	36	97%
总计	36	100%	41	100%	37	100%

表1.30　对非"蓝营"相关报道的位置属性

题项	中国时报		联合报		自由时报	
	条数	百分比	条数	百分比	条数	百分比
头条	18	50%	9	22%	17	46%
次条	9	25%	16	39%	9	24%
其他	9	25%	16	39%	11	30%
总计	36	100%	41	100%	37	100%

表 1.31　对非"蓝营"相关报道的标题属性

题项		中国时报		联合报		自由时报	
		条数	百分比	条数	百分比	条数	百分比
类别	一类	14	39%	11	27%	17	46%
	二类	14	39%	9	22%	8	22%
	三类	8	22%	21	51%	12	32%
	总计	36	100%	41	100%	37	100%
虚实	实题	16	44%	26	63%	29	78%
	虚题	20	56%	15	37%	8	22%
	总计	36	100%	41	100%	37	100%
态度	消极	8	22%	18	44%	7	19%
	中立	22	61%	21	51%	30	81%
	积极	6	17%	2	5%	0	0%
	总计	36	100%	41	100	37	100%

表 1.32　对非"蓝营"相关报道的体裁属性

题项	中国时报		联合报		自由时报	
	条数	百分比	条数	百分比	条数	百分比
新闻	18	50%	14	34%	25	68%
社论	4	11%	7	17%	0	0%
言论	14	39%	20	49%	12	32%
总计	36	100%	41	100%	37	100%

表 1.33　对非"蓝营"相关报道的篇幅属性

题项	中国时报		联合报		自由时报	
	条数	百分比	条数	百分比	条数	百分比
600 字及以下	12	33%	22	54%	17	46%
601—1000 字	15	42%	14	34%	19	51%
1001—2000 字	9	25%	5	12%	1	3%
总计	36	100%	41	100%	37	100%

表1.34 对非"蓝营"相关报道的配图属性

题项	中国时报		联合报		自由时报	
	条数	百分比	条数	百分比	条数	百分比
无	21	58%	34	83%	25	68%
照片	15	42%	7	17%	12	32%
漫画	0	0%	0	0%	0	0%
图示	0	0%	0	0%	0	0%
总计	36	100%	41	100%	37	100%

表1.35 对非"蓝营"相关报道的信源属性

	题项	中国时报		联合报		自由时报	
		条数	百分比	条数	百分比	条数	百分比
数量	1个	11	29%	11	27%	10	28%
	2—3个	13	34%	11	27%	14	39%
	4个（含）以上	4	11%	1	2%	3	8%
	无	10	26%	18	44%	9	25%
	总计	38	100%	41	100%	36	100%
来源	台湾当局	6	11.5%	5	12.5%	2	3.5%
	蓝营	3	5.8%	3	7.5%	4	7%
	绿营	15	28.8%	10	25%	20	35%
	台湾工商业者	1	2%	1	2.5%	0	0%
	专家	3	5.8%	4	10%	4	7%
	普通民众	5	9.6%	0	0%	0	0%
	大陆高层	1	2%	1	2.5%	0	0%
	大陆政党	0	0%	1	2.5%	1	1.8%
	大陆媒体	0	0%	0	0%	1	1.8%
	两岸民间机构	0	0%	3	7.5%	3	5.3%
	无党派	18	34.5%	12	30%	22	38.6%
	总计	52	100%	40	100%	57	100%

三份报纸关于"绿营"和"公民运动"等的报道都集中在专版上，头版不

超过 10%，《自由时报》最少，只有一条新闻出现在头版上。在版内编排上，《中国时报》和《自由时报》的头条较多，占五成左右，《联合报》均衡分布于次条和其他。在标题设置上，《中国时报》的标题以一类和二类为主，约占 80%，有 56% 是虚题，倾向于通过标题表达观点或评价，并且评价上有六成为中立，两成消极。《联合报》以三类小标题和实题为主，态度上主要为中立和消极，积极评价只有 5% 左右。《自由时报》以一类大标题为主，但也有三成小标题，主要是陈述事件的实题，态度上以中立为主，偏消极，没有积极评价。

在体裁上，《中国时报》新闻与言论各半，《联合报》言论较多，《自由时报》新闻占多数。《中国时报》以 600—1000 字的中篇为主，1000 字以上的报道占四分之一，居三报之首，《联合报》和《自由时报》中短篇占绝大多数。《中国时报》和《自由时报》分别有四成和三成报道使用了照片做配图，《联合报》以文字新闻为主，较少使用照片。

在信源上，《中国时报》有 34% 使用了 2—3 个信源，29% 只有 1 个信源，4 个以上信源的占比 11%，高于其他两家报纸，来源主要为无党派人士和"绿营"人士的言论，超过六成，普通民众的言论也占到一成；《联合报》无信源比重为 44%，1 个信源和 2—3 个信源均占比 27%，以无党派人士为主要来源，其次是"绿营"；《自由时报》比重最高的是 2—3 个信源的报道，占 39%，其次是一个信源，为 28%，其消息来源主要为无党派人士和"绿营"，但比重均高于其他两报，合计比例超过七成。

综上，《中国时报》和《自由时报》对"绿营"和"公民运动"等的报道在版面编排上更为突出，《联合报》仍以不引人注目的排版方式处理非"绿营"的相关报道。整体上看，《中国时报》对"绿营"的关注不亚于《自由时报》，在篇幅和处理方式上两报相当。

二、议题设置

表 1.36《中国时报》议题设置（单位：条）

序号	议题	正面	中立	负面	总计
A	"太阳花运动"的后续动向与评价	1	2	2	5
B	社会各界对青年政治经济参与的态度	2	3	2	7

续表

序号	议题	正面	中立	负面	总计
C	青年政治参与与两岸关系	1	1	1	3
D	绿营的政治理念与两岸政策的评价	3	0	6	9
E	绿营与岛内"民意"的关系	8	4	2	14
F	绿营领导人及官员形象评价	3	4	7	14
G	柯文哲的领导能力评价	3	5	11	19
H	柯文哲市府执政建设评价	2	5	11	18
	总计	23	24	42	89

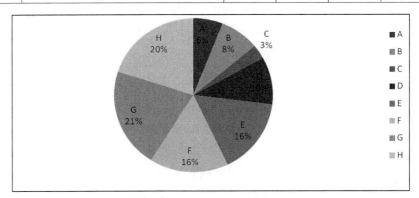

图 1.19《中国时报》议题设置

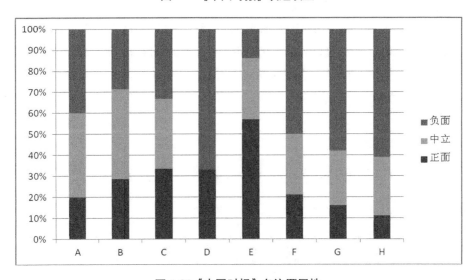

图 1.20《中国时报》各议题属性

政治体制

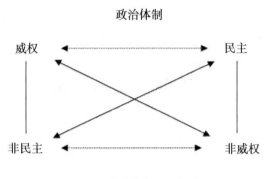

图 2.2 政治体制语义矩阵

来源：自制

在政治体制方面，"威权"指"执政者"在政治上专制独裁，统治家族掌握国家政权，并利用国家机器垄断公共事务，人民处于被统治地位，与统治者对立；"民主"在此语义轴上趋向于极端，特指民意在公共事务中占主导，人民力量决定国家方向，全体公民参与的政治模式。

经济分配

图 2.3 经济分配语义矩阵

来源：自制

在经济分配方面，"集中"是指在经济领域的财富分配上，占有生产资料更多的生产者获得更多财富、能者多得的自由主义经济手段；"平均"则强调社会财富的均等，削减在社会中占有更多财富的阶层的收入，保障更多低收入者的经济利益，强调社会平等。

《中国时报》关于"公民运动"等"白色力量"和"绿营"的议题主要集中在柯文哲身上，共有 37 条，占比 41%，另外"绿营"与岛内"民意"的关系和"绿营"领导人形象也占到议题的 32%，《中国时报》对柯文哲的关注已经超越了"绿营"。在议题属性上，有 42 条为负面，占 47%，正面和中立倾向基本持平。

从各个议题来看，"社会各界对绿营政治理念的评价""绿营领导人形象""柯文哲的领导能力""柯文哲市府执政建设"这四项议题负面评价均在五成以上，倾向于不认同"绿营"的两岸政策及其领导人观念，并且对于柯文哲上任后的实际"执政"水平以否定评价居多，认为其与当选时的形象不符。在"绿营与'民意'的关系"这项议题中，正面评价超过 50%，但要认识到，因本书鉴于柯文哲与"绿营"在政治理念上的趋近将二者进行合并测量，柯文哲选前的超高支持率在某种程度上也拉高了这项的肯定评价，即《中国时报》主要是对柯文哲与岛内"民意"的互动表示肯定。对于"太阳花"等社会运动引起的青年政治参与这几项议题，该报以中立态度为主，正面和负面评价相当。

表 1.37《联合报》议题设置（单位：条）

序号	议题	正面	中立	负面	总计
A	"太阳花运动"的后续动向与评价	1	5	6	12
B	社会各界对青年政治经济参与的态度	6	4	1	11
C	青年政治参与与两岸关系	2	2	3	7
D	绿营的政治理念与两岸政策的评价	0	2	5	7
E	绿营与台湾"民意"的关系	6	2	2	10
F	绿营领导人及官员形象评价	4	2	9	15
G	柯文哲的领导能力评价	2	6	9	17
H	柯文哲市府执政建设评价	0	5	10	15
	总计	21	28	45	94

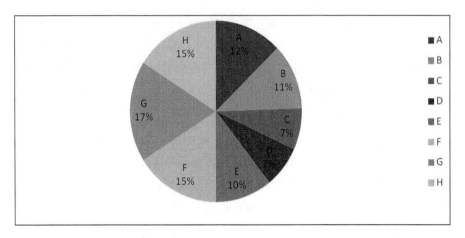

图 1.21《联合报》议题设置

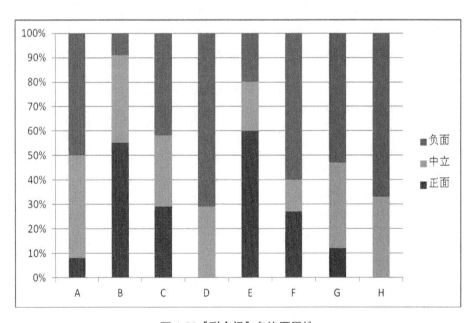

图 1.22《联合报》各议题属性

在《联合报》上，"柯文哲的领导能力评价""柯文哲市府执政建设评价""绿营领导人形象"占多数，分别为 17%、15% 和 15%，负面报道 45 条，占 48%。从各议题来看，"绿营政治理念的评价""绿营领导人形象""柯文哲的领导能力及其市政建设"都以负面评价居多，比重超过 50%，并且对"绿营"领导人和柯文哲的市政建设没有积极评价。对于"太阳花学运"的反思和评价，

《联合报》体现出中立偏消极的态度，正面评价在 10% 以下，而对青年的政治参与和岛内"民意"给予了较多肯定，正面评价都超过 50%。可以看出《联合报》对"公民运动"和民众政治参与持偏正面的态度，但是对"太阳花学运"这一事件带有否定色彩。

表 1.38《自由时报》议题设置（单位：条）

序号	议题	正面	中立	负面	总计
A	"太阳花运动"的后续动向与评价	15	3	0	18
B	社会各界对青年政治经济参与的态度	19	1	0	20
C	青年政治参与与两岸关系	15	3	0	18
D	绿营的政治理念与两岸政策的评价	9	2	1	12
E	绿营与台湾"民意"的关系	13	1	0	14
F	绿营领导人及官员形象评价	10	4	1	15
G	柯文哲的领导能力评价	1	8	3	12
H	柯文哲市府执政建设评价	1	5	2	8
	总计	83	27	7	117

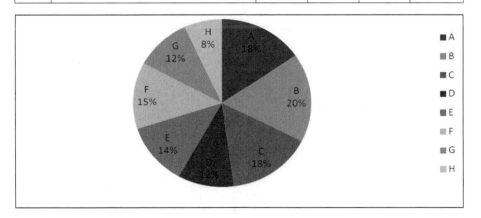

图 1.23《自由时报》议题设置

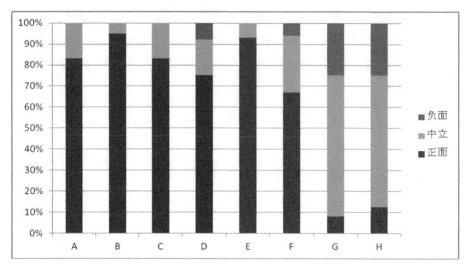

图 1.24《自由时报》各议题属性

　　《自由时报》的议题聚焦在"'太阳花学运'的后续报道""社会各界对青年政治参与的态度"以及"青年政治参与与两岸关系"三方面，正面报道有 83 条，占比 71%，负面报道只占 6%，《自由时报》对非"蓝营"的行动基本持肯定态度。从各个议题来看，有六项是正面议题，对"青年政治参与的态度"和"绿营与'民意'的关系"正面评价突出，均达到 90% 以上，只有关于柯文哲的两个议题中立立场占绝大多数，并且各有四分之一的负面评价，可见《自由时报》对柯文哲实际执政水平持保留意见。

三、影响与评价

表 1.39　各报对非"蓝营"的具体评价统计

题项	中国时报		联合报		自由时报	
	条数	百分比	条数	百分比	条数	百分比
蓝绿两党应充分尊重"民意"，实现"公民参与"是执政根本	12	18%	10	15.2%	15	15%
绿营两岸政策与政治主张受民众肯定	3	4%	1	1.5%	13	13%
绿营重视台湾"民意"	7	10%	3	4.55%	14	14%
绿营领导人有更好的领导能力突破台湾困境	1	1%	0	0%	6	6%

续表

题项	中国时报		联合报		自由时报	
	条数	百分比	条数	百分比	条数	百分比
"太阳花运动"的"公民参与"理念是未来走向	6	9%	7	10.6%	19	19%
台湾普通民众应通过运动争取自身利益	2	3%	0	0%	10	10%
柯文哲为代表的无党籍人士给台湾带来新希望,打破蓝绿对抗	5	7%	7	10.6%	5	5%
社会运动利于台湾发展	2	3%	3	4.5%	15	15%
民众肯定柯文哲的领导能力	4	6%	3	4.5%	0	0%
"太阳花"等社会运动阻碍台湾稳定发展和民主进程	3	4%	6	9.1%	0	0%
民众参与应理性	2	3%	1	1.5%	1	1%
青年政治参与不利于两岸政治发展	2	3%	6	9.1%	0	0%
绿营政治理念不利于两岸政治发展	5	7%	6	9.1%	0	0%
柯文哲的"白色憧憬"不可信	13	19%	10	15.2%	3	3%
柯文哲用人不当	2	3%	3	4.55%	0	0%
总计	69	100%	66	100%	101	100%

《中国时报》在具体评价原则上,主要有三个观点:"柯文哲的'白色憧憬'不可信""蓝绿两党应充分尊重'民意'"以及"绿营重视台湾'民意'",分别占比19%、17%和10%。《联合报》也强调了"蓝绿两党应尊重'民意'"和"柯文哲不可信",但是对"太阳花运动"既有肯定其"公民参与"理念的评价,也有认为其阻碍台湾稳定发展的评价,分别在11%和9%,在"太阳花学运"上的中立态度可见一斑。《自由时报》最着重强调的是"'太阳花运动'的'公民参与'理念是未来走向"这一评价议题,占比19%,在各评价中比重最大,其次是关于"蓝绿阵营都应重视'民意'""社会运动利于台湾发展""绿营重视'民意'"和"绿营两岸政策受民众肯定"这几类评价,其比例均保持在15%左右。无论"蓝营"还是"绿营"报纸都支持重视岛内"民意"这一观点,新闻数量为37条,占比最大,"柯文哲的'白色憧憬'不可信"这一评价主要体现在"蓝营"报纸上,《自由时报》表现较少。

四、总体态度

表1.40《中国时报》对各议题的倾向性

题项	正面		中立		负面		总计
	条数	百分比	条数	百分比	条数	百分比	
两岸关系	6	60%	3	30%	1	10%	10（100%）
国民党	6	55%	2	18%	3	27%	11（100%）
台当局	5	50%	2	20%	3	30%	10（100%）
绿营	3	12%	6	23%	17	65%	26（100%）
"民意"	17	59%	5	17%	7	24%	29（100%）
大陆	6	75%	1	12.5%	1	12.5%	8（100%）

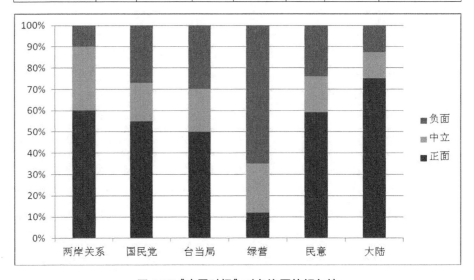

图1.25《中国时报》对各议题的倾向性

在总体上，《中国时报》对两岸关系和大陆持正面态度，占比分别为六成和七成，其中两岸关系还夹杂了三成的中立评价，对国民党、台湾当局和"民意"三个主体持有五成以上的肯定评价，而对"绿营"则以六成以上的否定评价，在各议题中成为负面形象。

表 1.41《联合报》对各议题的倾向性

题项	正面		中立		负面		总计
	条数	百分比	条数	百分比	条数	百分比	
两岸关系	4	50%	2	25%	2	25%	8（100%）
国民党	0	0%	5	56%	4	44%	9（100%）
台当局	1	100%	0	0%	0	0%	1（100%）
绿营	1	3.5%	12	43%	15	53.5%	28（100%）
"民意"	11	40.8%	8	29.6%	8	29.6%	27（100%）
大陆	1	9%	9	82%	1	9%	11（100%）

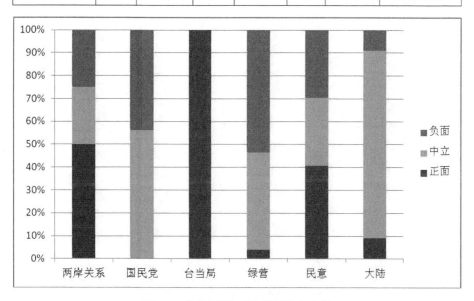

图 1.26《联合报》对各议题的倾向性

《联合报》在对非"蓝营"的报道中，对台湾当局这一议题给予 100% 的肯定，对两岸关系的正面评价占 50%，中立和负面各占四分之一，对"民意"的正面评价也只有四成左右，中立和负面各占三成。对其余几个议题正面评价极少甚至缺失，对大陆的评价也以中立为主，对国民党和"绿营"在情感倾向上较一致，表现为消极中立的态度。

表 1.42《自由时报》对各议题的倾向性

题项	正面		中立		负面		总计
	条数	百分比	条数	百分比	条数	百分比	
两岸关系	0	0%	4	17%	19	83%	23（100%）
国民党	0	0%	3	16%	16	84%	19（100%）
台当局	0	0%	0	0%	18	100%	18（100%）
绿营	15	65.3%	7	30.4%	1	4.3%	23（100%）
"民意"	30	94%	2	6%	0	0%	32（100%）
大陆	0	0%	0	0%	22	100%	22（100%）

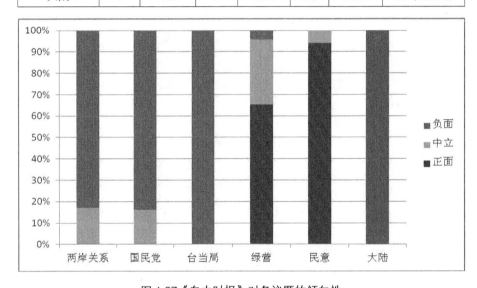

图 1.27《自由时报》对各议题的倾向性

《自由时报》对台湾当局和大陆持绝对否定的立场，共 40 条评价，均为负面，对两岸关系和国民党稍持中立立场，但没有积极立场。正面评价集中在"绿营"和"民意"两个议题上，"绿营"的正面评价比例低于"民意"近 29 个百分点，并且对"民意"没有负面评价。《自由时报》对"绿营"虽持肯定态度，但也指出其不足，在观点上有时稍显中立，扮演了一个"进言者"的角色。

第四节　小　结

从前文的分析可以看到，在关于大陆对台政策的报道中，《中国时报》最为积极，在版面编排上相对突出，大标题和配图均比较抢眼；《联合报》的编排则偏保守，对议题显要性的呈现以中小标题为主，多为 600 字以下的小篇幅，且态度中立；《自由时报》的版面最显眼，采用"大标题＋配图"形式，且"反中"态度鲜明，最易吸引读者注意，也最易让读者领会其立场态度，对"绿营"来说具有较强的战斗性。"蓝营"报纸以两岸民间机构为主要消息来源，《自由时报》则多取自台湾当局意见，避免使用民间机构发言。三份报纸的关注点主要集中在两岸政策对两岸关系的影响，两岸关系的政治基础"九二共识"和台湾认同这三个方面，并且《中国时报》和《联合报》态度较为直接，正面倾向突出，侧重两岸关系对台湾整体发展的影响，但在对各议题的态度上则较为保守，对两岸关系和大陆议题为积极态度，但也只局限在中低位的积极，两报对国民党和马英九当局均表现出了大比重的负面评价，不仅没有"挺蓝"，甚至是"倒蓝"。相比之下，《自由时报》在议题的态度上非常一致，呈现"一面倒"倾向，彻底否定两岸政策带来的一系列积极影响。

在以国民党为主要对象的报道中，就排版的视觉效果而言，《中国时报》最强，在议题中予以突出，在标题上以中立为主；《自由时报》视觉效果次之，标题偏消极倾向；《联合报》则以中立和消极为主。三家报纸都以"蓝营"为主要消息来源。无论"蓝营"报纸还是"绿营"报纸都关注国民党败选后在岛内的改革，《中国时报》趋向于支持和正面评价其改革，并肯定以往国民党执政所采取的两岸政策，《联合报》则在这一议题上较为消极，以负面报道为主，对国民党的两岸政策也以中立为主。其次，马英九和国民党的整体形象都是各报的重点，并且呈现为集体性地倒向负面评价，虽然只有过半的比例，但已经表现出一定的转向。《自由时报》则全面否定国民党的各项议题。

三家报纸都对"民意"这一议题持正面态度，《中国时报》对大陆一方较为积极，给予充分肯定，《联合报》在这方面表现出一些中立姿态，对相关问题不表态，在新闻中以陈述事实为主。在对"蓝营"的正面评价上，三家报纸以《中国时报》《联合报》《自由时报》的次序依次递减，并且需要认识到《中国时报》的起点本身并不高，《自由时报》几乎为零，由此可见国民党的媒体舆论声音之弱。

在对非"蓝营"的相关报道中，除《联合报》在编排上较为保守，《中国时报》和《自由时报》都在版面上给予突出和重视，但这种突出指向两个对立的方向。三家报纸都以无党派和"绿营"作为报道的主要消息来源，"蓝营"报纸适当加入台湾当局的意见。在议题设置上，"蓝营"报纸侧重柯文哲上台后的政绩、"绿营"领导人以及"绿营"与"民意"的关系，前两项都以过半数的负面评价为主，对岛内"民意"则予以肯定，但比重也只限于60%左右。在"蓝营"报纸内部，《中国时报》对"太阳花学运"这一议题关注极少，而《联合报》则将这一议题与"绿营"其他议题给予同等重要的地位，但在立场上两份报纸均以中立偏消极态度处理，偶尔也呈现出不稳定态势。《自由时报》关注的议题以台湾的青年运动为主，其次是领导人与"民意"的关系等，对非"蓝营"的这些议题分布较为均匀，在议题属性上，对学运、"绿营"与"民意"的关系都是高比例的正面报道，对柯文哲的政绩则持中立态度。在具体评价中，三份报纸都指向"蓝""绿"两党应重视"民意"，分歧在于"蓝营"报纸趋向于单纯就"民意"和"公民政治"进行叙述表态，而"绿营"报纸则将"民意"与"绿营"的两岸政策同时表态，形成隐喻，建立二者的联系。

在议题属性上，"蓝营"报纸对两岸关系和"民意"基本稳定在50%比例的正面评价上，大陆则持正面偏中立的态度，对"绿营"以负面评价为主，而国民党和台湾当局的评价出现不稳定的浮动现象。《自由时报》对两岸关系、大陆、国民党和台湾当局表达出统一的绝对否定态度，对岛内"民意"和"绿营"则予以充分肯定。

可见，"蓝营"报纸在报道"绿营"及"公民运动"过程中对"绿营"这一主体及其发生的行动态度较为坚决，但仍保留一定的中立空间，对执政的国民党，则针对不同的议题表现出不稳定的态度和表现，在正面与负面之间摇摆不定，与《自由时报》对"蓝营"的彻底否定相比，对抗力不足。但"蓝营"报纸在两岸关系和大陆问题上虽然偶有波动，但整体趋于平稳的正面态度。

相比于"蓝营"报纸在立场上的松散和摇摆，从上文分析可以看出，《自由时报》将报道中的各议题基本上归为两类，"绿营"和"民意"为一个集合，两岸关系、大陆、国民党、台湾当局四项合并为一个集合，对两个集合的态度近似于此消彼长的博弈，表现出鲜明的喜好。从这个意义上说，"蓝营"报纸的立场还不够坚定，特别是在当前不利于国民党的舆论形势下，难以辅助国民党在政治传播中掌握话语权，推动岛内改革。

第二章　文本分析

第一节　语义矩阵分析

一、"蓝""绿"对立的世界观

根据格雷马斯的语义矩阵，新闻报道和评论的叙事中普遍存在着二元对立关系，"四大报"关于两岸议题报道中的二元对立主要体现为以下语义轴——主权归属、政治体制、经济分配及执政者品德问题。

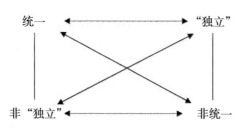

图 2.1 主权归属语义矩阵

来源：作者自制

在台湾的归属问题上，统一与"独立"是一组矛盾关系，统一意味着明确接受"九二共识"和"一中"原则，认为台湾是中国的一部分；"独立"意味着否定"九二共识"，主张"台湾是拥有主权的独立国家"。

领导人作风

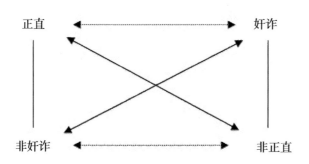

图 2.4 领导人作风语义矩阵

来源：自制

在领导人作风方面，"正直"在此指"执政"的领导人在道德上是可信的，品德高尚，在公共事务上言行一致，表里如一，对人民负责；"奸诈"是指"执政者"在道德上不可信，表里不一，出尔反尔，喜怒无常，使用政治手段算计人民。

在语义分析的辩证法思维中，叙述过程中矛盾关系的操作意味着肯定图式中的一项，否定与之对立的另一项，当项目被赋值，在内容层面就表现为否定现存项，改造内容，让新的肯定项目在相应的位置上出现。这一结构体现了文本叙述过程中的思维变化，意义便在各语义轴的互动组合中产生。

同时，必须认识到，将四个意义结构中的轴项进行排列组合可以产生数量庞大的互动，但是并不是所有的情况都有实现的可能。在实现的项目中，叙述层面也不会给予所有组合相同程度的重视和呈现，也就是说在话语中得到表达的出场系统具有一种不平等的等级关系，这一关系受到经济价值和个体价值左右，格雷马斯将其称为"认知范式"，它使得意义外显有了历史性。"它的社会构成似乎就是所谓的大众意识，一个内在于一切社会符号结构的、或隐或显的辩证价值体系。"[1]

在二元对立结构下，"四大报"在各语义轴上呈现出不同的趋向——

<hr />

[1] ［法］A. J. 格雷马斯：《论意义：符号学论文集》，吴泓缈、冯学俊译，百花文艺出版社，2011年，第159页。

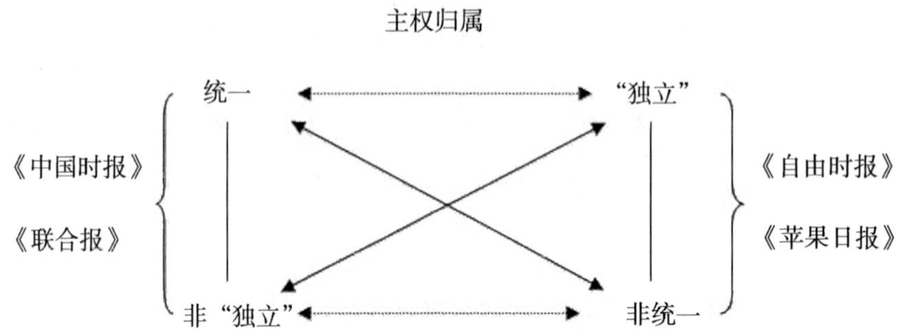

主权归属

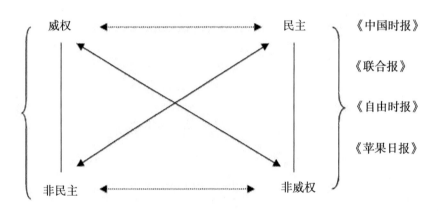

图 2.5 主权归属意义生产模型

来源：自制

政治制度

图 2.6 政治制度意义生产模型

来源：自制

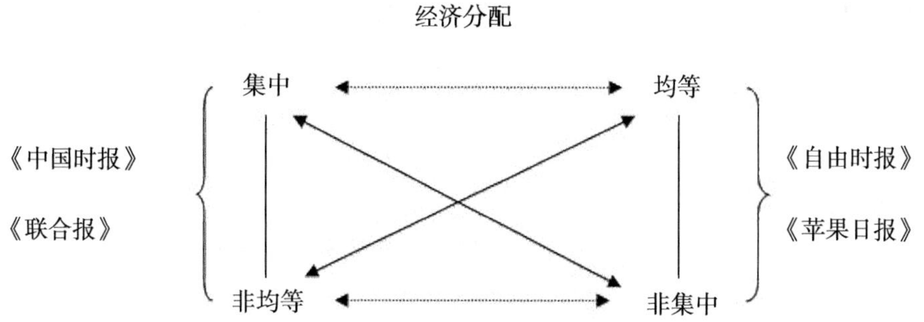

经济分配

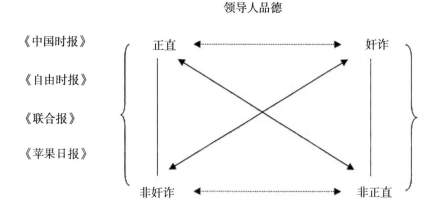

图 2.7 经济分配意义生产模型

来源：自制

领导人品德

图 2.8 领导人品德意义生产模型

来源：自制

通过以上语义分析，可以看出台湾"四大报"的基本世界观分立为两派。《中国时报》和《联合报》肯定的义素结构为"统一＋民主＋集中＋正直"，这一价值取舍显示出《中国时报》基本的世界观——台湾是中国不可分割的一部分，必须在"九二共识"框架下发展两岸和平关系，重视人民要求提高经济水平的岛内民意，在台湾经济困境上采取集中式策略，立足于拉动台湾整体经济发展，改善民众生活水平，操作过程中，"执政者"要信守承诺，"苦民所苦"，具有良好品德。

《自由时报》与《苹果日报》的结构为"独立＋民主＋平均＋正直"，其在表层叙述中构建的现实世界为：在政治上，台湾拥有"独立于大陆的主权"；在民主制度上，从"中央"到地方首长体察民意、关怀民生，以全体民众的诉求和困难为决策基础；在经济上，打破财阀垄断和政商勾结，缩小公务人员与平民的贫富差距，建立人人均等的富足社会；对当权者"执政"风格的基本要求是在道德人品上言行一致、雷厉风行。

统"独"问题不只是"蓝营"与"绿营"的根本分歧，更是台湾社会的政治"分水岭"，故"四大报"在这一问题上存在重大分歧便不足为奇，这一问题留待下文讨论。值得注意的是，四份报纸的叙事过程都对"民主"这项持肯定态度，成为话语展开的重要根基和事件的评价标准。另一方面，虽然同为肯定民意的力量，各报对于民意的主体定位仍有不同。"绿营"报纸《自由时报》和《苹果日报》将所有民众的意见和观点视为民意，尤其是将洪仲丘事件、"太阳花学运"等社会运动中参与者的意见均囊括进"民意"概念中，在此意义上，尊重民意就是要尊重包括这些"台独"主张在内的所谓民意。更甚者，《自由时报》直接将"民意"等同于"台独"，因此尊重民意就是支持"台独"，这一逻辑成为《自由时报》社论的主要立足点。反之，《中国时报》则将"民意"视为一般选民的意见，这一立场较为中立和客观，其社论中对于这一世代选民群体在选举中表现出来的力量表示重视，但对以"太阳花学运"中的领袖人物为代表的"第三势力"则持否定态度，即不将其视为"民意"正常表达的主体，而是"绿营"的侧翼。

二、对立的主体

以上对于深层结构的探讨是对叙事句法的概念操作，而在表层句法中，具体的操作体现为"行为"，因此就有主体来承担上述概念统领的活动和事件。在两岸关系问题上，主要涉及的主体包括大陆、马英九当局、国民党、民进党和柯文哲，他们在各报的意义基本结构中分别承担了一些义素的行为——

大陆：

《中国时报》——统一＋正直

《联合报》——统一＋正直

《自由时报》——统一＋"威权"＋"奸诈"

《苹果日报》——统一＋"威权"＋集中＋"奸诈"

马英九当局：

《中国时报》——统一＋威权＋正直

《联合报》—— 统一＋非民主＋正直

《自由时报》——统一＋威权＋集中＋奸诈

《苹果日报》——统一＋威权＋集中＋奸诈

国民党：

《中国时报》——非"独立"＋威权＋非平均＋非正直

《联合报》—— 非奸诈＋弱势

《自由时报》——统一＋威权＋集中＋奸诈

《苹果日报》——非"独立"＋非民主＋集中

柯文哲：

《中国时报》——非统一＋民主＋非正直

《联合报》——"独立"＋威权＋奸诈

《自由时报》——"独立"＋民主＋平均＋正直

《苹果日报》——非统一＋民主＋平均＋正直

民进党：

《中国时报》——无

《联合报》——"独立"＋奸诈

《自由时报》——"独立"

《苹果日报》——"独立"＋非威权＋非正直

大陆在《中国时报》和《联合报》的新闻叙事中承担的是主张两岸统一、承认"九二共识"的行动，并且在高层领导的行事风格上一以贯之，态度坚决。而在两份"绿营"报纸上的新闻叙述中：大陆的行动是主张统一并且使用"政治算计打台湾主意""权贵垄断社会财富"的原因所在，"导致台湾民众的经济收入徘徊低位"。

马英九当局、国民党与大陆在"绿营"报纸上的形象基本一致，并且在否定程度上依"大陆—马当局—国民党"顺序递减，"蓝营"特别是以马英九为首的当局在"绿营"报纸的语义场中成为"大陆统战的代言人"和承担者，因此在"绿营"的角色模式中是"对手"。《中国时报》和《联合报》中马当局和国民党承担的行动则较为复杂，马英九在两份报纸上是正直行为的承担者，在人格上为人忠厚、"苦民所苦"，但不善使用政治手腕，这一点与"绿营"报纸形成鲜明对立。《中国时报》中的国民党主张"不统不独"，家族世代行事，执政中没有满足民意，处事前后不一，不能一以贯之。

柯文哲这一人物的活动在《自由时报》和《苹果日报》中较为一致，他主张"'中华民国'是底线"、代表人民意志，致力于改善人民生活，反对财团和官商勾结，作风言出必行，行动力强，成为"救人民于水火"的英雄式人物。《中国时报》认可了柯文哲的"爱民"活动，但是认为在人格上他的行动是出于政治手段而非真心，因此是非正直的。柯在《联合报》叙事中是一个负项集合体，行事作风带有独裁色彩，为人苛刻，情绪反复无常，脾气暴戾。

以上为"四大报"在"九合一"选举后的新闻叙事中意义生成的基本结构，从二元对立中肯定了一些义素，同时也辩证地否定了对立的项，在四个结构的互动组合中，生产出多元丰富的叙事符号系统。本书将继续着眼于表层结构来探索各报新闻叙事的语法结构，并分析其如何基于这一深层结构来进行叙事。

第二节　叙事分析

按照叙事学的结构和逻辑，叙事分析可以从叙事声音、叙事功能、叙事聚焦、叙事时间、叙事语法等各个角度展开，而新闻生产的"把关"特征决定了不同报纸对于同一事件再现的选择性，因此台湾"四大报"对于两岸议题分别侧重于哪些方面、每家报纸的体系内部又是如何自成系统建构话语是本书关注的重点。基于这一考虑，本书将叙事聚焦和叙事结构作为叙事分析的主要方面。一般认为，社论是一家报纸的核心观点和立场的集中体现，因此本书将社论作为叙事分析的重点，辅之以头条新闻报道分析，一窥各报对两岸关系的态度。

一、叙事聚焦

"九合一"选举后，台湾发生了一系列将对两岸关系未来发展产生重要影响的事件，对于这些事件的"选择"体现了一家报纸的立场，因此，叙事聚焦分析将以事件为线索，着眼于各报的叙事视角和对象，以便清晰地对比台湾"四大报"对两岸关系的态度，以事件为基准，审视各自的"拟态图谱"。

（一）"九合一"结果和马英九辞职

本次"九合一"选举使得台湾政治局面在两方面发生了大变动——国民党失势和柯文哲崛起，尤其是前者造成的轰动性更强烈，在选举结果公布的第二天成为各报的新闻头条。11月30日，"四大报"的头版头条均为国民党的溃败:《国民党输到只剩"总统府"》(《中国时报》)、《国民党大溃败》(《联合报》)、《人民用选票，狠狠教训马》(《自由时报》)和《蓝大崩盘》(《苹果日报》)，其中"输""溃败""教训""崩盘"以及表程度的修饰词"大""狠狠"都是严厉的贬义词语，占据各报头版的半个版面，颇具一种宣告国民党"大势已去"的意味。在语词选择上，四份报纸都使用了一些带有贬义色彩的、表达落魄凄惨意境的词汇，比如"溃不成军""惨败""岌岌可危""仅剩"等，"仅保住"一语暗示了国民党在选战中的退守地位，而关于柯文哲、民进党的叙述中则多"大胜""打赢""收复"等表明进攻姿态的语汇，二者在整个选举的叙事中形成了鲜明的对比——马当局和国民党处于彻底失败的语义场，并且不仅失败，还败得狼狈凄惨。在选后的所有专题策划中有三个重点，分别是国民党败选、以柯文哲为代表的"公民力量"的崛起、民进党获胜，这一基本信息的传递虽然具有一致性，但是各报对这场选举结果的叙述和聚焦点则呈现出不同的特色。

《自由时报》对"大选"结果的报道聚焦于马英九施政"罔顾民意""不得民心"，将其政绩失败的核心和关键归因于他的"倾中"政策，并且叙述者表达出了希望马英九辞职的声音和愿望。以下节选了11月30日的头条报道和12月1日的社论:

> 国民党在九合一选举惨败，公民团体昨认为，马英九"总统"无力改革，还老是拿中国或经济发展恐吓人民，但公民用选票告诉执政党，民心要什么、不要什么，选举结果是对马"政府"投了不信任票，台湾新公民力量选择改变，推倒权贵世袭及政商共治的政治高墙，这正是公民力量的崛起最好印证。
>
> 公民团体也提醒胜选的一方，要记取国民党惨败的教训，执政要能符合人民期待，否则胜选也只有一次。
>
> ——《新公民力量崛起 对马投不信任票》

> 这次选举，马"政府"依旧沉迷经济牌的效果，可说倾"党国"之力，疯狂推销经济牌。从诉求民进党以"国会"少数不顾民主程序霸占主席台，恐吓中韩签署FTA，将冲击台湾六千五百亿元产值，好似不投票支持执政党，台湾经济就垮了。甚至还制作贻笑大方的韩国女子窃笑"我国"、感恩民进党的广告。而特定企业家更打着号召"经济选民"的旗帜，散播"经济为政治服

务""民主不能当饭吃"等谬论，而且摆出一副财大气粗的嚣张气焰，到处为执政党助选，乱开数以百亿、千亿计的选举支票，更扬言不要逼他退出台湾，令人倒尽胃口。

——《马英九"倾中"经济牌打败了国民党》

《自由时报》的叙事在国民党经济牌的失灵与其统派的意识形态之间建立了直接的因果关系，并让大量民众（特别是"太阳花学运"的领导人物）在叙事中出场发声，控诉马英九的"倾中"政策给他们个人生活带来的伤害以及对台湾整个经济和"国际地位"的负面影响，并且国民党成为"权贵世袭""政商共治"的隐喻和意指。"公民运动"代表林飞帆在叙事中以助力者的身份表明："马'总统'虽已确定跛脚，却仍可动用党纪胁迫党籍'立委'做出罔顾民意的决定，马应该立即辞掉国民党主席。"叙述者通过外部聚焦林飞帆，将读者的视线吸引到其话语上，通过对人物及其话语的聚焦加之以第三人称的视角进行的评论，建构了谴责马英九及其带领的国民党置人民于不顾、与大陆"共谋""出卖"台湾从而谋求私利的语义场。

马英九当局以及国民党的选后事务与行动成为《自由时报》关注的核心问题，并且话语主要在上文"主权"归属的结构内完成，这成为《自由时报》的根本立场所在。相比之下，在其新闻叙事中，柯文哲所代表的"公民力量"崛起也是一个重要的推动者，以此《自由时报》通过民众对柯文哲的肯定，将"主流民意"等同于"要求独立"，回到了其"主权"归属上的"独立"一端，并提醒民进党要延续这一"民意"，否则就会落得与国民党一样的下场。

《中国时报》对于国民党"溃败"的叙事也聚焦于国民党执政中失掉"民意"，并将矛头指向主政者马英九，这一点与《自由时报》表现出了一些一致性，但是二者的区别在于失民心的原因。《中国时报》的叙事中，国民党因失民心而败选这一事件的前一序列为马英九一系列政策的不彻底和不作为，这一前后相继的事件是为因果——

马英九当选"总统"后，宣称第一任要"拨乱反正"，第二任期要让台湾"脱胎换骨"。但回顾这6年来，即使最自豪的两岸部分，和平红利未让多数民众分享，也未能直接反映在台湾的经济动能上，加上马"政府"急于政治谈判，招致人民的强烈反弹。

——《民怨狂袭马沦为头号战犯》

除此之外，在马请辞的问题上，叙述者同《自由时报》意见完全一致，认为败选当晚马英九理应立即请辞为败选负责，在两份报纸上都出现了"只字未提"这一语汇来形容马谈话后对党魁一事的态度，可见叙述者对马应说什么有所期待，但很明显结果令其失望，除此之外，叙述者还将马当日没交出党魁解读为贪恋 2016 年党主席掌握的提名候选人的权力。对这一问题《联合报》的叙事则相对客观，以陈述事件为主——

国民党主席马英九昨晚坦承"遭遇极大挫败"，向全体党员与支持者九十度鞠躬致歉，表示"我不会回避任何责任"，但未辞党主席；"行政院长"江宜桦则为败选请辞阁揆获准。

——《国民党大溃败》

《中国时报》的叙述者在关于马英九的叙事中使用了大量语气严厉的责备词语，"铁票区生锈 经济牌失效"这一小标题与"绿营"报纸的话语结构类似，11 月 30 日一篇题为《民怨狂袭 马沦为头号战犯》的头条新闻中指出："马政权是最大输家，马英九无疑是最该检讨的头号战犯。""如此一来，跛脚马的功过，几已盖棺论定了。"马英九在选后的叙事中成为一个彻底的"反面人物"和"对手"角色，受到叙述者的讨伐和谴责。《中国时报》以叙事话语的呈现与马英九拉开距离，保持对立。

对于以柯文哲为代表的年轻世代颠覆传统的"蓝""绿"格局一事，《中国时报》的叙事侧重民众力量的强大及其造成的影响，对其采取积极和肯定的态度，承认和鼓励的话语背后更多是提醒执政者重视这一力量。虽然民进党是这次选举的胜利者，但是《中国时报》没有过分聚焦于这一点，并且认为国民党虽然输了，民进党也没有赢，只是因为对手竞争力太弱，而将注意力放在民进党胜选对蔡英文个人权威和声望在党内的巩固上面。

《联合报》在选后报道中则显得更为客观和中立，注重场面的描写和再现，大量使用人物的直接引语，较倾向于"展示"的叙事方法，并且从信源分布上可以看出，"蓝营""绿营"等各方分布较为均衡。马英九为败选发表讲话这一事件采用了大篇幅马英九的原话以还原场景，民进党的获胜也通过蔡英文的讲话来叙事，且形象较为正面。同时《联合报》还聚焦于马英九执政过程中受到敌对方阻挠的无助和无力，在选后一片"倒马"的舆论声浪中，《联合报》在叙事上还呈现了这样一个情境——"绿营"通过利用年轻世代的力量"反马"，使国民党成了"箭靶"，"只能接受万箭穿心的命运"。在社会舆论中有民众要求马英九双辞（"总统"之位也辞掉）时，《联合报》12月3日的社论以《马英九应慎重考虑辞"总统"》为题，力劝马英九在台湾命运堪忧之时挑起大任，在最后的任期内有所作为，这在其余三报中是被省略的细节，《联合报》的这一聚焦建构了马英九人格上的优点，当然叙述者也没有忽略其作为执政者在行动上的无力，"必须尽速收拾心情改组政府和政党"就是叙述者迫不及待的呼声。

《苹果日报》在选后的社论中也指出国民党执政的失败，并用美国历史上的卡特和老布什总统执政失败的例子隐喻马英九，但没有过多关注于马英九的个人行为，而聚焦于民众自主意识的兴起以及未来"公民社会"的发展。

（二）朱立伦上台

《中国时报》对于朱立伦当选国民党主席这一事件主要聚焦于朱的"宪政"改革和关于两岸政策的表述。他当选党魁受到了党内的高票认同和"蓝营"人士的肯定，呼声极高，在就职演说中他公开表达了两岸的"差异非常大"的认识，并向大陆提出"求同尊异"的说法。针对朱立伦的这些举动，《中国时报》在社论中表示他的两岸观极具"个性"，在台湾"公民运动"活跃的情况下原则容易被扭曲，为了台湾的整体利益，建议朱立伦坚定稳健的两岸政策。

《联合报》聚焦于朱立伦的改革设想以及党内呼声，以人物话语表达为主，肯定了其处理党内事务的行事方法，但对其在态度、观点上的失声表示不认同。

《苹果日报》聚焦于朱立伦上台后提出的改革国民党的设想，尤其是国民党的党产问题，叙述者对这一官僚腐败行为进行强烈的否定，并以此为由头要求朱立伦就"政党法"问题表态，回应人民的期待，不希望他成为另一个马英九。

"四大报"还聚焦了一个共同的问题——朱立伦上台后对事关两岸关系的政策方向、国民党内部改革等问题均不明确表态，但这一行动却在"蓝营""绿营"报纸上都没有得到肯定的回应和评价，可见，面对台湾政坛发生的新变化，朱立伦需要表明立场才会有"挺朱"的报纸，否则他对于任何一方来说都不是"自己人"。

（三）柯文哲观察

《中国时报》虽然对柯文哲的选举胜利给予了关注，但是在柯的后续一系列市政建设和改革中，则主要聚焦于他在言语上的口无遮拦和在实际"执政"中难以令人满意的表现。柯文哲凭借直言不讳、贴近民众的讲话风格受到民众的欢迎，但是上任后的柯文哲光环也逐渐褪去，口无遮拦的言语是他当选的特色和优点，也是他执政过程中的致命伤——

先是拆除忠孝西路公交车专用道的立场，在拜访过现任的台北市长郝龙斌之后立刻就改变了；再到忽然发表要废除派出所的主张，却又迅速转弯说还要再精算；紧接着而来的还有网络票选局长的竞选支票严重缩水，从本来的全面票选，变成只有劳动局长开放票选；更惨的是，对于如何筛选合格的劳工选民，至今没有良策，只能寄望于人性本善。

——《欢迎柯神回到人间》

在这一段描写中，"先是……立刻就改变了""忽然……却又迅速……""紧接着……从……变成……""更惨的是……至今……"一系列的转折和变换刻画了一个多变、急进、变幻无常的柯文哲，在决策上缺少稳定性和持久性，这些所有的特性都与一个优秀施政者相差甚远。除了从言语蔓延到工作中的急躁风格，《中国时报》还在叙事中聚焦了他虽然提出问题又多又快，但由于缺少经验，解决时产生了一系列风波，叙事者称其为"独行侠性格"。

《联合报》在社论中对于柯文哲的叙述也聚焦于他的言语，此外还有他对待下属颐指气使、自我感觉良好的威权形象。柯的语言风格不假思索，上任后"做了若干大快人心的决定，即使一些决策显得草率反复……他对于人的缺乏尊重，当众颐指气使，动不动就否定他人，则露出了其威权、不可挑战的一面，这恐怕是他最大的民主教养弱点"。并且因为受到民众的拥戴，行事上的错误被包容，柯文哲开始沾沾自喜、自以为是，不仅失言还失礼，叙事者以第三人称的视角聚焦了柯的"粗鄙本质"——无知、苛刻、飞扬跋扈。

《自由时报》的社论聚焦了柯文哲挑战政商勾结的激动言语以及在两岸关系上"'中华民国'是我的底线"的明确姿态。鸿海集团是台湾的龙头企业，柯文哲因不满其限时要求市府公布资料的行为而公然反驳，在《自由时报》的叙事结构中，鸿海集团对市府提要求是传统政商勾结的象征，如上文所指，在台湾，政商勾结指向的主体为国民党，因此柯文哲公然挑战政商勾结行为，也是对国民党以往的执政手段的挑战。相较于柯文哲在两岸观上的敢说，新任国民党主席朱立伦的沉默失声就显得不可理解。总体来看，《自由时报》的叙事中，国民党及其两岸政策是叙述的重心，柯文哲承担了"助手"的角色，成为反驳和批判国民党的武器。

《苹果日报》对柯文哲的聚焦多为正面，以柯文哲上台后对官场恶习气的硬性纠正以及在两岸观上的态度为主。叙述者将这些行动视为替民众出头、为人民谋利的事件，即使在这过程中手法生硬，那是因为他的"政治素人"身份，也正是此原因，除他之外没有人会做这些改变。同时《苹果日报》也叙述了柯身上存在的带有威权色彩的人格和受人诟病的言辞，叙述者以"自己人"的身份呼吁民众监督柯，让他做得更好，而并非直接劝诫柯文哲应该做什么，可见，在《苹果日报》的叙事中，柯文哲已经成为其家族中的一员，并且受到家族中所有人的爱护——

以柯的绝顶聪明，应该也意识到这个危机。我们都珍惜柯的特质，喜爱他、关心他，但对他的缺点不能视而不见。如果我们还期待柯有再上层楼的机会，这时就要提醒他、矫正他、警告他，不能让他任性下去。最终我们希望他能进化到优点发扬更广，缺点消除净尽，那时他就可以担当更重要的大任。

——《不可溺爱柯文哲》

（四）大陆政策（"九二共识"、马云赴台、M503 航线）

对于大陆对台方针政策和实践，《中国时报》和《联合报》的聚焦中心较为一致，并且态度较为友好——大陆一系列对台政策给台湾整体发展带来的优势和益处，并且在两岸有分歧的决策和议题上，聚焦于两岸有关机构的洽谈和交流，特别是大陆方面在谈判过程中的让步。比如 M503 航线的划定，两报在叙事上都把镜头对准两个点，一是海峡标识线不是台湾的专利，台湾早在九十年代就被限飞标识线，二是新航线划定带动两岸民航往来对台湾是有利的，大陆并无威胁台湾军事安全之意。两报对两会期间习近平发表的关于"九二共识"的谈话虽然使用了第三人称，但转述的内容较为完整，中间没有被其他"蓝""绿"阵营的人物出场打断，《中国时报》还采用了新华社的报道作为信源，台湾报纸引用大陆媒体报道的数量非常少，让新华社这一对象在叙事中出场本身就表明了一种态度。

《自由时报》对大陆政策的聚焦点主要在事物的负面效应上，特别是与意识形态和政治意图相联系，描写了负面的大陆官方形象。大陆两会期间高层领导重申"九二共识"这一行为被叙述为是大陆方面面对未来台湾政局的不确定而对台湾发出的"恐吓"。M503 新航线事件叙述者又把镜头对准大陆一方的"擅自划定""自认为"的让步和妥协，并通过多方信息源对这一行动提出质疑，这些人物的话语也成为叙述者的外部焦点之一。另外，马云赴台设基金帮助年轻人创业在台湾报纸也成为多日头条，不同于《中国时报》和《联合报》聚焦于马云演讲的内容本身，即给年轻人机会和鼓励，《自由时报》聚焦于马云赴台助创业背后的政治意图，以及阿里巴巴的发展"得力于政治力的扶持"和"大陆非真正意义上的市场机制"且不论事件的真相如何，该报聚焦的重心都是台湾民众所极力抵制和反对的，在这一叙事逻辑下，大陆就成了"阴谋""霸权"的隐喻。

（五）"太阳花学运"周年

2014 年 3 月 18 日的"太阳花"反服贸学生运动对于台湾政治、经济、社会生活都是一个重大冲击，也是重要的分水岭。事隔一年，"四大报"都对这一事件进行了专题策划，但从篇幅上来看，《中国时报》和《联合报》远没有《自由时报》设定的"镜头"多，并且聚焦也出现了较大差异。

《中国时报》聚焦于对"太阳花学运"激烈的表达方式的反省和深刻检讨，对内容聚焦不多，着重分析了学运的情绪化行动所造成的代价，这是学生们大局观上不成熟的表现，导致了社会协调机制的失灵。而学生领袖们成熟的标志则体现在一些学运干部的冷静，开始步入政治轨道，或者像陈为廷和林飞帆那样"想好好念书"。

《联合报》的焦点在于青年学生们用错误的方式表达意见后造成的事件的恶劣演化——唤起意欲修正的"台独"观念、学生们单纯的政治诉求被政治人物利用等，在情绪退潮后应致力于问题的实际解决，包括台湾当局为之所做的努力。

《自由时报》则选取不同于上述的镜头进行叙述，聚焦在"太阳花学运"周年时上千学生重返"立法院"这一行动，（这一事件本身在《中国时报》和《联合报》上以概述或者省略的方式呈现）。《自由时报》的聚焦重点在于学生们提出的"宪政改革""两岸监督条例"的落实、以及防止马英九"偷渡"服贸协议这些要求，以诉求的内容为主，对表达方式没有涉及，并且对场面进行了详细描绘，气氛热烈。

《苹果日报》的社论聚焦于"太阳花学运"取得的一定"成就"和真正诉求没有实现的不足，认为其正面作用在于"公民意识"的进步，但是抽象的理念没有转化为社会现实，即"政府"没有实现真正的改变，这种改变不应该只是改善青年就业的一些举措，而这种改变不只是当局所做的为改善青年就业的具体举措，关键还在于两岸问题。

当局在政策上响应了低薪资、高失业、长工时、买不起房子的学运诉求，包括推动加薪四法、调升基本工资、房地合一税、兴建社会住宅、全面实施周休二日、推动派遣立法等。

但是，学运最关注的是两岸黑箱作业，因此要求订定两岸协议监督条例，然后再逐条表决服贸与货贸。这些诉求政府以拖待变，毫无进展。

——《太阳花学运的成败》

可见，"偏蓝"和"偏绿"的报纸在"太阳花学运"问题上将镜头对准了截然相反的侧面，叙事上的对立造就了同一主体的截然不同的角色形象，那么问题就在于读者或者说台湾民众在阅读文本的过程中将自己投射为叙事中哪一边的人物，在一定程度上也就认可了哪一种立场。

二、叙事结构

为探究"四大报"对两岸议题的总体态度和话语，本书将各报视为一个叙事主体，深入分析各自的叙事内部，主体如何将事件"诗化"，话语如何成形以及呈现出怎样的特征，从叙事结构方面将各事件串联，以便探究各报对于两岸关系议题的态度。

（一）《自由时报》"挺绿""反中"坚决

《自由时报》虽然是"绿营"报纸，但是话题的中心不是民进党而是国民党，或者严格地说是国民党的"倾中"政策，以国民党为"箭靶"，通过对国民党"倾中"政策这一在场的否定，来肯定民进党不在场的"台独"政治理念。这一点从《自由时报》的几篇社论中可窥一二——《人民的胜利 国民党的挫败 民进党的警惕》《马英九倾中经济牌打败了国民党》《搞不清民意的政党终将被扫进垃圾场》《国民党只能任由马英九摆烂？》《没有垃圾时间 只有垃圾政府》等，《自由时报》社论选择的话题集中于马英九和国民党在台湾的执政路线、两岸政策、官僚体制，围绕国民党的每一项行动展开叙事，国民党成为叙事的主角，由此铺展开的叙述结构为反讽式的否定，以诺斯罗普·弗莱提出的"悲剧"式情节编排方式进行叙述，恐惧成为其基本的心理认知和行为反应。在《自由时报》的话语中，一个基本的逻辑前提是"台湾作为有'主权的国家'是既成事实，台湾民众普遍支持这一论断"，以此为基础，那么任何破坏这一逻辑前提的行动都是"邪恶"的。由此国民党的"倾中"政策便是"破坏式"的，并且认为大陆是国民党背后的一股强大的力量或者说支配力量，左右着国民党的执政，这一情节设置对台湾这一经验世界的发展有害无利，顺着这一逻辑，最终的结果只能是"毁灭"，也就是"被大陆统一"。在这一结构下，国民党与中共"阴谋"形成转喻，建构直接的因果关系，叙述者聚焦的人物多出自"绿营"和无党派，"蓝营"人士或者是被反驳的对象，或者以"泄密者"形象出现，披露国民党内的不良状况，从而产生"独家"效果。对这种叙事产生的恐惧心理使叙述者认为，人民唯一的自我救赎就是反对国民党的统治、摆脱大陆的"操纵"。在叙事中，民进党因与国民党在理念上对立而存在，于是叙述者把一切问题抛给了民众。

而柯文哲在《自由时报》的话语中虽然是"民意"的代言人，但其在叙事中出场的目的仍然是为了与国民党形成对立，因此只作为其"对头"的角色短暂出现，或者说在叙述者需要他出现的时刻才会上场。比如反对政商权贵、重视岛内"民意"，是为了强化所谓"台独""反中"的"主流民意"，对凡是"涉蓝"或"涉红"的事件进行否定叙事才是《自由时报》话语的基本结构。所以，《自由时报》对"白色"力量的叙事并没有超越"蓝""绿"的基本框架，而是一种有限的偏重，并以这种偏重作为提醒民进党保持警惕的信号。

（二）《苹果日报》"白色"鲜明但不稳定

《苹果日报》的"白色"特征更具显在性，以"民众代言人"的姿态展开叙事，相比其他几份报纸属于微观叙事，隐藏的叙述者不时以第一人称"我们"跳出来，以民众的立场表达情绪，甚至直接对国民党、马当局等喊话，体现了"公民社会"与"政府"的对立，不在乎政党。这一立场与柯文哲"民意代表"的舆论形象不谋而合，柯文哲这一人物因此成为"自己人"，是叙事中的主角，在情节安排上为浪漫式类型，并造就了柯文哲这一杰出人物。在这种叙事结构中，叙事者认为台湾可以被拯救，需要注意的是，此处的"拯救"不囿于让台湾脱离大陆"独立"，更重要的是改善台湾人民的实际生活，从改变"政府"开始彻底改变台湾的社会生态，能够带领民众实现这一理想的人只能是柯文哲，因为他"绝顶聪明"，又敢说出人民心声，超越了一般人，成了"神"。这一叙事符合神话和社会契约的基本结构，正如乔治·杜梅齐尔在频婆娑罗王登基的印度故事中发现的那样，"国王登基之时与人民签下了双重契约"，人民先承认国王的资格，国王将赋予人民权力作为授予其资格的赠品来回报人民，由于颂扬先于赠品的分配，而不是相反，资格在此获得了"增值"，"有资格者获得一个新能力，先前的话语变成'现实'"①。在这个意义上，对于柯文哲上任后受到的质疑，《苹果日报》也不遗余力地支持，并予以反驳。同时，民众的确看到了柯身上的不足，叙述者恳切地提出《不可溺爱柯文哲》，"最终我们希望他能进化到优点发扬更广，缺点消除净尽，那是他就可以担当更重要的大任"。这时柯也是与民众一样有缺点的普通人。在《苹果日报》的叙事中，柯文哲成了一个半神半人的奇里斯玛和"公民社会"的领袖。

在民粹主义的叙事下，政党已经不可靠，政治体制内的组织都具有滑向腐败和背叛民众的危险，因为他们在本质上是权力集团，与民众有根本上的阶级差别，因此无法完全代表"民意"，在角色上甚至是"对手"。叙述者在否定国民党统治和马英九的失败之时，对民进党也没抱有多大信心，不时提醒民进党谨记国民党的教训，不可罔顾"民意"。这一"群体"叙事对政党这类代议制政治组织避而远之，体现出不信任感。

综上来看，《苹果日报》的叙事偏重"白色力量"，以"公民社会"为理想，一定意义上已经超越了"蓝""绿"，以"民意"为声源，但仍"反中""反统"。柯文哲作为"人民的代表"在《苹果日报》上备受推崇也可见一斑，叙述者对其他对象都可以指手画脚，但对他则是委婉劝谏与爱护，可以说柯文哲虽无党，但已自成一派，成为从"人民"中走出的奇里斯玛，带有民粹主义的宗教性质。鉴于柯在两岸观上趋近于"绿营"，对于他未来的表现，特别是他的两岸观是否会发生转向，或者发生转向后"民意"将如何对待，《苹果日报》是否会继续支持他，目前还不能做出明确回答，因此其超越"蓝""绿"具有不稳定性。此外，应该注意到，《苹果日报》创始人黎智英是香港"占中"运动的领导人物，在政治上有强烈的"反中""反统"观念，这一特点也贯穿于其新闻叙事中，对大陆、两岸关系等持有敌意，在强大的民意话语之下具有迷惑性。

（三）《中国时报》"挺中"坚决"蓝色"摇摆

《中国时报》作为传统的"蓝营"报纸，其立场与《自由时报》可以说是针锋相对。但《中国时报》的叙事主角是两岸关系和平发展，或者说是台湾的整

---

① [法]A.J.格雷马斯：《论意义：符号学论文集》，吴泓缈、冯学俊译，百花文艺出版社，2011年，第119—120页。

体发展，而非民进党。在结构上的展开较宏观，格局和视野相对较宽广，在情节安排上倾向于喜剧，意即通过各方的努力，台湾可以克服困难回归大陆，而"九二共识"是唯一道路，也是对台湾民众和未来经济发展最好的道路，主要困难就是民进党的两岸观念。"太阳花学运"的学生领袖及一众参与者的"反中"情结很大程度上源于民进党的"去中国化"政策，扭曲了他们的世界观和价值观，因此要想实现喜剧结尾，就需要民进党转变其"台独"思维，首先要做的就是接受"九二共识"。

《中国时报》在选后也表现出了值得深思的变化，就是批判马英九不遗余力。如前文所述，在国民党败选后，《中国时报》推出的系列报道和社评对马英九不得民心的政绩进行了言辞犀利的批评和指责，没有让民众享受到两岸政策红利。在报道中与马英九拉开明显的距离，甚至要求其请辞党主席，认为马英九由此成为"恶"的代表。需要认识到，在选前马英九的军公教政策以及食品安全方面的一系列问题都引起了民众的不满，选民中甚至出现了"流血流泪也要把马英九选下去"的声音，普遍认为，此次国民党选举失利很大程度上是马的政绩使然，成为国民党的"炸弹"。因此，《中国时报》在选后报道中刻意对马英九拉开距离，是报纸贴近"民意"和迎合"民意"的手段，但是这一回避并不影响其力挺"九二共识"的基本原则，问题在于马英九的两岸政策不够彻底，"不统、不独、不武"的方针在台湾"公民运动"兴盛的形势下极易遭受攻击，贬马的同时充分肯定了"九二共识"的优势，可谓"小骂大帮忙"。

因此，《中国时报》与其说是"挺蓝"，不如说是"挺中"。在宏大叙事下，它不需要《苹果日报》那种柯文哲式的英雄人物，并且"蓝营"目前也没有政治明星，《中国时报》"挺蓝"的方式就是呼吁国民党和马英九当局积极扩大"蓝营"，改变原本的不彻底性，在两岸政策上明确承担坚定"九二共识"原则的责任，这才是立足大局的"大破大立"。虽然国民党目前表现出来的状态比较虚弱，但是《中国时报》在"九二共识"问题上却表达了坚定的立场，这也是其喜剧叙事中应有的态度。

（四）《联合报》追求专业"平衡"客观上"挺蓝"

《联合报》历来标榜新闻专业主义，因此在新闻叙事中力求平衡，在"九合一"选举后，基本延续了这一特色，也因为其客观的标准，《联合报》在"挺蓝"的力度上有限。整体上，《联合报》叙事的表层结构较为松散，基本上属于就事论事，在论证上是形式论和情境论的结合，综合表现事件错综复杂的各个角度和方面。如此一来，就很难说新闻叙事中的主角是谁，但"九二共识"原则是其重要的"支持对象"，"九二共识"能够促进的对象就可能是主角，从这个意义上讲，《联合报》也可以说是"挺蓝"的报纸。值得注意的是，"九合一"之后，其他三份报纸参与了"倒马"的声浪，但是《联合报》11月30日关于马英九发表败选演讲的新闻报道中，并没有出现带有暗示和隐喻意味的语汇，尽量避免形容词，大篇幅呈现了其致辞原文，以"展示"的方式给了马英九一个相对客观的"镜头"。当日的社论则叙述了国民党被夹击在"绿营"和被利用的选民中的无奈，最后仍然敦促马当局整顿心情，有所作为，争取选民的信任。

此外，民进党的两岸观也是《联合报》社论关注的重点。民进党自胜选后，蔡英文当选主席，想要两岸保持和平发展关系，以发展台湾经济，但又对"九二共识"这一两岸合作的政治基础有所保留，对于两岸政策始终没有明确表态。《联合报》发表多篇社论，从两岸关系发展的新变局力劝民进党审时度势，为了台湾的整体利益接受"九二共识"的基本框架，不要成为台湾的罪人。

《联合报》在新闻叙事中着力平衡各方观点，"蓝""绿"阵营人士都能够出场，针对一个问题发表言论，而不是某一方的"泄密者"身份，在叙述过程中修饰语较少，也保证了其中立的态度。选后的报道中，《联合报》在"倒马"的舆论漩涡中"力扶大厦于将倾"，无论是基于"挺蓝"的立场还是追求新闻客观性原则的必然结果，都在客观上加强了"蓝营"的声音，再加上其对"九二共识"的推动和对民进党的劝说，可以说《联合报》至少是一份不"挺绿"的报纸。

三、小结

（一）"蓝营"报纸"挺蓝"不足

台湾社会活跃的政治生态决定了台湾报纸与政治的互动关系，政治新闻是台湾报纸的重要组成部分，"四大报"在新闻叙事上也表现出了鲜明的意识形态倾向。总体来说，"绿营"报纸建构的经验世界以"台独"为基本立场，并且这一观念贯穿于叙事结构的始终，特别是《自由时报》作为"挺绿"的报纸态度坚决，观点偏激，成为"绿营"人士发声的传声筒，"蓝营"和大陆一方的声音很难进入其语义场，即使出场也是叙述者有意识建构形象的结果。同时，几乎每一篇与两岸政策及与两岸关系相关主题的报道，叙述者都试图通过叙述逻辑强行将两岸政策与"阴谋"相联系，建立二者的隐喻关系，使得马当局和国民党成为"阴谋"和官僚的象征,在日复一日的重复中,将这一话语传播到民众当中,以实现其意识形态建构的目的。相比之下《苹果日报》"挺绿"的声音相对微弱,但是由于其在两岸问题、执政党作为、对大陆态度这些基本观念上与"绿营"的意见趋近,因此其新闻叙事的基本意义结构偏向于《自由时报》的话语,并且对大陆的态度尤其不友好,建构了大陆负面的形象,在客观上也加强了"挺绿"的姿态。

《中国时报》和《联合报》是传统的"蓝营"报纸,在台湾新闻史上也有重要的地位,但两份报纸在"九合一"选举后,"蓝营"陷入执政危机的情况下,对"蓝营"的支持力度不足,甚至倒戈相向。这主要体现在对马英九和国民党的报道中,11月30日头版头条的标题均使用了极度消极的谓语表现国民党的败势,仅从最显眼的主标题看来,四份报纸难以区分,如上文所述,《自由时报》是坚决的"挺绿"派,那么《中国时报》和《联合报》在报纸上最显眼的位置使用的语词所表达的态度,不能说转向"挺绿",至少也是不"挺蓝"的。加之《中国时报》在新闻报道和社论中对马英九的排斥和批评,显示了其与马英九保持距离的态度,在马英九成为"票房毒药"的环境下,不能不说是《中国时报》为迎合受众做出的选择。但是仍然可以看到,《中国时报》对"九二共识"原则和两岸和平发展持有坚定态度和期待。《联合报》的新闻平衡性原则决定了其"挺蓝"的能力非常有限,从新闻专业性的角度而言,该报可说居于四报之首,"绿营"人士在该报上也可以建构较为正面的形象,这与"绿营"报纸上难有"蓝营"正面形象的情况截然相反。《联合报》以陈述事实为主,标榜客观中立,但可发挥的能力则稍显不足,虽然在这次选举中《联合报》挺身而出为马英九的个人品德正名,但是否会有下一次仍未可知,从其本身的叙事结构看,这取决于事件的具体情形和各方力量。

综合来看,"蓝营"报纸在政治立场上虽然较为坚定,但是对于国民党和马当局的改革和作为却未必有利,可以说是"蓝营"报纸不"挺蓝","蓝""绿"两党若相争,显然"蓝营"报纸战斗力不足。另外,《中国时报》和《联合报》倾向于绕开国民党"挺中",这与国民党在两岸政策上的暧昧不明有关,但是在台湾社会运动"反中"情绪强烈的情势下,这一选择未必会收到良好的效果。

(二)塑造了"人民"的神话

"九合一"选举成就了柯文哲,毁掉了国民党,这都取决于一个背后的力量,就是民意。从更广阔的视角来看,综观"四大报"的新闻叙事结构,无论他们的意义结构如何不同、符号系统怎样迥异，在整个宏观叙事中，抽象的"人民"成了所有事件背后的主宰，并且在各种语境、各种意识形态下，以在场的方式确认了自己的身份。对"蓝营"报纸来说，虽然"公民力量"的崛起造成了国民党的式微，颠覆了台湾的政治版图，无论是对国民党、台湾当局，还是大陆、两岸关系都不是一个利好消息。但是即便如此，他们仍然必须承认和正视"人民"的力量，《中国时报》还以压制和贬低马英九的方式倒追"民意"，马执政的失败就在于没有让台湾人民享受到两岸政策的丰硕成果，并且其不彻底的两岸方针也阻碍了民众分享两岸红利，对民主意识的觉醒，特别是青年人参政给予了肯定，称这是历来政治力量的源泉。《联合报》虽然批评了柯文哲的行事作风，但对"民意"的表达仍持肯定态度，包括对于"太阳花学运"，"蓝营"报纸也一致肯定了民众的诉求，只将反省重点放在表达方式的情绪化上。对于"绿营"报纸来说，则毫不避讳对选民力量的称赞，特别是《苹果日报》，"人民"是英雄人物的源头和归宿，当前台湾形势的变化走向符合所谓大多数选民的期待，在这一结构上，促使这一变化产生的力量恰恰就是选民，这是一切政治的根本。因此他们不在乎政党，一切以选民的诉求为方向。《自由时报》对"民意"的强调虽然有其政治目的和意识形态特征，但是也不得不说这是一个强有力的武器，否则该报大费周章用"台独"绑架"民意"就失去了意义。

因此，四份报纸联合建构了一个关于"人民"的神话，或多或少，或强或弱，"人民"这一抽象的在场都在发挥着同样的作用。在叙事中零散的民众的声音散布其中，并不能产生强烈的心理效应，但是"民意"或者"人民"一词一出现就产生一种震慑心魄的作用，叙述者必须重视它，叙事中的角色也要重视它。矛盾的是，没有人知道"人民"是谁，于是，"人民"成为一个单一的、团结的统一体，不能被分化，"群体"于是在"集体"概念的包裹下吞噬了个体，"自觉的个性的消失，以及感情和思想转向一个不同的方向，是就要变成组织化群体的人所表现出的首要特征"①。尤其值得注意的是，在《苹果日报》的话语中，叙述者认为自己就是"人民"。这一概念通过叙事、象征被建构出来，因隐喻而产生了意义，带有鲜明的民粹主义色彩，这将成为政治话语在台湾的政治生态中发挥力量。

---

① ［法］勒庞：《乌合之众：大众心理研究》，冯克利译，中央编译出版社，2000年，第16页。

总　结

通过对《中国时报》《联合报》《自由时报》和《苹果日报》的叙事分析和内容分析，可以看出台湾报纸在"九合一"之后表现出三个特征。

第一节　研究结论

一、鲜明的统"独"意识形态倾向

台湾报纸在态度和立场上具有强烈的意识形态特征，体现在新闻话语上就是对新闻的选择和压制、对信息的过滤、版面的位置、语气上的强调、信源的选择、全面的程度等都受到意识形态的操纵，"依据其对政治利益的有用程度而大大不同"[①]，两分法是其处理现实世界的话题和文本的主要结构，建构了"我者"和"他者"的对立，通过否定"他者"，强化对"我者"的自我认同。

传统的"蓝营"报纸和"绿营"报纸分属两大对立的意识形态阵营，这一对立有其深刻的历史根源和政治意味，具体到台湾的社会情境就是"统派"和"独派"的对立，体现为"蓝""绿"报纸在统"独"问题上针锋相对。因此，"蓝营"报纸主张一个中国，认同"九二共识"原则，支持促进两岸关系和平发展，并在媒体运作和发展中为之努力；"绿营"报纸则强调"本土化"，否认一个中国和"九二共识"的原则，主张"台独""反中"，并将这一观念贯穿于新闻生产的各个环节。

从"九合一"后台湾"四大报"的新闻运作来看，《中国时报》和《联合报》对涉及两岸关系的议题较为友好，对两岸政策新闻素材倾向于从正面角度

---

① ［美］爱德华·S.赫尔曼、诺姆·乔姆斯基:《制造共识：大众传媒的政治经济学》，邵红松译，北京大学出版社，2011年，第31页。

进行框定和处理，其正面话题最具显要性，在社论中清晰表明坚持"九二共识"的立场。另外，"蓝营"是消息的主要来源，《中国时报》还大量使用了陆委会发言人、大陆方面的政党发言人等作为信源，形象正面。《联合报》素来以中立为特色，在新闻手法上力求平衡，但在统派立场上仍然表现出坚定态度，对"绿营"的两岸政策予以全面否定。

"绿营"报纸从其政治利益出发，将以国民党为代表的"蓝营"及大陆联合定义为"他者"，并对这一集合推行的两岸政策予以彻底否定，其中《自由时报》表现突出。在每一议题上"他者"的负面评价几乎都在90%以上，其情绪之激烈、态度之决绝远超"蓝营"报纸。对两岸关系新闻素材，虽然版面地位不亚于"蓝营"报纸，但话题全部为负面、处理手法以维护其政治目的为己任，具有煽动性，在全面的否定中，"绿营"报纸建立了其"台独"的意识形态和话语体系，加深并强化了"独派"思维，并通过新闻话语传播到社会群体中。

二、"蓝营"报纸对国民党态度摇摆不定

"九合一"之前，对 ECFA 和服贸报道的相关研究显示，《联合报》对 ECFA 和服贸协议的报道倾向于中立，但"也体现出对台湾当局现有行为的肯定，"同时也有质疑和担忧。《中国时报》在态度上更为明显，在三家报纸中"对台当局的正面评价百分比依旧最高"[1]。对于两岸合作事件，"重点突出马'政府'声音表达，认为马'政府'能够从两岸合作中为台湾民众谋福利，争取台湾民众对于马'政府'的支持"[2]。彼时，"蓝营"报纸对台湾当局的态度虽然也有担忧和质疑，开始出现负面评价，但在整体上仍持支持态度，声援马当局争取民众支持。

自"九合一"选举结束后，国民党丧失大部分地方政权，颠覆了台湾的"蓝""绿"版图，岛内形成一股强大的"反马"浪潮，马英九为此辞去党魁以示负责。"绿营"媒体甚至将马英九比作埃博拉病毒，意为带有传染性和破坏性，塑造了"人人弃而远之"的形象。选后第二天，《中国时报》和《联合报》的新闻、评论就对国民党和马英九的态度发生了明显的转变，在新闻标题中使

---

[1]　江居正：《〈联合报〉〈中国时报〉〈自由时报〉对 ECFA 和服贸协议报道的比较研究》，厦门大学新闻传播学院，2014 年，第 88—89 页。

[2]　王鹏飞，《台湾报纸关于两岸新闻事件的叙事研究》，厦门大学新闻传播学院，2014 年，第 52 页。

用"大溃败""头号战犯"等字眼，与马英九刻意拉开距离，一改呼吁民众支持马英九当局的做法，谴责马英九的失职——执政期间脱离"民意"和在岛内一系列不得民心的改革举措，没能让民众切实看到和享受到两岸政策的实惠，使马成为选举中的一颗"毒瘤"，导致国民党在地方政绩上有优势的县市也丧失了"执政权"。同时《中国时报》和《联合报》对于民进党抛出的国民党党产问题也给予了较为中立的报道，在客观上进一步强化了国民党的贪腐和官僚形象。

虽然对马当局失去信心，两家报纸也流露出敦促国民党改革的声音，以建议、劝说等方式对国民党发声，寄望通过这一行动重新赢取民心。相比"绿营"报纸的"独派"思维大行其道，"蓝营"报纸在新闻专业性上更胜一筹，特别是《联合报》的新闻平衡，但"蓝营"报纸在"挺蓝"的立场上摇摆不定，显然不利于国民党在岛内展开的改革实践。

三、报纸民粹化趋向

选后，台湾"四大报"的新闻话语建构了"人民"的重要地位，在公共事务中，"人民"具有优先的决定地位，"政治机构只有认同于——而不是代表——人民的意愿，政治才被看成是合法的"①。赫尔岑那句著名的"到人民中去"成为台湾报纸叙事话语的重要结构，也给台湾报纸增添了浓厚的民粹主义色彩。即使是蓝营报纸，也参与了"人民"的构建，对马英九、国民党改革、民进党的两岸政策都以贴近"民意"为出发点和落脚点，客观上也加强了"人民"的整体力量。但是除《苹果日报》外，其余三家报纸的政党色彩更浓厚，是意义的主体，统"独"的意识形态是话语的主要结构，服务于各自拥护"统派"或"独派"的两岸政策。即使"蓝营"报纸对国民党和马当局偶有动摇，但其拥护"九二共识"的立场绝对坚定，是比国民党更彻底的积极两岸观。这是从经济学的角度来看，"人民"神话的产生是前三家报纸扩大影响、争取民众的外部效应，其政治工具功能更强。在这个意义上，它们并没有超越"蓝""绿"的框架。

"绿营"报纸，尤其是商业色彩浓厚的《苹果日报》的民粹化色彩更加鲜明，如前文所述，《苹果日报》的叙述者成为"人民"的代言人，甚至认为自己就是"人民"，以"群众"的视角观察世界、评判变化，肯定大多数选民的意

---

① ［英］保罗·塔格特:《民粹主义》，吉林人民出版社，2005年，第15页。

见。因为在民粹主义者看来，人民大众才是智慧的源泉，他们的"正派和平凡"比精英分子要优越得多，这是民粹主义的基本前提。《苹果日报》也对政党持怀疑态度，否定代议制政治，无论国民党、民进党还是"府院"机构，都是滋生腐败的土壤，在阶级上与平民对立，特别是国民党所陷入的党产、官商勾结等一系列封建家族化问题，该报都用"人民"的声音进行了严厉的指责，而从民众中产生的柯文哲具有与"人民"一致的个人品质和行动观念，自然而然成了"群体"中的领袖。与此同时，个体在话语中退场，在群体中无法辨识。

第二节　原因分析

一、政治与市场的角力

赫尔曼与乔姆斯基在《制造共识》中提出，大众传媒的新闻生产活动总是存在对新闻的筛选和过滤，"将不同见解边缘化并让官方和私营利益集团得以向公众传达他们选定的信息。"[1]其原因就在于财富和权力的不均，换用政治—经济体制的话语就是政治与市场。按照政治—经济体制的观点，所有的制度都是用三种方法组织起来的——权威、交换和说服，权威是政府组织的基本关系，交换则是市场制度的基础，说服贯穿于二者之中，是社会控制的主要方法，即意识形态，"权威的象征并非枪杆，而是词语"[2]，说服就在此处发挥作用。因此，一个组织的形成、发展主要受到政治和市场两大力量的牵制，在二者的博弈中确立自身。

上世纪 70 年代台湾经济复苏，资本主义迅猛发展，贸易交往增多，商业力量迅速增长并蔓延到报业，刺激了"解严"后的台湾报业市场，自此私营报纸开始崛起，台湾报业也开始在政治与市场的双重角力中调整自己的新闻策略和运作手段。报纸是政治与经济的集合，在新闻生产行为中寻求投入—产出关系，"处于幕后并为之提供资金来源的媒体拥有者和广告商、新闻概念的首要界定者、评论人和'思想恰当'的专家们在对基本原则和主导性意识形态的修正方

---

① ［美］爱德华·S. 赫尔曼、诺姆·乔姆斯基：《制造共识：大众传媒的政治经济学》，邵红松译，北京大学出版社，2011 年，第 1 页。

② ［美］林德布洛姆：《政治与市场：世界的政治－经济制度》，王逸舟译，上海三联书店出版社，1992 年，第 71 页。

面均扮演着重要角色"①。受众的注意力是报纸最有价值的商业成本,重视市场的报纸必然会考虑受众的偏好。从台湾报业史来看,报纸的产生和发展都与政治息息相关,《中国时报》《联合报》《自由时报》三大报业集团以其雄厚的财团实力于20世纪80年代建立了稳固地位,如本书开篇所说,三家报纸以其所有者与当权者的关系及其政治倾向,形成了台湾报业的意识形态格局,即《中国时报》偏"蓝"、《联合报》中立偏"蓝"和《自由时报》偏"绿",在这一阶段,三大报业集团实际上将组织的权威授予各自偏好的政党,服务特定的政治目的,因此内容生产过程中权威占据主导地位。

但是2000年以后,台湾报业市场发生了两个转变。2003年,香港起家的《苹果日报》进入台湾,这是一份完全意义上的市场化报纸,追求利润,交换是其基本组织形式,极力迎合受众,自称"台湾最贴近读者生活的一份报纸",以八卦、画报设计等轰动性效果吸引读者眼球,迅速打开了市场。目前该报成为台湾发行量最大的报纸。《苹果日报》的运作手法对台湾传媒生态是一个强烈冲击,由此带来了报业的转型。《苹果日报》的所有者黎智英是香港"占中"行动的领导人物,因此该报在政治立场上是疏远大陆和"反中"的代表,但从"九合一"的报道来看,在政治与市场的角力中,市场占据主导地位,因此形成了"到人民中去"的话语结构。

第二个转变是,2008年旺旺集团总裁蔡衍明以个人名义加入中时集团,并于2009年正式改名为"旺旺中时传媒集团",成为横跨媒体、食品等行业的综合性企业。所有制结构的转变强化了《中国时报》这一媒体组织的市场力量,注重交换关系,在与政治博弈的某些时刻需要做出经济选择,付出代价。因此,在面对岛内民众强烈的反马情绪、国民党选败失势又不得民心的舆论环境下,《中国时报》以市场为支配力量,用交换取代权威,通过反马报道迎合受众,"与人民站在一起"。权威的统治地位则转移到对两岸政策和两岸关系的肯定态度上,延续了统派报纸的一贯作风。用市场把受众拉回,以政治予以说服,这是《中国时报》在两岸关系议题上的基本策略。

二、民粹主义在新闻上的反映

媒体是社会的一面镜子,可以敏锐地感知社会的变化和情绪,以话语再现

---

① [美]爱德华·S.赫尔曼、诺姆·乔姆斯基:《制造共识:大众传媒的政治经济学》,邵红松译,北京大学出版社,2011年,导论第1页。

建构社会现实，或真实或扭曲，台湾报纸都与台湾政治、经济、文化、社会生活的方方面面具有互文作用。

80年代开始，台湾社会运动开始浮现，有研究显示，近二十年政治体制的开放也推动了台湾社会运动的发展，"从党国威权主义走向多党竞争的民主，甚至经历前所未有的两次和平政权转移"都是重要的推动力[①]。近几年，台湾大规模的街头抗争已经成为普遍现象，其中"大规模的政治动员俨然成为台湾社会运动的最典型代表"[②]，并开始向日常生活的各个方面渗透。社会抗争、争取自身权益成为台湾社会的常态化。

2014年3月的"太阳花学运"从对服贸协议审查程序的质疑扩展到对台湾当局、两岸政策、大陆的全面否定，"台独"意识抬头，民众情绪激烈，一度冲击"立法院"，在诉求中表现出对代议制的不满以及对精英统治的不信任，认为"群众"才是决定一切的力量，使得党政部门不得不面对"民意"的强烈冲击。台湾社会的民粹主义趋向蔓延到报业的后果就是，无论"蓝营"还是"绿营"报纸都需要正视"人民"的力量，并且给予"群众"足够的肯定以吸引受众的注意力，同时这也是台湾社会深刻的阶级矛盾在新闻中的"再现"。完全走市场化道路的《苹果日报》以"人民"的口吻发言，使得读者阅读时易产生自己是"人民"的具象化的心理认知，强化了"群众"的主体地位；并且在叙事结构上，该报对马英九的负面评价倾向于从他的道德人格上予以否定，用价值判断取代理性判断，与柯文哲的叙事形成强烈对比。《中国时报》《联合报》《自由时报》三家报纸由于组织内政治力量的牵制，在对"民意"的表达上相对保守，但都表达出了对"人民"力量的敬意，在日复一日的重复中建构了"人民"的主体地位。

根据民粹主义的观点，在充满社会冲突的氓民时代，真正危急的不是权力，"真正处于危急之中的是影响。因为影响之获得或失去，取决于两种一致性（来自上层少数人的观念和来自下层多数人的观念。作者注）之中是否有一种对另一种取得了支配地位"[③]。在台湾社会，政党利益无疑是上层社会的观念，民众利

① 何明修、林秀幸主编：《社会运动的年代：晚近二十年来的台湾行动主义》，群学出版有限公司，2011年，第6页。
② 何明修、林秀幸主编：《社会运动的年代：晚近二十年来的台湾行动主义》，群学出版有限公司，2011年，第2页。
③ [法] 塞奇·莫斯科维奇：《群氓的时代》，许列民、薛丹云、李继红译，江苏人民出版社，2006年，第29页。

益是下层社会的关切之处，这一对基于阶级差异的主张在社会生活中激荡、冲突、博弈，最终结果将是某一方在一致性上获得支配地位。而在扩大影响这项功能上，新闻媒体可发挥的作用极大，也是媒体话语争夺的战场。

在社会动员中，"人民"意味着社会中的绝大多数，在数量上占有绝对优势，一旦被动员起来，就是一股压倒性的反对势力，特别是"沉默的大多数"，民粹主义者认为他们专注于各自的日常生活和秩序，这种平凡赋予了他们美德和用选票决定政治进程的权利。当国民党的家族腐败统治、政商勾结、财团控制、民生政绩低迷等一系列代议制政治中的问题开始浮现，这就打破了"沉默的大多数"与代表们之间的联系，台湾"新世代"们在对危机的想象中从政治冷漠走向政治狂热。因此，对"人民"的信仰是民粹主义从伊始就追捧的理念，它所爆发的力量的确给民粹主义者们制造了很多"惊喜"。

因此，用"人民"的语气发声无疑是最易使读者产生归属感幻觉的手段，《苹果日报》动辄以"人民"或者"民意"展开叙述、铺设情节的手法，也是为了争取民众、争夺更大市场，以扩大该报的叙事话语在民众中的传播，同时消解了个体的存在感，使个体在阅读过程中向话语构建的"人民"这一群体靠拢，最终融入这一强大的精神召唤之中，形成单一的整体。日益增强的话语影响力将是在"非常时刻"进行社会动员的关键资本，其最终获得的是民众授予的权力，这一手段极具迷惑性。虽然柯文哲在《苹果日报》的叙事中已经具有舆论领袖地位，但是"在一般的极权主义运动特别是其领导者的名誉方面，其特点是令人吃惊地迅速被遗忘，令人吃惊地轻易被取代，这种特点是任何事物都无法和它相比的"[①]。一个"领袖"的个人品质难以被下一个"领袖"延续下去，并且柯文哲的两岸观未来会有怎样的走向尚未可知，相比于个人魅力，报纸拥有更长的生命线，可以看到，《苹果日报》在柯的英雄叙事之外，利用自身的市场化定位，织就了一张更大的关于"人民"的话语之网，其声音远强于其他三家报纸。

综上所述，台湾报纸的民粹主义倾向归根到底是权力之争，即在各自的阵营中进行社会动员的能力。报纸通过新闻话语所建构的经验世界无疑都带有权力色彩，或者说是政治力量争夺霸权的重要舆论场，并且台湾民粹主义已经呈现出对具有"个人魅力的领袖"柯文哲的崇拜，这无疑将是其未来突破制度化

① ［美］汉娜·阿伦特著:《极权主义的起源》，林骧华译，生活·读书·新知三联书店，2008年，第399页。

困境的主要方向，这其中凝聚着由群体力量所赋予的巨大权力，也就产生了强有力的诱惑。四大报在叙事上争取民意、高呼人民是市场在组织内占支配地位的显现，实际上，政治也表达出类似的要求——获得人民的信任意味着在数量上的优势，这是政治话语能否转变为现实的根本所在。此双重力量的共鸣使得台湾报纸的民粹主义倾向得以成形。

当前，台湾社会的民粹主义已是事实，柯文哲参选成为台北市长，在政体内部进行改革，同时，"太阳花学运"中的学生领袖也纷纷通过选举进入政坛，可见，台湾民粹主义的发展已经开始并入代议制的轨道，寻求制度化出路。

第三节　研究局限

本书使用定性研究和定量研究相结合的方法研究台湾发行量最大的四家报纸在两岸关系上的态度，具有一定理论意义和现实意义，但在研究过程中仍存在很多不足。首先，在定量的内容分析中，由于资源不可得，《苹果日报》纸质版没有纳入定量统计分析当中，使对于台湾报刊新闻的测量和考察缺失了一个具有代表性的样本，终觉遗憾。其次，定性分析主要采用了新闻叙事分析，囿于个人理论水平的限制，符号学解读和话语分析等的分析较为粗略，论述不够细致，对文本的细读和深化有待进一步改善，以期对台湾报纸有更深刻的理解，对台湾社会生态的描绘提供一点参考。

附　录

附录一："九合一"选举后对大陆对台政策相关的报道编码表

	编号		编码员			日期		
题名								
1	报名	《中国时报》		《联合报》		《自由时报》		《苹果日报》
2	日期	年			月		日	
3	版面	要闻版			专版			
4	位置	头条		次条		其他		
5	体裁	新闻		社论		言论		
6	篇幅	600及以下		601—1000		1001—2000		2000以上
7	配图	无		照片		漫画		图示

		属性			正面	中立	负面
8	议题设置	ECFA、服贸等对台经济政策解读及形势分析					
		大陆政策对台湾经济的影响					
		两岸产业合作进程及评价					
		大陆对台经济政策与台湾民众的关系					
		"一中"立场（"九二共识"）					
		大陆对台政策对两岸关系的影响					
		两岸走向					
		台湾认同					
		各界对大陆军事认识与评价					

9	标题	显著性	一类		二类		三类	
		类型	实题			虚题		
		态度	极度消极	温和消极		中立	温和积极	极度积极

10	信源	数量	1	2—3		4（含）以上	无
		来源	台湾当局	蓝营	绿营		台湾工商业者
			专家	普通民众	大陆高层领导		大陆政党部门
			大陆媒体	两岸民间机构		无党派	
		态度	正面		中立		负面

续表

编号		编码号		日期	
11	影响及评价	表述			判断
		肯定经济政策			
		大陆对台经济政策推动台湾经济整体发展			
		ECFA、服贸等协议给台湾带来更多发展机遇，利于台企、产业发展			
		利于提升台湾经济的"国际地位"			
		两岸合作优势			
		利于改善两岸关系			
		"民意"支持大陆政策			
		社会各界认同一中原则			
		冲击台湾企业、产业发展			
		财团控制受益			
		民众抗议，损害民众利益			
		"府院"失职			
		"台湾自立""本土认同"			
		"大陆威胁论""意图险恶"			
12	立场	主体	正面	中性	负面
		两岸关系			
		国民党			
		台当局			
		绿营			
		民意			
		大陆			

附录二："九合一"选举后对国民党相关的报道编码表

编号		编码员		日期	
题名					

1	报名	《中国时报》	《联合报》	《自由时报》	《苹果日报》
2	日期	年	月		日
3	版面	要闻版	专版		
4	位置	头条	次条	其他	
5	体裁	新闻	社论	言论	
6	篇幅	600 及以下	601—1000	1001—2000	2000 以上
7	配图	无	照片	漫画	图示

8	议题设置	属性			正面	中立	负面
		国民党的两岸政策的态度及评价					
		国民党岛内执政及改革评价					
		国民党对民意的态度					
		社会各界对马英九的领导能力等的评价（形象）					
		社会各界对朱立伦的领导能力等的评价（形象）					
		国民党的家族统治					
		国民党的整体形象					

9	标题	显著性	一类		二类	三类	
		类型	实题		虚题		
		态度	极度消极	温和消极	中立	温和积极	极度积极

10	信源	数量	1	2—3	4（含）以上		无
		来源	台湾当局	蓝营	绿营		台湾工商业者
			专家	普通民众	大陆高层领导		大陆政党部门
			大陆媒体	两岸民间机构			
		态度	正面		中立		负面

11	影响及评价	表述	判断
		国民党亲近大陆利于两岸关系及台湾发展	
		国民党改革举措值得期待	
		国民党有能力带领台湾走出经济困境，相信马英九"政府"	
		民众对国民党未来持支持态度	
		国民党应改变不统不独路线，坚定统派方针	

续表

11	影响及评价	表述			判断
		肯定经济政策			
		大陆对台经济政策推动台湾经济整体发展			
		ECFA、服贸等协议给台湾带来更多发展机遇，利于台企、产业发展			
		利于提升台湾经济的"国际地位"			
		两岸合作优势			
		利于改善两岸关系			
		"民意"支持大陆政策			
		社会各界认同一中原则			
		冲击台湾企业、产业发展			
		财团控制受益			
		民众抗议，损害民众利益			
		"府院"失职			
		"台湾自立""本土认同"			
		"大陆威胁论""意图险恶"			
12	立场	主体	正面	中性	负面
		两岸关系			
		国民党			
		台当局			
		绿营			
		民意			
		大陆			

附录三："九合一"选举后对非蓝营相关的报道编码表

编号			编码员			日期		
题名								
1	报名	《中国时报》		《联合报》		《自由时报》		《苹果日报》
2	日期	年			月		日	
3	版面	要闻版			专版			
4	位置	头条		次条		其他		
5	体裁	新闻		社论		言论		
6	篇幅	600及以下	601—1000		1001—2000		2000以上	
7	配图	无	照片		漫画		图示	

8	议题设置	属性					正面	中立	负面
		"太阳花运动"的后续动向与评价							
		社会各界对青年政治经济参与的态度							
		青年政治参与与两岸关系							
		社会各界对绿营的政治理念与两岸政策的评价							
		绿营与台湾民意的关系							
		绿营领导人及官员形象评价							
		柯文哲的领导能力评价							
		柯文哲市府执政建设评价							

9	标题	显著性	一类		二类		三类	
		类型	实题			虚题		
		态度	极度消极	温和消极		中立	温和积极	极度积极

10	信源	数量	1	2—3		4（含）以上		无
		来源	台湾当局	蓝营		绿营		台湾工商业者
			专家	普通民众		大陆高层领导		大陆政党部门
			大陆媒体	两岸民间机构		无党派		
		态度	正面		中立		负面	

续表

		表述		判断
11	影响及评价	蓝绿两党应充分尊重"民意",实现公民参与是执政根本		
		绿营两岸政策与政治主张受民众肯定		
		绿营重视台湾"民意"		
		绿营领导人有更好的领导能力突破台湾困境		
		"太阳花运动"的"公民参与"理念是未来走向		
		台湾普通民众应通过运动争取自身利益		
		柯文哲为代表的无党籍人士给台湾带来新希望,打破蓝绿对抗		
		社会运动利于台湾发展		
		民众肯定柯文哲的领导能力		
		"太阳花"等社会运动阻碍台湾稳定发展和民主进程		
		民众参与应理性		
		青年政治参与不利于两岸和平稳定关系		
		绿营政治理念不利于两岸政治发展		
		柯文哲的"白色憧憬"不可信		
		柯文哲用人不当		
12	立场	主体	正面	中性	负面
		两岸关系			
		国民党			
		台当局			
		绿营			
		民意			
		大陆			

附录四：编码说明

版面：要闻版指报纸头版，专版指政治、经济、文化、社会等具体领域的版面，两岸新闻指报纸针对两岸关系专门设立的版面。

位置：头条指在报纸版面上半版中心位置的新闻报道，次条指在头条下方或者周围在篇幅及重要性上等稍次头条的新闻，其他指除此之外的边栏等位置的新闻。

议题设置：选项中的正面是从大陆立场来看，有利于两岸发展和平稳定友好关系的项目，在报道中对报道对象使用褒义词，持肯定态度。负面则是从大陆立场看，不利于发展两岸和平稳定友好关系的项目，在报道中对报道对象使用贬义词，持否定态度。中立是指在报道中对报道对象没有表现出明显的倾向性，以陈述事实为主，并且没有使用含有褒贬色彩的词语。

本编码表中的"正面""中立""负面"均同上，以大陆立场为视角衡量。

标题：显著性主要指标题的字体字号，因为各类报纸标题的美化方式不同，因此编码时将标题在版面上的强势效果进行分类，一类标题指在版面上使用黑体加粗字号最大的那类，二类标题是指在字号、粗细等视觉效果上仅次于一类的标题，三类是指版面上的其他标题。

字数：由于未找到篇幅分类的理论依据，对该项进行操作化定义时，本书采用了人工统计数十篇新闻文本字数的方式，了解台湾新闻稿件的字数概况，并以此为依据进行定义。

附录五：文本分析样本列表

《中国时报》

头条新闻	2014 年 11 月 30 日	1949 年来选举最大溃败 国民党输到只剩"总统府"
		民怨狂袭马沦为"头号战犯"
		柯文哲现象 新社会力的综合
		民进党大赢 蔡英文奔向 2016
		改变成真 柯文哲：启动"公民参与"
		6 都唯一蓝天 朱：人民怒吼
	2014 年 12 月 1 日	胡志强：选举结果 是判马英九政治死刑
		"蓝委"喊改革 马释党权还不够
		民调失准 绿营的像中乐透
	2014 年 12 月 2 日	柯文哲上任第一件事 拆忠孝西路公车道
	2014 年 12 月 4 日	马辞党魁：记住人民严厉鞭策
	2014 年 12 月 13 日	朱立伦角逐党魁 弃选 2016"总统"
	2015 年 1 月 18 日	蓝军共主 朱立伦来了
	2015 年 2 月 1 日	指星港比台湾好 柯 P："被殖民越久越进步"
	2015 年 3 月 3 日	大陆 4 航路暂不启用
	2015 年 3 月 4 日	马云："创业要左手温暖右手。"
	2015 年 3 月 5 日	习近平："破坏'九二共识'，两岸动荡。"
	2015 年 3 月 18 日	回首 318 太阳花 林飞帆三省吾身
	2015 年 3 月 19 日	勇于反省 318 才是真正的勇者

	2014 年 11 月 30 日	台湾是一个勇于改变的社会
	2014 年 12 月 1 日	改造国民党　扩大蓝营路线
	2014 年 12 月 2 日	国民党暂已终结　民进党仍需努力
	2014 年 12 月 3 日	马英九应慎重考虑辞"总统"
	2014 年 12 月 4 日	寻找民共政治关系的基础
	2014 年 12 月 8 日	欢迎"柯神"回到人间
	2014 年 12 月 15 日	格局已定　诚实面对经济困局了
	2014 年 12 月 22 日	马"总统"必须捍卫最后防线
	2014 年 12 月 23 日	柯 P 新政　展现格局须突破惯性
	2014 年 12 月 26 日	袭胸陈为廷　民进党照妖镜
	2015 年 1 月 2 日	解构 2014 分层辨识"太阳花学运""七反"
	2015 年 1 月 5 日	解构 2014 大数据不只是行销工具是"国家战略"
社论	2015 年 1 月 9 日	创造两岸关系否极泰来契机
	2015 年 1 月 11 日	两岸思维　国民两党都必须改变
	2015 年 1 月 18 日	柯文哲、朱立伦将开放台湾新政局
	2015 年 1 月 24 日	解读国民党的再生之路
	2015 年 1 月 25 日	国民党新主席与两岸关系运作
	2015 年 1 月 27 日	不必把"海峡中线"当万里长城
	2015 年 2 月 12 日	朱立伦两岸关系在怕什么？
	2015 年 2 月 21 日	令人忧心的大数据"治国"
	2015 年 2 月 22 日	说不懂"九二共识"是自欺欺人
	2015 年 3 月 2 日	主权在民　巩固"主权"是假议题！
	2015 年 3 月 6 日	从大陆"两会"看两岸关系新局
	2015 年 3 月 7 日	沦为民进党侧翼　太阳花只能枯萎
	2015 年 3 月 18 日	用大格局检视太阳花

《联合报》

头条新闻	2014 年 11 月 30 日	国民党大溃败
		民进党大胜 蔡英文：从地方赢回台湾
		面对逼宫声浪 国民党弃江保马
		惨胜朱立伦：国民党要好好改革
		"感谢庶民力量" 柯文哲写下台北奇迹
		蓝绿高墙倒下 揭"尚青"新页
	2014 年 12 月 1 日	马周三辞党主席 江今率"内阁"总辞
		新"阁揆"马第一道考题
		民进党推区域治理 进攻 2016
	2014 年 12 月 3 日	马辞党魁 吴敦义代理党主席、洪秀柱秘书长
	2014 年 12 月 8 日	柯 P 新政 上线 5 天百万人次浏览
	2014 年 12 月 13 日	朱立伦不选 2016"总统"宣布参选党主席
		马云要设基金 帮台湾年轻人创业
	2015 年 1 月 18 日	朱立伦时代到来"蓝委"：他上台有加分
	2015 年 2 月 1 日	柯文哲抛"两国一制"：合作比统一重要
	2015 年 3 月 3 日	M503 航线延后：西移 6 里
	2015 年 3 月 5 题	习强调共同政治基础
	2015 年 3 月 18 日	318"内阁"向"婉君"说"两岸监督条例"
	2015 年 3 月 19 日	回应 318"政府"1 年来为青年做什么？

社论	2014 年 11 月 30 日	人民的失望和不满，马"总统"听到了吗？
	2014 年 12 月 3 日	柯文哲的"白色憧憬"能不能阻却蓝绿恶斗？
	2014 年 12 月 5 日	民进党：由"国家"敌对者 转变为承当者
	2014 年 12 月 6 日	国民党惨败后 两岸关系是否生变
	2014 年 12 月 8 日	青势力：解读"婉君"和"小草"的分流
	2014 年 12 月 20 日	柯文哲到底是左派还是右派？
	2015 年 1 月 2 日	新年谈"九二共识"的动摇及巩固与发展
	2015 年 1 月 13 日	振作点！跛鸭"总统"不必坐困愁城
	2015 年 1 月 16 日	权威与威权：领袖、老板、朕
	2015 年 1 月 17 日	民进党和太阳花的结盟与碰撞
	2015 年 1 月 19 日	民进党必须正视两岸和平框架崩解的警告
	2015 年 1 月 24 日	蔡英文如何操作否定"九二共识"的两岸交流
	2015 年 1 月 25 日	马"政府"不改龟步 如何应付新局？
	2015 年 1 月 28 日	除了婉君，柯文哲身边可有魏征？
	2015 年 2 月 12 日	陆委会王下夏上 两岸关系三方角力
	2015 年 2 月 16 日	蔡英文的抉择："台独"叛徒或台湾罪人
	2015 年 2 月 17 日	马"总统"的权力和理想落空之谜
	2015 年 2 月 18 日	杯弓蛇影的网路集体反智现象
	2015 年 2 月 22 日	期待睿智 民众拨云见日
	2015 年 2 月 27 日	朱立伦技术性解套王金平党籍案 实质性失声
	2015 年 3 月 6 日	退让三尺又何妨：新航线的悲喜智愚
	2015 年 3 月 8 日	马云掀起两岸"钱抢人"大战
	2015 年 3 月 12 日	民进党如何因应"地动山摇"两岸变局
	2015 年 3 月 18 日	太阳花：成功的抗争 失败的演化
	2015 年 3 月 19 日	太阳花逆流：问题合理 答案错误

《自由时报》

头条新闻	2014 年 11 月 30 日	人民用选票 狠狠教训马
		新公民力量崛起 对马投不信任票
		马为败选道歉 未提辞党魁
		差点落马 朱进退受考验
		超越蓝绿 柯大胜连 24 万票
		国际媒体：人民不信任国民党
	2014 年 12 月 1 日	谁接党魁？朱吴王浮出台面
		BBC：台湾选民告诉北京"国民党不得人心"
		选后台股 蓝色忧郁不会太久
	2014 年 12 月 3 日	马今辞党魁 违反党章引爆争议
	2014 年 12 月 13 日	"修宪"推"内阁"不选 2016"总统"
	2014 年 12 月 21 日	忠孝西路公车道 3 天内决定存废 柯：无法说服我 就拆
	2014 年 12 月 24 日	袭胸案 陈为廷：不用为我辩护 是我做错了
	2015 年 2 月 1 日	柯谈两岸观 抛"两国一制"
		柯 P：被殖民愈久愈进步
	2015 年 3 月 3 日	大陆不撤 M503 对我威胁未解
	2015 年 3 月 8 日	黄昆辉：台湾人不是被吓大的
	2015 年 3 月 18 日	"太阳花学运"周年 今重返"立院"
	2015 年 3 月 19 日	太阳花一周年："全民防马""偷渡"两岸开放政策

社论	2014 年 11 月 30 日	人民的胜利 国民党的挫败 民进党的警惕
	2014 年 12 月 1 日	马英九"倾中"经济牌打败了国民党
	2014 年 12 月 2 日	国民党图存 唯清党产与推"宪改"
	2014 年 12 月 3 日	民进党应看清选民为何教训国民党
	2014 年 12 月 4 日	搞不清民意的政党终将被扫进垃圾场
	2014 年 12 月 8 日	国民党只能任由马英九摆烂?
	2014 年 12 月 10 日	岂容马英九路线马照跑?
	2014 年 12 月 15 日	推动改革让台湾重新站起来
	2014 年 12 月 23 日	党产归还"国库"的真议题
	2014 年 12 月 25 日	陆委会主委所言差异
	2014 年 12 月 26 日	不要辜负人民的期许
	2015 年 1 月 19 日	台湾产业要走出自己的路
	2015 年 1 月 21 日	向"政商勾结"宣战!
	2015 年 1 月 22 日	中流砥柱何在?
	2015 年 1 月 23 日	"与中国研究如何打压台湾?"
	2015 年 1 月 30 日	两岸交往也需要"柯 P 新政"
	2015 年 2 月 2 日	"卖假货的马云如何帮台湾年轻人创业?"
	2015 年 2 月 9 日	没有垃圾时间 只有"垃圾政府"
	2015 年 2 月 12 日	两党都不要政治算计
	2015 年 3 月 11 日	"延续'九二共识'就是延续'失败路线'"

《苹果日报》

两岸新闻	2014 年 11 月 30 日	柯：伟大城市继续前进
		连胜文吞败 喊后会有期
		国民党溃败
		马英九辞党主席 "蓝委" 挺朱立伦接棒
	2014 年 12 月 1 日	卡位 2016 吴暗讽朱轻敌
		新 "阁揆" "蓝委" 力荐彭淮南
	2014 年 12 月 2 日	朱立伦出击拒作傀儡党魁 参选 "不逃避责任"
		柯副手 "找凶的 加快都更"
	2014 年 12 月 3 日	国民党主席位成烫手山芋 马英九请辞 吴敦义拒选党魁
	2014 年 12 月 4 日	"失望" 毛治国 "组阁"
		鞠躬 15 秒 马辞党魁：改革不够
	2014 年 12 月 13 日	朱立伦选国民党主席 不选 2016 "总统"
	2015 年 1 月 18 日	朱立伦膺国民党主席 习近平发贺电
		得票 99% 朱立伦当选党魁
	2015 年 1 月 28 日	柯文哲失言多 一月 37 次上头版
	2015 年 2 月 11 日	张显耀泄密不起诉 王郁琦扛责辞主委
		王郁琦请辞 夏立言接陆委会主委
		"太阳花学运" 帆廷 119 人起诉
	2015 年 2 月 15 日	"我非扁马" 蔡英文再选 "总统"
	2015 年 2 月 20 日	台求武则天签 "蔡英文登基"
	2015 年 2 月 26 日	马英九声明全文
	2015 年 3 月 1 日	柯文哲两度拒与马英九握手
	2015 年 3 月 9 日	国民党主席今访港 料晤梁特

社论	2014 年 11 月 30 日	选民狠狠教训国民党
	2014 年 12 月 1 日	选民冷酷　民主进步
	2014 年 12 月 2 日	有台湾特色的民主
	2014 年 12 月 4 日	蔡英文应主动提"修宪"
	2014 年 12 月 6 日	马英九　吃定国民党
	2014 年 12 月 13 日	朱立伦以身涉险
	2014 年 12 月 20 日	用力监督柯文哲
	2014 年 12 月 31 日	民进党的堕落
	2015 年 1 月 17 日	朱立伦别成了马英九
	2015 年 1 月 20 日	"政府"透明才是关键
	2015 年 1 月 23 日	柯市府不是乔家大院
	2015 年 1 月 27 日	嘴里淡出 X 来
	2015 年 1 月 28 日	不可溺爱柯文哲
	2015 年 1 月 30 日	"马政府"的逃官潮
	2015 年 2 月 2 日	柯文哲的两岸观
	2015 年 2 月 9 日	朱立伦的伪善矫情
	2015 年 2 月 12 日	起诉太阳花制造英雄
	2015 年 2 月 16 日	伟大的笑话
	2015 年 2 月 24 日	改革全部打回原形
	2015 年 2 月 26 日	马赫然震怒之后
	2015 年 2 月 28 日	永不认错　全盘皆输
	2015 年 3 月 5 日	新旧"总统"的灰色地带
	2015 年 3 月 7 日	朱立伦应以连胜文为鉴
	2015 年 3 月 10 日	民进党的是非试炼
	2015 年 3 月 19 日	柯文哲的突破
	2015 年 3 月 20 日	"太阳花学运"的成败

第二篇：台湾"四大报"社论研究

——以 2016 年台湾"大选"前对两岸关系议题的态度为例

导　论

第一节　引言

2016 年 1 月 16 日是台湾地区领导人选举的日子。此次"大选"对台湾政党的政治布局十分重要，台湾"蓝""绿"两党势必为此展开激烈的争夺。

然而值得一提的是，本届台湾"大选"前台湾社会发生的巨大转变。2014年台湾"九合一"选举中，国民党丢失一半以上县市版图，民进党则掌握岛内三分之二以上地域，"蓝""绿"政治格局出现颠覆。虽然县市选举不能决定2016 台湾"大选"的结果，但已经能够反映出目前台湾民意整体"倾绿"的情势。

众所周知，台湾媒体虽然承袭西方"新闻自由"的思想，一直以"第四权力"做自我标榜，但实际上台湾媒体长期受到政治与市场的双重控制。一方面，台湾媒体受政治影响，具有明显的"蓝绿"色彩划分，为自身代表的利益集团传达利己的信息；另一方面，台湾媒体作为商业化报纸又受岛内市场的影响，需要迎合当前受众的心意与口味。因而，台湾媒体常常需要根据外部环境的变化调整新闻框架，其中又以报纸媒体为最。

那么，在 2016 台湾"大选"前岛内政治局势与民意市场急转的情况下，"蓝""绿"媒体的报道态度是否依旧泾渭分明？或者，"蓝""绿"媒体是否为迎合岛内"主流民意"而对两岸关系和政治党派的态度有所变化？如果"蓝""绿"媒体的确存在态度的转变，那又是出于什么考虑、具有什么样的深层原因？从具体报道看，台湾媒体对同一议题又是如何进行新闻处理的，其新闻叙事有何不同或者具有了什么新的特点？围绕以上问题，本研究将以台湾媒体有关两岸议题的社论为对象，进行定性与定量分析。

2016 台湾"大选"政党轮替的结果，不仅将决定台湾未来几年的政治生态格局，也将对两岸关系图景产生重大影响。本书旨在通过对媒体社论的研究，以清晰把握选前台湾媒体的心态，尤其是它们细微的态度转变和微妙的态度差别；而非以"泛蓝""泛绿"等笼统的标签进行想当然的态度分类。本研究将有助于更好地了解岛内舆情与民意，管窥岛内政治力量之间的博弈状况。

第二节　文献综述

一、台湾媒体与政党政治

20 世纪 50 年代初，国民党为了"动员戡乱"和控制舆论，强化了对新闻传播行业的审查与限制，尤以报业为主。直到 1988 年 1 月 1 日，台湾才正式解除"禁令"，此后台湾媒体进入"自由竞争"的时代。然而，台湾媒体的自由竞争并未带来"多元化"意见的迸发。在政治力量的作用下，台湾媒体难以"独善其身"，成了政治角力的工具和战场。此前被国民党当局控制的许多公营媒体继续为国民党效力，而新成长起来的媒体则对其进行反制。因此，岛内的新闻报道形成了明显相反的意识形态倾向。同时，受生存压力的影响，台湾报纸争夺岛内市场，以"蓝""绿"区隔读者群，强化本群体读者的政党立场，进一步加剧了台湾媒体或"泛蓝"或"泛绿"的政党意识形态偏向。

一般而言，为国民党政治立场服务的媒体被称为"泛蓝"媒体，为民进党利益呼喊的被称为"泛绿"媒体。学界关于台湾"蓝""绿"媒体的研究已有诸多实践，主要集中在台湾政党与媒体之间的互动，以及媒体政治化对社会的影响。比如，陈飞宝在《台湾大众媒体与政党权力之争》中揭示了台湾媒体在岛内政党的权力斗争中所扮演的角色和发挥的作用。台湾学者吕东熹的专著《政媒角力下的台湾报业》则详细描述了战后台湾报业与政治经济力量之间的博弈关系。而《台湾媒体的政治化刍议》一文进一步从推波助澜两岸议题、选举时期选边站、漠视"蓝""绿"之外第三势力等多个方面，具体分析了台湾媒体政治化的表现及影响。以上研究均反映出台湾政党政治对台湾媒体新闻生产过程的介入和形塑，因此，台湾政局的转变、政党力量的此消彼长都将对台湾媒体的报道产生影响。

此外，台湾政治局势的转变在一定程度上反映了岛内"民意"的偏向。在市场化媒体迎合受众的本能驱使下，媒体往往根据受众的口味和兴趣调整报道策略。也就是说，"民意"力量有可能对政党操控力造成冲击，改变台湾媒体与特定政党之间的原有关系。那么，面对"九合一"选举后国民党失势、民意急转直下的局面，台湾"蓝""绿"媒体是否依旧泾渭分明？换言之，"泛蓝"媒体能否坚守支持国民党的立场，在"大选"前为国民党造势？"泛绿"媒体是否在基本观念和立场上与民进党保持一致，全面支持民进党候选人的施政理念和两岸政策？

二、台湾媒体与两岸议题

台湾问题涉及我国的核心利益，对两岸议题的探讨有助于了解台湾媒体对两岸关系的整体看法，对于把握台湾岛内舆情民意具有一定的参考意义。同时，台湾媒体对两岸议题中统"独"、经贸等问题的言论态度是反映其"蓝""绿"意识形态的重要标志，对两岸议题进行研究有助于了解选前台湾媒体的意识形态倾向和分布，并观察其态度是否偏离了各自原有的"蓝""绿"立场，管窥岛内各派政治力量之间的博弈状况。

截至目前，学界关于两岸议题的研究成果丰硕，但多限于政治学、经济学、国际关系等学科领域，从新闻传播学角度进行研究阐述的文章较少，而通过研究报纸媒体以探讨两岸关系的文章则更加少见。该类研究主要集中在 2008 年马英九当选台湾地区领导人之后，原因在于这一时期两岸关系在"九二共识"的基础上发展良好，两岸议题成为媒体关注的热点。按其研究内容进行划分，相关成果可以分为以下三类：一是台湾报纸对大陆事件报道的研究，二是台湾报纸对两岸新闻事件报道的研究，三是大陆与台湾报纸对同一事件报道的对比研究。

与本研究较为相近的是台湾报纸媒体对大陆事件及两岸事件的报道研究，比如《〈联合报〉〈中国时报〉〈自由时报〉对 ECFA 和服贸协议报道的比较研究》《浅析台湾媒体对大陆事务报道特点——以〈联合报〉和〈自由时报〉对中共十八大报道为例》《新闻材料的选择与建构：连战"和平之旅"两岸媒体报道比较研究》等。上述研究均从具体的新闻事件或议题入手，分析台湾媒体对两岸关系的呈现和建构，其结果显示不同颜色媒体在对同一新闻事件的报道上存在明显的差异，表现为政治立场和言论态度上的泾渭分明："泛蓝"媒体对大陆态度友善、拥护两岸政策，"泛绿"媒体对大陆充满敌意、反对双方交往。

但纵观此类文献的研究路径，存在报道研究多、社论研究少；内容分析多、文本分析少；框架理论多、叙事理论少等现象，并且几乎都没有在政党轮替的政治选举背景下展开。因此，本书将在叙事学的理论框架下，结合内容分析法和文本细读法，研究2016台湾"大选"前台湾报纸社论对于两岸关系议题的态度。

三、理论框架及相关概念

（一）叙事学理论

"叙事学"一词，最早由茨维坦·托多洛夫（Tzvetan Todorov）在1969年提出，叙事学研究的对象主要是叙事的本质、形式与功能，无论这一叙事采取何种媒介形式。根据戴卫·赫尔曼（David Herman）的说法，叙事学的目的在于"详细描述基本代码或个体叙事信息的语言，即故事接受者得以辨识叙事话语并按照叙事话语予以阐释的特征和差异系统。"[1]可见，叙事学强调的是语言和话语的区分，这种区分最早来源于结构主义的语言学模式。结构主义学家费尔迪南·索绪尔（Ferdinand Saussure）将语言视作一个表达观念的符号系统，它为个别的言语提供规范，通过一系列结构原则赋予其整体的意义[2]。因而，存在语言使用和话语建构的地方就存在"叙事"，新闻媒体对文字进行编排、从而建构新闻文本，这说明新闻也是一种叙事。学界为了对媒体新闻进行解构，将叙事学理论引入新闻传播领域，因此形成了"新闻叙事学"。虽然"叙事学"早在20世纪80年代就已进入中国，但从"新闻叙事学"角度对台湾媒体进行态度研究的学术著述还比较少见，因而本书决定由此入手。

基于叙事学对"语言"和"话语"区别的强调，新闻叙事学研究中也采用了"叙事语法"和"叙事话语"这两个不同的概念。"叙事语法"主要探讨叙事结构、逻辑顺序等，"叙事话语"主要探讨叙事语言、叙事聚焦、叙事修辞等。本研究分析的是台湾媒体的报道态度，由于"叙事语法"与"叙事话语"共同创造了叙事文本的意义，因而本研究将分别就"叙事语法"与"叙事话语"的

---

① [美]戴卫·赫尔曼：《新叙事学》，马海良译，北京大学出版社，2002年，第147页。

② [瑞士]费尔迪南·德·索绪尔：《普通语言学教程》，高名凯译，商务印书馆，1985年，第37页。

不同维度进行分析，这将有助于了解媒体对"外部世界加以设计、把握、支配和控制的权力意愿"[①]。

1. 叙事语言

叙事学的文本分析通常是从文本语言开始的[②]。而在文本语言中，罗曼·雅各布森（Roman Jakobson）在索绪尔的基础上提出了"隐喻"与"转喻"两个概念，旨在探究叙事文本"说什么"的问题，对于确定语言的诗歌功能意义深远，成为叙事学文本分析的基础。所谓"隐喻"，即一种"相似性"的替换，本质上是"在场"成分对"不在场"成分的"关系联想"，这一手法在象征主义作品中多有体现；所谓"转喻"，即一种"邻近性"的放置，使词语组合构成一个有意义的系列，主要出现在现实主义作品中。新闻报道本应是现实主义的作品，但在意识形态的作用下，往往具有象征主义的特征，新闻工作者在语言的运用中建构话语，通过建立"隐喻"的相似性联想，传达文本背后的潜藏意义。因此，本书将着重对报纸社论中的隐喻进行详细探讨。

2. 叙事视角

简单来说，叙事视角关注的是"谁在看"的问题，叙事视角的不同将影响受众对于事件的观察。新闻叙事视角可以分为第一人称视角和第三人称视角，第一人称视角是指叙事者用"我"的身份讲述故事，第三人称视角则是叙事者以局外人的身份进行叙述。按照罗钢的观点，第一人称叙事与第三人称叙事的实质性区别在于二者与文本世界的距离不同，因而所产生的叙事效果也会有所不同。第一人称建构的新闻话语更具张力，叙事效果更加真实，有利于受众对文本的接受；而第三人称叙事较为冷静，与事件保持一定的距离。由于第三人称的"局外人"视角更显客观，因而被大多数新闻媒体所选择，但部分媒体为加强观点的传达，偶尔也会采取第一人称视角进行叙事。

3. 叙事聚焦

叙事聚焦与叙事视角虽然都是"看"的问题，但存在视角"出发点"与"投射点"的区别。叙事聚焦研究的是"什么被看"，将叙事焦点聚焦到媒体认为最能反映事件、最能满足受众需求的某个方向、某个侧面或某个人物。可以发现，这一过程包含了媒体的选择，选择来源于立场，因而聚焦便创造了意义。特别是在当前新闻媒体普遍以第三人称视角进行叙事的现状下，对叙事聚焦的

---

① 何纯：《新闻叙事学》，岳麓书社，2006年，第15页。
② 罗钢：《叙事学导论》，云南人民出版社，1994年，第1页。

研究有助于挖掘新闻媒体对事件或议题的差异性阐释，揭示新闻媒体隐藏的立场与定位。因此，本研究将"叙事聚焦"列为对台湾报纸关于两岸关系社论的文本分析的一个维度。

4. 叙事结构

叙事结构研究语言符号的排列或组合，了解其叙事逻辑下的深层意义框架，侧重解决文本"怎么说"的问题。法国著名叙事学家克洛德·布雷蒙（C.Bremond）以"叙事序列"作为叙事结构的基本单位，用以说明文本的逻辑关系，具体而言是对文本的内容布局、排列组合、语词表达等细节进行挖掘，并涉及对文本的叙事视角、叙事聚焦以及隐喻的探讨。[①]加拿大文学批评家诺斯罗普·弗莱（Northrop Frye）则根据文本的叙事逻辑，提出喜剧、浪漫故事、悲剧、反讽与讽刺四种文本叙事结构，探讨了不同叙述结构下的情节安排、原型表现以及它的意义作用。[②]学者杨义认为，"对于整体结构而言，某句或者某段话语处在此位置而不处在彼位置，本身就是一种功能和意义的标志"[③]，很多时候叙事内容的位置设置常常比语言说明更能反映其蕴藏的意义，因为"怎么说"的编排往往决定了文本"说什么"与"不说什么"。对叙事结构的研究能够了解文本叙事者的叙事框架，揭示文本叙事者潜藏的意识形态。因而，本研究将"叙事结构"列为对台湾报纸关于两岸关系社论的文本分析的另一个维度。

（二）其他相关概念

1. 民粹主义

"民粹主义"是20世纪以来活跃在世界政治领域的一种现代政治现象，可以说"哪里有代表民意的政治运动，哪里就有一种作为潜在的政治运动或者政治观点的民粹主义"[④]。但关于民粹主义的核心概念，学界至今没有达成共识。归纳来看，主要有两个方面的原因：

第一，民粹主义依赖于具体的情境，不同实例具有不同的特点，因此很难进行类推[⑤]。在现代经济发展和国内外政局变化的大背景下，世界范围内的民粹主义运动不断涌现，这使民粹主义的概念存在多种语境下的解释。首先是马克

---

① 罗钢：《叙事学导论》，云南人民出版社，1994年，第92页。

② [加]诺斯罗普·弗莱：《批评的剖析》，陈慧等译，百花文艺出版社，1998年，第185—299页。

③ 杨义：《杨义文存.第一卷，中国叙事学》，人民出版社，1997年，第36页。

④ [英]保罗·塔格特：《民粹主义》，袁明旭译，吉林人民出版社，2005年，第2页。

⑤ Ernesto Laclau: *Politics and Ideology in Marxist Theory*, Therford, Norfolk, Lowe Brydone Printers Limited, 1977, p.145.

思语境下的民粹主义，学界普遍认为"民粹主义"最早来源于俄国民粹派。在俄语中"民粹"是 narodnichestvo，该词由 narodniki（"民粹派"）变形得来，词根上含有"归宿于人民""与人民同在""向人民靠拢"之意，因而以俄国民粹政治运动为土壤发展起来的民粹主义便常与"反对资产阶级""支持社会主义"等思想意识相关联。其次是民主化语境下的民粹主义，这种语境下的"民粹主义"用 populism 表示，在词源上由 popular（"受人民欢迎"）演化而来，暗含"民众所支持的""迎合讨好民众"之意，因而以美国、英国的民主运动为基础建构出来的民粹主义就常与"人民优先""民意决策""公民运动"等思想理念相联系。

第二，民粹主义的内涵多样而复杂。大陆学者俞可平认为，民粹主义既是一种政治思潮，又是一种政治运动，还是一种政治策略。[①] 具体来说，它是一种强调平民利益与主张的政治思潮，又是一场普通民众作为决定力量的政治运动，同时还是控制和操纵平民大众的政治策略。保罗·塔格特（Paul Taggart）在《民粹主义》一书中还谈到了民粹主义的矛盾性悖论：宣称依靠人民而又崇拜精英领袖，主张自下而上的改革而又依赖政党精英的作用，反对代议制的政治形式而又借助政党和政治制度开展活动，抨击权力斗争而又陷入权力之争。民粹主义反复无常、变化多端，常常成为自己所反对的东西，没有一个明确的内涵概念。[②]

总的来说，民粹主义的概念模棱两可、难以把握，无论是从意识形态还是具体内容来解释都是不够准确的。于是，英国学者玛格丽·卡农范（Margaret Canovan）从结构性角度来解读民粹主义，将其定义为诉诸平民大众的、反对既定权力结构和主流价值的一种现象。[③] 在这种结构性解释的基础上，我们可以推断出民粹主义反对现行代议制、动员人民群众的基本框架。然而，民粹主义始终缺乏内在的核心价值，只有平民认同、人民公决、人民投票、公民创制等碎片化的思想观念，能适用于各种不同的政治立场，依附于各种意识形态而存在。[④] 因此，民粹主义很容易被政治精英所操控，成为少数政治人物谋求权力

---

① 俞可平：《权利政治与公益政治——当代西方政治哲学评析》，社会科学文献出版社，2000年，第219、220页。

② ［英］保罗·塔格特：《民粹主义》，袁明旭译，吉林人民出版社，2005年，第1—3页。

③ Margaret Canovan: Trust the People! Populism and the Two Faces of Democracy, *Political Studies,* 1999, p.3.

④ ［英］保罗·塔格特：《民粹主义》，袁明旭译，吉林人民出版社，2005年，第5页。

合法化的一种工具和手段。民粹主义的利用者将人民理想化，强调人民的主体地位，用抽象的"群体意志"消灭具象的"个体观点"，增强人民力量，并将这股庞大的"民意"收归己用，以强化自身政治理念的正当性。然而，这一权力的赋予和转换过程缺乏制度化的监督和约束，所谓的"民意"一旦被政治领袖所滥用，民粹主义就会有沦为希特勒、斯大林、庇隆等政治家用来进行独裁的工具的风险。

2. 西方"左翼"社会思潮

学界普遍认为，"左翼"与"右翼"这一对政治词语诞生于 18 世纪末的法国大革命。在 1789 年的法国制宪会议上，第一、二等级的议员——主张维持君主立宪制的保守主义者——坐在议会右边的席位上，而第三等级的议员——要求建立共和制的激进主义者——占据了左边的席位，这一戏剧性的历史场面反映到语言中，便产生了 Left（"左翼"）与 Right（"右翼"）这一对政治概念，分别代表两种阶级的意识形态。①

西方"左翼"社会思潮便在这一背景下应运而生，其主要立场体现在两个方面：第一，坚持阶级政治理念和阶级分析方法，强调当前社会的阶层分化与阶级矛盾，具体表现为反对"贫富不均"，关注"弱势群体"，主张社会的"公平"与"正义"。第二，具有一定的"革命性"特点，包含了"反代议制""反政府"等思想观念，促进了一系列"左翼"社会革命或运动的兴起。

综上所述，西方"左翼"思潮本质上是一种"人民"史观——强调"人民"的决定作用。它与民粹主义都以"人民优先"作为核心内涵，在"反代议制""反精英主义"等基本理念上也存在一致性，因而二者常常相互结合、相互促进。特别是在社会危机（包括经济危机、政治危机等）爆发时，"左翼"社会运动常伴随民粹主义而兴起，形成结合了"左翼"政治思想和民粹主义言论、策略的"左"倾民粹主义。民粹主义者以"人民"论述加强"左翼"思想的色彩，进一步鼓动"反精英主义""反代议制政府"，同情"弱势群体"，要求"公平""正义"等情绪，对既定的社会权力结构和政治形式形成一定的冲击。

---

① ［美］迈克尔·罗斯金等：《政治科学》，林震等译，华夏出版社，2001 年，第 106 页。

第三节　研究方法

一、内容分析法

内容分析法（Content Analysis）是目前传播学研究中使用最为广泛的方法，根据美国学者伯纳德·贝雷尔森（Bernard Berelson）1952年的观点，"内容分析法是一种对明确可见的传播内容进行客观性、系统性以及量化描述的研究方法"，这一研究方法可以充分了解内容制造者想要传递的内容，以此来研究具体的传媒机构的企图和行为，同时作为反映当时社会文化的证据。[①]

（一）研究对象

本书的研究对象是《中国时报》《联合报》《自由时报》《苹果日报》社论的两岸关系议题，选择的原因是：

首先，《中国时报》《联合报》《自由时报》《苹果日报》是台湾报业的"前四强"，在台湾岛内具有较高的发行量、知名度和影响力，基本可以代表当前台湾主要报纸的舆论倾向。同时，四家报纸具有十分鲜明的意识形态立场，因而对本研究来说具有代表性。具体来看，《中国时报》创办于1950年，被认为是"蓝营"报纸，原因在于其创办者余纪忠"统派"色彩浓厚，认为两岸同属一中、国土不容分裂，在两岸关系的观点和态度上与"蓝营"相近，因而在报纸经营和运作的过程中表现出支持并促进国民党发展的倾向。加之，《中国时报》于2008年11月被旺旺集团所收购，此后更热衷于推动海峡两岸的和平交流与合作、促进两岸关系发展；《联合报》由国民党人王惕吾在1951年创办，因其与国民党当局关系良好，同时具有反"台独"的态度倾向，被认为政治立场偏"蓝"；《自由时报》创立于1980年，由台湾"本土"报业发展而来，一直以"台湾主体性""去中国化"为自我定位，言论上明确表达支持"台独"、反对大陆的立场态度，政治立场偏"绿"；《苹果日报》是香港壹传媒于2003年在台湾发行的报纸，由于其老板黎智英"反中"意识形态倾向鲜明，因而在具体报道中偏向"绿营"。

其次，报纸社论是一份报纸中最能体现报媒意志或政治倾向、反映当前社

[①]　[英]丹尼斯·麦奎尔：《麦奎尔大众传播理论》，崔保国、李琨译，清华大学出版社，2006年，第275、279页。

会重大事件的部分。胡文龙谈到，报纸社论是代表报刊编辑部立场、态度和意见，揭示报刊政治面目的权威性言论。[①]《新闻评论教程》将社论定义为代表报社、刊物或通讯社编辑部就当前国内外重大事件、事变表明立场的指导性言论。[②]归纳以上观点，报纸社论是代表编辑部就重大事件发表的评论，同时具有权威性、针对性和指导性的特点，包含强烈的编辑部态度。因而，本书将社论作为研究"四大报"言论方面的对象具有典型性。

第三，两岸关系议题是统"独"意识斗争最激烈的部分。从过往言论来看，"蓝""绿"媒体对两岸关系所持态度壁垒分明："泛蓝"媒体对两岸关系持积极态度，支持"九二共识"，乐见两岸亲密交往，在理念上倾向于"蓝营"；"泛绿"媒体则对两岸关系持消极态度，否认"九二共识"，模糊两岸战略，在言论上倾向于"绿营"。本书将该议题作为研究对象可以比较清晰地了解台湾报纸对两岸关系和台湾政治党派的真实态度。

（二）研究样本

首先，本书将抽取2015年8月6日—2016年1月15日期间《中国时报》《联合报》《自由时报》《苹果日报》的所有社论文本。取样时间即"最后一名候选人宋楚瑜宣布参与大选"到"台湾大选投票日前一天"，此段时间被视为台湾"大选"前的正式备战阶段。

其次，本书将选取社论中有关"两岸关系议题"的文本，具体内容包括大陆对台政策及交流活动、两岸政经交流实践，以及台湾党派关于两岸议题的政策和观点等。

（三）研究类目及编码

综合文献资料，为了全面了解台湾报纸社论的各方面态度，本书将研究的类目框架划分为宏观、中观和微观三个层次：宏观层面研究社论主题与总体态度，目的在于把握不同媒体对两岸关系的关注重点和分布，以及对两岸关系的总体态度倾向；中观层面研究社论中的具体评论对象及对其具体态度，目的在于探讨不同媒体对不同对象的支持或反对程度；微观层面研究高频词汇，旨在挖掘不同媒体的用词习惯，以探讨他们关注的重点。具体类目编码如下：

---

① 胡文龙、秦硅、涂光晋：《新闻评论教程》，中国人民大学出版社，1998年，第215—216页。

② 丁法章：《新闻评论教程》，复旦大学出版社，2008年，第228页。

1. 社论主题

统一：针对两岸统"独"问题的论述，主要集中为岛内对"九二共识"的讨论，对两岸关系的看法，以及政党人物的统"独"言论等，文本中经常出现"独立""九二共识""一中各表""维持现状"等字样。

"内政"：有关岛内政务及党派政治主张或行为的评析，包括"政府"、"政体"、"内政"、党派、官员等内容，文中常出现"马政府""国民党""民进党""朱立伦""蔡英文"等字样。

经贸：有关大陆对台经济政策及两岸经济关系的描述，涉及观光、技术、贸易、劳动力、股市、资金等内容，文中常出现"红色供应链""服贸协议""大陆市场"等字样。

军事：有关大陆军事活动的内容，包括"国防"、军备、演习等内容，文中常出现"演习""军备"等字样。

历史：针对抗战历史的论述，包括抗日、国共内战、台湾光复等内容，文中常出现"共产党""抗日""国民党"等字样。

国际：涉及其他国家和地区与两岸关系的言论，如美台、日台等，文中常出现"日本""美国""韩国"等字样。

社会：包括社会价值、教育、文化传播等民间交流的内容。

2. 总体态度

本研究将总体态度分为积极、消极与中立三种倾向，具体操作是将表达赞同、支持与期望的社论归为"积极态度"一类，将表示否定、批判的社论归为"消极态度"一类，而"中立态度"指的是仅对言论、政策或事件进行分析，或依据分析提供建议的社论。

3. 具体评价对象

大陆：包括大陆及大陆具体官员，文中出现"习近平""大陆""中国"等字样。

马当局：包括马当局及马英九，文中出现"马英九""马总统""马政府"等字样。

蓝营：包括朱立伦、洪秀柱及国民党，考虑到朱立伦与洪秀柱都是"大选"候选人，因而将其单独拎出；若出现二人之外的"蓝营"对象，则将其归为国民党。

绿营：包括蔡英文及民进党，同样将民进党"大选"候选人蔡英文拎出；

若出现二人之外的"绿营"对象，则将其归为民进党。

国际势力：包括美国、日本、韩国等国家。

台湾民众：具体指台湾岛内民众，文中出现"人民""选民""民众"等字样。

4. 具体态度

本研究将具体态度分为"正面态度""负面态度"与"中立态度"。具体操作标准是将表达肯定、赞同与支持的评价归为"正面态度"一类，将表示否定、批判的评价归为"负面态度"一类，而将未明确表明态度的陈述归为"中立态度"一类。

5. 高频词汇

通过统计词语的使用频次，列举出不同报纸最经常出现的五个词语，如"台湾""马英九""蔡英文"等，统计过程中将排除虚词、连词、助词等无意义的词汇的干扰，以保证分析结果的有效性。

（四）信度检验

信度（Reliability）是检验内容分析结果可靠性和客观性的重要指标。具体方法是两个或两个以上的编码员根据同一编码方式对相同内容进行独立编码，若得出的结论具备一致性，则表明内容分析具有一定的信度。

本研究的作者与编码员分别对 30 条社论进行试编码，运用霍斯提（Holsti）提出的编码员间信度计算公式：编码员间信度 =2M/(N1+N2)，计算得出编码员间信度为 194/210=92.38%，大于内容分析规定的 0.90 可靠信度的标准。

二、文本细读法

由于内容分析法会受到分析所使用的定义和分类框架的局限，难以更深层次地挖掘文本本质，因而本书以定量分析辅以定性分析的方法，对"四大报"的社论进行更深层次的文本分析。

文本细读法（Close Reading）是文本分析的重要方法之一，它立足于叙事文本，运用符号学、叙事学、结构主义等理论，对文本的语言和结构要素进行分析和解释，从文本的表层语言探寻文本的深层话语，旨在发掘文本背后的涵义，本质上是一种语义学的解读。[①] 新闻的叙述是典型的叙事形式 [②]，报纸社论作为一种新闻体裁，本质上也是一种叙事。因而本书从叙事学的角度对社论文本进行研究，尝试挖掘文本的本质意义。

为保证样本量的充足，本研究选取两岸关系议题中的重要事件进行文本分析。判断"重要事件"的标准为《中国时报》《联合报》《自由时报》《苹果日报》四家报纸均评论两天以上，或是其中三家报纸均评论三天以上的议题。最后，本研究筛选得出四个重要议题，分别为"习马会""换柱""连战登陆"以及"九二共识"。

依据新闻叙事学理论，本研究将从叙事聚焦与叙事结构两个方面入手，对两岸关系议题中的重要事件进行定性分析。

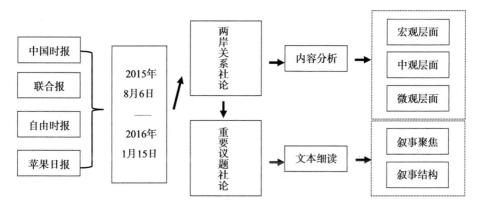

图 X.1　研究流程图

---

① 王先霈：《文学批评原理》，华中师范大学出版社，1999 年，第 153 页。

② ［英］丹尼斯·麦奎尔：《麦奎尔大众传播理论》，崔保国、李琨译，清华大学出版社，2006 年，第 294 页。

第一章 "四大报"两岸关系社论的内容分析

表 1.1 2016 台湾 "大选" 前四报两岸关系社论的数量（单位：篇）

题项	社论总量	两岸关系社论	占比
中国时报	163	95	58.28%
联合报	163	59	36.2%
自由时报	139	103	74.10%
苹果日报	142	45	31.69%
总计	607	302	49.75%

在 2016 台湾 "大选" 备战期间（2015 年 8 月 6 日—2016 年 1 月 15 日），《中国时报》《联合报》《自由时报》《苹果日报》分别发表社论 163 篇、163 篇、139 篇、142 篇。社论总量出现差异的原因在于《中国时报》与《联合报》为每天撰写一篇社论，而《自由时报》与《苹果日报》为每周一到周六撰写社论，并且《苹果日报》会出现一天两篇的个别情况。

仔细阅读 "四大报" 社论后对其内容进行筛选和统计，涉及两岸关系议题的社论分别为 95 篇、59 篇、103 篇、45 篇，分别占本报社论的 58.28%、36.2%、74.10%、31.69%。数据显示，四报当中《自由时报》最关注 "两岸关系"，超过 7 成报道与两岸议题有关，几乎每隔一天就发表一篇两岸议题相关社论。反之，《苹果日报》在四报中最不关心 "两岸关系"。

表 1.2《中国时报》两岸关系社论的数量（单位：篇）

题项	两岸关系社论	社论总量	占比
前期	35	63	55.56%
中期	48	80	60%

题项	两岸关系社论	社论总量	占比
后期	12	20	60%
总计	95	163	58.28%

表1.3《联合报》两岸关系社论的数量（单位：篇）

题项	两岸关系社论	社论总量	占比
前期	21	63	33.33%
中期	28	80	35%
后期	10	20	50%
总计	59	163	36.2%

表1.4《自由时报》两岸关系社论的数量（单位：篇）

题项	两岸关系社论	社论总量	占比
前期	33	53	62.26%
中期	54	69	78.26%
后期	16	17	94.12%
总计	103	139	74.10%

表1.5《苹果日报》两岸关系社论的数量（单位：篇）

题项	两岸关系社论	社论总量	占比
前期	14	54	25.93%
中期	27	71	38.03%
后期	4	17	23.53%
总计	45	142	32.39%

为了能更直观地考察2016台湾"大选"不同备战阶段两岸议题社论的数量变化趋势，我们将抽样时间以2015年10月8日（即"选战倒计时100天文宣战"）及2015年12月27日（即"总统候选人电视辩论"）为界，将抽样时间进一步划分为前期、中期和后期，对不同时期两岸议题社论的数量进行统计分析。

由表1.3和表1.4的结果可知，《联合报》《自由时报》对两岸议题的关注度与 2016 台湾"大选"时间轴成正比关系，即离"大选"投票日越近，媒体越关注两岸关系。特别是《自由时报》的关注度明显增加，从前期的 62.26%、中期的 78.26% 上升到后期的 94.12%。

表 1.2 显示，《中国时报》在前中后期三个阶段对两岸议题的关注度基本持平，两岸议题社论数量分别占同一时段社论总量的 58.73%、60%、60%，始终保持在五成以上的高比例水平。

反观《苹果日报》，其对两岸关系议题的关注度不仅没有上升，反而有所下降。在 2016 台湾"大选"备战后期，17 篇社论中仅有 4 篇涉及两岸关系，相当于一周才发表一篇有关两岸关系议题的社论。

综上所述，不论是从"两岸关系社论总量"还是从"各阶段两岸关系社论的数量变化"来看，《自由时报》都最为关心两岸关系议题，并且其关注度随"大选"临近而显著提升。相反，《苹果日报》表现出与其他三报较为不同的议程选择，不仅两岸关系议题的社论数量最少，并且在临近"大选"投票日期间对两岸关系议题"敬而远之"。

第一节　宏观层面：社论主题与总体态度

一、社论主题

表 1.6 2016 台湾"大选"前四报两岸关系社论的主题统计（单位：篇）

题项	中国时报		联合报		自由时报		苹果日报	
评论主题	频数	频率	频数	频率	频数	频率	频数	频率
统一	30	31.58%	18	30.51%	38	36.89%	8	17.78%
经贸	21	22.11%	11	18.64%	27	26.21%	4	8%
军事	1	1.05%	2	3.39%	5	4.85%	3	6.67%
历史	5	5.26%	4	6.78%	3	2.91%	5	11.11%
国际	12	12.63%	5	8.47%	4	3.88%	7	15.56%
社会	5	5.26%	0	0%	4	3.88%	2	4.44%
内政	21	22.11%	19	32.20%	22	21.36%	16	35.56%
合计	95	100%	59	100%	103	100%	45	100%

表 1.7 2016 台湾 "大选" 前四报两岸关系社论的主题统计（由高到低）

序号	中国时报	频率	联合报	频率	自由时报	频率	苹果日报	频率
1	统一	31.58%	"内政"	32.20%	统一	36.89%	"内政"	35.56%
2	经贸	22.11%	统一	30.51%	经贸	26.21%	统一	17.78%
3	"内政"	22.11%	经贸	18.64%	"内政"	21.36%	国际	15.56%
4	国际	12.63%	国际	8.47%	军事	4.85%	历史	11.11%
5	社会	5.26%	历史	6.78%	国际	3.88%	经贸	8%
6	历史	5.26%	军事	3.39%	社会	3.88%	军事	6.67%
7	军事	1.05%	社会	0%	历史	2.91%	社会	4.44%
	合计	100%	合计	100%	合计	100%	合计	100%

由表 1.7 的议题排序发现，"四大报" 在两岸议题设置上形成了两种框架。《自由时报》与《中国时报》都最关心 "统一" 问题，《自由时报》尤甚，分别占该报两岸关系社论总量的 36.89% 及 31.58%，"经贸" 议题紧随其后；而《联合报》与《苹果日报》则将 "内政" 问题放到首位，其次为 "统一" 议题。究其原因，由于 "统一" 与 "经贸" 是关系到两岸关系的核心话题，也是统 "独" 意识形态斗争最激烈的领域，自然成为党派特征最为明显的《自由时报》与《中国时报》发表言论的 "前沿阵地"；而 "内政" 议题虽然也涉及岛内对两岸关系的政治主张与实践，但社论的重点在于评价台湾政党的政策和言行、官员的作为、政体的利弊等，聚焦于岛内政治的分析评述，避免直接对两岸关系发表观点，有助于模糊编辑部的两岸立场，更符合《联合报》与《苹果日报》注重保持 "中立"、强调言论 "平衡" 的特点。如 2015 年 9 月 26 日的联合报发表社论《"新南向" 不能只是为逃避面对大陆》（节选片段）：

蔡英文宣布，若重返执政将推动 "新南向" 政策，强化对东协及印度的多元伙伴关系。理论上，外交、经贸追求多元与分散，当然是正确的作法；然而，就整体战略和实务看，高谈新 "南向" 支线的开展，却避谈积重日深的 "西向" 主轴要如何因应调整，则显然是避重就轻，察秋毫而不见舆薪。

……

目前，台湾的经贸过度依赖大陆市场的现象，必须尽快设法调整矫正，以免越陷越深以致生存命脉操之于人。然而，要调整及矫治目前的偏倚，若只是天马行空地喊出"新南向",却不能在"外交"与经贸、理想与现实、目标与手段之间妥善拿捏,进行有谋略、有步骤的落子布局,并谨慎据以执行,恐怕很难达到预期的效果。①

从整体上看,统一问题是 2016 台湾"大选"前"四大报"最关注的议题,即使以"去政治化"为自我定位的综合性商业报刊《苹果日报》,在两岸关系议题上,也十分关心统一问题,更说明了该议题对台湾受众的吸引力。由此我们可以合理地推断,两岸政治关系是台湾选民关注的核心。

二、总体态度

表 1.8 2016 台湾"大选"前四报两岸关系社论的总体态度

题项	中国时报		联合报		自由时报		苹果日报	
态度倾向	频数	频率	频数	频率	频数	频率	频数	频率
积极	45	47.37%	4	6.78%	0	0%	0	0%
中立	42	44.21%	35	59.32%	12	11.65%	21	46.67%
消极	8	8.42%	20	33.90%	91	88.35%	24	53.33%
总计	95	100%	59	100%	103	100%	45	100%

本研究将社论的总体态度分为积极、中立、消极三个方面。具体操作是将表达赞同、支持与期望的社论归为"积极倾向"一类,将表示否定、批判的社论归为"消极倾向"一类,而"中立倾向"指的是仅对言论、政策或事件进行分析,或依据分析提供建议的社论。

表 1.8 显示,对两岸议题的评论上,《中国时报》的态度偏向积极,"积极倾向"占样本社论的 47.37%,"中立倾向"占 44.21%,"消极倾向"仅占 8.42%;《联合报》的立场较为中立,近 6 成的样本社论仅提出分析和建议;《自由时报》以消极态度为主,103 篇样本中高达 90 篇传递批判性观点,占样本社论的 88.35%;《苹果日报》有关两岸关系议题的社论以消极态度居多,达到 53.33%,中立性社论占 46.67%。

通过对比可以发现,《联合报》的中立社论在四报中的比例最高,以纯分析

---

① 联合报:《"新南向"不能只是为逃避面对大陆》,2015 年 9 月 26 日。

与建议为主,坚守着大众媒体"守望社会"的责任。《中国时报》与《苹果日报》虽有一定程度的态度偏向,但中立性评论依旧达到40%以上,总体态度还算均衡。反观《自由时报》的立场呈现"一面倒"态势,对两岸议题充满敌意,存在"为批判而批判"的倾向。此外,除了《中国时报》之外,其他三家报纸对两岸关系呈积极态度的社论均极其稀少,《联合报》仅有4篇,《自由时报》与《苹果日报》均为0篇,而《中国时报》却高达45篇,由此可以较为明显地探查到《中国时报》对大陆的善意以及对两岸关系发展的期盼。

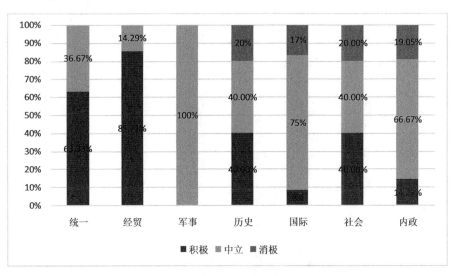

图 1.1《中国时报》社论主题与整体倾向的交叉分析

考虑到社论倾向与社论主题可能存在的相关关系,为了进一步了解不同报纸媒体对特定两岸议题的态度倾向,我们将两个维度的数据进行了交叉分析。

结果如图1.1显示,《中国时报》在两岸"统一"与"经贸"议题上抱持积极态度,分别高达63.33%和85.17%的比例。其中,21篇"经贸"议题相关社论里有18篇明显表达赞同、支持的意见,乐见两岸关系的亲密发展为台湾带来的社会红利,特别是将大陆视为转变台湾经济颓势的"必要条件",甚至是"唯一条件",言论中构建出"只有……才……"的假言命题,如《中国时报》在2015年11月2日发表的社论《加入红色供应链才能化解产业危机》(节选片段):

其实,从过去20多年的"两岸经贸投资管制史"就看得出,政府为了避免先进技术流失、助长大陆经济成长，对较高端技术、资本密集、投资金额大的投资全部禁绝。结果大陆经济依然持续快速成长、产业飞快进步，反倒是台湾企业痛失许多商机。

……

大幅开放与放宽两岸投资的限制，让两岸更多企业能彼此参股，等于是利用大陆资金充实台湾企业资本，同时带来更多的市场机会，不是更有利于企业的长远发展吗？[①]

而在"军事""历史""国际""社会""内政"5个议题上，《中国时报》均以中立态度为主，并且减少对"军事""历史"议题的讨论（此前表1.7统计）。

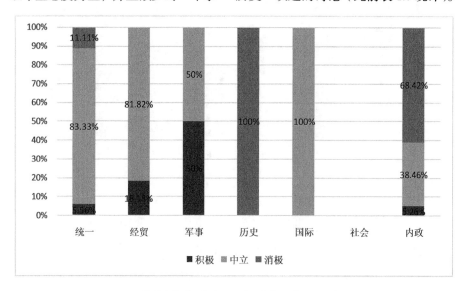

图1.2 《联合报》社论主题与总体态度的交叉分析

图1.2结果显示，《联合报》在"统一""经贸""军事""国际"议题上，均以中立立场为主，18篇"统一"议题社论中有15篇为中立，11篇"经贸"议题社论有9篇为中立，5篇"国际"议题社论均为中立。不过，在两岸"统一"议题上，存在11.11%的消极倾向，分别体现在2015年11月3日的《如何走出'被统一'的焦虑》与2015年9月11日的《北京应先回到布胡热线的九二共识》两篇文章中。细究这两篇社论，《联合报》对"一中框架"并未提出激

---

① 中国时报：《加入红色供应链才能化解产业危机》，2015年11月2日。

烈反对,但对"中华民国"的相关讨论多有发言,以消极态度为主,对"中华民国"目前的处境表达不满。统计数据发现,在两岸关系的"历史"议题上,《联合报》也抱有强烈的消极态度,4篇社论均为"消极倾向"。从具体内容上看,主要也是集中在对"中华民国"正当性、合理性与国民党历史功绩的坚持上,因大陆官方对其否定态度而在社论中有所"怨言"。

而在"内政"议题上,《联合报》中的批判性社论比例明显提高,"消极态度"达到68.42%,即对涉及岛内政党、岛内政治、岛内社会的内容以批评为主。由此,我们可推测出《联合报》的报道策略和立场,即以局外"旁观者"的视角来看待大陆、美国、日本等岛外地区,因而在较多涉及岛外的议题文章中以中立身份出现;反之,以切身利益"参与者"的立场来观察岛内社会,对本土的政党、政治及社会多加批判,似乎有"秉承为'社会之公器'"的情怀,"保持对社会的监督和警醒"。

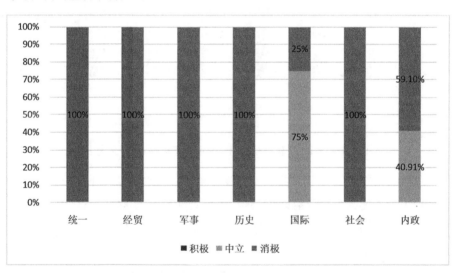

图1.3《自由时报》社论主题与总体态度的交叉分析

由图1.3可知,《自由时报》在"统一""经贸""军事""历史""社会"议题上对两岸关系予以全面否定,呈现"一面倒"的消极态度,透露出"反中"的"深绿"意识形态。

在"国际"议题,即两岸与其他国家和地区之间的关系上,《自由时报》的立场为中立。而在"内政"议题上,《自由时报》以中立加批判为主,对岛内政党政治进行针砭,具体占比为"中立"40.91%,"批判"59.10%。不过,共计 13 篇的批判社论里，均是对马英九、"马政府"以及国民党阵营的抨击，如《只有"逢中比软"，哪来"逢中必反"？》《如果中国国民党在台消失》《国民党还值得相信吗》《马英九才是问题的根源》等。事实上，《自由时报》对"统一""经贸"方面的批判，也是对"马政府"最大政绩的否定。因此，《自由时报》在两岸关系议题中还流露出"深绿"阵营"反马"的政治斗争意识。

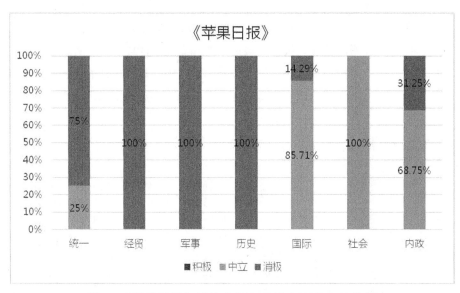

图 1.4《苹果日报》社论主题与总体态度的交叉分析

从图 1.4 来看，《苹果日报》对两岸"统一""经贸""军事""历史"4 个议题以消极态度为主，分别达到 75%、100%、100%、100%，态度偏向十分明显。中立态度则集中在"国际""社会""内政"三个议题上，分别为 85.71%、100%、68.75%。

此前，《苹果日报》对两岸关系议题的总体态度虽然偏消极，但比重仅占 53.33%，总体倾向还算均衡；但从具体议题来看，其在"统一""经贸""军事""历史"问题上持明显的负面态度，表明《苹果日报》并不看好两岸关系发展，具有一定程度的"反中"倾向。

第二节 中观层面：评价对象与具体态度

此前在对台湾岛内"四大报"两岸关系议题社论的宏观层面分析上，我们隐约可以窥见《中国时报》"拥中"、《联合报》"中立"、《自由时报》与《苹果日报》"反中"，且《自由时报》"反马"的总体态度倾向。那么，它们对大陆的态度是否真是如此，而对岛内不同党派及其领导人、台湾民众，以及国际势力具体又呈现为何种态度，我们将进一步从中观层面进行分析。

一、评价对象

表 1.9 "四大报"两岸关系社论的评价对象（单位：篇）

题项		大陆	"马政府"朱立伦	蓝营（国民党）			绿营（民进党）		国际势力	台湾民众	样本总数
				洪秀柱	其他	蔡英文	其他				
中国时报	提及频数	34	29	13	7	16	42	18	9	7	95
	频率	35.79%	30.53%	13.68%	7.37%	16.84%	44.21%	18.95%	9.47%	4.21%	100%
联合报	提及频数	27	15	5	3	9	28	15	9	8	59
	频率	45.76%	25.42%	8.47%	5.08%	15.25%	47.46%	25.42%	15.25%	13.56%	100%
自由时报	提及频数	54	52	8	7	26	12	6	26	38	103
	频率	52.43%	50.49%	7.77%	6.8%	25.24%	11.65%	5.83%	25.24%	36.89%	100%
苹果日报	提及频数	45	17	9	8	12	10	8	7	5	45
	频率	100%	37.78%	20%	17.78%	26.67%	22.22%	17.78%	15.56%	11.11%	100%

（注：频率＝提及频数/该报纸样本总数）

表 1.10 "四大报"两岸关系社论的评价对象（按频率从高到低排列）

序号	1	2	3	4	5	6
中国时报	绿营	蓝营	大陆	"马政府"	"国际"势力	台湾民众
频率	63.16%	37.53%	35.79%	30.53%	9.47%	4.21%
联合报	绿营	大陆	蓝营	"马政府"	"国际"势力	台湾民众

频率	72.88%	45.76%	28.8%	25.42%	15.25%	13.56%
自由时报	大陆	"马政府"	蓝营	台湾民众	国际势力	绿营
频率	52.43%	50.49%	39.81%	36.89	25.24%	11.65%
苹果日报	大陆	蓝营	绿营	"马政府"	"国际"势力	台湾民众
频率	100%	64.45%	40%	37.78%	15.56%	11.11%

"四大报"两岸关系社论的评价对象如表9所示,为了更直观地看到6个类目的关注度从高到低的变化,研究员在表9统计结果的基础上制作表10。

表1.10显示,《中国时报》的类目顺序依次为"绿营""蓝营""大陆""马政府""国际势力""台湾民众";《联合报》为"绿营""大陆""蓝营""马政府""国际势力""台湾民众";《自由时报》为"大陆""马政府""蓝营""台湾民众""国际势力""绿营";《苹果日报》的顺序为"大陆""蓝营""绿营""马政府""国际势力""台湾民众"。

可以发现,《联合报》与《中国时报》这两家"泛蓝"媒体最爱谈论"绿营",频率分别为72.88%和63.16%,频率不仅占本报评论对象之首,也远高于《苹果日报》与《自由时报》;同时"泛蓝"媒体都集中关注"绿营"中的"蔡英文",并且不太关注"国际势力"与"台湾群众"。相反,《苹果日报》与《自由时报》都首要关注"大陆",《苹果日报》的提及频率甚至高达100%,也就是说《苹果日报》的每一篇两岸关系社论中都谈及"大陆";《自由时报》更多关注"马政府",《苹果日报》则较多关注"蓝营",这一提及频率都高于两报对"绿营"的提及频率,特别是《自由时报》几乎不谈"绿营",频率仅占11.65%。然而,《自由时报》是四大报中最关注"台湾民众"和"国际势力"的,频率高达36.89%和25.24%,远超其他三家报纸。

归纳以上分析结果,"四大报"两岸关系社论的评价对象具有三个显著特点:一是同一阵营媒体在评价对象的关注度排列上存在相似性;二是不同颜色媒体都更关注敌对阵营及其候选人;三是《自由时报》特别关注"台湾民众"与"国际势力"。

二、具体态度

表 1.11《中国时报》两岸关系社论的具体态度（单位：篇）

具体态度	大陆	"马政府"	蓝营（国民党）			绿营（民进党）		国际势力	台湾民众
			朱立伦	洪秀柱	其他	蔡英文	其他		
正面	22	14	2	7	2	1	1	1	0
中立	12	8	4	0	5	11	7	7	2
负面	0	7	7	0	9	30	10	1	5
总计	34	29	13	7	16	42	18	9	7

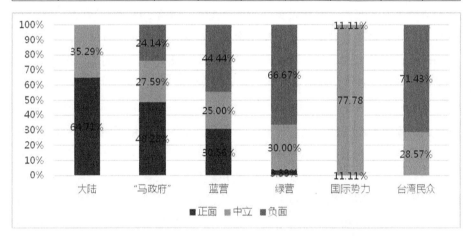

图 1.5《中国时报》两岸关系社论的评价对象与具体态度

《中国时报》对"绿营"主要以批判性的负面评价为主，频率达到 66.67%，几乎没有正面评价，展现了其对"绿营"特别是"蔡英文"的负面态度，体现了《中国时报》"泛蓝"媒体的立场态度。但值得注意的是，《中国时报》对"蓝营"也以负面态度为主，达到 44.44%，积极态度与中立态度仅占 30.56% 和25%。结合表 1.11 具体观察可知，其对"洪秀柱"以正面态度为主，但对"朱立伦"及"国民党其他人士"则予以负面评价，《中国时报》对整个"蓝营"的态度褒贬参半。

而《中国时报》对大陆及"马政府"则以正面态度为主，且对"大陆"的正面评价达到 64.71%，明显高于"马政府"的 48.28%，特别是《中国时报》赞扬"马政府"的时候往往是赞扬其正确的两岸政策，体现出该报对大陆的坚定拥护。

此外,《中国时报》对两岸之外的国际势力持中立态度,但对"台湾民众"的评价以负面态度为主,比重高达71.43%。由于"太阳花学运""反课纲运动"等几次大型群众运动的发生,《中国时报》将台湾民众(具体说是台湾年轻世代)视为非理性的、受"绿营"操纵的群体,认为台湾社会的民粹化已经严重影响了台当局各项政策的施行,阻碍了台湾社会的向好发展,也摧毁了两岸的信任根基。如:

民进党打2015民主内战战法,是对国民党全面批判与否定,摧毁国民党政策的道德性与正当性。战场是多方面的,史观、教育、文化、"宪法"、经济战略,甚而核能议题都被卷入。太阳花世代的加入,网路族群的涌入,使得理性逐渐退让,民粹高涨。这场内战与其说是摧毁国民党,不如说是要摧毁中国国民党的"中国"两字,这才是这场"民主内战"的最终目的。[①]

——《民进党须克服两岸冷内战困局》

谈到理性,其实就是我们所一再提及的,必须不厌其烦地重复宣示,她对如何导正台湾民粹文化泛滥的决心!过去几年,台湾的竞争力不断滑落,成长的动能停滞,视野愈见偏狭肤浅,其实不完全是政策走向错误,而是少数人一再操纵民粹的暴力,绑架多数人的意志!国光石化停建,让多少厂商外移;核四被封存,让能源供应吃紧势所必然;服贸法案被挡下,让台湾注定在东亚快速整合前景中被排除;为一个历史课纲,一群中学孩子被鼓动占领教育部,台湾的活力,被民粹吞噬的还不够吗? [②]

——《洪秀柱到了脱困的关键时刻》

表1.12《联合报》两岸关系社论的具体态度(单位:篇)

具体态度	大陆	"马政府"	蓝营(国民党)			绿营(民进党)		国际势力	台湾民众
			朱立伦	洪秀柱	其他	蔡英文	其他		
正面	6	8	1	1	3				1
中立	18	7	3	2	3	11	3	9	3

---

① 中国时报:《民进党须克服两岸冷内战困局》, 2015年12月15日。

② 中国时报:《洪秀柱到了脱困的关键时刻》, 2015年10月3日。

具体态度	大陆	"马政府"	蓝营（国民党）			绿营（民进党）		国际势力	台湾民众
			朱立伦	洪秀柱	其他	蔡英文	其他		
负面	3		1		3	16	12		4
总计	27	15	5	3	9	28	15	9	8

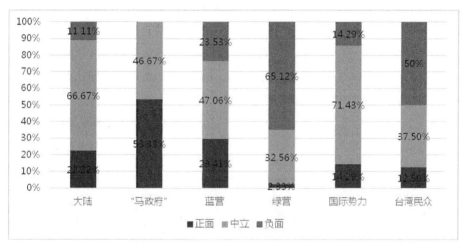

图 1.6《联合报》两岸关系社论的评价对象与具体态度

同《中国时报》一致的是，《联合报》对"绿营"及"蔡英文"的评价也以消极态度为主，比重分别为 65.12% 和 57.14%，正面评价在 3% 以下，体现了《联合报》对民进党处理两岸关系的方式、方法的不认同。但对于"蓝营"，《联合报》则以中立态度为主，未表现出对任一国民党候选人的态度倾向，没有明显支持"蓝营"的表现。

《联合报》对"大陆"的评价有 66.67% 为中立态度，只是进行事实陈述和分析，这与《联合报》此前对两岸关系的总体态度倾向基本一致。而对"马政府"，《联合报》的正面评价为 53.33%，中立态度为 46.67%，无负面评价，体现了其对"马政府"及"马英九"执政功绩的肯定。

此外，对"台湾民众"，《联合报》以负面态度为主，比重达到 50%，高于中立态度的比例，社论反映出《联合报》对岛内民众运动的反思，以及对民粹政治的批判，如：

仔细分析，民调中其实也反映了民众时而理性务实、时而民粹理盲的吊诡。

例如，许多民众期待维持两岸稳定现状，却不时鼓励并追随政客任意踩踏红线挑衅对岸；许多民众认为两岸军事有紧张敌对之趋势，却很少人相信两岸会真正开战，也不要求制止挑衅言论；许多民众觉得大陆可能成为世界"第一强国"且不致对台湾不利，却高唱联美日制中与红色经济威胁论，而不寻求自己的聪明出路。①

——《反中掀浪，维持两岸现状的民意却飙高》

蔡英文访美时在智库的演讲，即吹捧太阳花运动的民主价值，将它描述成"新兴的政治社会力"，还要"让这些强大的动能进入决策程序"。但众所皆知，太阳花是一次人为操弄的反中动员，如此高调地将民粹唱入云霄，就是自恃可以挟美自重，但美国又岂是如此容易被挟持的？②

——《明年还会不会有两岸高层会谈？》

表 1.13《自由时报》两岸关系社论的评价对象与具体态度（单位：篇）

具体态度	大陆	"马政府"	蓝营（国民党）			绿营（民进党）		国际势力	台湾民众
			朱立伦	洪秀柱	其他	蔡英文	其他		
正面	0	0	0	0	0	4	3	14	30
中立	0	0	0	1	1	8	3	10	8
负面	54	52	8	6	25	0	0	0	0
总计	54	52	8	7	26	12	6	26	38

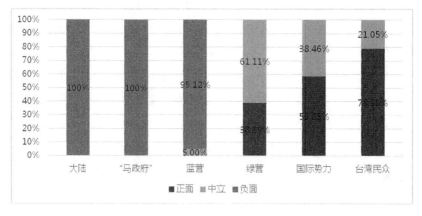

图 1.7《自由时报》两岸关系社论的评价对象与具体态度

① 联合报：《反中掀浪，维持两岸现状的民意却飙高》，2015 年 9 月 17 日。
② 联合报：《明年还会不会有两岸高层会谈？》，2015 年 8 月 27 日。

由图 1.7 可见，《自由时报》对"大陆"与"马政府"的评价为全盘否定，负面态度达到 100%，再次描摹出《自由时报》对两岸关系发展的对抗姿态。其对"蓝营"也以负面评价为主调，中立评价仅有 5%，无正面评价，在对"朱立伦""洪秀柱"及"其他""蓝营"人士各类的态度上也十分一致，展现出台湾"大选"前《自由时报》对国民党及其候选人无差别批判的"反蓝"策略。由此，《自由时报》作为"泛绿"媒体的立场态度暴露无遗。

然而，《自由时报》虽然明确地"反中"和"反蓝"，但似乎未展现出对"绿营"的应有支持。结合上下文的分析发现，《自由时报》不仅鲜少提及"绿营"，并且对"绿营"态度也以中立为主，中立态度占比 61.11%，高于正面态度的 38.89%；相反，《自由时报》更多地谈及"国际势力"与"台湾民众"，并且其对国外势力正面态度超过 50%，体现出其对美国、日本等国家政府意见和态度的重视，以及相对友好的态度；对"台湾民众"也以正面评价居多，为78.95%，将台湾人民视作理性、进步的群体，以 2016 年 1 月 15 日的社论《拒绝再向中国倾斜》为例（节选片段）：

> 台湾人民其实在前年十一月的九合一地方选举，已明白表达他们对"马政府"倾中路线很感冒。那次选举，国民党遭到极大挫败，主政的地方政府由选前四都十一县市为所谓一都五县。踵继当年春天太阳花运动之后的九合一，凸显从年轻人到广大选民，对"马政府"妄图通过与大陆的服贸协议且无视民意及程序正义，一味"倾中"，以选票狠狠地教训了"马政府"及国民党。[①]

该文谈到台湾人民具有自主意识和行为，即"对马政府倾中路线很感冒"，并"以选票狠狠地教训马政府及国民党"，"凸显""狠狠地"等明显具有感情色彩的词汇使用，显现出《自由时报》对民众行为的赞扬。此外，经研究员统计，该篇社论共出现"台湾人民"11 次，"民意"3 次，而"蔡英文"及其"绿营"仅 2 次，《自由时报》巧妙隐身于"台湾人民"当中，甚至化身为"台湾民意"的代表。其在社论中，善借"人民之口"批判"马政府"及其"蓝营"，以此造就台湾社会同声反对"台当局"的沛然之势，同时塑造自己"为民抗争"的民主斗士形象，并且将"泛绿"立场深深隐藏起来。

---

① 自由时报:《拒绝再向中国倾斜》, 2016 年 1 月 15 日。

表 1.14《苹果日报》两岸关系社论的评价对象与具体态度（单位：篇）

具体态度	大陆	"马政府"	蓝营（国民党）			绿营（民进党）		国际势力	台湾民众
			朱立伦	洪秀柱	其他	蔡英文	其他		
正面	0	1	0	0	0	4	2	1	0
中立	6	2	5	0	6	5	3	5	5
负面	39	14	4	8	6	1	3	1	0
总计	45	17	9	8	12	10	8	7	5

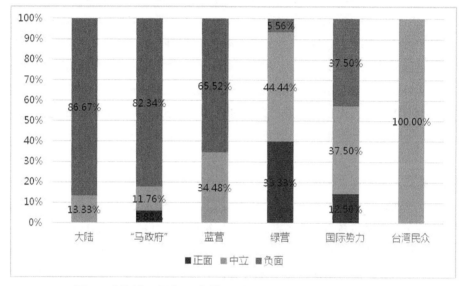

图 1.8《苹果日报》两岸关系社论的评价对象与具体态度

从图 1.8 来看，《苹果日报》对"大陆""马政府"与"蓝营"都持鲜明的负面评价，按负面评价比重递减的顺序依次排列为"大陆"（86.67%）、"马政府"（82.34%）、"蓝营"（65.52%），表明《苹果日报》不看好"大陆"和"马政府"。而"大陆"与"马政府"正是近年来两岸关系回暖的提倡人和推动者，这从侧面反映出《苹果日报》对两岸关系成果的否定。从表 1.14《苹果日报》对"蓝营"具体对象的评价来看，其实该报对"朱立伦"和国民党"其他人士"的态度是中立的，并未出现明显的负面评价倾向；其反对态度主要集中在"洪秀柱"身上，更进一步说是集中在"洪秀柱"的两岸主张上，如：

这是洪秀柱敢于力抗党中央的原因。她和她的急统派老师们的人生目标根本不在乎台湾人的民主生活方式，而是统一。他们理想清晰、矢志完成，对眼前的茶壶波浪不在意，所以要打死不退，紧抓麦克风不能放，用以宣扬统一理念……这场换柱斗争对洪秀柱固然不公平，手腕太过粗糙，但放在与中共斗争台湾前途的脉络里，就有其合理性。洪秀柱垮台，她后面那群急统军师也树倒猢狲散，至少将丧失发言的喇叭，独留背影向黄昏。①

——《反柱斗争就是反统斗争》

可见，《苹果日报》虽然谈到国民党选前换将是对洪秀柱的不公，但又支持和乐见这一更换。其将洪秀柱划归为"急统"派，批判洪的两岸和平政策，认为洪将损害台湾的"国家利益"与人民的"民主生活"。所以，《苹果日报》在社论中对"蓝营"虽多有否定，但并非真正意义上的"反蓝"，主要是"反中"和"反统一"的意识形态在作祟。

而对待"绿营"，《苹果日报》的评价以中立为主，积极态度为33.33%，负面评价仅有5.56%。结果显示，《苹果日报》对"绿营"虽态度中立、偶尔有所批判，但与其对"蓝营"的消极态度对比，《苹果日报》还是相对亲近民进党，或者说亲近民进党的"反中"立场，客观上起到支持"绿营"的舆论作用。

第三节 微观层面：高频词汇

表1.15 2016台湾"大选"前四报两岸关系社论的高频词汇统计

题项	高频词（频数）				
中国时报	台湾（1173）	两岸（857）	大陆（658）	蔡（584）	马（415）
联合报	台湾（456）	两岸（427）	蔡（407）	马（285）	九二共识（246）
自由时报	台湾（1402）	中国（1169）	马（715）	民（573）	经济（441）
苹果日报	台湾（246）	马（240）	中国（213）	国民党（135）	美国（97）

---

① 苹果日报：《反柱斗争就是反统斗争》，2015年10月8日。

在微观层面，词汇、短句以及暗喻往往可以反映出作者的情感和态度。本研究对"四大报"有关两岸关系议题社论的所有词汇频次进行统计，并且分别提取各报频数排名前五的词汇进行呈现和分析。从整体上看，"四大报"在高频词汇的使用上有一些相同点。如，"台湾"一词在"四大报"出现的频数都位居首位，说明台湾媒体十分关注台湾本地的生息变换，一定程度上反映了台湾媒体较强的"本土"意识。其次，"中国"与"马""蔡"等频次的也位居前列，说明涉及两岸关系发展的主体及间接主体都是台湾媒体关注的焦点；最后，"蓝""绿"不同媒体都更关注敌对阵营，如《中国时报》和《联合报》提"蔡"多于"马"，《自由时报》与《苹果日报》反之，再次验证了"中观层面"的分析结果。

从具体报纸来看，台湾媒体在高频词汇的使用上存在细微差别，也体现出不同报纸对两岸关系的差异性解读与态度的区别。《中国时报》爱谈"两岸"及"大陆"，总共出现的次数分别为 857 次和 608 次，展现出《中国时报》对两岸关系及大陆的关注，不仅重视两岸关系发展相关的言论、政策、活动等，还重视大陆经济、政治、外交现状，甚至是大陆的民间企业家，如介绍和赞扬阿里巴巴及马云的电商发展战略[1]。

《联合报》也十分关注"两岸"，其在社论中谈到"两岸关系台湾政经架构的关键指针""纵非台湾政经治理之全部，确是主要的脊干架构"[2]《联合报》尤其注重两岸交往的政治基础和前提"九二共识"，其出现频数达到 246 次。《联合报》着重关注国民党与"蔡""马"所代表的民进党对"九二共识"的解读，认为马英九提出的"一中各表"是"唯一可能借以突围的出路"[3]；而蔡英文对"九二共识"含糊其辞，是为了包裹"一中一台"，将摧毁"一中各表"。事实上，《联合报》虽然承认"一中框架"，但又强调两岸的"各自表述"，反映其"求同存异"的矛盾思想。

较之《中国时报》喜欢用"台湾"和"大陆"来谈论两岸，《自由时报》更爱使用"台湾"和"中国"来指代。台湾官方常用"中国大陆"来称呼对岸，台湾媒体使用"大陆"和"中国"作为简称具有同等意义，但"中国"在语境中充满对立的意味。《自由时报》通过报纸言语的潜移默化，让台湾民众在思想

---

① 中国时报：《双 11 购物狂欢节已不只是电商》，2015 年 11 月 23 日。

② 联合报：《蔡英文的求同存异不是空白支票》，2016 年 1 月 6 日。

③ 联合报：《蔡英文的求同存异不是空白支票》，2016 年 1 月 6 日。

上将大陆和台湾区隔开来，不再认为"台湾是中国的一部分"。此外，《自由时报》爱谈"民"，符合"中观层面"证实的结果，其在言语中多以"台湾人民""台湾选民"等作为主语来表达自己的观点，对台湾民意进行捆绑。研究显示，"经济"一词也频繁出现在《自由时报》中，因为该报认为"这次'大选'，经济无疑是最受选民关切的议题"[①]，关注经济民生问题有利于迎合选民，同时建立"台湾经济退步"与"过度依赖大陆"之间的因果联系，达到既批判"马政府"及大陆，又拉拢台湾选民的目的。

值得注意的是，《苹果日报》多谈"美国"，这与《自由时报》谈"民"具有异曲同工之妙。《苹果日报》往往借美方动态和白宫态度，对两岸关系发表评论，从而否定两岸和平统一的可能性。同时，《苹果日报》一再强调美国对两岸关系的影响力，如"台湾的现实里，美国依然是可影响台湾最主要的力量；而中国是兴起的力量"[②]"两岸关系是中国具主导权，美国具否决权"[③]等，对岛内政党及其台湾民众进行"提点"，客观上阻碍两岸关系的健康发展。

第四节　小　结

通过对2016台湾"大选"前台湾媒体两岸关系社论的内容分析，我们可以看出台湾媒体对大陆、"台当局"及岛内政党的总体态度，管窥"蓝""绿"媒体对2016"大选"选情的舆论态度。

从宏观层面来看，在两岸关系议题上，《中国时报》对大陆有较明显的正面情感流露，对两岸关系发展充满期待；《联合报》对两岸关系总体持中立的态度；《自由时报》与《苹果日报》则对两岸关系持消极态度，特别是在"统一""经贸""军事""历史"类议题上呈明显的负面态度，二者均显现"反中"的意识形态倾向，只是《自由时报》彰显在明处，《苹果日报》则表现得较为隐秘。四家报纸呈现出《中国时报》"拥中"、《联合报》"中立"、《自由时报》与《苹果日报》"反中"，并且《自由时报》"反马"的媒体立场。

从中观层面来看，不管是以《中国时报》《联合报》为代表的"泛蓝"媒体，还是以《自由时报》《苹果日报》为旗帜的"绿色"媒体，都更喜欢谈论

---

① 自由时报：《拒绝再向中国倾斜》，2016年1月15日。
② 苹果日报：《马习会是现实主义实践》，2015年11月6日。
③ 苹果日报：《选后的"蔡总统"》，2016年1月1日。

敌对阵营及其候选人，并且以负面评价居多。四报通过建构出"我者"和"他者"的二元对立关系，以贬低和否定"他者"为手段，达到强化和认同"我者"的目的，其中《自由时报》等"绿营"媒体尤甚。《自由时报》在态度上呈现出高度的一致性，以"一面倒"的批判为特点，并且拉拢和挟持"民意"，对"蓝营"进行贬斥，对"绿营"形象进行拔高；《苹果日报》在台湾党派问题上态度中立，但对大陆的负面态度一以贯之，因而对持"亲中"立场的"蓝营"较为排斥，间接发挥支持"绿营"的作用；《中国时报》与《联合报》分别表现出"拥中"和"拥马"的立场，对"绿营"虽不乏批判，但对"蓝营"态度保守、褒贬不一，未形成支持之势。

从微观层面来看，台湾媒体的"本土意识"强劲，话语集中在"台湾"。《中国时报》社论聚焦于"两岸"和"大陆"，"亲中"态度明显；《联合报》关注"九二共识"，对统一的态度摇摆，期望两岸之间"求同存异"：既认可"一中框架"，又强调"各自表述"；《自由时报》及《苹果日报》惯用"中国"来代替"大陆"称呼对岸，潜藏台湾与中国隶属关系的隐喻。此外，《自由时报》拉拢"民意"、《苹果日报》拉拢"美国"，以便支持"反马／反蓝"或"反中"的媒体立场。

因此，在2016"大选"前，"绿营"媒体是"一个拳头对外"，"反中"与"反马／反蓝"的目标和态度明确，并将二者进行关联和结合，同时挟持"民意"和拉拢美国，壮大舆论声势，充分发挥"绿色媒体"对"绿营"及其候选人的辅选作用。反观"蓝营"媒体，虽然不乏打击"绿营"的声音，但《中国时报》只顾"挺中"、《联合报》只谈"拥马"，未能坚定"挺蓝"，表现出话语分散和立场摇摆的特征，因此难以辅助国民党在政治传播中掌握话语权，特别是在选前不利于国民党的舆论形势下，未能有力支持"蓝营"对2016台湾地区领导人之位的争夺。

第二章 "四大报"两岸关系社论的文本细读

前面的内容分析从量化的角度对台湾媒体的两岸关系社论进行了分析和呈现；下面将立足文本本身，从叙事学的角度挖掘社论的本质含义。一般而言，文本的叙事分析包括叙事视角、叙事声音、叙事聚焦、叙事结构、叙事语法等多种维度，考虑到本研究的对象是台湾新闻媒体，媒介"把关人"往往在新闻选择的过程中决定媒体如何再现新闻事件，包括关注两岸关系重要事件的哪些内容，不同媒体有怎样的话语特点，背后又有什么样的隐喻，建构出何种媒介现实等。因此，本书选择从叙事聚焦和叙事结构两方面入手，对两岸关系社论中的重要事件进行重点分析，结合前面内容分析的结果，对选前台湾媒体的态度进行更进一步的呈现。

第一节 叙事聚焦

2016台湾"大选"前夕，两岸发生了一系列重要事件，既影响两岸未来关系图谱，也给台湾选情增加了不确定因素，引起了台湾媒体的重点关注和集中报道。那么，一家媒体选择如何呈现这些事件，将清晰地体现其立场和态度，尤其体现在集中反映编辑部观点的报纸社论当中。叙事聚焦分析将针对样本社论，以具体事件或议题为线索，分析各报的叙事视角、叙事对象等，了解不同报纸对同一事件的看法、同一报纸对不同事件的看法，挖掘不同媒体的叙事框架。

一、"换柱"事件

2015年7月19日，国民党"全代会"正式提名洪秀柱出征2016台湾"大选"，对阵民进党候选人蔡英文。但在 10 月 17 日，国民党临代会又宣布撤换洪秀柱，改推朱立伦为国民党"总统候选人"。"蓝营"在离选战倒计时不足 100 天时上演"阵前换将"，引发了岛内对该事件前因后果的热议，不同报纸纷纷发表社论、表达态度。

《中国时报》对"拔柱换朱"表现出激烈的反对，叙事重点落在国民党"换柱"的方法和动机上。首先，《中国时报》用"黑箱决策""负面操作"等词汇来描述"换柱"过程，对其公正性多有批判，甚至发出"看来国民党还是继续走向通往历史垃圾场的道路上""未来谁也不知道国民党还会想出什么新花招来整死自己""如果这样的党结构再不改造，国民党所谓党内民主，只会是个笑话"等激烈的言辞，表达出对国民党此举的强烈不满。其次，《中国时报》将"换柱"风波归因为国民党内对两岸关系路线的分歧——朱立伦倾向马英九的"一中各表"，洪秀柱则主张"同属一中"，洪秀柱因逾越了国民党路线而遭撤换。《中国时报》认为洪秀柱的"同属一中"才是真正的"维持现状"，只是更明晰了"九二共识"，并且具有极高的前瞻性；而朱立伦对两岸政策毫无建树、语焉不详，甚至评价"看不出朱立伦与蔡英文的差别"，隐隐将二者等同，传达强烈的否定态度。事实上，《中国时报》之所以对"换柱"事件反应激烈，与其说是因为《中国时报》是洪秀柱的铁杆支持者，不如说《中国时报》是洪秀柱"终极统一"政策的坚定拥护者，而朱立伦撤换洪秀柱两岸政策的做法，自然引起"统派"的强烈抵制。这种抵制反映到《中国时报》的新闻叙事中，就形成了"挺柱倒朱"的画面，朱立伦甚至被塑造成"逃避责任在先，无情无义在后"的自私形象，与洪秀柱"一心为党为国，谋求人民福利"形成鲜明对比。《中国时报》对"蓝营"两位候选人的评价出现了巨大的分裂，对选前国民党的整体形象是一种沉重打击。

《联合报》在叙事中将"换柱拱朱"解释为国民党内部派系的争斗，认为之所以会出现这种不团结的局面，"马英九的治理，朱立伦的犹豫，及洪秀柱的选战表现皆有责任"。其对国民党选情十分悲观，认为国民党本就面临严峻形势，选前不是忙于备战，而是耽于内乱，很可能招致"大选惨败"，甚至有"亡党之虞"，而这一结果还是自己搞垮斗臭的。然而，虽对换将一事批判严厉，但《联合报》将此事件归结为国民党的"内部分歧"，而非所谓的"民主黑箱"，实际是一种"大事化小"的处理，并且其在社论中高度赞扬了洪秀柱在竞选中的勇敢担当和功不可没；对顶替洪秀柱上阵的朱立伦，评价为挽救国民党选情的

"出师表",若非是到了"危急存亡之秋",朱立伦不至于粗暴"换柱";当洪秀柱指责国民党诚信荡然、朱立伦丧失人格时,《联合报》甚至批评她不能无限上纲,话语中对国民党和朱立伦多有维护之意。与《中国时报》相比,《联合报》的新闻叙事并未聚焦于对"换柱"方法和动机的批判,而是着眼于分析如何平稳"换柱"、"换柱"后又该如何施为,并提出相应的看法和建议:

> 要如何避免这样的残破局面出现,就不能等到周末任由朱洪对决对撞,党内必须有人居间穿梭,要求换柱和保柱两方人马保持君子之争。最关键的,还是朱立伦和洪秀柱必须要有一个大局共识,节制自己和己方人马之言行;不能嘴巴上谈的是团结与爱党,实际做的却是为私心私利而害党。最美好的想象,是在临"全会"之前,朱洪两人能够握手言和,并共同宣示:无论临"全会"如何决定,两人都会携手合作,无私地为党的提名人助选。如此,蓝营才能结束这场内战,回归民主选举与政党政治。[①]
>
> ——《周末换柱大戏的三种想象》

> 朱立伦此刻出征,背负着国民党士气低迷、执政不得民心和自身反复其行的三重包袱,他更需要采取直接有力的战略来争取支持:一,要能凸显比对手更"务实"的本心和价值,直捣对手的务虚;二,要找出能触动群众心弦的共鸣点,激励那些积郁已久、渴望走出逆境的支持者站出来投票。至于什么"抚柱、拉王、友宋、尊吴"等战术层级的政治谋略,多谈只会招致民众反感,谁又在乎政治人物的权力分配呢?[②]
>
> ——《朱立伦如何触动民众的心弦?》

可见,《联合报》虽对国民党多有批判,但仍积极地为挽救国民党选情出谋划策,体现得更多的是一种"恨铁不成钢"抑或"怒其不争"的情绪。总的来看,《联合报》的叙事视角一直是基于整个"蓝营"的选情,呈现其"泛蓝"媒体的"挺蓝"立场。只是,《联合报》在叙事中追求遣词的"中立"、报道的"平衡",对"蓝营"表现出褒贬各半的态度,因而"挺蓝"力度十分有限。

《自由时报》将叙事聚焦于"换柱"前后国民党的两岸政治路线,将"换

---

① 联合报:《周末换柱大戏的三种想象》,2015 年 10 月 13 日。

② 联合报:《朱立伦如何触动民众的心弦?》,2015 年 10 月 21 日。

柱"原因归结于洪的支持度无法赢得大选,而非国民党内两岸思想路线存在差异,旨在强调国民党的两岸政策始终是"同属一中",对国民党予以全盘否定。在批判话语中,《自由时报》将"国民党"与"两岸统一"等同起来,又将"台湾主流民意"与"支持台独"等同起来,以此塑造国民党"无视民意、一意孤行"的政治形象。此外,《自由时报》还聚焦于国民党"换柱"过程的非"民主",并将其同马英九与共产党挂钩,建立起国民党与"威权型政党"间的隐喻,以此达到批判国民党的目的。总的来看,《自由时报》针对"换柱"事件的叙事话语又重新回归到台湾"主权"归属及政治体制的结构之内,与此前《自由时报》的报道框架形成一致性和连贯性,有助于达到"1+1>2"的"反蓝"效果。

《苹果日报》的叙事焦点也聚焦于国民党的两岸政治路线,其抨击火力集中在洪秀柱的"急统"观念上。《苹果日报》一改往日的中立措辞,频频使用"得意洋洋""毫无反省""让人厌恶""恶心反胃"等带有明显感情色彩的词汇来形容洪秀柱,批判"统派""卑躬屈膝","不惜颠覆台湾民主体制",显露《苹果日报》对于"中国"和"统一"的否定态度:

在《苹果日报》的叙事逻辑中,国民党内部长期争斗的原因在于"没有党内民主机制"来化解争议,叙事话语包含了对国民党"威权""非民主"的影射。末了,还拿民进党与之作比,高度赞扬"民进党稳健成熟,已近乎世界先进民主政党的水准"[①],达到踩"蓝"捧"绿"的话语效果。

二、连战登"陆"

2015 年 9 月 3 日,中国国民党荣誉主席连战应邀出席大陆抗战胜利 70 周年阅兵典礼,并在此期间完成第三次"习连会"。连战在此敏感时机以个人身份"登陆",成为岛内媒体舆论的关注焦点,"四大报"对此态度各异,反映在新闻叙事中呈现出如下特点:

《中国时报》的叙事聚焦于抗战历史的话语权,强调国民党在抗战中的"领导角色"以及中国在二战中的"历史位置"。叙述者对连战登"陆"表示支持,肯定了连战为两岸和平发展的努力,认为"从增进两岸相互理解、巩固和平发展大势角度看,连战出席中共阅兵并举行'习连会'是对台湾有利之事",但其

---

① 苹果日报:《国民党面对的死路》,2015 年 10 月 10 日。

也强调连战应该"传达正确抗战史观",并对连战最后"淡化"和"模糊"抗战历史的处理表示遗憾。引人注意的是,《中国时报》在叙事中还化身为大陆的"建言者",呼吁大陆应该回归史实。

《中国时报》在同一社论中 3 次提出"两岸一家亲"的愿景,展现其忠恳建言的态度。《中国时报》并未因历史诠释话语权的"缺失",而放弃对未来两岸和平的争取,正如其在社论《国民党批评连战要适可而止》中谈到"纵使两岸对许多过往的史实各有不同的诠释,但这绝不该是双方降低交往,甚至拉大彼此对立的缘由"①,这一叙述鲜明地展现《中国时报》对深化两岸关系的坚定期盼。

《联合报》则在叙述中对连战登"陆"参加阅兵一事表达反对,认为在"国家"大事上没有所谓"个人身份",只要参与阅兵必然被视为"台湾代表",难以避免被染上"政治意味"。当连战登"陆"已成事实,《联合报》的叙事聚焦便集中于国共抗战历史,以习、连二人的人物话语分析为主,并透过拒绝参加"九三阅兵"的抗日将领的言语,传达其"无法接受大陆对史实的扭曲"的观点。

《自由时报》对连战登"陆"一事的叙事聚焦则落脚在马英九、洪秀柱等整个国民党的两岸路线上,回归到"蓝""绿"的意识形态光谱中,并站在"台独"光谱的一端,大篇幅谈论马英九的"红色课纲"和"一中政策"、洪秀柱的"急统路线"等,旨在证明"马政府"及国民党为"蓝皮红骨",质问"这些人将台湾置于何处",对其报以强烈批判。

《自由时报》也关注所谓"真实"的抗战历史,批判大陆"篡改史实"、连战"背叛台湾",但与《中国时报》和《联合报》不同的是,其并不执着于"抗日战争"的领导权之争,并且强调争取诠释权"无助于'中华民国史观'的死灰复燃";相反,它一再谈及"国共内战"的历史。十分有趣的是,《自由时报》向来不爱谈论"中华民国",甚至对"中华民国"予以打压,因为它是"外来党国",代表的是"外省文化",与其主张和推崇的"本土意识"即"台湾意识"相冲突,但此番《自由时报》也批判连战参加阅兵的行为,是形同接受"中华民国已经灭亡"的观点,拿"中华民国"大作文章。可见,只要能达到"反马"和"反蓝"的目的,手段上可以只论效果、不论出处。

---

① 中国时报:《国民党批评连战要适可而止》,2015 年 9 月 5 日。

《苹果日报》对连战登"陆"保持强烈的负面态度，认为连战参加阅兵的行为，形同认可了"中共的抗日史观"，指责这一行径既对不起"史实真相"，更对不起台湾人民。由此可知，《苹果日报》的叙事镜头对准的依旧是抗战历史的"真相"，其谈及了"开罗会议""两个战场""抗战领导权"等多个国共历史争议，对大陆进行批判。不过，《苹果日报》既以"国民党抗日史"为武器批判大陆，表明其对这一版本历史具有一定的肯定；但又两次以"国民党自己写的"为前置定语，体现了否定的意味，这种前后矛盾可能是对此前台湾人民"反课纲运动"的支持，迎合岛内对"外来党国史观"的排斥，仍有"反蓝"的倾向。

整体来看，四报的叙事聚焦在"抗日历史的诠释"上体现出一致性，表明国共抗战史是台湾社会的聚焦点，并且台湾人民对"历史真相"有一致性的观点。同时，在连战登"陆"的新闻叙事中，台湾媒体也均对北京举行"九三阅兵"进行了评价，具体态度表现为：

《中国时报》肯定北京举行阅兵是"必须的"也是"合宜的"，因这彰显了中国军队维护国家安全与区域和平的能力，叙事中表达了支持之意；《联合报》则认为大规模阅兵的举行，传达了明显的"负面"观点。《自由时报》将"九三阅兵"与政治意图相联系，视其为北京对台湾的"军事恐吓"，强调"以武促统"的可能性，以"强势""霸道"等意指丑化大陆，透露出绝对的否定。《苹果日报》则对大陆进行了无端的诽谤。

三、"习马会"

2015 年 11 月 7 日，习近平与马英九在新加坡进行历史性会面，双方就如何进一步推动两岸关系发展、维护两岸民众利益等进行探讨，这是自 1949 年以来，时隔 66 年后两岸领导人的首次会面。台湾各大报媒从会面前期、会面开始到会面结束连续几天进行社论报道，在叙述和聚焦上呈现出迥然不同的特点。

《中国时报》将叙事聚焦在"习马会"的象征意义和历史意义上，比如将其定性为两岸"和平的讯号"。该报在叙事中强调"并没有任何实质文件的签署""实质意义有限"，以此来反驳民进党的质疑，或者说安抚台湾人民的情绪。然而，在 11 月 7 日会面当天的社论中，《中国时报》仍将两岸领导人对谈看作是一种对等，并将其解释为是两岸双方对"一国两府"的两岸定位，此论传递了明显的编辑部立场。并且，该报在"习马会"相关社论中多次对比台湾经济和大陆经济，将台湾经济的边缘化归结为李登辉和陈水扁时代错过了大陆经济腾飞的踏板，并假设出两岸政治关系确立后台湾将享受到的和平红利，如进入大陆市场、缩减军事开支、避免人才流失等，于是目前的一系列经济问题便能"迎刃而解"。《中国时报》视大陆为转变台湾经济颓势的"必要条件"，甚至是"唯一条件"，构建出"只有……才……"的假言命题，以此向读者强调大陆对台湾经济的重要性，以及台湾亲近大陆的必要性。值得注意的是，《中国时报》在叙事话语中表达了只要"新当局"不破坏"一国两府"的两岸关系，那么民进党执政亦可期待的含义，显示其并不执着于"蓝营"候选人的执政，甚至表现出对现今形势下民进党胜选的默认。如该报在社论中多次假设民进党当选的情况，并提出相应建议，一定程度上也反映出一家"泛蓝"媒体在选前的微妙心态。

《联合报》对"习马会"的叙事特点倾向于"再现"，介绍作为会面地点的新加坡，描述"习马会"的具体过程，大量引用人物话语进行串联，以显示其惯常的"中立""客观"的外部风格。其将叙事聚焦于"九二共识"，认为习马会"是一场'九二共识'定义权的角力"，是马英九"一中各表"的尝试，为两岸关系的发展打开新的格局。以下节选自 11 月 8 日的社论《马习会：巩固九二共识，试探"一中各表"》：

此会"对等／尊严"的安排，可见"一中各表"的试探。虽标举此会是在"一中原则"下举行，但互不称"中华人民共和国主席／中华民国总统"，……又互称"两岸领导人"。这个场景，在事实上至少已接近相互接受为"政治实体"，否则即不能"互以两岸领导人的身份及名义"会面。换句话说，此次马习会，其实确立了两岸之间"一中各表"的存在[1]。

此外，《联合报》对蔡英文也多有聚焦，转述蔡英文对"习马会""黑箱作业""破坏民主"的歪曲，分析其对于"九二共识"的态度给两岸关系带来的影响。《联合报》强调东南亚区域全面经济伙伴协定（RCEP）、亚洲基础设施投资银行（AIIB）、"一带一路""两岸热线"与"撤飞弹"等实务交流跟"九二共识"息息相关，指出"不搞定九二共识，一切皆是海市蜃楼"[2]。在叙事情境中，塑造马英九努力捍卫台湾权力的形象，"是在两岸不对等的现实情境中，极力

---

① 联合报：《马习会：巩固九二共识，试探一中各表》，2015 年 11 月 8 日。

② 联合报：《马习会：巩固九二共识 试探一中各表》，2015 年 11 月 8 日。

运用平衡技巧，追求台湾的权利与尊严"；该报将民进党置于马英九的对立面，认为民进党为了政党利益，一再否认"九二共识"，忽视台湾人民的福祉，并且造成台湾内部的分裂。

《自由时报》的叙事将"习马会"与"阴谋论"建立联系：一是"习马会"未经过"国会"、为"马政府"与大陆的私下协议，是程序不正义的"黑箱作业"；二是"习马会"的前提是马英九承认"一中原则"，灭亡了"中华民国"；三是认为"习马会"宣告了中国出手介入台湾"大选"。《自由时报》试图建构马英九"罔顾人民"，破坏"台湾民主"，与大陆"共谋"，"出卖"台湾以谋求私利的语义场。《自由时报》大量使用"蒙召"和"投降"等贬义甚至带侮辱性的词汇，对马英九形象进行丑化，并在叙事中经常使用"马英九及其同党们""马英九及其党国""马英九及国民党""马英九们"等主语指代词，将马英九与国民党进行"捆绑销售"，达到丑化马英九的同时打击国民党的目的。极力呼吁台湾民众用手中选票"严厉打击"、向"国民党讨回公道"，为民进党助选意图明确。

《苹果日报》在11月5日初闻"习马会"消息的社论中谈道："我们乐见两岸领导人会面，只要不违背上述原则"，所谓"上述原则"就是"没框架、对等、尊严的对话机会"。可见，《苹果日报》为"乐见"设定了一个前提条件，建构了"p则q"的假言命题，其逆否命题即为"非q则非p"，叙事中隐含了"如果违背了原则，就不乐见两岸会面"的含义。因而，《苹果日报》虽在此后的言谈中有破有立、褒之贬之。比如谈到"见面并非最佳时机、正当性也不足，但既是两岸领导人66年来首度会面，我们仍愿意给予祝福""虽然我们始终对马习会乐观其成，但我们的失望度高于满意度"等，但其却将叙事内容聚焦在"习马会"的"框限"和"密谋"上，传达了"习马会"存在"不对等"和"框架"之意，无形中否定了此前的假言命题，虽未直接言明对"习马会"的态度，但已传达了其"不乐见习马会"的隐藏立场。

此外，《苹果日报》用"打压""恐吓""打发"等词汇来描摹行为主体——大陆的姿态，展现行为客体——台湾作为弱势一方的"无力抵抗"，构建大陆负面的形象。在《苹果日报》的叙事中，隐藏的叙述者不时以第一人称"我们"跳出来，以"民众"的立场表达观点和情绪。这比《自由时报》爱谈"台湾民众"来代表"人民"更进一步，直接将自己与"人民"画上等号，用"群体"符号放大"个体"的声量，使《苹果日报》的言论更具迷惑性。

四、"九二共识"

1992 年 11 月，为解决两岸事务性商谈中的政治态度问题，海峡两岸关系协会与海峡交流基金会达成了"海峡两岸坚持一个中国原则"的共识。此即被称为"九二共识"。其以"一个中国"为核心、"求同存异"为精髓，成为两岸交流与发展的前提基础。从此前文本细读的分析中可以发现，"四大报"对两岸关系议题的探讨最终都不免回归到对政治基础的讨论，"九二共识"已成台湾社会绕不开的终极命题。

此前，台湾"蓝""绿"两党各据意识形态光谱的两端，分别展现出"亲中"和"反中"的对立姿态，对"九二共识"的态度也成对抗之势。而今，2016 台湾"大选"在即，两党对关键议题"九二共识"纷纷表明态度："蓝营"政策经历了洪秀柱的"终极统一"到朱立伦的"一中"各表的转变；"绿营"言论先为"否定一中、拒绝交流"，后为"在中华民国现行宪政体制下推动发展"。可见，"蓝""绿"两党在对"九二共识"的表述上都有所松动，表现为向"中间光谱"的移动，"维持现状"成为"最大公约数"，现实双方都为争夺中间选民而进行两岸政策路线的调整。对此变化，"蓝""绿"媒体反映不一：

《中国时报》始终聚焦于"九二共识"的"一中原则"，肯定了蔡英文对"中华民国宪政体制"的回归是一种向好发展，但也指出蔡依旧避谈"九二共识"，呼吁其或可另辟蹊径，但须以"一中架构为基础"。《中国时报》对"蓝营"洪秀柱的"一中同表"表达赞扬，反之对朱立伦"一中各表"的倒退有所不满，可知其对明晰"两岸同属一中"的期盼。然而，在连战登"陆"议题中，《中国时报》又转变为"中华民国"的"卫护者"，不排除是为了迎合"台湾民意"而做出的妥协。

《联合报》的叙事重点则落在"九二共识"中的"求同存异"，在其语义场里，所谓"求同存异"就是坚持台湾方面的"一中各表"。因而，《联合报》对朱立伦以"一中各表"换洪秀柱的"急统路线"并无异议，并解释洪秀柱被撤的原因在于她不能以"国民党阵营及台湾民众的最大共识"为落脚点。相反，《联合报》指出蔡英文的"中华民国宪政推动论"只是为使各方安心、以便赢得"大选"。其多次指出如果蔡英文一再模糊和否认"九二共识"，将摧毁两岸"求同存异"即"一中各表"的生存空间。由此我们可以明显看出《联合报》的态度，其对"九二共识"中"求同存异"的追求，其实是对"马政府"提出的"一中各表"与"不统、不独、不武"的支持，表明了《联合报》对"一个中国"的保留与"维持现状"的态度，揭示其在"挺中"上多元而复杂的心态。

《自由时报》的叙事聚焦于"九二共识"的核心"一个中国"，批判国民党"以虚构的'九二共识'与中国唱和……宣称不接受它就没有和平"①，目的在于"威胁我国在野党及人民，不得寻求台湾主权独立发展"②。《自由时报》的"台独"思想显露无遗，但其擅自将编辑立场裹挟在"主流民意"之中，通过"人民要维持台湾'独立'现状"③"九二共识真正的症结是在台湾失去了民意市场"④等叙事语法的运用，塑造自己"遵循普遍民意"的"中立"姿态。而在其叙事语境中，一边是民进党与选民"同仇敌忾"，一边却是国民党与大陆"坑瀣一气"，将国共两党推向台湾人民的对立面，同时达到"反中"与"反蓝"的目的。由于《自由时报》认定整个国民党都是"统派"，其对"蓝营"路线的更换不以为然、不改批判；而对蔡英文的言论转变，其先是谈起台湾"民主"，称"不仅是人民行使公投的权利受限而已，整个国家也受制于外力只能视'中华民国临时体制'为常态"⑤，在叙事中暗指蔡英文是受迫外力、不得已而做出调整。该报后来又谈到蔡英文的政策转变是"以民意为准绳""以台湾利益为重"，一定程度上反映了其对"九二共识"的妥协态度。

《苹果日报》的叙事镜头聚焦于两岸对"九二共识"的差异性解读：大陆以"一个中国"概括"九二共识"；台湾则以"一中各表"强调"两岸分治"，突出双方互不言明、"在创造性模糊下开展交流"的现象，暗示基于"九二共识"开启的两岸和平之旅只是一种"假象"。具体来看，《苹果日报》认为选前国民党的路线更换是"合理的"，对此表示支持；而对蔡英文"中华民国现行宪政体制下操作"也表达理解，论证"一时的退让更有利于台湾的发展"，认为这"符合台湾利益"，态度上也有所转圜，但语义上仍有对抗。此外，《苹果日报》还聚焦于"九二共识"的效力问题，强调"九二共识"只是"国共共识"，"九二共识没有法理上的约束力"，认为台湾完全可以不予理会。特别是当"台独成为一种生活方式""台湾成为生命共同体"，更无须多言统"独"、探讨"共识"，因为"只有认为自己不是国家，才不断宣称自己要追求正常国家"⑥。综上，在

---

① 自由时报：《美国对我军售》，2015 年 12 月 18 日。

② 自由时报：《"两岸一家亲"？柯文哲别闹了！》，2015 年 8 月 21 日。

③ 自由时报：《打死不退？不退打死？》，2015 年 10 月 7 日。

④ 自由时报：《台湾人民说了才算》，2016 年 1 月 14 日。

⑤ 自由时报：《鸟笼民主与国家意志》，2016 年 1 月 13 日。

⑥ 苹果日报：《谁主张"台独"很重要吗》，2015 年 10 月 3 日。

"九二共识"议题下,《苹果日报》的"反中"立场与"台独"思想可见一斑。

第二节　叙事结构

新闻叙事结构与文学叙事结构一样,将作为一种叙事框架影响受众对事件的认知。因而,对叙事结构的研究有助于了解媒体如何对事件进行"转换",挖掘台湾媒体对两岸关系议题的整体话语倾向。本研究将台湾四大媒体分别视为一个叙事主体,通过串联其对"换柱"、连战登"陆"、"习马会"重要事件以及"九二共识"议题的看法,潜入叙事文本深处,探究叙事结构框架如何影响叙事话语呈现,如何对新闻事件进行"包装"和"销售",加深对四大媒体的认识。

一、《中国时报》：宏大叙事,喜剧结构

总的来看,《中国时报》的新闻叙事结构偏向于构建一个圆满的结局,落在两岸关系这个议题上,就表现为"两岸终将实现统一,台湾将共享大陆和平红利、人民得以过上幸福生活",以部分社论的结尾为例:

这不仅是为帮助台湾走出经济发展的瓶颈,也是在帮助大陆自己尽可能快速地学习先进经验,更重要的是,这提供了两岸继续深入融合发展的广阔场域,让两岸民间不因为政局变动而停止相互融合的脚步。只要这一融合的步伐不停止,我们有理由相信两岸最终会走向融合统一。[1]

——《最能维系两岸法理与社会的连结》

蔡英文若能接受"融一论"主张,就可获得一把攸关两岸关系和平发展的尚方宝剑,这不只对蔡英文的执政有利,对整个台湾的经济发展也可以取得正能量。大陆若能接受"融一论",并愿意与蔡英文共同操作出一套双方可接受的两岸关系新定位论述,由于在推动两岸关系上,民进党比国民党更容易受到民众信赖,我们可以预言,民进党执政对两岸和平发展的贡献必将大于国民党。[2]

——《以融一代替统一达成中程共识》

---

[1]　中国时报:《最能维系两岸法理与社会的连结》,2015年12月19日。

[2]　中国时报:《以融一代替统一达成中程共识》,2015年12月20日。

《中国时报》这种"把尽量多的观众引入它所呈现的最终社会：反派人物常常妥协让步或变坏而好"[1]的叙事情节安排，被加拿大文学批评家诺斯罗普·弗莱视为"喜剧"的叙事结构。虽然《中国时报》的喜剧叙事中存在许多"关隘"和"纠葛"，如"习连会""习马会"中民进党的阻挠批判、国民党的畏缩不前、台湾年轻一代的误解等，但这些部分放在整体的结构语境中就是形成喜剧的契机，也是斯卡利哲所说的"为全剧尾声作伏线的高潮"[2]——通过先抑后扬来突出《中国时报》对"两岸和平共同发展"的圆满设定：只要台湾"蓝""绿"两党认可"九二共识"、开放两岸交流，台湾就可摆脱目前困境、实现"由坏转好"的"命运逆转"。可以发现，《中国时报》的叙事主角是"两岸关系发展"，或者更确切地说是"台湾整体发展"。《中国时报》是从一个宏大的解释体系去看待事件或问题，因而不再局限于台湾岛内两党，而是基于两岸大背景下，向整个"台湾"提出建议，立足高远、格局广阔、话语宏大，流露出"只论'两岸'，不论'蓝''绿'"的宏观叙事特点。

二、《联合报》：平衡叙事、松散结构

相较于其他三报，《联合报》的叙事结构偏于松散，表现为无明显的叙事主体，而是立足历史情境，尽量还原事件的各个方面，以及综合展现多方话语。比如"习马会"以"再现"为叙事特征，详细描述事件开展的具体过程，善于使用人物话语，在事实基础上予以分析论证，如 2015 年 11 月 8 日的社论（节选片段）：

整个会程分成开场公开致辞、闭门会谈、记者会三段。在开场致辞部分，习近平温情喊话，强调"血浓于水"；马英九则提出五点政策主张如两岸热线等，也未铺陈政治论述。在此阶段，两人唯一共同提及的政治词汇只有"九二共识"。这应是双方事前约定的安排，政治细节皆留待闭门会谈时再说。

果然，闭门会谈中出现了鲜明及尖锐的政治论述。习近平对"台独"说出重话，马英九则在"一中各表"着力。习近平将"九二共识"与"反对台独"及"两岸同属一个中国"联结；又称，"九二共识"是定海神针，失此则两岸

---

① [加]诺斯罗普·弗莱:《批评的剖析》，陈慧等译，百花文艺出版社，1998 年，第 195 页。

② Marvin T. Herrick: *Comic theory in the sixteenth century*, University of Illinois Press, 1950, pp.119—122.

"和平之舟"就会遭遇惊涛骇浪,甚至彻底倾覆……在闭门会谈中,马英九亦强调九二共识是两岸关系的基础,但也当面向习近平厘清"九二共识"的内涵,指出"九二共识"是"双方均维持'一个中国'的原则,但各自所赋予的涵义不同",此即"一中各表"。这点,是想要导正习近平对"九二共识"的认知。马英九说,"中华民国宪法"不允许一中一台,他必须站稳"中华民国总统"的立场;欲借此表达"中华民国"存在的事实,并表明自己作为"中华民国总统"的立场。①

而在"换柱"一事中,《联合报》更多展现朱立伦、洪秀柱、国民党等事前事后的言论与行为,以此作为社论的事实基础进行分析评论,态度有褒有贬,而非主观臆测事件"内幕"和可能存在的"黑箱操作",如:

> 洪秀柱是经过合法程序产生的代表,其正当性不容置疑。经过数月的打拼,洪秀柱的选情虽难称出色,但她在国民党一片涣散中凝聚了支持的力量,帮蓝军撑过了难堪的时刻,展现她的韧性。然而,正式获得全代会提名后,洪秀柱的支持度不升反降,致使宋楚瑜趁虚而入,蓝营陷入分裂。而她在两岸议题上的若干发言,例如"一中同表"和"终极统一",不仅超乎既有的党政口径,也把竞选议题导向偏锋。②

不过,我们仍可感知《联合报》在两岸关系议题中侧重谈论"九二共识",更确切地说是"一中各表",那么推动"九二共识"和提出"一中各表"的"马政府"就可能是隐藏的叙事主体,再根据其整体上对"九二共识"的认可和"一中各表"的"支持",在某种程度上体现出《联合报》"拥马"和"挺中"的立场。虽然难以避免出现观点的倾向,但《联合报》力求遣词用语的平衡和观点的有破有立,体现为较少使用感情色彩浓厚的词汇,或者以直接的因果关系论断,以及对某一方"一面倒"的态度。

三、《自由时报》:他者叙事,悲剧结构

《自由时报》作为"泛绿"媒体,在叙事中几乎不涉民进党,反而将话语集

---

① 联合报:《巩固九二共识 试探一中各表》,2015 年 11 月 8 日。

② 联合报:《朱立伦、洪秀柱如何感动台湾人民》,2015 年 10 月 14 日。

中于"马政府"、国民党及大陆，以这三者为叙事主体展开叙事，对其理念、政策、言行、品质等全盘否定，比如《国民党何时拔掉奶嘴？》《马政府不抵抗中国改变现状？》《国民党还值得相信吗？》等。

可以发现，《自由时报》还建构出"马政府"、国民党及大陆三者间的"同伙"关系，将其组合成一个"他者"集合，这一集合以"倾中联共"为手段，作为二元"你我"思维模式的异己存在。《自由时报》通过对"他者"对立形象的否定，不断加深"我者"的文化身份与特征，强化对"自我"意识形态的认同。并且，《自由时报》对这一集合中任一"在场"成员的否定，都能实现对整个"他者"集合的否定，达到事半功倍的效果，以此增强对"不在场"的"绿色阵营"的支持及对其反中、"台独"政策的肯定。尤其值得注意的是，《自由时报》在叙事中将对"他者"集合的否定，抛给了想象中的"台湾人民"，以"台湾人民"之口向"他者"进行讨伐，而将民进党"绿营"深深隐藏起来。

此外，与《中国时报》的喜剧设定相反，《自由时报》的叙事结构以悲剧的形式进行编排，描绘了一幅台湾经济崩溃、政治受迫、"主权"缺失、民主灭亡、人民生活悲惨的悲剧景象。而根据黑格尔（Hegel）与叔本华（Schopenhauer）对西方悲剧的划分方式，《自由时报》建构的台湾"悲剧"并非命运使然或是性格结果，而是由外部原因、历史原因等造成的"易卜生式"的社会悲剧或称环境悲剧。这也就暗指了只要台湾能克服外部困难，通过自身的不懈努力，便可扭转悲惨结局。而在其语义场中，所谓的"外部困难"即"他者"集合——"马政府"、国民党和大陆——的干扰和阻挠，而"自身努力"即"我者"阵营——民进党与台湾"人民"——的斗争与反抗，"扭转悲惨结局"就是"台湾独立，人民幸福"。《自由时报》通过叙事结构中对台湾"悲剧"的塑造和强化，将诱发和加深台湾人民的恐惧[①]，使其对"马政府"、国民党和大陆的误解和反感更甚，促使他们将此种认知转化为具体的投票行为，以实现台湾"大选"的政党轮替。

四、《苹果日报》：小型叙事，微观结构

《苹果日报》的叙事常常在第一人称视角与第三人称视角之间进行切换，"我们"一词频繁出现，并被赋予了多元化的含义。在《中国骇客入侵台湾选

---

① ［古希腊］亚里士多德：《诗学》，陈中梅译，商务印书馆，1996年，第105页。

举》一文中，"我们"先是代指"台湾人民"，如"台湾大选日不到一个月，我们除了注意候选人的动态、选情外，不能忘记中国对台湾选举的干涉与破坏"；其后"我们"又代指《苹果日报》编辑部，如"我们呼吁中选会做好电脑防护，加强防毒防火"。而在《中资买东森》里，"我们已适应市场资本主义的运作，因此会习惯拿我们的认知去理解中国的官僚资本主义"，这里的"我们"以"台湾人民"为视角；"我们担忧陆资拐弯抹角来台大肆购买敏感企业，为将来颠覆台湾铺路"，又是"编辑部"发言。

除此之外，"我们"还时常代指"台湾"，如"各经济研究机构都不断下修我们今年的GDP，可能连保1都很困难""为选举每天找敌人来政治动员，不会让我们变得更好；尊重、包容与理解彼此，才能让我们成其大"等。叙事主体的频繁变化，让人摸不清到底是"谁在发声"，因而"编辑部意见"很容易被最常代表的"台湾人民"或"台湾"所掩护。而众所周知的是，《苹果日报》的创始人黎智英在政治上有强烈的"反中""反统"观念，这一意识形态倾向也就贯穿于《苹果日报》的新闻叙事中，表现为对大陆和两岸关系持有强烈敌意。该报再以"我们"的叙事策略进行发声，"编辑部意见"就很容易被误认和放大为台湾"主流民意"。

总的来看，《苹果日报》以虚构的"台湾人民"的立场表达观点和态度，建构出不同于宏观叙事的、"忧心"和聚焦底层"人民"利益的小型叙事，结构上呈现出微观特点。这种叙事已经跳脱出单一的编辑部或任一政党的框限，甚至在台湾社会民粹化背景的影响下，呈现出与官方对立、对政党不太信任的叙事特点。因而，《苹果日报》在社论中对台湾政党并无明显的态度倾向，对岛内两党似乎都无甚好感，言语中谈到"两党心胸狭窄、目光如豆，只图一党快意恩仇之私，毫无国家大局为重的器识"[①]。但由于《苹果日报》的"反中"观念与"绿营"的"反中"理念相一致，因而表现出对"绿营"政策的支持和对"蓝营"政策的批判，客观上达到支持"绿营"的效果。

小　结

综合文本细读的结果，可以得出台湾媒体在新闻叙事上表现出了鲜明的意

---

① 苹果日报:《新"总统"严峻的试炼》，2016年1月14日。

识形态倾向，该倾向将影响其在 2016 台湾"大选"前对国民党与民进党各自选情的舆论支持程度。

《中国时报》"挺中"坚决，"蓝""绿"皆可。在叙事文本中，《中国时报》"挺中"的立场十分明确，认可"九二共识"中的"一中框架"，对大陆以积极描述为主，建构两岸和平发展的喜剧结局。但对于岛内政党，《中国时报》则态度模糊，既批评民进党不该再继续回避"九二共识"，也呼吁国民党不能回避政治争议，表现出虽不至于"挺绿"，但也不明确"挺蓝"的态度，甚至在"换柱"一事上，对国民党严词批判。同时，多次肯定了蔡英文立场的"向好"转变，对其执政抱有期待。《中国时报》明确表达了只要民进党能够回归"九二共识"，或者达成一定的"中程共识"，再依托其在台湾岛内的"亲民"优势，那么"民进党执政对两岸和平发展的贡献必将大于国民党"①。可见，《中国时报》叙事聚焦的核心始终是"九二共识"，除此之外，再无其他。也就是说，岛内任一政党只要能够推动两岸和平发展，《中国时报》都将予以肯定和支持，明显体现了《中国时报》只挺"一中"，不论"蓝""绿"的态度转变，这种不论"蓝""绿"的取舍很可能与当下台湾的"反马"民意有关。

《联合报》"挺中"保守，"挺蓝"有限。在叙事文本中比较讲究就事论事、报道平衡和言辞中立，但难掩其"泛蓝"媒体的"挺蓝"立场，从"换柱"一事忙于消解负面影响、帮助出谋划策的表现，"自己人"心态便可见一斑。在涉及"九二共识"议题的讨论中，《联合报》特别看好"一中各表"的两岸政策而对马英九多有褒奖，反之则批评蔡英文为政党利益制造对立、否认两岸和平发展的基础，达到"捧马打绿"的效果。然而，出于对新闻"客观"的追求以及照顾岛内民意的顾虑，《联合报》"挺蓝"能力非常有限，其对"马政府"及其"蓝营"的支持常常只是部分肯定，而非《自由时报》式的的全面认同；对蔡英文及其"绿营"虽有批判，但也多有分析和建议。并且，《联合报》实际表现为"拥马"，或者说是"一中各表"下的"挺中"，而非直接"挺蓝"，对国民党及其候选人洪秀柱和朱立伦的着墨都较少，难以为"蓝营"在 2016 台湾"大选"中提供强有力的舆论支持。此外，《联合报》表面上一直都亲近大陆、认可"九二共识"，但从选前两岸关系相关社论的具体叙事话语来看，其认可的是"一中各表"，对两岸政治关系也倾向于"维持现状"，只是经济上比较"倾红"而已，

---

① 中国时报:《以融一代替统一 达成中程共识》, 2015 年 12 月 20 日。

这也反映出其在"挺中"立场上渐趋保守。

《自由时报》以"反中"为手段,"反马"为目的。在《自由时报》的新闻叙事中,"大陆"与"马英九"是其聚焦的核心,但对文章结构与具体语义进行细究后,发现其在话语上更侧重"马英九",或者说是落在"马英九的倾中政策"上。在多篇社论中,《自由时报》先是对大陆的政治、经济、军事等方面进行批判,但最终都落脚到对马英九"倾中政策"的批判上。更明显的是,《自由时报》在其建构的叙事语境中一再描绘"台湾目前的困局完全是因为马英九倾中政策",叙事话语里将台湾悲剧归结为马英九的执政,呼吁台湾人民用选票对"倾中政策"说不。而顺其语义进行推论,破除台湾困局的方法就是"反马"、摆脱"倾中",而民进党恰好是"马政府"的对立面。因此,《自由时报》建立起"选择民进党"也就能"扭转台湾命运"的隐喻,达到"挺绿"的效果。显而易见,《自由时报》的叙事策略是明为"反中",实为"打马",通过描绘大陆的负面形象,蛊惑台湾民众"反大陆";再构建大陆与马英九之间的"共谋"关系,利用"反大陆"的心理"反马英九"。加之,《自由时报》长期使用"马英九及其党国""马英九及其同伙"等词汇将国民党与马英九进行捆绑,同时强调朱立伦、洪秀柱等国民党人与马英九思想一脉相承的关系,从而通过"打马"实现"反蓝"。

《苹果日报》"反中"明确,客观"挺绿"。受其创始人黎智英的"反中"意识的影响,加之为迎合近年来岛内的"反中"观念,《苹果日报》在新闻叙事中对大陆充满敌意,"反中"倾向十分明显。因此,作为外来的综合性商业报纸,《苹果日报》虽然较少受岛内政党的影响、对岛内政党态度无明显偏向,但在台湾政党的两岸政策上却有所倾向。由于在两岸问题、对陆态度这些基本观念上与民进党的意见趋近,因此在新闻叙事的基本语义结构上与《自由时报》的立场趋近,对"蓝营"两岸关系政策的批判比例较高,客观上起到"挺绿"的作用。

第三章　结论与思考

综合内容分析与文本分析的结果，可以发现2016台湾"大选"前台湾媒体对两岸关系社论的报道总体呈现出三个特征。

第一节　研究结论

一、整体：二元对立的媒介现实

根据文本叙事上的话语对立和态度上的绝对分化，台湾媒体几乎造就了同一主体截然不同的角色形象，塑造了二元对立式的媒介现实。从大陆形象来看，《中国时报》和《联合报》呈现了大陆和谐、进步的正面姿态，为台湾经济带来活力；而《自由时报》和《苹果日报》则塑造了大陆的负面形象，将台湾经济带入衰落。从马英九形象来看，《中国时报》和《联合报》认为其正直、努力，谋求台湾福利；《自由时报》和《苹果日报》则强调其独裁、专制、权贵思想，出卖台湾利益。从蔡英文形象来看，《中国时报》和《联合报》偏向于认为其"自私为党"；《自由时报》和《苹果日报》则称赞其"无私为民"。对"太阳花学运""反服贸运动"等政治运动，《中国时报》和《联合报》用被政党操控的民粹来解释；《自由时报》和《苹果日报》则称其为理性、自主的"民意"。可以发现，台湾媒介现实的对立划分与"蓝""绿"媒体的对立划分具有高度的重合性，由此可以推断"蓝""绿"意识形态仍是影响台湾新闻报道呈现对立的主要因素之一。

台湾媒体基于"蓝""绿"政治立场，在新闻议题上"各拥其主"，宣传对己有利的观点，"基于是否对大型的国内利益集团有利的原则"①，对新闻事件进行不同程度的聚焦或者压制。比如，《联合报》将"换柱"风波作"党内分歧"的弱化处理，《自由时报》则紧咬"民主黑箱"进行聚焦报道。与此同时，市场也是"蓝""绿"意识形态对立的"推动者"，台湾报纸为吸引受众注意而以"蓝""绿"意识形态区隔读者群，并将特定颜色群体的"部分民意"放大为当前台湾的"主流民意"，比如《联合报》称"习马会"是"举世乐见"，而《自由时报》则评价不同。

在政治与市场力量交错的现实环境下，台湾媒体整体上以"两分法则"对新闻故事进行处理。"泛蓝"媒体基本采取官方的叙事框架，对"马政府"及大陆友善，对民进党批判；而"泛绿"媒体则采取"反政府"的叙事框架，对"马政府"及大陆敌视，对民进党拥护。台湾媒体通过这种"蓝""绿"互为他者的身份建构，通过贬低敌对阵营的意识形态观点，来强调自我身份的正当性，满足特定受众的心理诉求和政党利益。其中，"泛绿"媒体较"泛蓝"媒体更擅于通过严格的自我设限，把"我者"与"他者"完全区别开来，并把"我"变成"我们"进行自我范围的扩大。这种强调和加深对立的做法，对其保持"绿营"基本盘，圈定阵营"铁票"，在2016台湾"大选"前具有十分重要的现实意义。

二、趋势：迎合民意的态度趋近

虽然整体上"蓝""绿"媒体为岛内受众呈现出截然相反的对立世界，但依据"大选"前夕台湾岛内民意的风向标，"蓝""绿"媒体在政治态度上依然出现了细微的转变，部分偏离了其原有的泾渭分明的"蓝""绿"光谱。

从对两岸关系的态度来看，《自由时报》从初时对两岸经贸往来的坚决抵制，到认为"不能完全切断"，再到认同"以交流促进双方和平发展"；《苹果日报》从反对"九二共识"、支持"台湾独立"到认可"中华民国宪政体系下维持现状"；《中国时报》从坚定拥护"一中"原则到呼吁"大陆应正视中华民国"；《联合报》从支持洪秀柱"一中同表"到改口批评其"未能顾全民意"。而从对

---

① ［美］爱德华·S.赫尔曼、诺姆·乔姆斯基：《制造共识：大众传媒的政治经济学》，邵红松译，北京大学出版社，2011年，第31页。

"马政府"的态度来看,《中国时报》从此前对"马当局"的百分百支持[①] 到对国民党严厉批判,甚至对民进党更有期待;《联合报》也从对"马政府"政策的支持到对其执政不力的批评。可见,"蓝""绿"媒体在两岸关系和评价执政方两方面的态度上出现了一定程度的趋近,表现为"泛绿"媒体对两岸的态度有所缓和,"泛蓝"媒体则对两岸和"马政府"有所保留和疏远。

产生偏离的原因在于市场风向,也就是台湾的"主流"民意。首先,对台湾人民来说,台湾经济问题与其切身利益息息相关,因此成为其在"大选"前密切关注,甚至影响其投票意向的重要因素之一。因而"泛绿"媒体不得不重视两岸经贸的发展,在两岸关系问题上有所收敛,进行"维持现状"和"保持交往"的表态,以免引起民众的忧虑。其次,随着"本土"意识的加强和"绿营"的有意煽动,近年来岛内民众的"反中"情绪有所增长,因而"泛蓝"媒体在"九二共识"上只能做保守表态,比如《联合报》选择聚焦"各表"而非"一中";《中国时报》也对"中华民国"有所支持。第三,"马政府"执政8年台湾经济疲软、许多承诺未得到落实,台湾下一届政党轮替的呼声日盛,因此"泛蓝"媒体也必须展现出与"马政府"疏离的姿态,预留两者之间的安全距离。

三、态度:挺"绿"有余而挺"蓝"不足

综合《中国时报》《联合报》《自由时报》和《苹果日报》的内容分析及文本细读结果,台湾媒体对政党态度呈现为"挺绿有余而挺蓝不足"。

首先,"泛绿"媒体批判态度一致,《自由时报》对"大陆"、马英九及国民党都是100%"一面倒"的否定态度,《苹果日报》似乎没有明显的政党倾向,但因"反中"意识而对"蓝营"的两岸政策有所批判,因而整体上对"蓝营"和大陆的否定态度占比都超过50%,高于其对"绿营"的负面态度比例。其次,"泛绿"媒体善借"台湾人民"之口传达观点,《自由时报》提及"台湾人民"的频次远远高于《中国时报》与《联合报》,并且以正面评价强调了"人民"的主体性作用;而《苹果日报》则在叙事中使用"我们"一词,进一步将自己等同于"台湾人民",并隐隐塑造出"人民"主宰台湾的"神"的形象。"泛绿"媒体通过己方观点与虚构的"台湾人民"之间的联结来放大媒体声量,制造出

---

① 江居正:《〈联合报〉〈中国时报〉〈自由时报〉对 ECFA 和服贸协议报道的比较研究》,厦门大学,2014 年,第88—89 页。

己方观点具有强大"民意基础"的假象，以及"绿营"媒体"与民同在、为民发声"的"公器"形象，借此拉拢民心。第三，"泛绿"媒体善将"反中"与"反马"相结合，虚构二者之间"共谋出卖台湾"的关系，将其共同推向"台湾人民"的对立面，以对方的"非正当性"强化自身的"正当性"，并建构出"选择民进党就能扭转台湾命运"的英雄话语。

"泛蓝"媒体却表现出正反态度的摇摆。《联合报》秉持一贯的"客观"姿态，对国民党及马英九褒贬参半，正面态度未能取得大幅度优势，《中国时报》甚至在民意影响下，建立起民进党的正面形象，对蔡英文的执政有所期待，却在对国民党的态度上出现分化——支持洪秀柱但反对朱立伦，不能在整体上形成对国民党的支持。另外，"泛蓝"媒体或宏观或平衡的叙事结构，决定了其在对底层民众的关注和与他们的联系上都难与"泛绿"媒体相抗衡。内容分析的结果显示，"泛蓝"媒体较少谈及台湾民众，即便有所涉及也以中立和负面态度居多，其在叙事中多少带了些精英主义的色彩，话语里对台湾社会和民众多有自上而下的评判和教化之意，并用"民粹"来评价几次社会运动，无形中与底层人民拉开了距离。最后一点，"泛蓝"媒体并未直接"挺蓝"，《中国时报》话语聚焦"挺中"、《联合报》专心"挺马"或"挺华"，但对"蓝营"候选人朱立伦和洪秀柱并无直接声援。

言而总之，"泛绿"媒体异口同声、"人民相助"，为民进党及其候选人蔡英文壮大声势，使其在此次"大选"中"如虎添翼"；"泛蓝"媒体则话语分散、"声势"不足，不仅"挺蓝"乏力，甚至有"倒蓝"的嫌疑，在此次国民党选情惨淡的现实情况下难以助其"夺得大业"。

第二节　思考与讨论

虽说台湾媒体受政党与市场的影响尤为突出，但其报道始终脱离不了特定的社会环境，受到政治、经济、文化等多方面的合力作用。因此，台湾媒体与台湾社会具有复调或互文的关系，"四大报"的叙事特点能够在一定程度上照应当前台湾的社会现实。

一、民粹主义进入新闻场域

从研究结论来看，台湾媒体不论是对新闻的选择、态度的偏转，还是叙事的策略，背后都藏有"人民"的影子，民粹主义话语对新闻场域产生重要影响。

首先，"民粹"影响台湾媒体的叙事话语。"民粹主义在媒体中出现的论述往往和特定的议题、特定的团体及特定的政治人物相关，并且体现论述参与者喜欢的论述模式。"①台湾"蓝""绿"媒体根据特定受众的价值观念进行新闻选择，以"蓝""绿"意识形态框架对新闻进行建构，以获取受众的认同。比如，《中国时报》迎合"深蓝"受众的统派思想，建立一整套"倾中"的话语体系；《自由时报》则依循"墨绿"受众的"台独"理念，以"反中"话语建构"媒介真实"。

其次，"人民"被理想化和赋予无限的赞美。《自由时报》《苹果日报》给予"台湾人民"充分的正面评价，肯定了他们在"太阳花学运""反课纲运动""九合一"选举中"维护民主"的作用，塑造人民自主、理性、团结不可战胜的高大形象。而《中国时报》与《联合报》虽因"蓝色"意识的影响，否认了民众运动的作用，但其考虑岛内的"反马"情绪而调转话锋批判马英九的做法，充分展现了其对"民意"的迎合，无形中烘托了"民意"的力量，增强了民众的主体地位。

最后，"民众"作为达成目的的一种工具和手段而存在。②《自由时报》善用"人民"与"民意"发声，《苹果日报》用"我们"化身"人民"，"泛绿"媒体通过各种形式凸显其"与人民站在一起"，用以强化自身的"民主资格"，从而拒绝特定的"民主政治"。正如保罗·塔格特所说，在一定程度上"民粹主义可以看作精英阶层的思想意识，因为当统治阶级中的一部分人企图建立霸权地位但又做不到时，就会直接求助于广大民众"③。"绿营"为了重新获得在台的统治地位而借助"泛绿"媒体进行社会动员：运用"人民话语"煽动"反政府"的民粹运动，将"蓝""绿"政治之间的对抗借由"大众民主"的形式表现出来。事实上，新闻场域的民粹化实际是权力斗争下政治话语权的争夺，虽然"绿营"和"泛绿"媒体常使用"人民呼吁""人民表示"等"人民语言"，但这并非代表他们拥有"主权在民"的民主信念。

---

① 王声平：《台湾民粹主义媒体建构分析》，《台湾研究》，2015年第4期，第85页。
② [英]保罗·塔格特：《民粹主义》，袁明旭译，吉林人民出版社，2005年，第2页。
③ [英]保罗·塔格特：《民粹主义》，袁明旭译，吉林人民出版社，2005年，第23页。

台湾的新闻民粹化严重破坏了新闻媒体的真实客观准则，报道标准是"人民的认同"，而非客观的评判，以"民意"为导向，缺乏专业的思考。同时，新闻民粹化损害了台湾的政治生态，弱化了政客的判断力，使得民粹政治主导了政治社会的进程，最终导致台湾民众对政治极端失望，从而选择疏远和排斥政治生活。此外，新闻民粹化还加剧台湾族群的分裂。意识形态的对抗话语通过新闻媒介在社会中传播，将使媒介现实内化为受众现实，因为选择阅读哪一报纸的受众往往就会选择相信该报所传达的意识形态。

二、"左"倾思想延烧台湾社会

研究发现，在两岸关系社论的新闻叙事中，"泛绿"媒体的抨击核心不仅仅是"两岸议题"，往往还与"阶层议题"相联系。从《自由时报》的新闻叙事来看，其不再质疑大陆对台湾经济让利的事实，而是关注让利后台湾经济为何依旧毫无起色，让利的对象到底是谁，台湾民众获得了什么？其在社论中批判"旅游'一条龙'，'跨海政商利益集团'赚钱，台湾赚垃圾"[1]，指明了获利的对象只有利益集团而非台湾"人民"。《自由时报》还建构了马英九与财团之间的利益关系，将朱立伦、王金平等人称作"外来权贵"。《苹果日报》也刻画出连战等国民党人的"权贵"形象。

"阶层问题"在台湾新闻叙事中的凸显，一定程度上折射出台湾社会的"左"倾化趋势。从台湾媒体的报道来看，台湾人民的"左"倾思想与西方"传统左翼思潮"相近，具体表现为两个特征：一是追求绝对的社会公平。他们对郭台铭等大财阀充满敌意，对领导人洗黑钱、置豪宅十分反感，因臆测大陆和马英九为财团让利而加剧了"反服贸运动"。凡此种种，皆是源于台湾人民对社会财产分配不公的愤懑，因而其一再要求加薪、减税，甚至期望通过重建台湾的政治秩序来重新瓜分社会财富的大饼；二是追求绝对的社会正义，主要表现为反对"特权"。2013年洪仲丘退役前因违规而遭处分致死一案，引发了一场25万人游行的社会运动，最后以马英九道歉、"国防部长"去职、军方上下人等遭惩处收场。表面上台湾人民是为了"保障人权"而"寻求真相"，但从其对官方、军方的疯狂臆测与围剿来看，透露出的却是"官民"对立的思想，因而"反特权""反权贵"的"左"倾化思潮或许才是这场运动的深层动力。

---

① 自由时报：《"倾中"倾到失去利用价值》，2015年12月2日。

随着台湾经济的不断衰退和贫富差距的进一步拉大，台湾人民的"左"倾思想日益延烧，表现为不满社会分配与抗议阶级固化。在"泛绿"媒体的刻意引导和利用下，这股"左"倾思潮常常与"民粹主义"相结合，对原本的社会制度与社会秩序产生严重的冲击。而今，洪仲丘的姐姐洪慈庸作为一介政治"素人"，在仓促参选的情况下战胜国民党籍担任 25 年"立委"的杨琼璎当选新一届"委员"，可以说是一场"左"倾思想联手"民粹主义"的政治胜利。

三、选前民意凸显矛盾心理

台湾媒体对"民意"的追逐，如一面镜子，照映出 2016 台湾"大选"前岛内民众在大陆、台湾、两岸关系等认知问题上复杂而矛盾的心理。这种矛盾具体表现为三种心态：

一是"反中意识"抬头，又希望"维持现状"。从"太阳花学运"到"九合一"选举以来，在别有用心之人的长期操弄下，台湾岛内的"反中"意识空前高涨，成为当今台湾一种普遍性的社会意识与社会心态。[①] 然而，从选前《苹果日报》与《自由时报》为代表的"泛绿"媒体的话锋转变，以及朱立伦与蔡英文两位候选人的两岸政策来看，"维持现状"又成了台湾"民意"的"最大公约数"，反映出台湾人对"反中"的警觉，并不希望政党轮替带来两岸关系的颠覆性剧变。

二是"台湾意识"强劲，又追求"中华民国"。由于李登辉、陈水扁时代以来"本省"与"外省"的族群划分，"台湾主体意识"得到宣扬，而与"中国"相关的"中华民国"概念被弱化，甚至被解释成"外来党国殖民台湾"。根据 2014 年台湾"中央研究院"社会研究所《台湾社会变迁基本调查计划》的调查，有 68.4% 的民众认同自己是台湾人。在强势民意的驱使下，"马政府"也开始公开强调"台湾的主体性"，国民党更被迫向"台湾国民党"转变。然而，在"台湾主体意识"有所抬头的形势下，台湾人又在"九三阅兵"一事上强烈要求为"中华民国"正名，承认其历史地位，似乎有对"中华民国"昔日荣光的留恋。

三是害怕"经济倾中"，又期盼"中资救台"。一方面，台湾害怕因与大陆的经济交往过于密切而受制于大陆，《自由时报》与《苹果日报》对"倾中经济"的批判受"反中"意识的影响，但连《联合报》都论及台湾目前的经贸结

---

① 孙岚：《台湾社会变迁大趋势》，《统一论坛》，2015 年第 5 期，第 39 页。

构过度依赖大陆市场，必须尽快进行经贸结构的调整，以免经济命脉受人钳制①，确实反映出一部分人的恐惧认知和心理。但另一方面，台湾人民又害怕两岸经贸交流断绝，台湾不能够深入大陆市场和加入区域经贸组织，无法实现经济衰退形势的逆转，因而希望"维持两岸现状"，关注候选人的两岸经贸政策，蔡英文因此在电视辩论中改口当选后将把"两岸监督条例"和《服贸协议》列为优先法案。

如此复杂矛盾的心理可以说是台湾社会极速变动甚至是转型过程的结果，历史观重构带来的虚无感、政党斗争带来的撕裂感、经济衰落带来的悲观感，以及对未来发展的不确定感等情绪交杂，加上大陆政治经济超越台湾强势崛起，造成当代台湾民众明显的"自卑"情绪。而这种自卑与岛内民粹主义、"台湾主体意识"等思想相结合，就很容易转变为高度的自尊。在既骄傲又自卑的心理作用下，台湾人民在涉及自我认同与两岸议题上就因此出现了多元分歧的立场与选择。

第三节　研究局限

本书采用定性为主、定量为辅的研究方法，分析了台湾报纸对两岸关系及"蓝""绿"政党的态度，并且映射 2016 台湾"大选"前台湾地区的社会生态，在理论和现实两个层面都具有一定意义。然而，虽然研究样本选取台湾最具代表性的"四大报"进行研究，抽样时间也超过 3 个月，样本量还算充足，但对于研究台湾报纸和了解台湾社会的整体情况而言，样本范围还比较狭窄，有待进一步扩大。此外，本研究的文本分析中涉及了新闻叙事学等多种理论的运用，由于个人理论水平及文字能力有限，在结构主义符号学、叙事学、语义学等理论的认知、解读和表达上还有所欠缺。针对上述不足之处，作者将在后续研究中加以改进。

---

①　联合报：《"新南向"不能只是为逃避面对大陆》，2015 年 9 月 26 日。

第三篇：台湾"四大报"脸书政治态度研究

——以 2016 年台湾"大选"期间的报道为例

第一章　背景、现状与方法

第一节　研究背景

2016 年的台湾地区领导人选举，民进党候选人蔡英文以 689 万多票当选台湾地区新一届领导人，领先国民党候选人朱立伦 300 多万票，完成了第三次政党轮替。"立委"政党选举也经历首次轮替，民进党取得"立法院"113 席中的 68 席，足以"完全执政"。

相较上一届"大选"，亲民党候选人宋楚瑜的得票数上涨约 120 万；从"太阳花学运"起家的"第三势力""时代力量"在"立法院"取得 5 席位置；国民党则经历了继"九合一"地方选举后的再一次惨重失败。

岛内政治环境发生逆转，媒体传播环境也在发生变化。素有"蓝""绿"分野的台湾传统媒体在历次选举中都扮演着重要角色，既作为不同政党的喉舌工具，也进行商业较量。

自 2003 年《苹果日报》在台湾创办，台湾报业就被"泛蓝"的《联合报》《中国时报》和"泛绿"的《自由时报》《苹果日报》四雄割据。近几年来，"四大报"的市场格局不断发生变化。据尼尔森台湾媒体大调查，《联合报》《中国时报》《自由时报》《苹果日报》的阅读率从 2004 年的 12.6%、11.3%、17.6%、11.9%，转变为 2012 年的 6.5%、5.5%、15.5%、16.8%[1]，阅报率呈现下降趋势的同时，也逐渐呈现出"绿强蓝弱"的局面。

然而，台湾媒体场域的更大风头被社交媒体所取代。据财团法人台湾网络信息中心的最新统计，2015 年台湾民众上网率达 80.3%，其中 18 至 30 岁的民

---

[1]　何志平：《2012 年台湾报纸出版业概况》，《2013 出版年鉴》，台湾地区"文化部"商周编辑顾问公司编，2013 年，第 155 页。

众上网率为 100%，是台湾网络的主要使用族群，且台湾网民最常从事的网络活动是"上网络社群"（占比 60.1%）。[①]

Facebook（脸书）是台湾人最喜欢的网络社群媒体。脸书因其巨大的用户量而被频频用于政治选举、商业营销和社会运动中，甚至衍生出"脸书选举"一词。自 2008 年美国总统大选的"脸书选举"潮流蔓延至台湾，各大候选人、政党开始在脸书开设粉丝页，直接与粉丝进行互动交流和议程设置，并通过社群互动传播扩散，影响民众的政治参与行为。台湾大学新闻所所长王泰俐研究脸书对 2012 年台湾"大选"政治参与行为影响的数据就得出了这一结论。[②]

对新闻业来说，社交媒体猛烈的发展势头确实让台湾传统媒体渐渐感受到了生存和影响力危机。据 2014 年创市际的调查报告，台湾人在跨屏网络[③]中的"搜寻"和"新闻"呈现高度使用率。[④]《中时电子报》的 Google Analytics 监测分析显示，超过 40% 的读者通过移动端或 PC 端的脸书平台进入新闻库，这使总编辑刘善群不由感叹："我们被迫要去好好地经营脸书账号"[⑤]。2009 年，《联合报》旗下的联合新闻网开始在脸书设置粉丝页，同年底《中时电子报》和《苹果日报》跟进，2013 年初《自由时报》也开启"脸书时代"。"四大报"开始每天在脸书上发布即时新闻，与读者互动。

在这一背景下，"四大报"脸书新闻呈现出什么特点？是否还存在传统"蓝""绿"分野的叙事逻辑？如何产生影响力？叙事特征和影响力成因又是什么？粉丝读者如何解读和回应这些新闻？这些传播现象反映了台湾社会的哪些现状？为了探究这些问题，本研究选取 2016 年台湾"大选"议题作为观照对象，运用新闻叙事学的相关理论，对"四大报"脸书报道这一事件的新闻文本展开研究，以期回答上述问题。

---

① 台网中心电子报：《〈台湾宽带网络使用调查〉结果公布》，2015 年 9 月。详见：http://www.myhome.net.tw/2015_09/p01.htm。

② 王泰俐：《"脸书选举"？ 2012 年台湾"总统大选"社群媒体对政治参与行为的影响》，《东吴政治学报》，2013 年第 31 卷第 1 期。

③ 跨屏网络在台湾亦称跨屏网路，指基于互联网技术，信息跨越和流动于电脑 PC 屏、手机屏、平板电脑屏、电视屏等多个屏幕而形成的网络。用户可通过跨屏网络中的任何一屏或多屏进入互联网世界。

④ 创市际：《2014 台湾跨屏网络使用行为调查》，2014 年 9 月 29 日。详见：http://www.ixresearch.com/news/news_09_29_14/。

⑤ 《中时电子报》总编辑刘善群访谈，2016 年 1 月 19 日。

第二节 研究对象与研究问题

一般认为，台湾"四大报"有不同的政党偏向，在统"独"问题上的立场也不同：

《联合报》与《中国时报》作为传统大报，较有新闻专业水准。两者立场偏向国民党，故被称为"蓝营"报纸，其立场被简称为"亲蓝"或"挺蓝"（后者态度更为强烈）。《联合报》创办于1951年，其创始人王惕吾一直被认为具有"大中国意识"，反对"台独"，而《联合报》在两岸关系的发展上则呈现出较为积极的态度。《中国时报》创办于1950年，其政治立场和商业手法被认为较有弹性，自2008年旺旺集团入主以来，《中国时报》更加关注两岸关系，被认为持有支持"九二共识"和"亲中"的立场。

《自由时报》与《苹果日报》的立场偏向民进党，故被称为"绿营"报纸，其立场被可简称为"亲绿"或"挺绿"（后者态度更为强烈）。《自由时报》创办于1980年，从政党斗争起家，为民进党"喉舌"，以"台湾本土化"定位，"台独"立场鲜明。《苹果日报》于2003年在台湾创立，而后以"膻色腥"的报道风格迅速抢占台湾报业市场，因其老板黎智英个人的政治立场而呈现出鲜明的"台独"和"反中"（反对大陆、反"九二共识"）色彩。

社交媒体在台湾亦称社群媒体。脸书是全球知名的社群网站之一，由马克·扎克伯格于2004年2月4日创立，至今为止在全球已有约9亿用户。这一平台可供网民发布个人消息、关注即时新闻、参与讨论等。针对企业、品牌或组织，脸书还设有"粉丝专页"功能，供企业主分享消息、举办活动、新增应用程序或其他自定义方式，来与使用者连接。[①] 对媒体的粉丝专页而言，其分享的动态消息就是由脸书编辑发布的即时新闻，代表着媒体立场。

"四大报"在台湾媒介市场占据重要位置，其在社交媒体上的经营成为台湾媒介环境的新特色，而所经营的脸书专页则是我们把握当下台湾传媒市场和社会动态的有效方式。

本研究的对象即"四大报"脸书"粉丝专页"（"联合报PLUS"《中时电子

---

① Facebook：《入门使用说明之术语表：专页》。详见：https://www.facebook.com/help/183297075069617?sr=2&query=%E7%B2%89%E4%B8%9D%E4%B8%93%E9%A1%B5&sid=08Bf2xIzKgKkvqveP。

报》《苹果日报》《自由时报》）关于 2016 台湾"大选"议题的新闻报道文本与粉丝读者的回复文本。主要探究以下两个问题：

第一，比较"四大报"脸书对 2016 台湾"大选"议题的叙事特征和态度倾向，以及粉丝读者对这些内容的解读与回应；

第二，结合台湾政治、经济、文化等社会背景，剖析"大选"新闻态度中意识形态的影响机制以及产生这些传播现象的深层成因。

第三节　研究现状

本研究主要使用"google 学术搜索""厦门大学超星数字图书馆""CNKI中国知网数据库""台湾博硕士论文知识加值系统""台湾图书馆""政大机构典藏""政治大学图书馆""Airiti Library 华艺在线图书馆""新闻学研究""中华传播学刊""岭南文化研究"等平台，围绕"台湾四大报""台湾社交媒体新闻"等关键词进行文献检索。现将前人的研究梳理为以下两类：

一、台湾"四大报"的相关研究

学者对台湾"四大报"的研究可以分为以下几个方面：

第一，梳理台湾"四大报"的由来和发展历程。如陈飞宝（2007）所著的《当代台湾传媒》一书的"台湾报业发展"部分，结合台湾社会历史发展脉络，重点梳理了《中国时报》和《联合报》从国民党威权时期到"解严"后的发展时期，再到当下网络时代的经营发展历史。[①] 陈飞宝（2014）在其新书《当代台湾媒体产业》中，从媒介集团化的角度出发，分析了联合报系集团、旺旺中时大媒体集团、联邦集团报团（《自由时报》）、台湾壹传媒（《苹果日报》）四大报业集团的办报理念由来和经营策略。[②]

第二，研究台湾"四大报"的立场偏向及其与政党的关系。以政治大学的罗文辉为代表的台湾学者运用内容分析法对"四大报"等媒体的选举新闻的报导（台湾称"报道"为"报导"，引者注）数量、报导次序、消息来源、新闻偏向、新闻议题等方面进行测量，认为台湾报纸均存在政治偏向现象，偏向程度受报纸所有权及所有人的政治态度、台湾政治环境等因素影响。如罗文辉与黄

---

①　陈飞宝:《当代台湾传媒》，九州出版社，2007 年。

②　陈飞宝:《当代台湾媒体产业》，九州出版社，2014 年。

葳葳（2001）分析公营报纸（《中央日报》《台湾新生报》《中华日报》）与民营报纸（《联合报》《中国时报》《自由时报》）对 2000 年"大选"的报导，认为这些报纸均存在政治偏差现象，且总体上公营媒体的偏向强于民营媒体。[①] 在这些研究中，大多数研究者认为《联合报》和《中国时报》在选举新闻中偏向国民党候选人，呈现出"泛蓝"倾向，《自由时报》和《苹果日报》偏向于民进党候选人，呈现出"泛绿"倾向。在"四大报"与台湾政党的关系问题上，罗世宏（2008）认为台湾主流报业从未在政治上真正独立和自由，《联合报》《中国时报》两报除了创办人王惕吾和余纪中在"解严"前长期担任国民党中常委外，现仍有多人担任国民党中央委员，而当下《自由时报》《苹果日报》在商业化运作的过程中同样没有跳出政治依附的格局，这种党派依附性是"四大报"谋利的手段之一，其对台湾报业产生的负面影响需要台湾民众来买单。[②]

第三，分析"四大报"商业化媒介行为和报道特征。这类研究大多数集中在"四大报"对某一人物的形象建构、某一事件或议题的报道框架等问题的分析上，如邱宜仪、苏蘅（2009）研究《自由时报》《联合报》《中国时报》对政治人物马英九的报道方式，发现三报政治立场虽有差异，但都设置了"政治名人"的新闻框架[③]；还有少部分研究着眼于"四大报"未来的发展，如李贞怡、李秀珠（2006）认为台湾报业市场面临来自有线电视合法化、电子报出现和《苹果日报》在台湾创刊三重竞争压力，传统三大日报《联合报》《中国时报》《自由时报》皆以增加内容多样性、开设电子报等方式迎接市场挑战。[④]

二、台湾传统媒体的社交媒体新闻研究

台湾学者对社交媒体新闻的研究较为系统。其中，《社交媒体与新闻业》这一专著较有影响力，集合了两岸 22 位学者对大陆微博新闻和台湾脸书新闻的研究成果，探讨了社交媒体新闻生产与新闻专业主义，新闻业与社交媒体的辩证关系，公民新闻、数据新闻、新新闻等问题。[⑤]

---

① 罗文辉、黄葳葳：《2000 年"总统"选举公民营报纸新闻之比较研究》，《选举研究》，2001 年第 7 卷第 1 期。

② 罗世宏：《自由报业谁买单？新闻与民主的再思考》，《新闻学研究》，2008 年第 95 期。

③ 邱宜仪、苏蘅：《政治名人与媒体：马英九报导的新闻框架初探》，《新闻学研究》，2009 年第 99 期。

④ 李贞怡、李秀珠：《台湾媒体竞争市场之报纸内容多样性研究》，《新闻学研究》，2006 年第 88 期。

⑤ 罗世宏、童静蓉主编：《社交媒体与新闻业》，台湾优质新闻发展协会，2014 年。

关于台湾传统媒体的社交媒体新闻的研究主要集中在台湾传统媒体在社交媒体上的运营手法，如林照真（2014）对两岸五家媒体（台湾《联合报》、公视，大陆《南方都市报》《东方早报》《新快报》）的社群账号进行三个月的观察，得出两岸媒体对社交媒体的使用不积极，专门人力投入少，台湾媒体的行销目的令人担忧等结论。① 另有少部分研究关注台湾传统媒体社交平台的粉丝反应，如庄雅茜（2012）通过实验法得出《苹果日报》脸书读者对社会民生事件的态度不会直接受到社群编辑框架影响的结论。②

但以上研究成果仍存在不足。

首先，"四大报"的相关研究认为，"四大报"呈现出明显的"蓝""绿"政治偏向，且其党派属性裹挟商业利益，造成了一定的媒介乱象。这些研究基本上是将"四大报"传统形式的新闻作为研究对象，缺乏对"四大报"的电子版或社交媒体形式新闻的报道方式、立场偏向的深入考察。

其次，对台湾传统媒体的社交媒体新闻的研究多聚焦在媒体运营策略、粉丝反应等新闻专业技巧上，用观察法或内容分析法得出结论，只回答了社交媒体新闻"呈现了什么"和"产生了什么影响"这两个问题，几乎没有研究回答社交媒体新闻"为何如此呈现"这一内因问题。

因此，本研究将以台湾"四大报"脸书的"大选"新闻文本作为观照对象，运用新闻叙事学理论，结合文本分析、内容分析和个案研究等方法，从叙事人与叙事视角、叙事聚焦、叙事话语、叙事接受等维度考察"大选"新闻的呈现机制。同时利用社交媒体的即时互动性，对每则脸书新闻的"人气留言"展开分析，探究"大选"新闻的外部效应。并结合台湾政治、经济、文化等社会背景，深入考察台湾"四大报"脸书"大选"新闻文本背后的意识形态与成因。

---

① 林照真：《其实，华人媒体并不在意社群网站》，载《社交媒体与新闻业》，罗世宏、童静蓉主编，2014年，第121—138页。

② 庄雅茜：《从框架效果看社群编辑的影响力——以苹果日报社会新闻为例》，中华传播学会年会研讨会，2012年。

第四节　理论支撑

一、叙事学相关理论

（一）叙事学概述

叙事学的诞生得益于符号学、语言学、结构主义、俄国形式主义等理论。1916 年，语言学家索绪尔提出："语言是一种表达观念的符号系统"[①]，为此他用"能指"和"所指"两个概念分别表示语言符号的音响形象和概念意义，认为符号是能指和所指相连接产生的整体。[②] 人类学家列维·施特劳斯将语言学方法用于原始部落习俗与神话等现象的研究中。俄国形式主义则进一步关注了形式和内容两者的关系问题。罗兰·巴特更是受结构语言学的直接影响，他在索绪尔的语言学方法的基础上，受叶尔姆斯列夫的"涵指"概念启发，提出"意指"的概念——"一种把能指和所指结成一体的行为"[③]——来描述意义形成的过程；他还将语言学方法扩展到整个文化领域，认为"分析者和批评家应该透过文学和文化文本的表面意思，达到其底层及诸隐喻层上的'背后'意思"[④]。这些研究逐渐拓展了结构主义研究，确立了其基本思想——现实事物背后都有一个深层结构，通过对符号表意系统的研究，就能探究这个深层结构及其生产过程。

叙事学就在结构主义浪潮中孕育出来。1969 年，法国文艺理论家托多罗夫最先提出叙事学这一名称，他在《〈十日谈〉语法》一书中写道："这部著作属于一门尚未存在的科学，我们暂且把这门科学取名为叙述学，即有关叙事作品的科学。"[⑤] 而后，在托多罗夫、格雷马斯、热奈特等众多叙事学家的推动下，经典叙事学逐渐形成了一套从叙事语法、叙事话语、叙事结构等维度分析叙事文本的完整理论体系。尽管后来经典叙事学因解构主义的盛行而遭受诟病，但

---

① [瑞士] 费尔迪南·德·索绪尔:《普通语言学教程》，刘丽译，中国社会科学出版社，2009 年，第 37 页。

② [瑞士] 费尔迪南·德·索绪尔:《普通语言学教程》，刘丽译，中国社会科学出版社，2009 年，第 102 页。

③ [法] 罗兰·巴尔特:《符号学原理》，李幼蒸译，中国人民大学出版社，2008 年，第 34 页。

④ [法] 罗兰·巴尔特:《符号学原理》，李幼蒸译，中国人民大学出版社，2008 年，译者前言第 2 页。

⑤ [英] 茨维坦·托多罗夫:《〈十日谈〉语法》，海牙穆通出版社，1969 年，第 10 页。转引自张寅德编选:《叙述学研究》，中国社会科学出版社，1989 年，第 1—2 页。

其在不断改造的过程中结合社会历史语境，融合读者接受理论与其他学科理论，转变为更完善的后经典叙事学。在这一融合的过程中，新闻叙事学的分支也被纳入研究视野。

（二）新闻叙事学概述

简言之，叙事学就是研究叙事作品/文本的理论。布洛克曼认为："每一种文学活动的以及每一种言语行为的结果，都是一段文本。"[①]新闻作为一种真实话语的表述，亦是叙事文本。用叙事学理论研究新闻文本，即新闻叙事学。

《作为话语的新闻》一书试图建立一套新闻文本结构分析的模式，该思路启发了国内的新闻叙事研究，曾庆香和何纯通过研究报纸新闻而分别出版的两本《新闻叙事学》就是其中的代表。前者主要对新闻文本进行细致的话语分析，后者将叙事学与新闻特质相结合，建立了较为系统的新闻叙事研究架构。本书将借鉴这些研究范式，尝试将其用于社交媒体新闻的叙事研究。

一般而言，新闻叙事研究涵盖叙事者、叙事视角、叙事语法、叙事话语、叙事接受等多个维度。从这些维度能深入剖析新闻文本的符号表意系统，从而看清新闻文本背后的深层结构与生产过程。

1. 新闻的叙事者与叙事视角

新闻的叙事者就是新闻文本的作者。由于新闻文本所叙述的事件是真实存在的，其作者可分为两个层面：一是新闻生产层面，作者包括直面事件和书写文本的记者、把关人编辑等；二是新闻文本内部层面，作者即被访对象。

叙事视角是新闻的观察点或视点，回答的是"谁在看"的问题，与叙事者密切相关。因此，新闻叙事视角也存在两个层面的细分：一是制作文本层面，叙事视角为记者、编辑或媒体的，何纯认为这一视角表现的是媒体的态度，与意识形态、权力、市场有着千丝万缕的联系并受其规范与制约[②]；二是文本内部层面，叙事视角为被访对象的，体现了新闻的真实性、客观性和公正性。

新闻制作层面的作者是新闻叙事的主导，可对文本内部的叙事者进行一定的主观性选择。实际上，文本内部的视角就是制作层面叙事人的聚焦对象。因此，本研究对新闻叙事者和叙事视角的考察主要针对文本制作层面的作者。新闻文本内部层面的叙事者和视角将放置到聚焦分析部分。

① ［比］J. M. 布洛克曼：《结构主义：莫斯科—布拉格—巴黎》，李幼蒸译，中国人民大学出版社，2003 年，原版作者序第 10 页。

② 何纯：《新闻叙事的视角与聚焦分析》，《求索》，2006 年第 2 期。

在托多罗夫、热奈特等叙事学家的小说叙事研究中，叙事视角一般按照叙事者大于、等于或小于人物所知的原则划分出不同的视角类型——当叙事者比人物知道得多时，为零"聚焦"（热奈特用"聚焦"一词代替"视角"），即全知视角，一般以第三人称叙述；当叙事者只说出人物（一个人物或多个不同人物）所知道的，为内"聚焦"，即限知视角，一般以第一人称或第三人称行文，相对较客观；当叙事者说的比人物所知道的要少时，为外"聚焦"，亦是限知视角，一般以第三人称行文，也相对客观。[①]但新闻不同于小说，时时需要保持叙述的真实性、客观性和公正性，因此我们要重新看待视角的类型和视角与客观性的联系。根据研究所需，纵观"四大报"脸书的新闻文本，本研究针对链接新闻作者和脸书编辑这两个叙事主体，将叙事视角区分为以下四种类型：

第一人称叙事视角：叙事者以"我"的身份对新闻事实进行重构、讲述或评论，表达自己的所看和所思，主观性强。

第三人称全知视角：叙事者犹如上帝般掌握所有新闻事实，不需通过引用他人话语就能冷静地叙述出来，客观性有限。

第三人称限知视角：叙事者的视角未超越一个或一类人物的认知范围，新闻文本中只引用一个人或某一方的话语即为此类。这一类视角表面上竭力保证新闻叙述的客观性，实质上含有叙事者对被访人物的选择性机制，客观性有限。

第三人称复合视角：综合运用第三人称全知和限知视角，本研究将引用多人或多方话语的新闻文本归为此类，叙事者平衡使用各方观点，客观性强。

2. 新闻叙事语法

叙事语法属于叙事结构层面即"所指"层面的研究，回答的是新闻文本主要"说什么"的问题。这里的叙事结构指新闻文本的内容结构（内结构）。

一般认为，新闻内容按照标题、导语、主要事件、背景、评价等的顺序结构起来。从叙事学的观点来看，居于不同位置的不同事件对整个新闻事实的建构有不同的叙事功用。梵·迪克在《作为话语的新闻》中提出了一个假设性的新闻图式（图 1.1），试图从理论上完整分析新闻文本的构成要素以及这些要素的功用。

---

① ［加］安德烈·戈德罗、［法］弗朗索瓦·若斯特：《什么是电影叙事学》，刘云舟译，商务印书馆，2005 年，第 175—176 页。

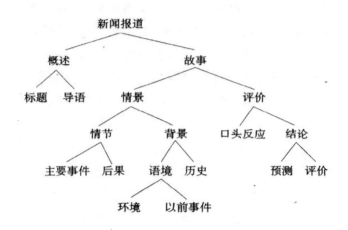

图 1.1 假设性新闻图式结构 ①

在这一新闻图式中，各个新闻事件之间的安排是有层次、有等级、有逻辑的，这与新闻叙事聚焦息息相关。叙事聚焦回答的是"什么被看"的问题。居于标题和导语位置的事件概述正是新闻叙事者想要突出的"被看"内容，即新闻文本的核心聚焦点。同一新闻事实的聚焦点不同，可能导致"所指"的含义不同。新闻聚焦体现了叙事主体的选择性和倾向性机制。因此，本研究将侧重分析链接新闻的标题和导语，以及脸书编辑的推荐式短文，探究新闻文本所聚焦的人物、事件及态度倾向。

3. 新闻叙事话语

新闻叙事话语主要关注新闻文本的技术形式，回答的是"怎么说"的问题，其研究对象有叙事时间、叙事结构（外结构）、叙事情境、叙事修辞等。

叙事时间研究的是事件本身时间与叙述时间之间的关系，如时序（倒叙、顺序）、时长（概括、场景、省略）、频率等。

叙事话语层面的叙事结构主要探究的是文本形式的外结构。董小英将叙事外结构分为"文本内部的叙述方式安排"（文章结构）和"互文性的文本间的问题方式的安排"（文体结构）两种。② 叙事外结构（形式）的研究与上文所提到的叙事语法中的内结构（内容）研究是相互联系、相互支撑的。

叙事情境则与叙事视角有关，也与新闻素材处理、语言风格、叙事结构有

---

① ［荷］托伊恩·A. 梵·迪克：《作为话语的新闻》，曾庆香译，华夏出版社，2003 年，第 57 页。

② 董小英：《叙述学》，中国社会科学出版社，2001 年，第 275 页。

关。不同于文学作品，新闻有低语境的要求。

关于叙事修辞研究，这里引用梵·迪克的解释："新闻修辞不仅限于使用常见的修辞手法，它还包括为增加新闻报道真实性、合理性、正确性、精确性和可信度而使用的策略性手段。"① 本书将参考曾庆香总结出的"隐喻、转喻、象征、蒙太奇"四种新闻文本常见的修辞方式，来对具体的新闻文本进行话语分析：隐喻指的是用一个符号"替代"另一个符号，即借用一种形象取代另一种形象；转喻则是把一个符号与另一个联系在一起，即用某物的某一属性或某一部分喻指该物的整体；象征是用某一符号喻指抽象的精神内容；而蒙太奇是剪辑、组合之意，即通过片段、镜头的排列组合制造意义。②

对叙事话语的研究并不适合使用量化方法。所以，本书只单独抽出叙事外结构这一对象进行内容分析。纵览样本书本，结合新闻的文体形式，本书将叙事外结构分为人物为主、事件为主、评论为主、引用评论为主、资料介绍为主五种类型：事件为主是指文本主要关注新闻事件；人物为主指文本核心为关注新闻人物；评论为主的文本主要是叙事人直接发表的评论；引用评论为主的文本主要是叙事人引用他人话语来评价新闻事实或人物；资料介绍为主指文本主要为读者提供新闻事件的背景资料。其余的叙事话语研究对象将融合在文本分析里。

4. 新闻叙事接受

新闻叙事接受探究的是新闻文本的接收者对文本的解码方式，回答的是"谁在听"和"怎么听"的问题。读者反应理论认为："文本有大量的空白需要读者填充，而不同的读者填充空白的方式是不一样的。"③ 罗钢在读者反应理论的基础上将"阅读"定义为"一个文本和一个读者所构成的活动，以及二者的相互作用"④。的确，从叙事学视角而言，读者（接受者）所填充的话语将和文本形成"对话"，与文本共同建构意义。

按照符号学的传统观念，叙事文本背后潜藏着一个深层结构，这个深层结构有一套符号表意系统，符码就是这一符号系统中控制能指与所指关系的规则。信息发送者按照符码将他要传达的意义转换成某种特定信息，而信息接收者又

---

① [荷] 托伊恩·A. 梵·迪克:《作为话语的新闻》，曾庆香译，华夏出版社，2003年，第96页。
② 曾庆香:《新闻叙事学》，中国广播电视出版社，2005年，第163—165页。
③ [美] 阿瑟·阿萨·伯格:《通俗文化、媒介和日常生活中的叙事》，南京大学出版社，2000年，第11页。
④ 罗钢:《叙事学导论》，云南人民出版社，1994年，第233页。

依据同一套符码将信息转换为他所能够接收和理解的意义。霍尔认为，"这些符码就是促使权力和意识形态在各种特殊的话语中表达意义的途径"①。但是接收者在解读时存在着选择性机制，受到制度／政治／意识形态的秩序的影响。霍尔因此概括出电视观众的三种解码方式：一是观众在主导符码范围内进行操作，即同意式解读；二是用协调的符码操作，包含兼容与对抗因素，也就是协商式解读；三是用对抗的符码操作，以一种全然相反的方式去解码信息，即反对式解读。②这三种解码方式事实上也是接收者和文本对话的结果。

前文阐释的叙事者、叙事视角、叙事语法和叙事话语几个分析维度，让我们了解媒体的编码过程和所要表达的内容和意义。叙事接受分析维度则让我们了解接收者的解码过程以及解码后的文本内容和意义。恰好本书的研究对象"社交媒体"提供了方便获取接收者意见的途径，即网友留言。为了研究需要，本书将借用霍尔三种解码的区分方式，对脸书新闻的第一条人气留言进行文本分析。

二、民族主义与民粹主义

民族主义和民粹主义是两个不同的概念。二者虽有交叉点，但在理论内核、表现形态、产生机制等方面都相差甚远。然而，正如福坚所评论的"一些民族主义者会利用民粹主义来动员大众，而民粹主义者也乐于给自己贴上民族主义的标签"③，披着民族主义的皮、行民粹主义之事的现象时有发生。为本书能准确运用民族主义与民粹主义理论去分析台湾社交媒体新闻的传播现象，分别对两者做出以下说明：

（一）民族主义

民族主义是 19 世纪初产生于欧洲的一种学说。该学说认为："人类自然地被划分为不同的民族，这些民族由于某些可以证实的特性而能被人认识，政府的唯一合法形式是民族自治政府。"④这一说法在当时被广为接受。随着世界形势的几次大的变迁，学界对民族主义的研究相继掀起了几次浪潮。而随着研究

① ［英］斯图亚特·霍尔：《编码，解码》，载《文化研究读本》，罗钢、刘象愚主编，中国社会科学出版社，2000 年，第 352 页。

② ［英］斯图亚特·霍尔：《编码，解码》，载《文化研究读本》，罗钢、刘象愚主编，中国社会科学出版社，2000 年，第 355—358 页。

③ 于福坚：《民族主义与民粹主义》，《中国民族报》，2009 年 10 月 30 日第 8 版。

④ ［英］埃里·凯杜里：《民族主义》，张明明译，中央编译出版社，2002 年，第 1 页。

的深入，民族主义现象形式之变、涵盖范围之广、延伸领域之宽、涉及学科之多使得学界对民族主义的解释众说纷纭。

本书无意厘清民族主义的不同表述与发展过程，只借鉴从文化根源研究民族主义的经典著作《想象的共同体：民族主义的起源与散布》的理论，为分析两岸民族主义诉求的相关传播现象提供一些理解根据。

安德森将民族、民族属性与民族主义视为一种"现代"的想象以及政治与文化建构的产物，当它被造出来时就会变得"模式化"，且在自觉状态下，"可以被移植到许多形形色色的社会领域，可以吸纳同样多形形色色的各种政治和意识形态组合，也可以被这些力量吸收"[①]。以此为论证的出发点，他建构了从第一波不以语言为要素的美洲模式，到第二波群众性的语言民族主义，再到第三波官方民族主义，最后到亚非殖民地对官方民族主义的反应的民族主义起源与散布过程。

他给"民族"的定义是："它是一种想象的政治共同体——并且，它是被想象为本质上是有限的，同时也享有主权的共同体"[②]，其产生的先决条件包括世界性宗教共同体、王朝以及神谕式时间观念的旧世界观没落，也包括"资本主义、印刷科技与人类语言宿命的多样性"三者的重合。前者让人们开始想象"世俗的、水平的、横向的"共同体，小说和报纸正好为这个过程提供了技术手段——让人们产生了同胞和自己一样正进行稳定、匿名且相似的活动的想象；后者促成了拉丁文的没落与方言的兴起，使新形式的想象共同体生成，并认为共同体的延伸范围是有限的，可能和既有政治疆界相关。

因此，想象"民族"最重要的媒介是语言。他认为，一方面语言无从考详起源的特性使得"民族"想象有了古老宿命的特性，引诱人们产生为其无私牺牲的情感。另一方面，通过语言媒介，用"大众传播媒体、教育体系、行政管理等手段进行有系统的，甚至是马基雅维利式的民族主义意识形态灌输方式"[③]可以巩固原先的想象共同体或重塑新的想象共同体。

---

① ［美］本尼迪克特·安德森：《想象的共同体：民族主义的起源与散布》，吴叡人译，上海人民出版社，2011年，第4页。

② ［美］本尼迪克特·安德森：《想象的共同体：民族主义的起源与散布》，吴叡人译，上海人民出版社，2011年，第6页。

③ ［美］本尼迪克特·安德森：《想象的共同体：民族主义的起源与散布》，吴叡人译，上海人民出版社，2011年，第109页。

（二）民粹主义

民粹主义，又可称为平民主义，其对立面是精英主义。它是现代化的产物，没有稳定的理论内核，常常依附在其他意识形态上。因其多变性与多样性，民粹主义至今也没有统一的定义。林红认为，最常被拿来解释民粹主义的说法是："民粹主义是一种极端平民化的、极具批判性的社会思潮，是一种社会矛盾和危机意识的集体表达，以人民的利益为号召，反对精英政治，主张动员平民大众参与政治进程甚至进行激进改革。"① 它有以下几个明显的特征：

一是把人民理想化。唐小兵指出民粹主义最核心的表现是"极端地推崇底层道德与文化的价值，认定大众保存了文化传统革新与社会进步的真正力量"②，以民为粹，无限赞美底层民众，也常常不假思索地同情、支持弱势群体。

二是把传统社会和自然经济理想化。民粹主义者极度崇尚传统社会与自然经济，甚至会采用他们自认为的环保行为进行恐怖暴力式的袭击。

三是反智、反精英、反科学、反专业主义。民粹主义充满批判精神和反抗意识。民粹主义者似乎反抗一切权力精英、资本精英、文化精英及其背后的文化与专业主义。

四是反市场。马立诚认为："民粹主义在表面上是激进的，而在骨子里，是害怕竞争的保守力量，因而具有深刻的反市场倾向和反现代化倾向。"③

学者保罗·塔格特在其著作《民粹主义》中关注的是民粹主义政治，认为民粹主义一旦被动员起来，就是一种政治现象，"在这种意义上，民粹主义运动和政党（无论是产生于底层或者来自上层的领导者）构成了其他所有各种表现的根本原因。"④民粹政治背后隐藏着许多操纵力量，使得社会运动本身成为颠覆政权的工具。在学者林红眼里，台湾政治有其民粹化的宿命——在20世纪80年代，台湾社会经历转型时期，反抗性的社会运动不断出现，以"自由、民主、人权"为诉求的在野政治力量民进党娴熟地掌握着民粹工具，以求在政治领域获得发展空间，"族群冲突意识""统独冲突意识"就是其有力的政治动员工具。⑤ 在这一过程中，大众传媒在动员民众时扮演了重要的角色，报纸、广

---

① 林红：《民粹主义——概念、理论与实证》，中央编译出版社，2007年，第280页。

② 唐小兵：《底层与知识分子的民粹主义》，《南风窗》，2008年第3期。

③ 马立诚：《民粹主义具有反市场倾向，往往是专制主义的工具》，《文史月刊》，2012年第12期。

④ [英]保罗·塔格特：《民粹主义》，袁明旭译，吉林人民出版社，2005年，第7页。

⑤ 林红：《民粹主义：概念、理论与实证》，中央编译出版社，2007年，第267、273页。

播、电视等传统媒体在民进党渐入政治领域的过程中不断被"绿化",处处渲染批判与反抗意识。

如今社交媒体等网络工具的出现更是为民粹主义孕育了温床。大众意识也借助网络工具形塑着不同的民粹政治样貌。民粹主义、政治民粹化的相关理论将为本书分析社交媒体新闻话语和网民话语的深层理解提供帮助。

第五节　研究方法

一、文本分析法

文本分析是本书的主要研究方法。梵·迪克在《作为话语的新闻》开篇就强调:"内容分析仍只是对大量数据的量化描述,但是一旦要更详细地探讨大众媒体信息的意义、结构或影响,我们就需要复杂得多的多学科的话语研究理论和方法。"[①] 文本分析法正是一种从文本入手,将其看作表层符号系统,通过符号学、语义学、叙事学等理论,描述文本的内容、结构和功能,并深入文本的深层结构中,解释文本的深层潜在意义的话语研究方法。本研究主要运用新闻叙事学的相关理论,对台湾"大选"新闻进行文本细读,分别围绕叙事声音与视角、叙事人物与事件聚焦、叙事外结构、叙事修辞、叙事接受等方面,由表及里、由内而外展开研究。

二、内容分析法

内容分析法是本研究的辅用方法,用来提供量化的数据支撑。《大众媒介研究导论》认为,"内容分析是以测量变量为目的,采用系统的、客观的、量化的方式,研究和分析传播行为的一种方法。"[②] 利用这一方法分析新闻文本,有助于获得较为系统、概括、客观的感知与描述。本研究将在分析新闻基本属性(信源、报道篇幅、形式、类型等)、叙事声音与视角、叙事人物与事件聚焦、叙事外结构概括、叙事接受等方面使用这一方法。

---

① [荷]托伊恩·A. 梵·迪克:《作为话语的新闻》,曾庆香译,华夏出版社,2003年,中译本序第1页。

② [美]罗杰·D. 维曼、约瑟夫·R. 多米尼克:《大众媒介研究导论》,金兼斌等译,清华大学出版社,2005年,第151页。

三、案例研究

《大众媒介研究导论》认为"案例研究是通过运用尽可能多的数据来源，系统地研究个体、群体、组织或事件的一种研究方法"，用来理解或解释某一现象。[①] 案例研究具有针对性、描述性、启发性和归纳性等特点，有助于获得大量细致的信息和解释深层原因。但案例研究具有个体特殊性，可能难以将结论推向总体。本书将对2016台湾"大选"中的典型媒介事件——周子瑜事件展开案例研究，以期细致、深入剖析"四大报"脸书"大选"新闻对这一事件叙事建构的意识形态影响机制。

四、研究设计

（一）研究范围

2016年1月16日为台湾地区领导人选举日。为连续观察"四大报"脸书在选前、选时、选后整个过程中的新闻文本叙事特征变化，本书以"大选"日为中心，将取材时间定为1月9日至1月23日共15天。利用脸书粉丝页的内容搜索功能，以关键词"大选"对四大报脸书动态贴文进行搜索，并剔除掉"美国总统大选""大约""选择"等与2016年台湾"大选"议题无关的内容，总计截取1073则新闻文本。其中"联合报PLUS"脸书发布的"大选"新闻最少，为74则，《中时电子报》脸书为387则，《自由时报》脸书为301则，《苹果日报》脸书为311则。"大选"当日、次日呈现出新闻发布高峰，整体发布频率见图1.2。

---

① ［美］罗杰·D.维曼、约瑟夫·R.多米尼克：《大众媒介研究导论》，金兼斌等译，清华大学出版社，2005年，第138页。

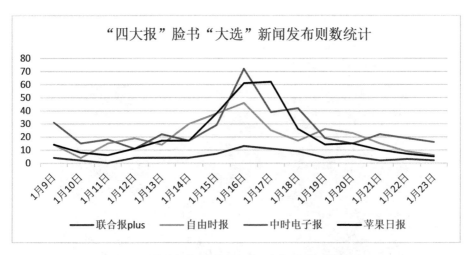

图 1.2"四大报"脸书"大选"新闻发布则数统计

　　本书在"四大报""大选"新闻叙事特征的分析上，采用等距抽样法缩小研究的文本数量，以便进行精细解读。即把"四大报"脸书在 1 月 9 日发布的前四则新闻分别进行随机排列，每报从中随机抽取一条，定为各报研究样本的起点，此后以等距为 3 的方式，即每四则抽取一次，共得到 356 则研究样本，其中"联合报 PLUS"有 25 则，《中时电子报》有 130 则，《自由时报》有 98 则，《苹果日报》为 103 则。

　　对周子瑜事件的案例研究，本书则以 1073 则新闻文本总体为基准，选取与这一事件有关的所有新闻文本作为研究对象。共选出 174 则新闻文本，其中"联合报 PLUS"有 6 则，《中时电子报》为 27 则，《自由时报》有 101 则，《苹果日报》40 则。

　　（二）研究对象界定和研究方法操作

　　本书以"则"为基本分析单位，每则样本包含脸书编辑话语、链接新闻（一般选择附有大图的链接新闻；若无，则选择与主题相关的第一条链接）、贴文底下的第一条人气留言。以《中时电子报》1 月 12 日 15:36 新闻文本为例。

图 1.3《中时电子报》1 月 12 日 15:36 的即时新闻文本

从脸书贴文的形式上看，每则贴文的脸书编辑文本、链接新闻文本和读者留言文本自上而下排列，共同构成完整的叙事对话。最先看到的是脸书编辑引荐文本，一般只有一句话，是整个叙事对话的"导语"，它的内容和倾向性决定新闻的叙事基调，最直接地说出了想要告诉读者的重点。链接新闻文本是具体的新闻事实，在读者点击后，呈现出另一个独立完整的叙事文本。粉丝读者的第一条人气留言居于最下方，是对前两个文本的回应，体现的是文本叙事接受情况。

　　因此，本书将区分脸书编辑、链接新闻作者、粉丝读者三个叙事主体。以文本分析为主，内容分析为辅。本篇分析法主要围绕叙事视角、叙事聚焦、叙事话语和叙事接受四个维度对"四大报"脸书"大选"新闻的叙事特征进行分析。内容分析法则从新闻的基本属性（报道信源、报道篇幅、报道形式、所属版块）、叙事声音与视角、叙事人物与事件聚焦、叙事外结构、叙事接受这五个方面进行编码（编码表见附录，操作定义详见理论支撑——叙事学相关理论部分）。本篇共有 2 名编码员，编码前进行了本研究内容、编码基本要求、具体类目的操作化定义的相关培训，并采用 Holsti 提出的信度公式检验信度。[①] 经检测，各类目信度高于 0.773，整体信度为 0.912，基本符合要求。

---

　　① 　参见 [美] 罗杰·D. 维曼、约瑟夫·R. 多米尼克：《大众媒介研究导论》，金兼斌等译，清华大学出版社，2005 年，第 168 页。Holsti（1969）信度公式：信度 = 2M/(N1+N2)，其中 M 为两个编码员意见一致的题数，N1 和 N2 是两位编码员分别编码的决策总量。

第二章 "四大报"脸书
"大选"新闻的叙事特征与态度倾向分析

第一节 "联合报PLUS"脸书
"大选"新闻叙事特征与态度倾向分析

一、脸书编辑文本的叙事特征与态度分析

（一）叙事视角与叙事外结构

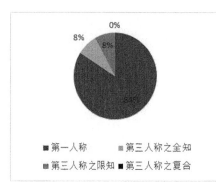

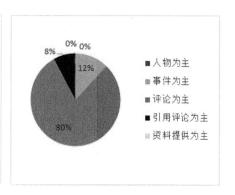

图 2.1 联合报 PLUS 脸书编辑叙事视角　　图 2.2 联合报 PLUS 脸书编辑叙事外结构

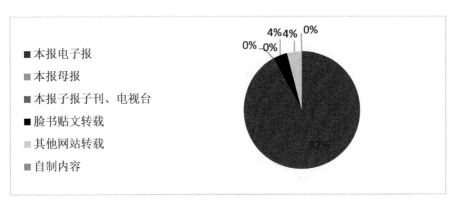

图2.3 联合报 PLUS 脸书编辑叙事信源

从上述三图可以看出,"联合报 PLUS"脸书编辑用第一人称的叙事视角占比最大,达84%。这在一定程度上决定了脸书编辑的叙事外结构是以评论和事件为主,这两项分别占比80%和12%。脸书编辑的叙事信源92%来源于本报电子报,包括 UDN 联合新闻网与"联合报 FOCUS"栏目,延续了联合报系的报道风格与立场倾向。另有8%援引脸书网友贴文和其他评论网站,属于引用他人话语评论的范畴,增加了新闻来源。但脸书编辑在转引时仍有选择机制,如引用网友"不可爱放屁人生"的脸书图片,是为告知台湾选民不应情绪化投票,亦要考虑"蓝营"的好:

选举有人胜出,主要原因是,大多数人用选票反对某人,而不是支持某人——美国专栏作家富兰克林·亚当斯

(二)叙事聚焦与倾向性

表2.1 联合报 PLUS 脸书编辑叙事人物聚焦

题项	正面		中立		负面		总计	
	则数	百分比	则数	百分比	则数	百分比	则数	百分比
马英九执政当局	0	0.00%	0	0.00%	1	3.23%	1	3.23%
蓝营	3	9.68%	5	16.13%	0	0.00%	8	25.81%
绿营	0	0.00%	5	16.13%	0	0.00%	5	16.13%
亲民党	0	0.00%	2	6.45%	0	0.00%	2	6.45%

题项	正面		中立		负面		总计	
	则数	百分比	则数	百分比	则数	百分比	则数	百分比
"时代力量"	1	3.23%	1	3.23%	0	0.00%	2	6.45%
其他党	0	0.00%	0	0.00%	0	0.00%	0	0.00%
无党籍	0	0.00%	0	0.00%	0	0.00%	0	0.00%
台湾民众	1	3.23%	5	16.13%	0	0.00%	6	19.35%
艺人等公众人物	0	0.00%	2	6.45%	0	0.00%	2	6.45%
大陆声音	0	0.00%	2	6.45%	0	0.00%	2	6.45%
国际声音	0	0.00%	0	0.00%	0	0.00%	0	0.00%
无	0	0.00%	3	9.68%	0	0.00%	3	9.68%
总计	5	16.13%	25	80.65%	1	3.23%	31	100.00%

表 2.2 联合报 PLUS 脸书编辑叙事事件聚焦

题项	正面报道		一般报道		负面报道		总计	
	则数	百分比	则数	百分比	则数	百分比	则数	百分比
选情信息/分析	3	12.00%	7	28.00%	1	4.00%	12	44.00%
造势活动	0	0.00%	2	8.00%	0	0.00%	2	8.00%
无关"大选"政治活动	0	0.00%	1	4.00%	1	4.00%	1	8.00%
候选人政见	0	0.00%	0	0.00%	0	0.00%	0	0.00%
台湾经济发展	0	0.00%	1	4.00%	0	0.00%	1	4.00%
民众举动/民生提醒	1	4.00%	5	20.00%	0	0.00%	6	24.00%
两岸关系/大陆态度	0	0.00%	3	12.00%	0	0.00%	3	12.00%
国际关系/态度	0	0.00%	0	0.00%	0	0.00%	0	0.00%
其他	0	0.00%	0	0.00%	0	0.00%	0	0.00%
总计	4	16.00%	19	76.00%	2	8.00%	25	100.00%

以上两表显示,在叙事人物方面,"联合报 PLUS"脸书编辑聚焦于"蓝营"、台湾民众和"绿营",分别占比 25.81%、19.35% 和 16.13%。对"蓝营"与台湾民众的态度为中立偏正面,对"绿营"持中立态度。脸书编辑对其他党

派如亲民党、"时代力量"也有所关注，态度也呈中立偏正面。脸书编辑对大陆方面的声音亦持中立态度。除"蓝营"外，几乎看不出脸书编辑的党派倾向。总体上，"联合报PLUS"脸书编辑基本不显露负面态度，唯一的负面倾向是针对马英九执政当局的毛治国辞职事件，只隐隐抱怨选后至民进党5月上台的这段时间，马英九当局未能采取有效策略应对，有恨铁不成钢之意：

大家都知道台湾不能空转，却没有人想办法提前因应……

在叙事事件方面，脸书编辑聚焦于选情信息/分析类新闻，占比44%，包括"大选"开票信息、选举结果分析、选后的"立法院"龙头之争等。其次，脸书编辑聚焦于民众举动/民生提醒类的新闻事件，例如号召民众投票、剖析如何投票等内容，占比24%。此外，脸书编辑还关注了两岸关系/大陆态度的议题，占比12%，例如民进党未来的两岸策略、大陆游客减少对台湾经济的影响，以及与两岸身份认同有关的周子瑜事件等。脸书编辑对这些事件的报道形式基本为一般的中性报道，没有明显的态度偏向。仅有两则负面报道，一是上面提到的毛治国辞职事件，二是民进党吴钊燮访美的新闻，脸书编辑用委婉的语气评价民进党的两岸表述与未来取向：

期待，又怕受伤害

（三）叙事话语分析

通过以上数据，可以看出"联合报PLUS"的脸书编辑呈现出轻度的"泛蓝"倾向。进一步结合文本话语细读，发现脸书编辑文本的叙事话语有以下特点：

一是脸书编辑最常使用第一人称疑问的口吻征求粉丝意见或评论新闻事实，体现出立场的开放性或隐含性。例如在探讨年轻世代的身份认同问题时，脸书编辑询问读者：

年轻世代所面临的严峻考验，你是否也有类似的共鸣？

又如评论《掉到谷底！朱立伦：国民党要重新再起》，脸书编辑的"亲蓝"

情怀也只是通过较为正面的字眼委婉表达，疑问句句式大大减弱了立场偏向：

看看多久时间可以在谷底废墟重新开出灿烂花朵？

二是脸书编辑刻意弱化"蓝""绿"对立及各党派间的冲突。如在讨论蔡英文的当选票数与马英九2012年的胜选票数一样的话题时，脸书编辑评论刻意避免"蓝""绿"比较：

命运般的689

又如分析台湾"新国会"中民进党、国民党与"时代力量"的势力时，脸书编辑评论弱化党派冲突：

无论什么党派，心中要有人民啊

三是脸书编辑在引用评论时，较多引用权威专家信源，观点表达较为隐蔽。如脸书编辑在解读"大选"后政党与"国会"走向时正话反说，隐蔽评价民进党的两岸政策：

学者施正锋认为，国民党未来最大的问题将是"无法继续捍卫马'总统'现行的两岸政策"！！

四是以事件为主的脸书编辑文本基本上客观完整地提示了链接新闻的主要内容。脸书编辑态度涉入程度低，为读者留有自主阅读和思考的空间。如《选前超级周末朱蔡松比人气也比腰力》，脸书编辑的"导语"为：

选前黄金周末这个关键时刻，朱蔡宋如何拼场拼人气？

二、链接新闻作者的叙事特征与态度分析

(一)叙事视角与叙事外结构

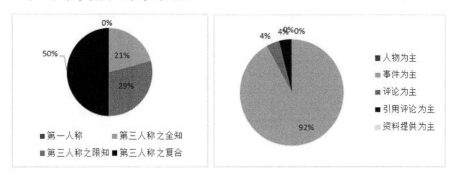

图 2.4 联合报 PLUS 链接新闻作者叙事视角　图 2.5 联合报 PLUS 链接新闻叙事外结构

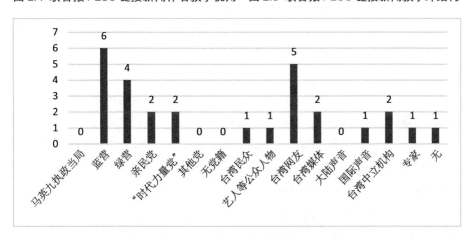

图 2.6 联合报 PLUS 链接新闻叙事信源

以上三图显示,"联合报 PLUS"的链接新闻作者一般以第三人称复合视角(50%)来叙述新闻事件(92%),引用多方观点来描述新闻事实,相对来说较为客观公正。总体上,作者在新闻信源的选择上分布较广、较为均衡,当然部分新闻中也存在信源的选择性机制。较为客观的报道如《选前之夜造势晚会全纪录》一文:

"总统""立委"选举今天登场,选前之夜三党分在台北市或新北市举办造势晚会,大批支持者也在风雨中相挺……

朱立伦、高婉倩穿情侣装入场

国民党选前之夜选在新北市板桥举行，主办单位号称 10 万人相挺。马"总统"、洪秀柱发表感性演说催票，马"总统"说……洪秀柱说……

小英致辞哽咽盼第三次政党轮替

民进党昨天在双北市都有大型晚会，蔡英文先到板桥，最后在"总统府"前凯达格兰大道造势，象征进军"总统府"的"最后一哩路"，主办单位表示，现场超过 30 万人。蔡英文表示……

宋楚瑜请出女儿宋镇迈站台

不只蓝绿对决，亲民党也选在北市田径场举办选前之夜，现场涌入上万名亲民党与"民国党"支持者，橘色、黄色旗海飘扬。宋楚瑜请出女儿宋镇迈站台，盼用温馨父女情感动选民。宋楚瑜表示……

在报道选前最后一夜造势活动时，作者兼顾三方候选人的活动情况，并引述三方不同政治人物的话，且对三方的图片大小、数量做等同处理，整篇报道较为客观、公平和完整。作者的选择性机制体现在：来自"蓝营"或"亲蓝"民众的声音频次最高，如《28 年前的今日网友找出历史报纸缅怀他》一文描绘网友评价蒋经国，虽展现不同网友的声音，但一律选取富有"怀念与敬意"的评语，如"自经国先生过世之后，台湾开始走下坡路""他亲民且有远见"等，营造"泛蓝"的怀旧感，似乎希望勾起粉丝的"亲蓝"情怀。

（二）叙事聚焦与倾向性

表 2.3 联合报 PLUS 链接新闻叙事人物聚焦

题项	正面		中立		负面		总计	
	则数	百分比	则数	百分比	则数	百分比	则数	百分比
马英九执政当局	0	0.00%	1	3.23%	0	0.00%	1	3.23%
蓝营	3	9.68%	5	16.13%	0	0.00%	8	25.81%
绿营	0	0.00%	6	19.35%	0	0.00%	6	19.35%
亲民党	0	0.00%	2	6.45%	0	0.00%	2	6.45%

题项	正面		中立		负面		总计	
	则数	百分比	则数	百分比	则数	百分比	则数	百分比
"时代力量"	0	0.00%	2	6.45%	0	0.00%	2	6.45%
其他党	0	0.00%	0	0.00%	0	0.00%	0	0.00%
无党籍	0	0.00%	0	0.00%	0	0.00%	0	0.00%
台湾民众	0	0.00%	3	9.68%	0	0.00%	3	9.68%
艺人等公众人物	0	0.00%	2	6.45%	0	0.00%	2	6.45%
大陆声音	0	0.00%	2	6.45%	0	0.00%	2	6.45%
国际声音	0	0.00%	1	3.23%	0	0.00%	1	3.23%
无	0	0.00%	4	12.90%	0	0.00%	4	12.90%
总计	3	9.68%	28	90.32%	0	0.00%	31	100.00%

表2.4 联合报 PLUS 链接新闻叙事事件聚焦

题项	正面报道		一般报道		负面报道		总计	
	则数	百分比	则数	百分比	则数	百分比	则数	百分比
选情信息/分析	0	0.00%	9	36.00%	1	4.00%	10	40.00%
造势活动	0	0.00%	3	12.00%	0	0.00%	3	12.00%
无关"大选"政治活动	0	0.00%	1	4.00%	0	0.00%	1	4.00%
候选人政见	0	0.00%	0	0.00%	0	0.00%	0	0.00%
台湾经济发展	0	0.00%	1	4.00%	1	4.00%	2	8.00%
民众举动/民生提醒	0	0.00%	3	12.00%	1	4.00%	4	16.00%
两岸关系/大陆态度	0	0.00%	4	16.00%	0	0.00%	4	16.00%
国际关系/态度	0	0.00%	0	0.00%	0	0.00%	0	0.00%
其他	0	0.00%	1	4.00%	0	0.00%	1	4.00%
总计	0	0.00%	22	88.00%	3	12.00%	25	100.00%

以上两表显示,"联合报 PLUS"链接新闻聚焦人物频率最高的为"蓝营"和"绿营",分别占比 25.81% 和 19.35%,一定程度上反映了链接新闻作者比较关注"大选"中"蓝""绿"力量的博弈。作者对"蓝营"呈中立偏正面态度,

对"绿营"呈中立态度,隐含表达"泛蓝"立场。对其他人物如亲民党、"时代力量"、台湾民众、艺人等公众人物、大陆声音也有较多的关注,占比均为6.45%,态度均秉持中立。

在事件聚焦上,占比最高为选情信息／分析(40%),其次为民众举动／民生提醒和两岸关系／大陆态度(均为16%)这两类新闻事件。前者多围绕政党候选人的行动和结果展开论述,如《掉到谷底!朱立伦:国民党要重新再起》,也有一些解析"大选"背后政治形势的文章,如《解读"大选"／政党与"国会"的走向》。民众举动／民生提醒主要围绕周子瑜事件展开,如《被黄安举报态度 NONO 撤文改口:我没有政治立场》等。对涉及两岸关系／大陆态度事件的关注则有较多面向,譬如大陆对台湾经济的影响、大陆媒体的表现、"蓝营"和"绿营"的两岸策略等。作者均以较为严谨中立的方式行文。在少量的负面报道中,作者似乎通过重塑标题或在导语中及时说明事实的方式来保持新闻的"专业性"和"严肃性",如《剑指台湾!福建真假军演?》标题下的要点提示:

> 央视和新华网在"总统"选后播出福建军演画面。
> 我"国防部":影片剪辑去年多项演训画面。

(三)叙事话语
1. 叙事形式与风格

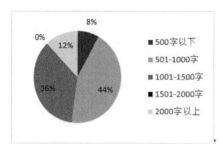

图 2.7 联合报 PLUS 链接新闻篇幅

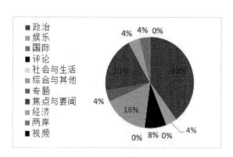

图 2.8 联合报 PLUS 链接新闻所属版块

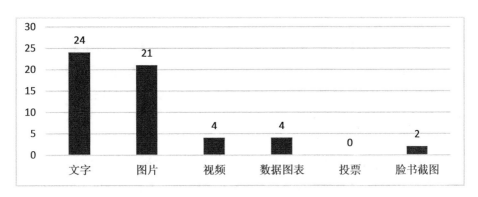

图 2.9 联合报 PLUS 链接新闻报道形式

上述三个图表显示,"联合报 PLUS"的链接新闻篇幅均较长,仅 8% 为 500 字以下的短消息新闻,1000 字以上的新闻占 48%。这些新闻所属版块多为政治(40%)和焦点与要闻(25%),为较严肃的硬新闻。在报道形式上,除文字、图片等传统形式外,其他形式运用较少。结合文本分析,可以将"联合报PLUS"的链接新闻叙事形式与风格特点总结为以下几点:

第一,链接新闻大部分为长篇幅的硬新闻,文本叙事内结构较为遵守新闻的专业手法。"选情信息 / 分析""台湾经济发展"等议题采取硬新闻的写法有助于增强媒体的专业性和权威性。连娱乐版块的新闻《被黄安举报台独 NONO 改口:我没有政治立场》也规规矩矩按照导语、事件起因、事态发展、新闻细节、背景补充的顺序行文,标题虽足以交代新闻全意,但作者仍洋洋洒洒 600 多字,新闻专业性可见一斑。

第二,链接新闻中的叙事形式较为传统。以文本中附有的视频为例,作者多处使用《联合新闻网 0700UDN 早安》节目,该节目以主持人串播、记者解说为主,基本无同期声和人物采访。这种传统形式的电视新闻难以让粉丝有身临其境之感。"联合报 FOCUS"图片专题报道是一大亮点,高清大图富有一定冲击力。

第三,链接新闻文本间没有明显的结构连接,即对"大选"这一议题没有形成专题报道,也无连续报道。这可能与"联合报 PLUS"本身发表的贴文数较少有关。联合新闻网设有"UDN-2016 选战特别报道",但仅在 16 日"大选"当天 16:00 才告知读者,且仅有一则,票选情况的更新频率很低,难以在社交媒体中形成影响规模。

2. 叙事修辞

由于"联合报 PLUS"链接新闻作者谨遵新闻专业要求，叙事修辞的运用常见于隐蔽式立场表达中。以《选前超级周末朱蔡宋比人气也比腰力》为例，对三党候选人的描写顺序为国民党、民进党和亲民党，且着墨的力度与字数呈递减趋势，对三党的语言描述也各不相同：

国民党：

游行群众身穿"国旗"装、配戴"国旗小物"，热情挥舞"国旗"。三妹首度合体，洪秀柱向支持者温情喊话，说她已"放下"，要民众站出来投票；周美青"一如往昔"，虽没公开发言，但沿途诚恳向民众微笑、打招呼，人气指数还是破表；高婉倩则热情大方，要民众支持朱立伦。

民进党：

"英仁"昨晚在高雄举办造势晚会，主办单位宣称现场涌入 10 万人。人潮太多，短短 600 公尺走道，蔡英文走了快 20 分钟才上舞台。

"热情""温情""诚恳""破表"等形容词展现了作者的"亲蓝"情感。对民进党的造势晚会描写则较为中立，亲民党方面则无场面描写。又如《新"国会"亮点王金平、柯建铭、黄国昌狭路相逢》一文的结尾部分：

新"国会"除了传统两大党之外，还有"时代力量"5 席及亲民党 3 席。不过因民进党席次仍未超过"修宪"的双四分之三门槛，未来若要想"修宪"改变选举制度或"国号""国歌"及"领土"等，就算与小党合作仍不太可能发生。根据规定，"修宪"案必须由全体四分之三"立委"（85 人）出席，且出席"立委"四分之三（64 人）赞成才能成案，因此民进党未来若想"修宪"，仍须争取国民党"立委"支持。

作者着力强调国民党在"新国会"的存在感与民进党的有限性，"亲蓝"情结再次凸显。

三、粉丝的叙事接受分析

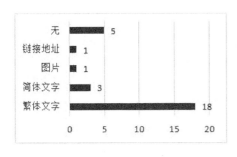 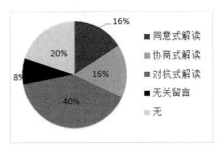

图2.10 联合报PLUS粉丝留言形式　图2.11 联合报PLUS粉丝解读方式

上两图显示,"联合报PLUS"粉丝读者的留言形式以繁体文字为主,另有少数简体文字留言,说明粉丝主要为台湾网民,可能有少量的大陆网友。少数贴文人气爆冷,无人问津。在粉丝解读方式上,对抗式解读为40%,占据最大比例,其次是20%的同意式解读和16%的协商式解读。纵览留言文本,结合脸书编辑文本和链接新闻,发现不论哪种解读方式,大部分粉丝均有"亲蓝反绿"倾向,关心国民党的未来,对民进党和"第三势力"持较否定的态度,对两岸关系未来发展的立场犹豫不定。

对抗式留言如:

脸书编辑:恭喜林昶佐,希望你为"国会"带来新气象。

链接新闻作者:《首位亚洲摇滚歌手进"国会"林昶佐:不会辜负大家期待》

粉丝读者:一个烧毁"中华民国国旗"的人却要领这个他不承认的"国家"发给他的薪水,妈妈在大陆赚人民币你在台湾搞"台独",真是人格分裂的一个人,只能说台北市的市民真的一直在向下沉沦。

链接新闻中立,脸书编辑"导语"显示出正面态度,而粉丝留言却细数林昶佐的不是,与脸书编辑和链接新闻作者的观点形成对抗。

同意式留言较为直观,如:

脸书编辑:看看多久时间可以在谷底废墟重新开出灿烂花朵?

链接新闻作者:《掉到谷底! 朱立伦:国民党要重新再起丨联合报Focus》

粉丝读者:勾践也更谷底过!就怕没觉醒!需要带年轻有理想肯付出的蓝宝宝了!

协商式留言如：

脸书编辑：命运般的689

链接新闻作者：《好巧！蔡与当年的马"总统"同为689万票胜选》

粉丝读者：他这8年来怎么对马英九我们就怎么对他，我们这八年来用政治协商彻底击垮马英九，整整八年来法案都是用乔的，你不服我就占领主席台，你硬要我就说你黑箱。

链接新闻作者对蔡英文胜选票数持中立态度，脸书编辑文本流露出惋惜"蓝营"的情感，而粉丝留言则强烈谴责民进党抵制行为，这是对脸书编辑立场偏向的加强。

四、小结

综上所述，"联合报PLUS"脸书"大选"新闻叙事呈现出以下特点：

脸书编辑虽通常以第一人称进行叙事，但态度涉入程度较低。在导引链接新闻时，叙述较为客观完整，能为读者留有自主阅读和思考的空间；在评论与引用评论时，立场表达委婉，有"亲蓝"倾向，但对民进党、"时代力量"等其他党派持中立态度，对两岸关系有所担忧但保持中立。文本疑问句式、间接引用等弱化了"蓝""绿"之间的冲突，体现了立场的开放性和隐含性。

链接新闻作者最常运用第三人称复合视角进行叙事，较为遵守传统的新闻专业手法，叙事结构完整，总体上能平衡各方声音，新闻报道较为客观公正。但链接新闻文本时常聚焦于"蓝""绿"力量的博弈，通过事件排序、篇幅大小、语言倾向等方式隐蔽展现"亲蓝"立场。对两岸问题基本持中立态度。由于链接新闻基本是长篇幅的硬新闻，叙事形式、风格较为传统，且文本间没有关联，无法形成专题或连续报道，形式上较为散乱，对粉丝读者的吸引力和影响力有限。

聚集在"联合报PLUS"脸书下的读者虽少，但基本上呈现出"亲蓝"倾向，关心国民党的未来，对民进党和"第三势力"持较为否定的态度，对两岸关系未来发展的立场较犹豫不定。

"联合报PLUS"的脸书编辑、链接新闻作者和粉丝读者三个叙事主体的文本共同形成了委婉的"亲蓝"派的政治话语叙事场。

第二节 《中时电子报》脸书
"大选"新闻叙事特征与态度倾向分析

一、脸书编辑文本的叙事特征与态度分析

（一）叙事视角与叙事外结构

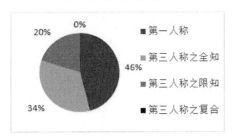 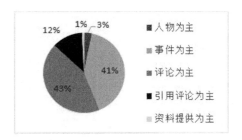

图2.12（A）《中时电子报》脸书编辑叙事视角　　图2.12（B）《中时电子报》脸书编辑
　　　　　　　　　　　　　　　　　　　　　　　　　叙事外结构

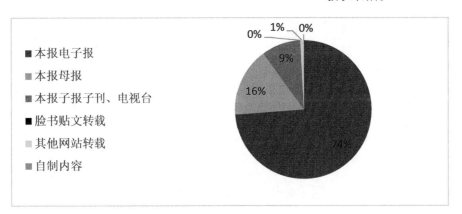

图2.13《中时电子报》脸书编辑叙事信源

以上三图显示，《中时电子报》（下文简称中时）脸书编辑使用第一人称视角居多，占46%，以第三人称全知视角次之，占34%，两者差别不大。文本的叙事外结构以评论（43%）和事件（41%）为主，分别是第一人称和第三人称视角的体现。链接新闻文本的来源以本报电子报最多，占74%；其次为本报母报《中国时报》的文章，占16%；最后是本报系其他报纸与所属电视台，例如《工商时报》《旺报》、杂志《周刊王》、中视与中天的新闻政论节目等，占比9%；另有1%的文章转帖自《中时电子报》旗下"新博客"栏目评论员文章。

总体上，脸书编辑聚合了中时传媒集团不同媒介平台的报道，很大程度反映了中时集团对"大选"新闻的议题设置、报道风格与立场倾向。

（二）叙事聚焦与倾向性

表 2.5 《中时电子报》脸书编辑叙事人物聚焦

题项	正面		中立		负面		总计	
	则数	百分比	则数	百分比	则数	百分比	则数	百分比
马英九执政当局	2	1.54%	7	5.38%	0	0.00%	9	6.92%
蓝营	10	7.69%	26	20.00%	2	1.54%	38	29.23%
绿营	2	1.54%	21	16.15%	7	5.38%	30	23.08%
亲民党	1	0.77%	3	2.31%	0	0.00%	4	3.08%
"时代力量"	0	0.00%	3	2.31%	1	0.77%	4	3.08%
其他党	0	0.00%	3	2.31%	0	0.00%	3	2.31%
无党籍	2	1.54%	3	2.31%	0	0.00%	5	3.85%
台湾民众	2	1.54%	4	3.08%	0	0.00%	6	4.62%
艺人等公众人物	2	1.54%	3	2.31%	0	0.00%	5	3.85%
大陆声音	3	2.31%	5	3.85%	0	0.00%	8	6.15%
国际声音	0	0.00%	3	2.31%	0	0.00%	3	2.31%
无	0	0.00%	15	11.54%	0	0.00%	15	11.54%
总计	24	18.46%	96	73.85%	10	7.69%	130	100.00%

表 2.6 《中时电子报》脸书编辑叙事事件聚焦

题项	正面报道		一般报道		负面报道		总计	
	则数	百分比	则数	百分比	则数	百分比	则数	百分比
选情信息/分析	4	3.08%	57	43.85%	9	6.92%	70	53.85%
造势活动	3	2.31%	14	10.77%	0	0.00%	17	13.08%
无关"大选"政治活动	0	0.00%	7	5.38%	0	0.00%	7	5.38%
候选人政见	0	0.00%	1	0.77%	0	0.00%	1	0.77%
台湾经济发展	0	0.00%	4	3.08%	2	1.54%	6	4.62%

题项	正面报道		一般报道		负面报道		总计	
	则数	百分比	则数	百分比	则数	百分比	则数	百分比
民众举动/民生提醒	1	0.77%	5	3.85%	0	0.00%	6	4.62%
两岸关系/大陆态度	2	1.54%	17	13.08%	2	1.54%	21	16.15%
国际关系/态度	0	0.00%	1	0.77%	0	0.00%	1	0.77%
其他	1	0.77%	0	0.00%	0	0.00%	1	0.77%
总计	11	8.46%	106	81.54%	13	10.00%	130	100.00%

以上两表显示,中时脸书编辑所聚焦的人物较为广泛,涵盖各党派、岛内外、名人、民众等各种身份类型。其中,"蓝营""绿营"、马英九执政当局和大陆声音这四类人物聚焦频次最高,分别占比29.23%、23.08%、6.92%、6.92%。在事件聚焦上侧重于选情信息/分析、两岸关系/大陆态度、造势活动,分别占比53.85%、16.15%和13.08%。

结合样本书本,可以看出:

首先,在导引选战信息的链接新闻时,中时脸书编辑对"蓝营"和马英九执政当局政治人物的态度总体保持中立,并偏向正面,仅有两则文本持负面态度。"挺蓝"情绪如描述马英九选前鞠躬催票:

你们感受到马英九的诚意与决心了吗?

两则负面态度文本都是朱立伦败选后脸书编辑对国民党的复杂情感的表达:

朱立伦被摧毁了,国民党大概也气数将尽了,放眼望去国民党中人物,以朱立伦为界限,上下二十年空无一人,一个产生不了让选民认为有希望"总统"候选人的政党,终将凋零……

国民党内讧、斗争不断,伤透了"蓝营"选民的心。

虽态度为负面,但脸书编辑的言下之意是对国民党的惋惜之感——哀其不幸、怒其不争,这也是脸书编辑关心"蓝营"未来发展的表现。

其次,脸书编辑对"绿营"人物的聚焦态度有正有负有中立,说明脸书编辑对"绿营"的判断随新闻事件的不同而有些许改变。但表格显示脸书编辑的大部分负面态度都针对"绿营"和背靠"绿营"的"时代力量",结合样本书本细读,可以确定中时脸书编辑是持"反绿"态度的,如质疑民进党的执政承诺:

"20年执政"要有让民众满意的执政成绩为基础,但蔡英文交得出来吗?

又如借口"批绿":

陆配都渴望安定,不想政党轮替……

再者,在两岸关系的聚焦上,脸书编辑对大陆声音整体上呈中立偏正面。在这些报道中,脸书编辑反复提及"九二共识",忧心民进党上台后两岸关系出现变化,如:

"九二共识"未解,520后仍有难关,您认为?

又如引述国台办的发言:

近八年来,两岸双方在坚持"九二共识"、反对"台独"的政治基础上,开辟了两岸关系和平发展道路,保持了……

总体上可以推断出,中时脸书编辑延续中时集团的立场倾向"挺蓝反绿",且对两岸关系和"九二共识"持有积极正面的态度。

（三）叙事话语分析

纵览文本,中时脸书编辑"导语"较为全面如实地反映了链接新闻的主要内容,并且通过引用链接新闻的话语、征询粉丝意见、自行表达等方式凸显或加强链接新闻的立场。其策略主要有三:

一是从具体政见和政策入手,呼吁读者进行理性思考,直接表现"挺蓝"态度和对两岸关系的关注。如导读链接新闻《小英政见看不到准执政者气度与格局》时,脸书编辑评论道:

还没准备好，要如何主持大局？＃蔡英文

这一发问既体现了"批绿"立场，又在形式上与链接新闻标题的"政见"一词相互配合，引导读者去阅读并思考"蔡英文所提的政见中什么没准备好、如何没准备好"的问题。类似表述还有：

蔡英文、民进党对此何去何从，"两岸同胞都在看，国际社会也在看"。
选民若能在蓝绿之间进行比较和分析，将成为抉择投票的最后关键

二是利用链接新闻里的引语，展现"亲蓝、反绿、反第三势力"的立场。例如借中时集团旗下的中视《网路酸辣汤》《新闻深喉咙》等电视政论节目的名嘴或政治人物之口，亮出观点：

小英执政先废死？为普世价值？林郁芳：DPP 离人民才远
揭黄国昌真面目！吴子嘉：就是表里不一的人
若真的柯建铭出线，难道"觉醒公民"们真的接受，从此不骂"立法院""黑箱"协商？

三是脸书编辑在进行呼吁时，与链接新闻相互配合，形成对话，体现倾向。如在导引链接新闻《"朱立伦懂财经"高育仁：睁大眼投票》时，脸书编辑配呼喊式评论：

不要做茫投族，一定要了解候选人之后再投票！！＃朱立伦＃高育仁＃国民党

似乎在暗示读者，国民党候选人朱立伦在财经上有更大的优势，值得一投。又如在报道民进党籍台中市长林佳龙辅选有功时，脸书编辑评：

先以台中市民为重！

似乎在暗讽林佳龙不谙本分，卷入入阁浪潮而忽略台中市民利益。再如，

链接新闻为《绿批卤肉饭广告朱立伦：非恐吓是事实》，脸书编辑为国民党撑腰：

食安问题是应该要说清楚、讲明白。

二、链接新闻作者的叙事特征与态度分析

（一）叙事视角与叙事外结构

图2.14《中时电子报》链接新闻
作者叙事视角

图2.15《中时电子报》链接新闻叙事
外结构

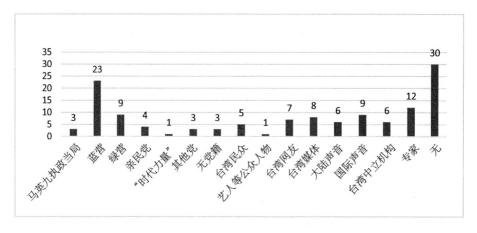

图2.16《中时电子报》链接新闻叙事信源

从上述三图可看出，中时链接新闻作者大部分以第三人称限知视角进行叙事，即只引用一人或一方的话语进行叙述，占比49%，其次有26%使用第三人称全知视角，仅有2%以第一人称，即以社论的方式直接表达立场。这几种视

角下的链接新闻文本叙事外结构仍以事件为主,占比72%,其次为引用评论,占比23%。这说明中时链接新闻作者在制作文本时,一是经常运用特定新闻议题设置和特定信源选择等隐性方式间接表达立场;二是作者扮演全知的上帝角色,通过自己的叙述展现新闻事件。此外,在信源的统计中,样本书本中各类型声音均有涉及,但来自"蓝营"的声音明显偏高,且作者喜欢引用专家的说法来增强权威性和可信度。就信源多元性而言,中时链接新闻文本可能不够"客观公正";从读者角度而言,中时链接新闻可能难以让观点相异者信服。

(二)叙事聚焦与倾向性

表2.7《中时电子报》链接新闻叙事人物聚焦

题项	正面		中立		负面		总计	
	则数	百分比	则数	百分比	则数	百分比	则数	百分比
马英九执政当局	0	0.00%	6	4.62%	1	0.77%	7	5.38%
蓝营	5	3.85%	30	23.08%	5	3.85%	40	30.77%
绿营	2	1.54%	25	19.23%	11	8.46%	38	29.23%
亲民党	0	0.00%	4	3.08%	0	0.00%	4	3.08%
"时代力量"	0	0.00%	4	3.08%	2	1.54%	6	4.62%
其他党	0	0.00%	3	2.31%	0	0.00%	3	2.31%
无党籍	1	0.77%	3	2.31%	0	0.00%	4	3.08%
台湾民众	2	1.54%	6	4.62%	1	0.77%	9	6.92%
艺人等公众人物	0	0.00%	3	2.31%	1	0.77%	4	3.08%
大陆声音	4	3.08%	0	0.00%	0	0.00%	4	3.08%
国际声音	0	0.00%	1	0.77%	1	0.77%	2	1.54%
无	0	0.00%	9	6.92%	0	0.00%	9	6.92%
总计	14	10.77%	94	72.31%	22	16.92%	130	100.00%

上图显示,中时链接新闻作者最常聚焦于"蓝营"和"绿营"人物,分别占比30.77%和29.23%。总体上,作者对"蓝营"态度为中立偏正面,对"绿营"总体偏负面态度。但偶尔会出现立场犹豫不决的情况。

从样本书本可以看出,以1月16日"大选"日为界,作者在选前选后两阶段似乎扮演了两种不同的角色。选前的7天,中时链接新闻持"挺蓝反绿"立场，如《陆配串连参与游行造势忧心政策改变抢发声》《刘庆洲：绿营捧全碗，台湾去了了》《绿若没政绩 20 年执政成空话》《新住民 4 提问朱回应具体蔡空洞宋自说自话》等文章，选取"挺蓝"群众或专家的声音，批评民进党的各项政策，为"蓝营"营造空间、摇旗呐喊。而在 1 月 16 日"大选"结果揭晓后，中时链接新闻开始转向和谐中立，不再"批绿"，如《获颁当选证书蔡英文：人民给的》《白宫国安会：贺蔡英文胜选》，甚至出现正面人物报道《人物：从小龙女到蔡"总统"》。对"时代力量""立委"候选人黄国昌的报道亦是如此，1 月 9 日借中视《网路酸辣汤》之口《揭黄国昌真面目！吴子嘉：就是表里不一的人》，而在 1 月 16 日当晚却进行事实报道——《黄国昌当选 朱立伦、洪秀柱祝贺》。但前后两阶段，中时的"挺蓝"态度并未改变，这可能是中时链接新闻作者面对"大选"的既定事实，迫于局势所做的折中。

居于第三频次的聚焦人物为台湾民众，但仅占 6.92%，且民众的相关报道都是传统意义上的线下民众，仅有一则样本关注台湾网民。这在一定程度上反映了中时链接新闻作者对于"民意"，尤其是社群网络年轻人的态度。

表 2.8《中时电子报》链接新闻叙事事件聚焦

题项	正面报道		一般报道		负面报道		总计	
	则数	百分比	则数	百分比	则数	百分比	则数	百分比
选情信息 / 分析	1	0.77%	58	44.62%	8	6.15%	67	51.54%
造势活动	2	1.54%	16	12.31%	0	0.00%	18	13.85%
无关"大选"政治活动	0	0.00%	6	4.62%	0	0.00%	6	4.62%
候选人政见	0	0.00%	2	1.54%	1	0.77%	3	2.31%
台湾经济发展	0	0.00%	5	3.85%	0	0.00%	5	3.85%
民众举动 / 民生提醒	0	0.00%	9	6.92%	0	0.00%	9	6.92%
两岸关系 / 大陆态度	1	0.77%	17	13.08%	2	1.54%	20	15.38%
国际关系 / 态度	0	0.00%	1	0.77%	0	0.00%	1	0.77%
其他	0	0.00%	1	0.77%	0	0.00%	1	0.77%
总计	4	3.08%	115	88.46%	11	8.46%	130	100.00%

在事件聚焦方面，中时链接新闻作者最常聚焦于选情信息 / 分析、两岸关系 / 大陆态度和造势活动，分别占比 51.54%、15.38% 和 13.85%。对事件的报

道方式上，以事件为主的消息类文本基本保持了中立态度，如《"大仁哥"南下嘉义3度挺蔡易余》一文：

民进党"副总统"候选人陈建仁（13）日一早到嘉义县太保市陪同蔡易余车队扫街，3度来到嘉义挺蔡易余，陈建仁强调蔡易余是优秀人才，进入"国会"后，一定可以为嘉义争取福利与建设，请乡亲要站出来投票，同时陈建仁也提到嘉县贿选情况严重，强调贿选对于民主政治是极大的伤害与威胁，请大家拒绝买票、踊跃检举，支持公平竞争的选举，在最后关键时刻，全力将蔡易余挺进"国会"。

在叙述民进党"副总统"候选人陈建仁的助选活动时，基本采用叙述对象的话语，没有夹杂自己的观点。作者的评论文本通常也使用引语，尤其是权威人士的引语，形式上客观，但文本意义表现出明显的立场倾向。以《美特使奔走两岸杜紫宸：围事者索费不低》为例：

工研院知识经济与竞争力中心主任杜紫宸今日在脸书表示，美国老大哥两边下指导棋，大家别高兴太早，因为围事者索费不低。

作者借杜子宸之言间接指出美国关心两岸关系的目的。

（三）叙事话语

1. 叙事形式与风格

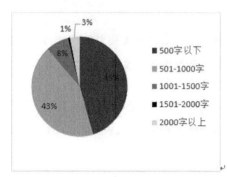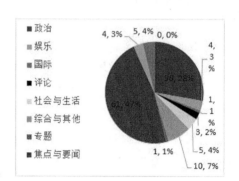

图 2.17《中时电子报》链接新闻篇幅　图 2.18《中时电子报》链接新闻所属版块

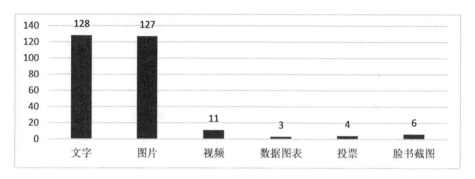

图 2.19《中时电子报》链接新闻报道形式

上述三图显示，中时链接新闻的报道篇幅一般在 1000 字以下（88%），为较短的消息类新闻。所属版块基本为焦点与要闻（61.47%）。报道形式较为多样，一般有文字和图片，常引用旗下电视台的视频和专家、权威机构所提供的数据图表。数据较为具体翔实，增强了文本的可信度。如《大学学生会号召青年返乡投票　发起公民专车》一文：

阳明大学学生会长陈佳菁指出，根据统计，此次首投族达 129 万 406 人，占总投票人口的 6.8%，对照上届"总统大选"，得票数前 2 名相差不到 6%，可见今年首投族可能会撼动选举结果……

台大学生会长陈宣竹表示，……共有台中、高雄、屏东等 8 条路线，车次 12 至 14 台，提供超过 500 个座位，票价约九折，例如，台北至高雄 480 元，台北至屏东约 515 元……

中部返乡投票专车联盟成员刘惠中说，由于联盟有募到款项，因此同学们搭乘的专车全都免费，目前还有 400 多个空位。

另有一些文本设有网友投票形式，针对特定议题收集意见。但数量并不多见，参与的网友数量也不多。如《赖清德吁"迁都"台南蓝营支持，您怎么看？》一文仅有 503 人参与了投票。

中时脸书也特设"2016'总统''立委''大选'"专题报道栏目。但样本仅有一则于 1 月 15 日发布的全媒体即时开票预告广告，和一则于 1 月 16 日发布的开票讯息。多数链接新闻均为即时信息，可见中时"大选"新闻专题也未成气候。

2. 叙事修辞

从以上分析可以看出，中时链接新闻作者报道某一方人物时基本能保持中立的态度。但在涉及"蓝""绿"双方或多政党间的比较报道中，作者直接体现出"挺蓝反绿"、支持"九二共识"的倾向性，表现如下：

首先，部分文本的标题直接表明立场，未显示引语来源。如《小英政见看不到准执政者气度与格局》《新住民 4 提问 朱响应具体 蔡空洞 宋自说自话》，细看文本，前者标题的话语实际引自台湾文化大学广告学系教授钮则勋在《中国时报》时论广场发表的文章，后者则截自台湾政治大学法律系副教授廖元豪的评论，并非作者自身的观点。

第二，作者喜欢借"亲蓝"的权威人士发声，"晓之以理"。如采访台湾"国家"政策研究基金会执行长尹启铭而写的《绿营执政恐废 ECFA 尹启铭：台湾将被国际边缘化》，采访商学博士、高雄市台日经贸文化交流协会荣誉理事长刘庆洲而写的《刘庆洲：绿营捧全碗，台湾去了了》。

第三，较多使用几位固定的权威人士的声音，"蓝营"立场鲜明。如在两岸关系和"九二共识"议题的讨论上，作者多选用"中评社""新华社"的声音，也常引用文化大学广告学系教授钮则勋的声音，来提醒民众警惕民进党破坏"九二共识"的行为。又如引用朱立伦岳父、前台湾省议长高育仁的声音，说《"朱立伦懂财经" 高育仁：睁大眼睛选》，如此处理会给反对者留下口实。

第四，语言使用和情境渲染亦有立场倾向。如《国民党大游行 马朱玄合体 周美青、洪秀柱、高婉倩来相挺》一文：

所有队伍约在下午15:30在和平东路、罗斯福路汇集后，由马英九"总统"拿起麦克风，当场带队高唱"团结就是力量"，整个队伍也跟着唱和，士气高昂。包括"副总统"吴敦义、"立法院长"王金平、"立法院副院长"洪秀柱、"总统"夫人周美青、朱立伦妻子高婉倩、前台北市长候选人连胜文等人都现身相挺，全场高喊"朱立伦，当选！""国民党，胜利！"气势高昂，群众情绪沸腾。

"士气高昂""情绪沸腾"等形容词感情色彩明显。

三、粉丝的叙事接受分析

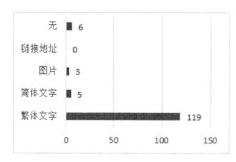 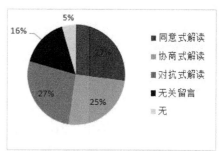

图 2.20《中时电子报》粉丝留言形式　　图 2.21《中时电子报》粉丝解读方式

上述两图显示，《中时电子报》的粉丝读者留言形式主要为繁体文字，少数读者配有图片，也出现了少量简体文字留言，6则贴文并无任何回复。在解读方式上，同意式解读和协商式解读过半，占据52%，对抗式解读为27%。

纵览中时脸书的人气留言文本，明显可以看出，不论是同意式、协商式还是对抗式留言，均显现出粉丝读者鲜明的"挺蓝"立场，强烈"反绿、反第三势力"，对两岸关系持积极态度，认为政党轮替会威胁到两岸关系与台湾经济发展。

同意式文本通常是粉丝配合脸书编辑和新闻作者"赞美""蓝营"的留言：

全力以赴，捍卫"中华民国"及"立委"候选人，国民党加油！

与其民进党不知道会把台湾带到哪里去，不如支持国民党，带给民众稳定、开放、繁荣的社会……

对抗式文本多出现在对民进党或"时代力量"的报道中,脸书编辑与新闻作者呈现中立态度,而粉丝呈现强烈的反对态度,如:

脸书编辑:"再冷也要跑完!"花妈(陈菊)市长努力辅选,以求达到高雄9席"立委"全上目标。

链接新闻作者:《全力拉票! 陈菊密集陪扫街鼻头冻到脱皮》
粉丝读者:菜菜子带领的民退党,从来没有一颗慈悲心……

脸书编辑:朱立伦、洪秀柱、蔡英文都送上祝福。
链接新闻作者:《黄国昌当选朱立伦、洪秀柱祝贺》
粉丝读者:这种人也能进"国会"……

协商式解读一般是粉丝补充脸书编辑和链接新闻作者的内容,很大程度上也呈现出"反绿"色彩:

脸书编辑:选民若能在蓝绿之间进行比较与分析,将成为抉择投票的最后关键。

链接新闻作者:《刘庆洲:绿营捧全碗,台湾去了了》
粉丝读者:经济学人杂志最近一期,对台湾选举报道的结语……简言之,蔡英文选上"总统",台湾将危机四伏。蔡英文,你准备好了没? 台湾人民,你们准备好了没? 别说是国民党说的。

四、小结

以上分析可以得出,《中时电子报》脸书"大选"新闻叙事呈现出以下特征:

脸书编辑主要以第一人称和第三人称全知视角进行叙事。通过对比脸书编辑与链接新闻作者的人物聚焦与事件聚焦,发现两个叙事主体所关注的叙事对象基本一致,脸书编辑在链接新闻的基础上进行引荐或强化立场。脸书编辑最常聚焦于"蓝营""绿营"、马英九执政当局和大陆声音,关注选情信息和两岸关系。叙事方式与修辞方面通常从具体政见入手呼吁读者理性思考,或利用链接新闻里的引语,或与链接新闻主题相互配合形成对话,展现"挺蓝、反绿、反第三势力"的立场。

链接新闻作者最常运用第三人称限知和全知视角进行叙事，通过设置特定新闻议题、选取采访特定信源等隐性方式，间接表达立场。作者偏好"蓝营"政治人物与"亲蓝"专家的声音，聚焦于"蓝""绿"政治对决，也关注台湾政党轮替下的两岸关系发展。鲜有民众的声音，尤其很少涉及网络上年轻人的声音。以事件为主的消息类文本基本保持中立，但在涉及态度的文本上，作者的倾向性程度在"大选"前后表现不一，选前呈"挺蓝、批绿、批时代力量"色彩，选后则更多呈现中立倾向，这可能与选举结果和局势有关。在叙事形式上，文本内有文字、图片、数据图表、视频、投票等多种形式，但文本间联系不强，专题影响力较弱。叙事修辞方面则利用标题直接表明立场，或引述"亲蓝"权威专家或民众的话语，或利用语言上的感情色彩，会被其对立者认为忽略了新闻的中立和客观。

由于中时脸书编辑与链接新闻作者带有明显的立场倾向性，新闻文本所吸引到的粉丝读者均为"挺蓝"群体，强烈反对"绿营"和"第三势力"。对两岸关系的态度也比较积极，认为政党轮替会威胁到两岸关系与台湾经济发展。难以吸引到非"挺蓝"群体的粉丝读者，传播范围相对较窄。

《中时电子报》脸书编辑、链接新闻作者和粉丝读者三个叙事主体的文本共同构成了"挺蓝"统派政治话语叙事场。

第三节 《自由时报》脸书
"大选"新闻叙事特征与态度倾向分析

一、脸书编辑文本的叙事特征与态度分析

（一）叙事视角与叙事外结构

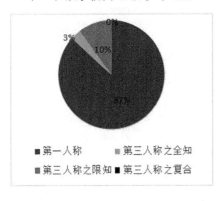 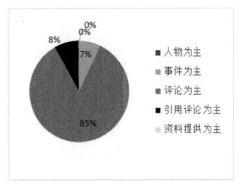

图 2.22《自由时报》脸书编辑叙事视角　图 2.23《自由时报》脸书编辑叙事外结构

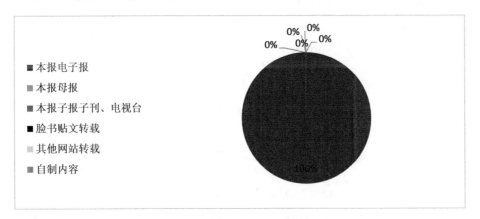

图 2.24《自由时报》脸书编辑叙事信源

从上述三图可以看出，《自由时报》（下文简称自由）脸书编辑绝大部分使用第一人称和第三人称限知视角进行叙事，分别占比 87% 和 10%，而随之产生的文本外结构以评论和引用评论为主，分别占 85% 和 8%。且脸书编辑所引用的叙述信源都为本报电子报，即自由时报网。可知，自由脸书编辑从自由报系的新闻报道出发，通过评论或间接评论的叙述手法，发表观点或凸显链接新闻中的某个观点，体现了整个自由报系的议题设置和立场倾向特点。

（二）叙事聚焦与倾向性

表 2.9《自由时报》脸书编辑叙事人物聚焦

题项	正面		中立		负面		总计	
	则数	百分比	则数	百分比	则数	百分比	则数	百分比
马英九执政当局	0	0.00%	3	3.06%	4	4.08%	7	7.14%
蓝营	0	0.00%	6	6.12%	10	10.20%	16	16.33%
绿营	10	10.20%	2	2.04%	0	0.00%	12	12.24%
亲民党	0	0.00%	0	0.00%	0	0.00%	0	0.00%
"时代力量"	5	5.10%	2	2.04%	0	0.00%	7	7.14%
其他党	0	0.00%	1	1.02%	0	0.00%	1	1.02%
无党籍	4	4.08%	1	1.02%	0	0.00%	5	5.10%
台湾民众	12	12.24%	12	12.24%	0	0.00%	24	24.49%
艺人等公众人物	2	2.04%	0	0.00%	4	4.08%	6	6.12%
大陆声音	0	0.00%	0	0.00%	10	10.20%	10	10.20%
国际声音	3	3.06%	4	4.08%	0	0.00%	7	7.14%
无	0	0.00%	3	3.06%	0	0.00%	3	3.06%
总计	36	36.73%	34	34.69%	28	28.57%	98	100.00%

表 2.10《自由时报》脸书编辑叙事事件聚焦

题项	正面报道		一般报道		负面报道		总计	
	则数	百分比	则数	百分比	则数	百分比	则数	百分比
选情信息/分析	10	10.20%	16	16.33%	8	8.16%	34	34.69%
造势活动	0	0.00%	1	1.02%	0	0.00%	1	1.02%
无关"大选"政治活动	3	3.06%	6	6.12%	4	4.08%	13	13.27%
候选人政见	0	0.00%	0	0.00%	0	0.00%	0	0.00%
台湾经济发展	0	0.00%	1	1.02%	0	0.00%	1	1.02%
民众举动/民生提醒	4	4.08%	7	7.14%	1	1.02%	12	12.24%
两岸关系/大陆态度	0	0.00%	8	8.16%	25	25.51%	33	33.67%

题项	正面报道		一般报道		负面报道		总计	
	则数	百分比	则数	百分比	则数	百分比	则数	百分比
国际关系/态度	2	2.04%	1	1.02%	1	1.02%	4	4.08%
其他	0	0.00%	0	0.00%	0	0.00%	0	0.00%
总计	19	19.39%	40	40.82%	39	39.80%	98	100.00%

从以上两表可知，自由脸书编辑在样本中的人物聚焦除亲民党外均有涉及，最关注台湾民众、"蓝营""绿营"、大陆声音四者，分别占比22.49%、16.33%、12.24%和10.20%。对这四者的态度倾向，脸书编辑"爱憎分明"：对台湾民众的聚焦以中立偏向正面为主，对"蓝营"人物的态度大部分偏向负面，而对"绿营"人物则大部分偏向正面，对大陆声音一律偏向负面。另外，脸书编辑对背靠民进党的"时代力量"和无党籍人士中的台北市长柯文哲也持明显的正面倾向。

在事件聚焦上，自由脸书编辑最关注选情信息/分析、两岸关系/大陆态度、民众举动/民生提醒这三项，分别占比34.69%、33.67%和12.24%。其中对选情方面的报道以一般报道偏正面报道为主，而两岸关系方面以负面报道为主（本书将涉及周子瑜事件的新闻报道归入"两岸关系/大陆态度"一项中），对民众行为则以中立报道和正面报道为主。

不论是人物聚焦还是事件聚焦，整体上，脸书编辑显露态度的比例达到了65.30%（正面36.73%+负面28.57%），所采取的正面或负面报道方式也达到了59.19%（正面报道19.39%+负面报道39.80%），凸显出强烈的"挺绿、反蓝、亲第三势力"、支持"民众"甚至鼓励民粹、反"九二共识"的立场倾向。结合样本书本，分析如下：

对台湾民众举动的聚焦，脸书编辑倾向于选择"亲绿"的"民众"或公众人物，塑造选民"挺绿"的"媒介环境"。如评价同时支持民进党和"时代力量"的吴念真导演：

形象太好、人缘太好，也是麻烦啊！

又如链接新闻报道了台湾媒体人郑弘仪对罗志祥"我们都是中国人"一话

的评价："罗志祥选择一个钱多的地方，而不是选择一个栽培他的地方"，脸书编辑称赞道：

> 郑弘仪大哥说得很中肯啊！尤其是最后一句，应该是很多人（包括粉丝）心中的 OS（意思是 overlapping sound 内心独白，引者注）吧……

聚焦"蓝营"时，脸书编辑通常直接进行负面评价。如在选前的 1 月 11 日，脸书编辑讽刺朱立伦定会落选：

> 当你真心渴望某样东西时，整个宇宙都会联合起来帮助你……完成落选的心理调适？

评"蓝营"在南部竞选时文宣夹报攻击"绿营"政绩，脸书编辑说：

> 最后两天了，打一场有水准的选举吧……

而对"绿营"，看国民党推"淡水阿嬷"，脸书编辑就帮民进党推"屏东阿公"，或借口夸人：

> 一个大学生模样的女孩指着电视上的蔡老师，告诉朋友："她来埔里教过我英文。"

脸书编辑对背靠"绿营"的"时代力量"和无党籍台北市长柯文哲的评价明显呈正面态度：

> 你们到底有没有把神一般的竞争对手柯 P 放在眼里！
> 洪姊姊之后，黄国昌老师也赢了！

对于两岸关系，脸书编辑强烈地直接否认"九二共识"，不承认国民党此前的努力，在周子瑜事件的话题传播中表现得尤为明显。其他方式如选取链接新闻的只言片语，表达立场：

卢比欧也谈到，面对北京的强势态度，只要蔡英文提出正当且合理的两岸政策，美国政府绝对会成为台湾的后盾，包括……

对链接新闻中指出的陆客团减少对台湾经济造成损失一事也视而不见，反而评价：

看来陆客大减有不少好处啊，比如说有便宜的水果……

脸书编辑喜欢聚焦美日国家的声音，以响应民进党的亲美亲日政策。如引日本首相安倍和美国学者的表述：

"台湾是日本的老朋友，日本高度期待今后日台扩大合作"！
美学者：美会力促北京与蔡英文对话。

（三）叙事话语分析

经上文分析得出，自由脸书编辑的角色定位是作为链接新闻主要内容或某一方面内容的凸显者和评论者。在叙事话语层面，脸书编辑文本存在以下几点特色：

首先，第一人称"我"的"在场感"强烈，表达直观的、具象的"亲绿、亲第三势力、反蓝、反中"情绪。脸书编辑与粉丝读者似乎同处"观众席"位置，一起阅读链接新闻报道的文本，用直观的情绪直接感染读者。如报道马英九自夸政绩时，脸书编辑说：

午餐小编不吃了！都给你说就饱了啊……

在描述日本漫画家脸书上力挺蔡英文一事时，脸书编辑激动的心情无以言表：

小编旁边的同事，看完这篇，居然给我眼眶泛泪了？ #蔡英文

"大选"当天关注"时代力量""立委"候选人洪慈庸的开票情况，脸书编

辑为洪慈庸紧张不已：

"时代力量"的洪慈庸对上国民党老将杨琼璎，小编紧张到喉咙里头都要伸出手了啊。

第二，对"蓝营"的报道采取"反讽""嘲笑"的手法，对"绿营"与"第三势力"的报道则采取"隐喻""换位思考"等赞扬策略，两者形成鲜明对比。如马英九在选后称要在任内继续做好做满："我的字典里没有'看守''懈怠'"，脸书编辑用另一套符码进行滑稽式解读，消解了话题的严肃性：

那有看守所吗？

同样，脸书编辑利用民进党浊水溪以南全胜的事件反讽反"台独"歌手黄安：

我只能说：＃多谢黄安新一代教父宝座一定 4ni（即"是你"，引者注）。

相反，在引荐民党、蔡英文、"时代力量"、洪慈庸、黄国昌、柯 P 等人物的新闻时，脸书编辑总是表现出满满的感激赞美之情和理解之心。如其"隐喻"手法：

倾向"独立"的新"总统"，将让台湾重回"国际"的镁光灯焦点。

脸书编辑的"换位思考"策略：

的确，有些问题真的是让人头疼……（晕＃蔡英文）

就算把自己的选举文宣夹在对手的竞选公报里，不会投他的，终究不会因为这种做法而倾心于他啦，不是吗？所以洪慈庸也不用太生气了。

第三，擅长从链接新闻中选取细枝末节，利用"转喻"手法，用部分"符号"代替整体，凸显个人立场。如链接新闻《气势起飞超过 10 万人？北市警局：国民党游行万人》，脸书编辑却只关注连胜文，话中有话：

好久不见的胜文又来欸！在那边在那边！大家看到他了吗？

又如链接新闻为"台联"和"时代力量"的投票指引报道（二者均属"绿系"，前者无条件支持蔡英文，后者背靠民进党），脸书编辑却公然表态：

"时代力量"好正，想投！（重点歪）

二、链接新闻作者的叙事特征与态度分析

（一）叙事视角与叙事外结构

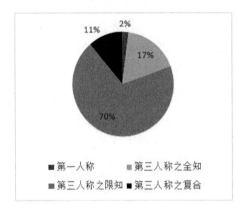 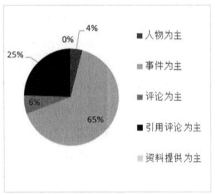

图 2.25《自由时报》链接新闻作者叙事视角　图 2.26《自由时报》链接新闻叙事外结构

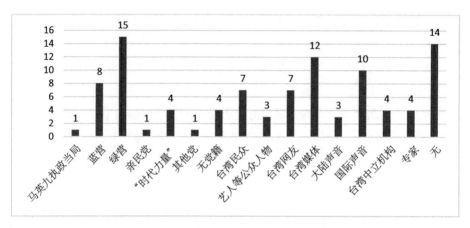

图 2.27《自由时报》链接新闻叙事信源

上三图显示，自由链接新闻作者最常使用第三人称限知视角进行叙事，比例占到 70%，其次是第三人称全知视角，占比 17%。比较客观的第三人称复合视角仅占 11%，第一人称视角的评论也仅占 2%。几种视角的配合使用所表现出的文本叙事外结构 65% 以事件为主，25% 以引用评论为主。可以看出，自由链接新闻引用他人评论的情况比中时链接新闻更加多见。从第三图新闻信源中可以看出，在自由链接新闻听取的各类声音中，"绿营"人物占最多数。虽然表面上新闻有信源、有引语、无作者主观评价，但文本仍表达了立场。这一方式有违平衡报道、客观公正的原则。但对一般的匆匆浏览新闻的网络读者而言，他们常常难以察觉，长期阅读容易陷入自由报系所塑造的"媒介世界"中。

（二）叙事聚焦与倾向性

表 2.11《自由时报》链接新闻叙事人物聚焦

题项	正面		中立		负面		总计	
	则数	百分比	则数	百分比	则数	百分比	则数	百分比
马英九执政当局	0	0.00%	5	4.85%	6	5.83%	11	10.68%
蓝营	0	0.00%	1	0.97%	15	14.56%	16	15.53%
绿营	17	16.50%	3	2.91%	1	0.97%	21	20.39%
亲民党	0	0.00%	0	0.00%	1	0.97%	1	0.97%
"时代力量"	2	1.94%	3	2.91%	0	0.00%	5	4.85%
其他党	0	0.00%	1	0.97%	0	0.00%	1	0.97%

题项	正面		中立		负面		总计	
	则数	百分比	则数	百分比	则数	百分比	则数	百分比
无党籍	3	2.91%	1	0.97%	0	0.00%	4	3.88%
台湾民众	11	10.68%	8	7.77%	0	0.00%	19	18.44%
艺人等公众人物	0	0.00%	2	1.94%	4	3.88%	6	5.83%
大陆声音	0	0.00%	1	0.97%	5	4.85%	6	5.83%
国际声音	3	2.91%	2	1.94%	1	0.97%	6	5.83%
无	0	0.00%	7	6.80%	0	0.00%	7	6.80%
总计	36	34.95%	34	33.01%	33	32.04%	103	100.00%

表 2.12《自由时报》链接新闻叙事事件聚焦

题项	正面报道		一般报道		负面报道		总计	
	则数	百分比	则数	百分比	则数	百分比	则数	百分比
选情信息/分析	2	2.04%	24	24.49%	7	7.14%	33	33.67%
造势活动	0	0.00%	1	1.02%	0	0.00%	1	1.02%
无关"大选"政治活动	2	2.04%	10	10.20%	2	2.04%	14	14.29%
候选人政见	0	0.00%	1	1.02%	0	0.00%	1	1.02%
台湾经济发展	0	0.00%	2	2.04%	0	0.00%	2	2.04%
民众举动/民生提醒	0	0.00%	12	12.24%	0	0.00%	12	12.24%
两岸关系/大陆态度	0	0.00%	5	5.10%	25	25.51%	30	30.61%
国际关系/态度	1	1.02%	4	4.08%	0	0.00%	5	5.10%
其他	0	0.00%	0	0.00%	0	0.00%	0	0.00%
总计	5	5.10%	59	60.20%	34	34.69%	98	100.00%

　　根据两表可知，自由链接作者最常聚焦于"绿营"、台湾民众和"蓝营"三类人物，分别占比20.39%、18.44%和16.50%。在事件聚焦与态度上，作者侧重报道选情信息/分析、两岸关系/大陆态度和无关"大选"的政治活动，分别占比33.67%、30.61%和14.29%。

　　首先，对选情信息/分析的报道，作者主要聚焦于"蓝""绿"双方的政治对决与"民众"的反应：

作者对"绿营"的聚焦态度以正面为主，仅有一则负面态度文本，即《批3党不打房 人民民主阵线推"征、还、赚"》。这则新闻侧重报道"人民民主阵线""立委"候选人张育华在造势活动现场呼吁房屋政策改革。500多字的新闻文本，批评国民党房屋政策占了一段的篇幅，而批评蔡英文的房屋政策仅有一句话，且候选人政见的相互攻击在台湾早已见惯司空、无伤大雅：

批评蔡英文要让房市回归市场化，就是默许房地产炒作，不处理空屋。

其他"绿营"人物的报道大部分为：《蔡朱选前之夜直播 PK 人气差十几倍》体现民进党高人气；《中国网友翻墙洗版小英脸书民进党：欢迎光临！》体现民进党"大度"；《谢长廷：当年不辞党主席才有机会交棒蔡英文》体现民进党人"一心为民，隐忍有远见"。

对"蓝营"的聚焦，作者明显以负面态度为主。如《气势起飞超过 10 万人？北市警局：国民党游行 6.8 万人》一文，作者在导语竟然竭力突出国民党发布不实消息这一点：

不过根据台北市警察局的说法，人数约 6 万 8 千人，与国民党的数字有所出入。

同样，在《1380 万还未全部捐出？王如玄：选前兑现》和《"大选"倒数四党强打广告只有国民党在"骂人"》几篇新闻中，国民党被作者描述为老的、落后的、轻视承诺、善于说谎、轻视民意的政党。

对台湾民众的态度，相比关注线下传统民众的《中时电子报》，自由链接作者则更关注线上网友的举动。如《网友都哭了！蔡英文曾把 50 万支票给他们……》《"不投票等于是政客的奴工"他的感言让网友推爆…》等报道俯拾皆是。当《中时电子报》《联合报》关注线下"热闹"的造势活动时，自由链接作者则关注这些新闻事件的网络直播情况，如《直播 PK！Q 版柯文哲骑铁马击败各党造势晚会》：

民进党与国民党都使用影音平台 youtube 进行直播……柯文哲与时代力量

都选择了社运人士最常用的 LIVEhouse.in 平台进行直播……

当然，这些"民众"的声音是由自由链接作者选择的。链接作者明显偏爱"反蓝"的声音，如《帮民进党、时代力量都催票吴念真：立场有点尴尬》一文，作者暗示台湾民众只面临两个选择，即民进党或者"时代力量"，而老牌国民党早已被排除在外。又如作者十分推崇"挺绿"的网络名人，在《惹毛 12 星座的 1 句政见！蔡阿嘎短片网推爆》中，蔡阿嘎反对的都是国民党的政见，对民进党则只字不提：

捐你老木，你要是做得好，给你 double 的钱都没关系。[①]
前几年才调高到 2 千，4 年后你要调到 3 万，你骗肖仔哦！[②]

第二，在两岸关系 / 大陆态度议题的聚焦上，尤其在周子瑜事件话题策划中，自由链接作者刻意制造台湾与大陆的对立，因国民党与大陆联系紧密，因此也间接制造台湾"民众"与国民党的对立。这部分将在第三章案例研究中具体分析。

第三，作者对无关"大选"的政治活动报道很大一部分是对马英九执政当局的报道。从人物聚焦态度可以看出，作者对这项的态度明显为负面。如为评判马英九剩余 4 个多月的执政空挡，作者邀请"台独教父"林浊水评说《林浊水观点：请由多数党组阁踏出政治和解的第一步》，文本第一句话便是：

"宪政"：空窗期会这么久，始作俑者是马"总统"。

又如利用网络名人"A 滥"林雅强评价马英九政绩:《回顾马英九 8 年他呛：马的历史定位连卫星都定不到》。

总体上，自由链接新闻体现了"挺绿、亲第三势力、反蓝"、支持"民众"甚至鼓励民粹、反"九二共识"的立场倾向。

---

① 此话讽刺的是国民党副"总统"候选人王如玄关于军宅收益全捐的承诺（引者注）。
② 此话讽刺的是"蓝营"提出的"基本工资提高到 3 万"政策（引者注）。

（三）叙事话语

1. 叙事形式与风格

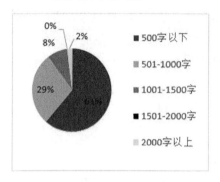

图 2.28《自由时报》链接新闻篇幅　　图 2.29《自由时报》链接新闻所属版块

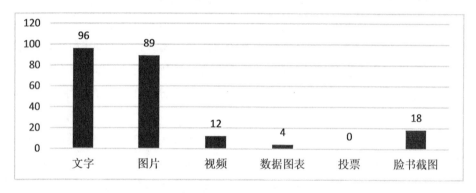

图 2.30《自由时报》链接新闻报道形式

上述三图显示，自由链接新闻的报道篇幅一般为 500 字以下（占 61%），其次为占 29% 的 501—1000 字。可见，自由链接新闻呈现出简短化、碎片化、浅显性的特点。这一类新闻适合随时随地供粉丝读者在移动终端阅读，有利于增加阅读量和粉丝群。但就单独一则新闻文本而言，其在议题选择和报道方式上，容易偏离一定的真实性与客观性。作者在较硬较专的政治、国际等版块的报道仍以短小篇幅着墨，容易塑造与现实距离更远的"媒介世界"。

在报道形式上，自由链接新闻仍以文字和图片为主。自由链接新闻中的视频来源不同于《联合报》和《中时电子报》引用的传统电视节目，而是一些未经剪辑的、有现场同期声的，甚至用手机拍摄的、没有专业特色的影音。这些视频有助于突出新闻现场气氛，让读者身临其境。尤其在描绘造势活动、感谢茶会等文本中，作者通常使用视频网站 Youtube 上特设的"自由即时"栏目中的视频，或转引记者个人、网友个人分享的脸书视频。如《李全教当选无效 当场打断小英致词》中的一段摇摇晃晃的手机录像就是引自记者叶宜津的个人脸书。

其次，作者十分喜爱和擅长引用网络话语来体现"民意"（这些声音经过筛选）。在文本中直接转帖或截图脸书的做法，自由链接新闻在"四大报"中的使用频率最高。作者关注网络声音，不仅聚焦于脸书，还有 Twitter、台湾大学的PTT论坛等。常被引用的人包括台湾政治人物、台湾艺人、日本漫画家等公众人物，也有林雅强、蔡阿嘎等网络名人，更有许多未标明的网友群体，常常被作者用在"众多网友纷纷表示……"的句式中。

报道规模上，自由时报网特设"'总统大选'专题"，专题里的新闻自1月14日开始就不断被放置到脸书上。14日、15日的选前准备、各政治势力的活动，16日当天的"总统"开票情况、"立委"票选情况，16日选后的数据图表分析均来自这一专题，形成了较大规模的专题报道和连续报道。另外，自由链接新闻作者和脸书编辑在15日、16日"大选"投票期间策划了周子瑜事件的报道，引发网络舆论巨浪，对选举结果直接产生影响。

2. 叙事修辞

叙事修辞方面，自由链接作者通过以下手法隐藏自身立场：

第一，作者善于选择和转换文本内的叙事主体。对于"大选"议题，作者不仅侧重于各政党人物的话语表达，更注重网友这一叙事主体的意见。但不论叙事主体如何变化，叙事框架都是"挺绿反蓝"。这一转换是无形的，且被高度地统一起来，尤其是将舆论与民进党的理念统一起来。例如利用作家朱宥勋的话诠释民进党胜选与台湾"民众"的关系：

（"大选"是）台湾人写给自己的励志故事。

第二，作者喜好引导读者进行反对式联想。如在《巧合！选前4天宣布颁发"保台纪念章"》一文中设问：

军方发布时机就在"总统大选"前4天，是否与选举固票有关？

这一问句导致粉丝的人气留言为：

军方：绝无政治考虑→那就是有了

再如《蓝营新广告打妇女牌"别先挡'国家'又跟孩子说'国家'停滞"》一文，作者特意选取国民党"立委"候选人李彦秀的话，引导读者联想"世代对立"：

"这广告并没有要激起世代对立，是要呼吁孩子们不只听网络的声音，也要听妈妈的声音。"

第三，作者擅长使用"以小见大""以偏概全"的转喻手法。如《乡长当面呛：要赢很难啦 朱立伦瞬间脸绿……》，通过乡长之言代表"民意"，称国民党一定败选；又如通过选取"深绿"声音——林浊水的评论、《自由》专栏作家欧阳书剑的文章，代表所有专家或"民众"的想法。

第四，作者擅长利用象征手法进行呼吁。例如：

不投票等于是政客的奴工。
屏东枋寮阿公已等不到政党轮替，周一（11日）撒手人寰，悲戚家属除沉痛，更呼吁"年轻人回家投票"！

通过转换符号所指，将投票行为比喻成一种捍卫民主权利和爱"国"的精神，号召年轻人回家投票。又如利用谐音，将蔡英文演讲时所说的"谦卑、谦卑、再谦卑"喻为"民众"的期盼，将民进党和"民意"很好地结合在一起：

人民期盼"千杯"的沉醉……

第五，作者擅长对网络话语进行"剪切""组合"，进行蒙太奇叙事。如《3年前PO文说梦想……柯P体悟网友感动推爆！》一文，作者将柯文哲三年前的梦想宣言和当下完成梦想的感悟"剪辑"在一起，表明柯文哲为梦想执着努力的精神：

台北市长柯文哲挑战北高单车一日长征成功！柯文哲完成挑战后，在脸书上发文希望大家可以坚持追求自己的梦想，哪怕是不可能完成的事，其实柯文哲在2013年2月就曾发一篇文，透露自己有着骑自行车环岛的梦想，在那时柯文哲就开始行动，慢慢实现他的梦想……

又如《支持废死？网友：林郁芳、李庆华自打嘴巴》一文将国民党"立委"候选人林郁芳近日的政见"支持林昶佐（要求废死）就是支持郑捷（冷血杀人）"和2014年其在"国会"的连署意见"支持死刑减为无期徒刑""剪辑"在一起，制造林郁芳"出尔反尔、自打脸"的形象。

三、粉丝的叙事接受分析

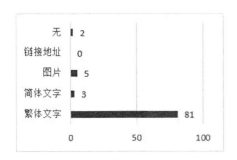

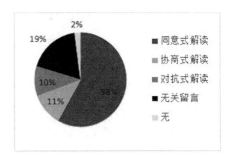

图2.31《自由时报》粉丝留言形式　　　图2.32《自由时报》粉丝解读方式

从上两图可见，自由脸书粉丝读者的留言形式主要为繁体文字，很少有图片与简体文字。其中，简体文字多与周子瑜事件发生后的另一事件——"帝吧出征FB"中大陆网友的留言有关。这部分将在第三章案例研究中解读。关于人气留言的解读方式，同意式解读最多，占58%，其次为协商式解读，为11%，对抗式解读仅为10%，说明粉丝读者与脸书编辑、链接新闻作者的立场有相近性。

通过文本细读发现，自由脸书的读者绝大部分是坚决且激进的"挺绿、挺第三势力、反蓝、反中"群体，还有极小一部分可能为"亲蓝"或中立群体。

对民进党及候选人的新闻，人气留言多为：

"总统"及"副总统"英仁配，赞赞赞！
挺小英，挺认同台湾的人，挺爱护台湾的人，挺坚持台湾"主权独立"的人！

对"蓝营"或马英九执政当局的报道，粉丝的同意式留言如：

链接新闻作者:《蓝营夹报文宣攻击政绩小英台南竞选总反批抹黑》

粉丝读者：学不乖！到现在还在用老到不行的选举模式！我很讨厌接到电话拜票……

对抗式留言如：

链接新闻作者:《就是她？！传说中的"淡水阿嬷"现身了》

粉丝读者：靠悲，之前宋先生叫你朱立伦去找淡水阿嬷，你还真去找这几个阿嬷来。真是悲哀的政党，悲哀的候选人。

在关于柯文哲、"时代力量"等"第三势力"的新闻报道中，粉丝通常大加赞扬：

其实以柯P的人气，没当"总统"，至少也要弄个（两市的长）做做，所以训练体力是很好，但也不能太累，大家可要好好保护他哦！

……我是中立选民，在我的理想政治环境，主要由小党或无党籍等第3势力……

对于两岸议题，尤其是周子瑜事件，粉丝均为对抗式留言：

他爱举报别人给他举啊，关我们屁事？……我们可以不要再被迫知道这种烂新闻了吗？

即使是程序正义、公开透明，我不乐见再对大陆开放！一个对台湾有敌意的地区，还谈什么贸易！

另有一小部分不同的较为中立或"亲蓝"的声音，例如：

唉……"总统"没选上，主席也辞职了……

谁当选都一样，我待五年的公司都没调薪水……希望"新政府"重视这个问题。

但其声势太过弱小，总被对抗式的二层留言所掩盖，因此在总体中显得微乎其微。

相对于《联合报》和《中时电子报》而言，《自由时报》脸书编辑和链接新闻作者对议题、态度倾向的操控方式更为有效。《自由时报》的叙事主体能够明显感染读者，并引导读者行动。如前文提到的自由脸书编辑和链接作者利用"屏东阿公"呼吁年轻人回家投票，网友的回复为：

好可惜，阿伯都用生命在等，为什么我们不能回家投票，完成他的心愿。

又如脸书编辑晒出 4 张网友辗转 4 地搭飞机回家投票的照片，网友回应：

我没那么远，从日本赶回来投蔡主席。改变现状，改善台湾……

四、小结

因此，《自由时报》脸书对"大选"新闻的叙事呈现出以下特征：

自由脸书编辑绝大部分使用第一人称和第三人称限知视角，推荐或评论自由时报网的新闻文本，聚焦于台湾民众、"蓝""绿"政治对决、两岸关系发展等人物与事件，通过凸显"我"这一叙事主体的"在场感"、"反讽""嘲笑""蓝营"群体、对"绿营"进行正面的"隐喻"和"换位思考"、"转喻"链接新闻的细枝末节等叙事修辞方式，表达脸书编辑自身乃至整个自由报系"爱憎分明"的"挺绿、亲第三势力、反蓝"、支持"民众"甚至鼓励民粹、反"九二共识"的立场倾向。

自由链接新闻作者最常使用第三人称限知与全知视角，表面刻意塑造有来源、无评价的"规范"新闻报道，实则通过引用单一信源、选择变换文本内叙事主体、引导读者进行反对式联想、使用"以小见大""以偏概全"的转喻式手法、利用象征手法进行呼吁、利用网媒进行蒙太奇叙事等隐性的叙事修辞，表达媒体立场。在叙事结构与形式上，链接新闻在"大选"新闻的报道上呈现出简短化、碎片化、浅显性特点，利于粉丝在移动端的阅读。在特定专题、话题的制造上形成了较大规模的影响力，足以见得自由链接作者操控"大选"新闻议题的能力。在叙事语法的操作上，作者常运用未经剪辑的、有同期声的视频，运用经选择后的网友发言，刻意为粉丝读者制造"现场感"与"真实感"，成功制造出台湾与大陆对立、国民党与"民众"对立等自由报系独特的"拟态环境"，并试图煽动台湾"民众"的激进情绪，推崇民粹主义而使其变成"真实世界"。

自由脸书的读者绝大部分是坚决激进的"挺绿、挺第三势力、反蓝、反大陆"群体，与脸书编辑和链接新闻作者在同一语境中进行有效"对话"，极易被引导。当然，粉丝中还有极小一部分是"亲蓝"或"中立"群体，但其声音过于弱小，几乎没有存在感。

因此，《自由时报》的脸书编辑、链接新闻作者和粉丝读者三个叙事主体的"对话"文本共同构成"深绿""独派"的民粹式的政治话语叙事场。

第四节 《苹果日报》脸书
"大选"新闻叙事特征与态度倾向分析

一、脸书编辑文本的叙事特征与态度分析

（一）叙事视角与叙事外结构

图 2.33《苹果日报》脸书编辑叙事视角

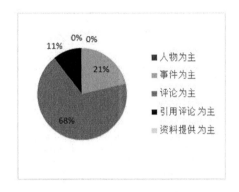

图 2.34《苹果日报》脸书编辑叙事外结构

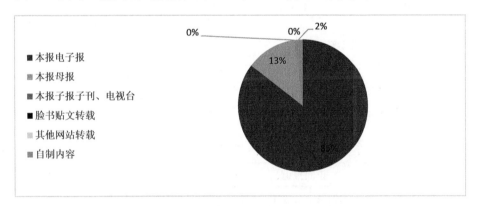

图 2.35《苹果日报》脸书编辑叙事信源

上述三图显示，《苹果日报》（下文简称苹果）脸书编辑大部分使用第一人称视角，占 69%，18% 使用第三人称限知视角，剩余 13% 则使用第三人称全知视角。因此，文本外结构表现为 68% 以评论为主、11% 以引用评论为主，另有21% 以事件叙事为主。苹果脸书引荐的新闻来源 85% 为本报电子报，即苹果即时网，13% 为本报母报，即《苹果日报》，2% 为自制内容，如开设脸书粉丝团活动。由此可知，苹果脸书编辑文本挑选、整合、评论苹果报系的新闻报道，

能反映出苹果媒体集团的新闻议题设置、报道风格与立场倾向。

（二）叙事聚焦与倾向性

表 2.13《苹果日报》脸书编辑叙事人物聚焦

题项	正面		中立		负面		总计	
	则数	百分比	则数	百分比	则数	百分比	则数	百分比
马英九执政当局	0	0.00%	1	0.95%	0	0.00%	1	0.95%
蓝营	1	0.95%	14	13.33%	5	4.76%	20	19.05%
绿营	12	11.43%	12	11.43%	2	1.90%	26	24.76%
亲民党	1	0.95%	4	3.81%	0	0.00%	5	4.76%
时代力量	2	1.90%	1	0.95%	0	0.00%	3	2.86%
其他党	0	0.00%	1	0.95%	0	0.00%	1	0.95%
无党籍	0	0.00%	1	0.95%	1	0.95%	2	1.90%
台湾民众	2	1.90%	23	21.90%	3	2.86%	28	26.66%
艺人等公众人物	2	1.90%	4	3.81%	0	0.00%	6	5.71%
大陆声音	0	0.00%	1	0.95%	3	2.86%	4	3.81%
国际声音	1	0.95%	6	5.71%	0	0.00%	7	6.67%
无	0	0.00%	2	1.90%	0	0.00%	2	1.90%
总计	21	20.00%	70	66.67%	14	13.33%	105	100.00%

表 2.14《苹果日报》脸书编辑叙事事件聚焦

题项	正面报道		一般报道		负面报道		总计	
	则数	百分比	则数	百分比	则数	百分比	则数	百分比
选情信息 / 分析	8	7.77%	41	39.81%	2	1.94%	51	49.51%
造势活动	0	0.00%	5	4.85%	1	0.97%	6	5.83%
候选人政见	0	0.00%	1	0.97%	1	0.97%	2	1.94%
台湾经济发展	0	0.00%	0	0.00%	0	0.00%	0	0.00%
民众举动 / 民生提醒	0	0.00%	22	21.36%	4	3.88%	26	25.24%
两岸关系 / 大陆态度	0	0.00%	5	4.85%	2	1.94%	7	6.80%
国际关系 / 态度	1	0.97%	2	1.94%	0	0.00%	3	2.91%

题项	正面报道		一般报道		负面报道		总计	
	则数	百分比	则数	百分比	则数	百分比	则数	百分比
其他	0	0.00%	4	3.88%	0	0.00%	4	3.88%
总计	9	8.74%	82	79.61%	12	11.65%	103	100.00%

从上述两图可知，总体上，苹果脸书编辑在"大选"议题上最喜欢聚焦于台湾民众，占比26.66%，其次是"绿营"人物，占比24.76%，第三是"蓝营"，占19.05%。对台湾民众主要持中立态度，对"绿营"是中立偏正面，对"蓝营"则为中立偏负面。脸书编辑对事件的聚焦主要集中在选情信息／分析（49.51%）、民众举动／民生提醒（25.24%）和两岸关系／大陆态度（6.80%）三方面，报道方式主要以一般的中性报道为主。

结合文本来看，苹果脸书编辑的立场表现得十分不明显，需要通过比较不同文本或同一文本对不同人物聚焦的态度，才能看清这些隐性的态度倾向。

例如苹果脸书编辑在引荐选举结果及选举分析的新闻时，对宋楚瑜、蔡英文与"时代力量"的表述均是赞叹：

神掌（指宋楚瑜，引者注）这次获得逾150万票，表现不错呢↓↓↓↓

超强的！（夸赞蔡英文当选"总统"，引者注）

恭喜洪姊姊！！！！（指"时代力量"的"立委"候选人洪慈庸，引者注）

"台湾人用选票写下了历史"

"日媒皆认为，蔡胜选有助于台日关系正向发展……"

对"蓝营"和马英九的表述则为：

朱立伦，欢迎回家。

8年快到了还是没有633，请问"总统"您何时要捐半薪？

对《任期还有4个月马"总统"：字典里没有看守、懈怠》，脸书编辑评：

现在觉得＃茸茸der（即茸茸的，指头皮发麻的恶心感，引者注）的人请举

手＼（O_O）

脸书编辑还通过截取新闻的细枝末节、设置标签等方式，隐含轻微的政治偏向。例如关于国民党"立委"候选人颜宽恒控诉网友抹黑的新闻，脸书编辑竟在"导语"中描述无关新闻的个人行动，显露出脸书编辑对其新闻价值的蔑视：

请粉丝留言，我先去买早餐了。

在两岸关系的报道上，《苹果日报》脸书编辑则较为明显地呈现负面倾向，例如借助细节对《中国媒体图辑报导台选举台"国旗"被马赛克》进行直接抨击：

打马赛克这么辛苦，要不就别报导你觉得如何？要平行世界就平行的彻底一点啊……

在导引《BBC关注台湾"大选"投票网页秀出"国旗"》新闻时，引用文中话语，一语双关，配合周子瑜事件，暗讽解决两岸问题首先要让台湾所谓的"国旗"展开：

"两岸前途茫茫的问题，正要展开"……

也利用日媒等国际声音表述观点，拉大大陆与台湾的距离，如：

（日本）节目特地前往金门采访，介绍两岸情势的转变，过去台湾把大陆当"敌人"，如今已经把大陆当"客人"……

总体上，苹果脸书编辑文本隐蔽地表现出"亲绿、反蓝、反中"的立场。

（三）叙事话语分析

样本中的这句话直接表露了苹果脸书编辑对"大选"新闻和台湾政治的态度，这一态度也决定苹果脸书编辑在叙事话语上的表现：

政治本身就是最大的实境秀表演阿……

首先,脸书编辑以"大选"的看客身份,和台湾政治保持距离,轻松自如地用娱乐化眼光来描述各种新闻事件。如关注蔡英文在造势活动上穿的棉服:

#选举时尚果然 MIT ✧(=͟͟͞͞ ᵕ =͟͟͞͞ ✿)

连续三则关注蔡英文私下的养猫生活:

N(*≥∇≤*)n #想想跟 #阿才都好傲娇啊 ~~♥♥♥
看你可爱,再大牌都可以
#海编看到第9点嘴角微微上扬,第10点真的忍不住失守

在号召粉丝投票时,苹果脸书编辑可以无视政见,专注调侃:

有没有"总统"投票指南呢?人渣文本:"哩阿妈咧,三个候选人差那么多,你还要指南?"

第二,脸书编辑喜欢给新闻人物贴标签,制造刻板印象。如在引荐链接新闻《"大局哥"连胜文脸书催票自认"很幸运"可投票》时,脸书编辑重申了连胜文"大局哥"这一标签:

什么时候文文改叫"大局哥"了?

又如宋楚瑜的"神掌"称号:

神掌,辛苦了~差不多可以休息了……

第三,脸书编辑的任务就是从链接新闻中筛选出吸引眼球的内容,凸显商业利益追求。例如,在形式上放大图片中的字,"卖到缺货 蔡英文外套来自这里""甜心主播不哈妮化身荷官 帮集团月捞 2.5 亿",并加入醒目颜色,进行

"呛喝"。在内容上，苹果脸书编辑通过强调某些语气、突出某些刺激性的字词吸引眼球，如：

> 恐怖喔～恐怖到了极点的选前哦～
>
> 据了解，谨慎小心的＃林锡山，在收受＃贿款相当小心，大部分都是在＃"立法院"收钱

二、链接新闻作者的叙事特征与态度分析

（一）叙事视角与叙事外结构

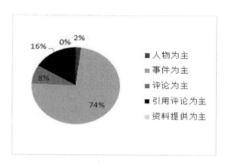

图2.36《苹果日报》链接新闻作者叙事视角　图2.37《苹果日报》链接新闻叙事外结构

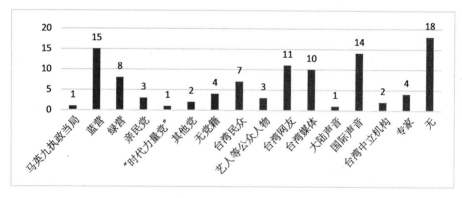

图2.38《苹果日报》链接新闻叙事信源

以上三图显示，苹果链接新闻作者主要使用第三人称限知视角，比例占56%，其次是第三人称全知视角，占比28%。新闻外结构以叙述事件为主，占74%，其次为占16%的引用评论。前两者说明苹果链接新闻对事实的呈现存在一定的主观性。新闻信源涉及各种类型，其中"蓝营"、国际声音、台湾网友和

台湾媒体出现频次最多。

（二）叙事聚焦与倾向性

表2.15《苹果日报》链接新闻叙事人物聚焦

题项	正面		中立		负面		总计	
	则数	百分比	则数	百分比	则数	百分比	则数	百分比
马英九执政当局	1	0.93%	3	2.80%	0	0.00%	4	3.74%
蓝营	0	0.00%	14	13.08%	9	8.41%	23	21.50%
绿营	10	9.35%	17	15.89%	2	1.87%	29	27.10%
亲民党	0	0.00%	5	4.67%	1	0.93%	6	5.61%
时代力量	1	0.93%	2	1.87%	0	0.00%	3	2.80%
其他党	1	0.93%	0	0.00%	0	0.00%	1	0.93%
无党籍	1	0.93%	2	1.87%	0	0.00%	3	2.80%
台湾民众	1	0.93%	14	13.09%	1	0.93%	17	15.88%
艺人等公众人物	1	0.93%	6	5.61%	2	1.87%	9	8.41%
大陆声音	0	0.00%	1	0.93%	3	2.80%	4	3.74%
国际声音	2	1.87%	3	2.80%	0	0.00%	5	4.67%
无	0	0.00%	3	2.80%	0	0.00%	3	2.80%
总计	18	16.82%	70	65.42%	19	17.76%	107	100.00%

表2.16《苹果日报》链接新闻叙事事件聚焦

题项	正面报道		一般报道		负面报道		总计	
	则数	百分比	则数	百分比	则数	百分比	则数	百分比
选情信息/分析	4	3.88%	57	55.34%	1	0.97%	62	60.19%
造势活动	0	0.00%	7	6.80%	0	0.00%	7	6.80%
无关"大选"政治活动	0	0.00%	3	2.91%	1	0.97%	4	3.88%
候选人政见	0	0.00%	1	0.97%	0	0.00%	1	0.97%
台湾经济发展	0	0.00%	0	0.00%	0	0.00%	0	0.00%
民众举动/民生提醒	0	0.00%	17	16.50%	0	0.00%	17	16.50%

两岸关系／大陆态度	0	0.00%	6	5.83%	2	1.94%	8	7.77%
国际关系／态度	0	0.00%	3	2.91%	0	0.00%	3	2.91%
其他	1	0.97%	0	0.00%	0	0.00%	1	0.97%
总计	5	4.85%	94	91.26%	4	3.88%	103	100.00%

从两表可以看出，在人物方面，苹果链接新闻作者多聚焦于"绿营""蓝营"和台湾民众，分别占比 27.10%、21.50% 和 15.88%。对"绿营"态度中立偏正面，对"蓝营"则中立偏负面，对台湾民众的聚焦态度以中立为主。在事件方面，作者多聚焦于选情信息／分析，占比达 60.19%，其次是民众举动／民生提醒，为 16.50%，第三是占比 7.77% 的两岸关系／大陆态度。报道方式以中性的一般报道为主。

结合样本书本，发现大部分链接新闻均为事实的中立报道。在有态度倾向的报道中，除对大陆有明显强烈的反对情绪外，作者对其他叙事对象的态度均通过隐性的方式呈现。例如选前 4 天，作者在《台南抽出"总统"候选人签诗你怎解读》中借签诗预示民进党蔡英文会有贵人相助而当选，朱立伦则落选回家，宋楚瑜谈"大选"就是自寻烦恼。类似的还有，作者借日本漫画家伊藤润二漫画展里的"伊藤润二世界'总统大选'"三位候选人，影射朱立伦、蔡英文、宋楚瑜三者的形象和人气——1 号形象腹黑狡黠，2 号人见人爱，3 号则神秘帅气，且在新闻标题中直接点名《台湾"总统"投票谁赢面，二号的"她"最多人挺》。

对"绿营"唯一的两则负面报道为《邱毅爆小英收黄芳彦 45 亿 证人林秀娟下午现身》和《赖清德："总统府"迁台南 林佳龙争"立院"搬台中"诸侯割据"》。前一则利用邱毅之口进行爆料，并在文中附有柯文哲"应该把它当作感恩"的话，稍后作者又"爆出"民进党的"回击"，可见该报道只是为了呈现台湾政治斗争的"娱乐秀"而已。后一则借学者之口批评赖清德和林佳龙两人实际上是想跟蔡英文争媒体光环，民进党的整体形象并不因此报道而减分。

对"蓝营"的负面新闻则是真正和直接的酸讽。《国民党广告神自嘲？吐露脸友都不挺国民党》一文，引用网友的嘲讽评论国民党的宣传影片：

难道投国民党很丢脸吗？

对于台湾"民众",尤其是网民,作者则认为他们具有独到见解。除了某些党派的支持者表现出被洗脑的状态,大部分网民对台湾"民主"的发展均有贡献。例如《网友坏心实验 AV 男优支持政党图红爆了》一文指出国民党的支持者对宋楚瑜疯狂的崇拜现象被理智的网友用小实验识破。又如在《东海大学期末考出题 解释"淡水阿嬷"》一文中,借考试学生之笔暗讽国民党,也借出题的沈教授之言暗示"民众"的智慧:

> 沈有忠稍早也贴出一位同学的考卷答案,该同学写:"淡水阿嬷:她可能是隐身铁蛋铺,被授予天命的灵媒,攻击力、防装:无,附带效果:吸引网军与对手的嘲讽。"沈还留言说:"看到同学的回答后,我对台湾'民主'充满信心了!"

作者将"第三势力"当作超脱世俗的清醒的旁观者,事事都要询问台北市长柯文哲的意见:《柯 P:周子瑜事件催票效果比军宅案大》《柯文哲:恭喜台湾人民证明自己是台湾的主人》。对于"时代力量"洪慈庸的当选原因,作者在文中一概而论:

> 寻求六连霸的国民党现任"立委"杨琼璎稍早承认"努力不够"宣布败选……洪慈庸的胜出不只代表新势力的崛起,还有选民对年轻世代更深层的企盼。

事实上,洪慈庸的当选与其弟弟洪仲丘在服兵役期间被殴致死事件引发的社会运动有关,这在相当程度上是"民众"反抗国民党执政的胜利。包括《苹果日报》在内的媒体却极力渲染这一事件的悲情性和合理性,企图煽动读者的反国民党情绪。

对两岸关系和大陆态度,作者显得"义愤填膺"尤其在周子瑜事件的报道中,通过借助 BBC、美媒、日媒等国际声音,企图展现台湾"国家"地位的合法性,拉大台湾与大陆的距离。如《投票日将来临 老外这样看台湾"总统大选"》一文,除了借口批国民党选举广告失败和夸赞民进党"民意"所向以外,还讽刺大陆被访者"台湾的事情不是台湾人说的算,而是中华民族 15 亿人口说了算"的说法是极其荒谬的。在《日媒关注台湾"大选"聚焦选后"与中国的

距离"》一文中,作者在导语刻意强调:

因为陆客来台炒房,房价飙涨,害得台湾的年轻人付出大笔房租,却只能住在简陋的合租公寓里。

只字未提两岸经济合作对台湾发展带来的积极影响。

总之,样本书本反映出苹果链接新闻作者"亲绿""挺第三势力与民众""反蓝"和强烈的"反中"立场。

（三）叙事话语

1.叙事形式与风格

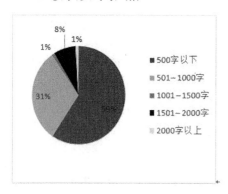 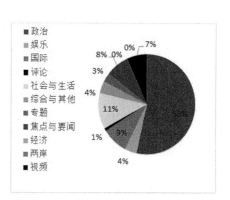

图 2.39《苹果日报》链接新闻篇幅　　图 2.40《苹果日报》链接新闻所属版块

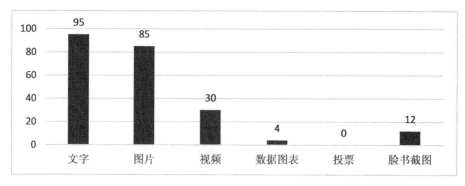

图 2.41《苹果日报》链接新闻报道形式

上述三图显示,苹果链接新闻的报道篇幅一般为 1000 字以下,占比 90%（59%+31%）。政治版的新闻占比最大,为 53%,其他新闻分布于社会与生活、国际、焦点与要闻、综合与其他等版面。相较于其他三报，总体上，苹果链接新闻内容较软性，报道形式上仍以文字和图片为主，视频数量居次，脸书截图和数据图表也有一定的使用。

关于"大选"专题，《苹果日报》线上特设"2016'大选'开票专区"。但"苹果'大选'视频专题报道"在脸书上的风头更胜一筹。其源于《苹果日报》（电子版）的动新闻、图解新闻、苹果 LIVE 等栏目，涵盖自制动画、自制 MV 等滑稽调侃模式和懒人包图解模式，常利用美女主播等"膻色腥"元素吸引粉丝点阅。其中，苹果 LIVE 直播栏目就包含直播中、地产财经、新闻现场、政治议题、娱乐名人、休闲乐活、"总统大选"、肥皂车等多个栏目，后两个是为"大选"特设的节目，于 13 日就已提前预告，并在 16 日"大选"日全天候播出，播出内容例如"蔡英文国际记者会直播""宋楚瑜选后记者会直播"等。之后亦有分析选后政局的"政要话题"栏目。除此之外，苹果即时网的普通新闻在特定时期或有特定内容需要凸显时，作者会在标题进行标注，如《【黄金周造势】选前维安升级 宋楚瑜穿防弹背心扫街》《【黄金周造势】蔡英文高屏疯狂大扫街"让屏东女儿当'总统'"》《【更新】……》《【有片】……》《【全文】……》等，形成小规模连续报道，便于读者识别和连续阅读。

苹果脸书作者有自制的内容活动，例如在选后特设《选举大声公我有话要说》栏目，让粉丝／网友发表观点，并设置抽奖送礼环节，吸引粉丝参加。这亦是苹果叙事主体重视社群媒体"民意"的表现。

2.叙事修辞

通读样本书本，苹果链接新闻作者在叙事修辞方面有以下几个特点：

首先，作者常关注"大选"议题的花边新闻，延续苹果报系"膻色腥"的手法。例如《蔡英文外套来自这里 已经卖到缺货》《【更新】持刀男追晨运民众 大喊宋楚瑜当选》《鸡排妹又 po 这张裸照 》《超可爱！五岁棕发童关切开票》等等。

第二，作者擅长利用设问句，在自问自答中将读者导入文本情境。如《这是啥状况？ 政见发表竟说"一票都不要投给我"》《政党票到底支持谁 吴念真坦言：好难为》等。

第三，作者关注或直接建构"大选"新闻事件的冲突性和戏剧性，展现娱乐化的"政治秀"。例如《【更新】邱毅爆小英收黄芳彦 4.5 亿 证人林秀娟下午现身》《大反击！遭控收黄芳彦政治献金蔡英文告林秀娟》等是关于邱毅告蔡英文受贿的连续报道，展现台湾政治互相攻击的一幕。又如《竞选影片出招！她用妈妈打 KMT 妈妈》一文，聚焦绿社盟新北市"立委"候选人曾柏瑜的"母亲篇"广告与国民党"妈妈篇"广告的对决。又如《选举到不知投谁？他教"这一招"保证有答案》一文，将"大选"的"政治秀"延伸至选民的"投票秀"：

只要弄清楚投票的"目的"是啥，像是"让国民党倒"，还是"为了自己将来的幸福"，又或是"要让一个政策可以实现"，或"希望让台湾政坛只有正妹"，只要确定目的，那要怎么投票就很明显了……"哩阿妈咧，三个候选人差那么多，你还要指南？"

若在视频文本中，作者还会进行"政治秀"的滑稽模仿，通过动新闻、搞笑 MV 来娱乐大众。

第四，有时作者会使用转喻手法，即截取新闻事件的某一部分，放在标题中加以突出，表达立场。如《"大选"结束 AIT：美前副卿伯恩斯今抵台表支持》一文，标题让人以为伯恩斯支持的是蔡英文胜选这一结果，然而通读全文发现，伯恩斯的"支持"指的是：

代表美国对台湾持续繁荣成长的支持，以及两岸的和平与稳定符合美国的长远利益。

第五，作者擅长利用网媒寻找新闻线索和呈现"民意"。如《吴念真自己打自己　网友："时代力量"＝民进党吗？》中搜罗的十几位网友的"神回复"：

网友唐政骏说，"'时代力量'不是民进党分支吗？哪来打脸"；
网友唐敏杰说，"还好吧！目标一致呀，国民党不倒，台湾不会好"；
网友 Xu LienChang 说，"'立委'票投'时代力量'，政党票给民进党，是这个意思吧 ?!"……

三、粉丝的叙事接受分析

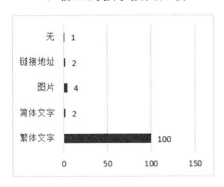

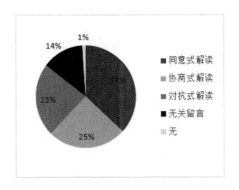

图 2.42《苹果日报》粉丝留言形式　　图 2.43《苹果日报》粉丝解读方式

从上两图可知，苹果脸书粉丝的留言方式以繁体文字为主，极少的简体文字的出现亦与"帝吧出征 FB"事件有关，这部分置于后文案例研究中解读。苹果粉丝的三种解读方式占比相差不大，其中同意式解读较多，为 37%。

结合文本细读发现，之所以各种解读方式都占有相近的比例，是因为人气留言中包含各种相左的立场，呈现出意见纷争的景象。

然而在立场的纷争中，"挺绿反蓝"仍是主流，因周子瑜事件被操控的"民意"仍以"反中"、反"九二共识"为主：

首先，对于国民党，反对声音仍是主流，如：

只要话是从邱毅跟蔡正元嘴巴里说出来的一律都是假的……

明天就要让国民党倒国民党滚出去

爽啦，国民党全军覆没……

很多"反对国民党"不敢表态，是因为他们知道台湾早期国民党是用什么凶残无良的手段来实行统治收复；很多"支持国民党"不敢表态，是因为他们还有点羞耻心，知道为了利益，为了长辈交代，投给这群无能不公的政党是多么丢脸的一件事……

挺国民党的声音十分微弱，如：

我还是希望国民党能正面成长，反省自己……

第二，对民进党表示支持的声音是主流，且理直气壮：

希望台湾的新的机会，蔡"总统"可以好好地把握，希望我们可以看到更美好的未来！

选举已经结束，大家可以理智点，一起来修复选举撕裂的伤痕，大家团结一致，支持小英！……

存有很少的反民进党、"第三势力"的声音：

台湾的经济为何不振？是哪个暴力党多次用暴力霸占主席台、瘫痪"国会"、暴力抵制服贸、货贸、自由经济示范区、亚投行，及各项重大经贸法案，而且一再地租用暴徒、聚众暴乱，大肆破坏社会及投资环境……目的就是不让马政府作出任何成绩……

可以不要让他（指台南市长赖清德，引者注）当台南市长吗？选上了请好好做，虽然都没什么政绩！

虽然不喜欢蔡英文，但她终究还是当上"总统"了……她做得好，当然大家给予赞同，但最不想看到的是即时做差了，也一堆人为了支持而支持。

第三，凡是链接新闻提及宋楚瑜，人气留言必是挺宋楚瑜之声：

请投三号宋北北，谢谢！

马英九无能，将台湾留在地狱！小英一样无经验，台湾仍留在地狱！只宋氏菩萨给我重返天堂的希望……大哥没有政党色彩只有"国家"利益！……

有时亦会出现反对声音，如对《拒当小英两岸特使宋楚瑜：神仙也帮不了》一文的回复：

奇怪的逻辑既然你有打着为民服务的旗号出来选"总统"，你现在又说选输后拒绝当人家的特使？……亏你活到这把年纪却还是想着"总统"梦！

第四，对于大陆与两岸关系议题的留言，在15—17日的周子瑜事件和

20—22 日的"大陆帝吧出征 FB"事件中，呈现出两次爆发式增长。在苹果脸书编辑和链接新闻作者的操控下，留言呈现出一片"反中"、反"九二共识"的景象。同样，出现了极少数相反的声音，但点赞数和频率过少，被淹没在舆论巨浪中：

> 台湾媒体连续七天用周子瑜当政治工具，在报导她的相关新闻中使用"强国玻璃心碎"等敏感政治话语，难道这还不能说明台湾三大媒体的错误？……从头到尾恶意利用子瑜去挑衅大陆的就是你们苹果、三立、自由三大媒体，现在还要推卸责任，真的让人觉得很恶心。

四、小结

综上所述，《苹果日报》脸书的"大选"新闻叙事有以下几个明显特征：

苹果脸书编辑大部分使用第一人称和第三人称限知视角，主要目的是挑选、整合、评论苹果报系的新闻报道，最常聚焦于台湾民众、"蓝营"、"绿营"三者的话语与行动，通过从链接新闻中筛选出刺激性内容、给新闻人物贴标签制造刻板印象和与政治保持距离感、创造娱乐感等方式来吸引粉丝，追求商业利益，同时隐含立场。

苹果链接新闻作者则主要使用第三人称限知和全知视角，最常以中立报道的姿态聚焦于"绿营""蓝营"和台湾民众，但仍可看出作者对大陆有强烈的反对情绪，对其他聚焦对象则隐性地表现出不同倾向。除政治立场外，作者同样注重新闻的商业效益，如在叙事修辞上，作者常关注"大选"议题的花边新闻，延续苹果报系"膻色腥"的操作手法；利用设问句，在自问自答中将读者导入文本情境；关注"大选"新闻事件的冲突性和戏剧性，通过滑稽模仿进行娱乐化的"政治秀"；使用转喻手法表达立场，擅长利用网媒寻找新闻线索和呈现"民意"。在报道形式与风格上，苹果新闻偏软，擅长创造不同类型的专题连续报道，如"2016'大选'开票专区""'大选'视频专题报道"、小规模连续报道等。

苹果脸书的粉丝读者包含各种类型，人气留言常有各种相左的立场。但"挺绿反蓝"仍是主流，因周子瑜事件媒介操控事件的影响，"民意"更是以"反中"、反"九二共识"为主。

因此，《苹果日报》的脸书编辑、链接新闻作者和粉丝读者三个叙事主体共同构成了"亲绿、亲民众、反蓝、反中"的开放式政治话语叙事场。

第三章　从周子瑜事件看"四大报"脸书"大选"新闻意识形态影响机制

上一章通过文本细读与内容分析，对"四大报"的脸书编辑、链接新闻作者、粉丝读者三个叙事主体进行了叙事声音与视角、叙事聚焦、叙事话语、叙事接受四个层面的分析，已较为清晰地看出"四大报"脸书"大选"新闻的叙事特征与立场倾向。若把态度划分为"不强烈—较强烈—强烈—非常强烈"四个等级，可简要将"四大报"的态度倾向按聚焦频次的顺序归结为下表：

表 3.1 "四大报"脸书态度立场及等级程度

题项	联合报 PLUS	《中时电子报》	《自由时报》	《苹果日报》
脸书编辑态度（等级）	亲蓝 对"绿营"中立 对"第三势力"中立 对"九二共识"持中立、关切 （不强烈）	挺蓝 挺"九二共识" 反绿 反"第三势力" （较强烈）	挺"民众" 反蓝 挺绿 亲"第三势力" 反"九二共识" （非常强烈）	挺"民众" 反"九二共识" 亲绿 反蓝 亲"第三势力" （强烈）
链接新闻作者态度（等级）	亲蓝 对"绿营"中立 对"第三势力"中立 对"九二共识"中立、关切 （不强烈）	挺蓝 反绿 挺"九二共识" 反"第三势力" （强烈）	挺绿 挺"民众" 反蓝 亲"第三势力"； 反"九二共识" （非常强烈）	反"九二共识" 亲绿 反蓝 挺"民众" 挺"第三势力" （强烈）
粉丝读者态度（等级）	亲蓝 反绿 反"第三势力" （较强烈）	挺蓝 反绿 反"第三势力" 挺"九二共识" （非常强烈）	挺绿 挺"第三势力" 反蓝 反"九二共识" （非常强烈）	立场多元，主流是： 挺绿 挺"第三势力" 反蓝 反"九二共识" （较强烈）
叙事场（等级）	"亲蓝"派 （不强烈）	"挺蓝"亲中派 （强烈）	"深绿"独派 （非常强烈）	"亲绿"独派 （强烈）

"蓝""绿"政治势力的较量始终是"四大报"脸书"大选"新闻的聚焦点。围绕这一主题,"四大报"根据自己的立场建构起四套内涵不同的叙事符码。总体上,"联合报 PLUS"和《中时电子报》脸书仍属于"蓝媒"性质,而《自由时报》和《苹果日报》脸书仍为"绿媒"。两者聚焦点最大的区别在对"民众"的关注上,"绿媒"显然以支持"民众"(表格和这里的"民众"均是"绿媒"筛选出来的、符合"绿媒"自身价值观的那部分民众,因此加引号,引者注)的姿态出现,自我定位为"民意"代言工具,而"蓝媒"在"民意"的关注与发声上则处于"失声"状态。

基于社交媒体自由选择的特性,不同叙事符码所吸引到的粉丝读者都是能理解并接受各自符码的群体。可以说,社交媒体的特性加深了台湾社会的"蓝""绿"对立结构。在这些不同的叙事场中,新闻文本与粉丝的"编码""解码"对话对"大选"产生了什么影响?叙事场的背后又隐藏着什么样的意识形态工具?这是本章想要解决的问题。

通过上一章的分析,发现周子瑜事件是 2016 台湾"总统大选"在脸书场域不得不提的重大事件。以《自由时报》脸书为代表的"绿色"新媒体利用这一事件,迅速挑动台湾"民众""身份认同"的敏感神经,掀起巨大的脸书舆论声浪,并逐步影响传统媒体和社会各界。这一事件最后被导向了选举投票行动,有人认为它成为压倒"蓝营"致其败选的"最后一根稻草"。如果确是这样的话,那么该事件也间接促成了"绿营"的"全面胜利",对两岸关系造成较大负面影响。利用此事的煽动者可谓"一石三鸟"。对这一事件进行单独的案例研究,有助于我们厘清"蓝媒"与"绿媒""大选"新闻叙事符码的区别,剖析这些符码背后的深层结构,以及探讨台湾社会心理与民众意识。

第一节　"四大报"报道周子瑜事件的叙事特征分析

关于周子瑜事件,"四大报"的报道量变化趋势见图 3.1。作为"挺绿独派"的《自由时报》和《苹果日报》最先也最大程度地占据了这一事件的话语权。

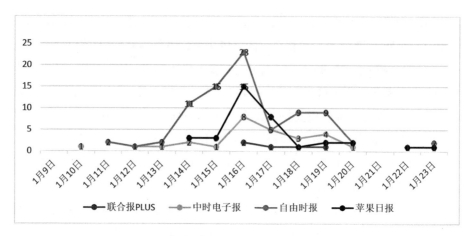

图 3.1 "四大报" 脸书关于周子瑜事件的报道量变化

一、作为话题策划者的自由时报脸书的叙事特征

《自由时报》脸书对这一事件的大部分报道集中于 14—16 日三天，于 16 日选举当天出现了报道峰值。这一事件并非属于自然灾害类事件而不可预测，因此，在新闻报道节奏与文本聚焦中，都显示出人为推动的痕迹。这些报道大致可划分为以下几个明显的阶段：

表 3.2《自由时报》脸书周子瑜事件新闻的叙事节奏和叙事聚焦

叙事节奏	时间	叙事聚焦
开场	1.11—1.14	黄安、周子瑜、JYP 公司、中国电视台等娱乐商演的有关报道
开端部	1.14—1.15	国民党表态→"时代力量"呛国民党→自由脸书将周子瑜事件与政治、"九二共识"联系起来→JYP 公司声明认同一个中国原则→自由脸书称全台"民众"挺子瑜
展开部	1.15	候选人分别声援→JYP 公司改国籍→自由脸书提出助选说
递进部	1.15—1.16	JYP 公司出道歉视频→自由脸书展现"民众"声援→自由脸书称全台出现投票人潮
高潮部	1.16	马英九、蔡英文、柯文哲、杨伟忠、王金平等政治人物声援→自由脸书称事件上升到"国家"层次→国台办、陆委会回应→自由称"全民"投票行动达高峰→绿营选举胜利
结尾	1.17—1.23	回归黄安、周子瑜、JYP 等娱乐商演的有关报道；外媒评说

在"开场"部分，自由脸书编辑文本与链接新闻文本还未显露出将事件导

入选举情境的想法,多为"黄安又来检举 NONO""中国电视台退 TWICE(此为周子瑜所在的韩国唱歌组合名,引者注)通告""子瑜在韩国活动正常"等娱乐题材的相关报道,且事件日趋平静、即将落幕。就连自由时报网配发的专栏评论亦只是就事论事,仅从"娱乐明星为博眼球使手段"的角度批判黄安作为,甚至说:

支持社会运动、支持"台独",也不见得比较进步。

这与自由脸书之后对这一事件的话题策划行为——支持"台独"、煽动"民众"声援周子瑜,并使之变为社会运动——自相矛盾。

"开端"部分,在 1 月 14 日 16:55,《自由时报》脸书编辑刊载链接新闻《国民党公开表态支持周子瑜!》,最先在台湾媒体场域将周子瑜事件与政治相联系。利用国民党的声明,自由脸书掩盖了自身操控话题的痕迹。一个小时后脸书编辑转载《子瑜拿"国旗"被批闪灵 Doris("闪灵乐团"是"时代力量"'立委'候选人林昶佐所在乐团,引者注):国民党总在这时禁声》的政治版报道,回应前一条贴文,通过直接引语来评论该事件的政治性:

Doris 强调:"子瑜的事情从头到尾就是政治事件……"

紧接着《声援周子瑜国民党:盼黄安停止失格行为》一文利用国民党文传会主委林奕华的话语再次将这一事件导向了"九二共识"范畴:

林奕华说,此事触动两岸敏感神经……

韩国 JYP 娱乐公司似乎嗅到了这股政治气息,"即时"地发表声明称:

公司及子瑜都很支持及尊重一个中国原则。

自由脸书利用这一契机,开始刊载"网民"的声援话语,制造第一波"全民挺子瑜"的舆论假象:《全台挺子瑜!网友射飞镖、踩"黄桧"》《黄安抹黑中国封杀 //"全民"挺子瑜挥"国旗"》《周子瑜被中国封杀》等。这些报道开始虚构大陆作为"强国""大人""欺压"台湾的形象，并将国民党置于挺大陆的一方，完成了这一事件的第一次内涵转换。

"展开"部分，1 月 15 日 12:52，脸书编辑在转引《美前国务卿：台湾不再是中美关系地雷》链接新闻时，配以无关评说：

掰惹味（即 by the way 音译，意思是"顺便一提"，引者注），小英也有对周子瑜事件作出回应。

强行将周子瑜事件导入台湾"总统大选"的场域，再次转换事件内涵。《朱立伦"脸书"挺子瑜》《蔡英文喊声：这是台湾人民权利》的链接新闻接踵而至。此时 JYP 娱乐公司又"配合"地爆出改国籍一事，自由脸书借网络名人之口，间接将此事导向选举投票行为——《黄安选前举报子瑜乡民女神：原来是在助选啊》，而后大张旗鼓刊登"网友"自发的投票号召：

"一中各表本来是国民党唬烂台湾人用的"；
"政府问题别怪国外公司"；
"把愤怒发泄在投票上补刀就对了"；
"回到自己的户籍地投票，给台湾一个新的开始！"……

"递进"部分，15 日晚间 22:00 左右，《自由时报》脸书正式进入"催票"环节，其编辑再次最先转载 JYP 娱乐公司的道歉视频，发布链接新闻《（影片）子瑜出面道歉了！鞠躬喊"身为中国人骄傲"》，并评论道：

呃，只有我觉得很像人质被歹徒逼着朗读宣言吗……（内有影片）

充满"人质""歹徒""宣言"等刺激性的字眼直接挑动台湾"民众""身份认同"神经，这则贴文"赞"数和"不喜欢""生气"人数直接飙升至 1.7 万（前一则为 3470），分享数达 2527 次（前一则为 29），留言数则为 1893 条（前一则为 185）。在脸书编辑的"指引"下，自由读者粉丝在这则贴文的人气留言中表示"想到 ISIS"。随即，自由链接新闻"趁热打铁"开始报道少数台湾艺人的"力挺"之言，例如《周子瑜发抖道歉承认一个中国女星爆气呛可耻》一文的导语：

南韩女团"TWICE"台湾籍成员周子瑜因在节目中挥舞"国旗"，遭黄安举报为"台独"分子，她所属公司"JYP"今发布影片，只见周子瑜脸色惨白，一边发抖，一边逐字念稿，鞠躬向"强国人"道歉，并承认中国只有一个，她以身为中国人感到骄傲，台湾人看完全都心疼不已，今晚不仅是选前决战之夜，更是台湾人的心碎之夜，女星陈沂稍早前也爆气开炮，力挺周子瑜到底。

《周子瑜发抖道歉　杨大正飙国骂》一文的导语：

16岁的台湾女孩周子瑜，遭黄安紧咬是"台独"分子，演艺事业受重创，没想到今晚她和东家"JYP娱乐"老板朴轸永，先后在官方微博以影片及文字向"强国"网友道歉，子瑜称以身为中国人为荣，为了这次的风波向网友两度鞠躬，引起全台湾民众的愤怒，不少台湾艺人更在脸书发文感到心疼。

两则链接新闻导语大部分是作者的主观性描写，着力突出"脸色惨白""发抖""强国人""紧咬""愤怒""心疼不已""心碎之夜"等情绪用词，可见自由链接作者借明星之口是虚，煽动"民众"情绪是实。在这几则新闻的煽动下，读者粉丝在留言中开始表露个人投票行动的意愿：

我本来是不急统、不急"独"的族群，黄"大汉奸"安公的举发行为让我看清了中国的蛮横与奸诈……
子瑜的道歉影片是最强催票机，明天就算刮风下雨，我也一定要去投票！
本来懒得投票，现在……骑脚踏车都要回家投……

而后自由链接新闻报道所谓的"民众"返乡"投票潮"，其新闻导语为：

今晚宜兰返乡人潮挤爆，"首都客运"总经理李建文表示，直到现在台北市府转运站外仍有超过百人等待搭乘，排队都已经排到站外，今天输运人次已经超过一万五千人。

即使如报道中所言，选举投票前夜出现人潮，这也是再正常不过的现象，问题在于报道并无证据显示该现象与周子瑜事件有何因果关系。然而这一报道的标题却冠以《子瑜效应发酵 宜兰返乡人潮挤爆客运站》之名，脸书编辑在转载这则链接新闻时还发表评论直接定性：

真的有民众，为了子瑜决定投票！

严重违背了新闻真实性与客观性，强行将这一事件的内涵转入"年轻人返乡投票行动"的"伪事实"中。

事件"高潮"部分，16 日选举当天，《自由时报》脸书开始连续报道马英九、蔡英文、柯文哲、杨伟忠、王金平等政治人物对这一事件的声援消息。于12:18 左右，链接新闻出现《"全民"怒了！子瑜事件升高到"国家"层次》一文评论这些政治人物的声援：

周子瑜事件引爆全台湾人怒火，更升高到"国家"层次！"总统"马英九及三组"总统""副总统"候选人，纷纷发声关切，力挺台湾女孩周子瑜。

再一次用武断语气将这一事件导向政治层面。一小时后，《自由时报》脸书又陆续刊发"国家层面"的回应——《中国回应子瑜事件！国台办：台湾有政治势力挑拨》《谴责黄安！陆委会：请中国约束民间行为》，顺理成章地完成了"国家认同"的转喻。这时脸书上早已没有台湾网民关注事情的真相或认真解读各方的回应，网民似乎已被全面卷入"封杀黄安""投票气死中国"的"社会运动"中。当日 18:48 自由脸书编辑在导引新闻《22 席全上超绿的！民进党浊水溪以南全垒打》时评论：

我只能说：#多谢黄安新一代教父宝座一定 4ni（即"是你"，引者注）

显示《自由时报》企图再次掌握事件的话语权，在民进党胜选与"民众胜利"及周子瑜事件之间虚构一种因果关系。

从选举次日开始，自由脸书编辑对这一事件的报道密度和热度骤然减退。报道回归到有关黄安、周子瑜、JYP 的娱乐商演、"民众"支持余热和外媒评说等内容。例如《解除封杀！央视播出子瑜 TWICE 表演画面》《"对不起，因为我是台湾人"台留学生拍片挺子瑜》《完整阐述周子瑜事件 BBC：蔡助选的助力之一》等，试图逐步淡化这一事件的政治意味。甚至在《子瑜重登春晚有望？传小英暗助》一文中，开始考虑到这一事件对蔡英文上台后两岸关系政策的影响，于是作者假借娱乐事件替民进党发表宣言：

蔡阵营多名要角认为"周子瑜道歉"对选情有很大的影响，两岸和平稳定的第一步就是化解周子瑜事件。

脸书编辑毫不掩饰对民进党的维护之情：

这会是蔡英文解套两岸关系的一大步吗？

二、其他三报粉丝页的叙事特征

《苹果日报》脸书对周子瑜事件的反应是最快的，配合《自由时报》，并为"我"所用，将事件置于"反中"、反"九二共识"的报道框架中。

在自由脸书进入事件报道的"开端"阶段时，苹果脸书就针对 JYP 娱乐公司发表的"支持一个中国"声明进行情绪化评论：

就跟你说没有＃九二共识了咩，只有＃一中没有＃各表，拿＃"青天白日满地红"也是＃"台独分子"，大家洗洗睡喽

在 15 日当晚道歉视频出现前，苹果脸书编辑还以看客身份，引用网友评论来谈这一事件，致力于批评国民党与大陆行为。如《周子瑜为何被"强国"围攻是"台独"乡民这样解》：

"'台独'不脏，脏的是那些骗你长大还想骗你选票的人；政治不脏，是当你不关心它的时候，想要从里面窃取利益的人。"

在 16 日上午 9:00 贴出道歉视频后，苹果脸书编辑却立转看客身份，极力配合《自由时报》脸书呼吁年轻选票，制造"全民挺子瑜"的舆论氛围。如在

转载《章鱼哥天玉里年轻首投族涌现》一文时，脸书编辑配发的评论在年轻人投票行为与周子瑜事件这两者之间虚构一种因果关系：

> 不要犹豫了，今天就是要投票呀 (← ♋ →)【周子瑜惨案 民呛：自己的"国家"自己选】

蔡英文、柯文哲、马英九、王金平、宋楚瑜、洪秀柱、各类台湾"民众"等人的声援声音陆续出现在苹果脸书的报道中。另一方面，苹果脸书不断转引BBC、英国《每日邮报》、GOOGLE搜索主页的报道，塑造出所谓的"国际声援浪潮"。同时大篇幅着墨于大陆《环球时报》、微博、百度百科等对这一事件的相关言论，刻意建构大陆与"国际舆论""对抗"的媒介景象。到此时，便可越发清晰地看出，《苹果日报》脸书的目的并不在于"挺绿反蓝"，也不在乎选举谁赢谁输，而是在于"反中"和反"九二共识"。

这一目的在17日后的新闻文本中更加凸显出来，脸书编辑又重回"看客"的"中立"身份。17日一早苹果脸书编辑便刊载《周子瑜"催票"洪浩云："度烂票"不配谈"民主"》这一新闻，引用新北市医师洪浩云的脸书贴文，表明对周子瑜事件的"催票"目的和结果的批判态度，似乎忘记了自己也曾利用周子瑜事件进行"催票"：

> 一堆人原本都不投票，3天前高铁、台铁的票都没卖完，最后靠周子瑜被中国"打压"的影片，勉强把"度烂票"给催出来……"度烂票"不配谈"民主"。

《李艳秋谈蓝营溃败 周子瑜"威力不输两颗子弹"》《周子瑜事件爆发后国民党竟有人提议这么做》、图文报道MV《子瑜一鞠躬天摇又地动》等链接新闻同为此类。当然，"反中"、反"九二共识"仍是苹果脸书的重中之重。

"联合报PLUS"脸书则一直处于沉默状态。在绿媒"热火朝天"地利用周子瑜事件煽动台湾"民众"投票时，"联合报PLUS"仅发布两则关于这一事件的新闻。其一是脸书编辑在转载《台湾"大选"登微博政治第一名大陆网友关切》链接新闻时借评：

大陆网友你们先别关心台湾"大选"了，你们知道子瑜被逼道歉吗！

其二是《周子瑜事件意外成"大选"变数"蓝""绿"齐声援》链接新闻试图戳破民进党对"青天白日旗"的双重标准：

相对于"蓝营"候选人今天投票时戴"国旗"领巾、徽章，或挥舞"国旗"声援周子瑜行为，民进党"总统"候选人蔡英文与其他"绿营"候选人身上，都未见任何"国旗"或配饰，显示力挺"国旗"的方式，"蓝""绿"也是两样情。过去民进党"立委"在"立法院"宣誓就职时，也不愿意面对"国旗"宣誓，集体到议场外宣誓。

然而脸书编辑在评论时的态度过于隐晦：

周子瑜事件的背后，有很多值得深思的问题

"联合报 PLUS"脸书的关注人数本来就少，这则反思贴文仅有 175 个点赞、2 个分享和 10 则留言，与同时段的《自由时报》脸书贴文 30000 点赞人数、448 个分享和上千则留言相差甚远。在舆论一边倒的情形下，含蓄文本只能直接被忽视。

17 日之后，《联合报》脸书也仅有两则关于这一事件的反思报道——《完美风暴？一个子瑜胜两颗子弹》一文分析事件对选情的影响：

除了网络发烧，加上"朝野政党"全部声援、媒体在投票前强力播放，整体舆情仿佛形成一股"超完美风暴"，把"绿营"拱上巅峰、把"蓝营"打趴到谷底。

另有一文《到底是不是"中国人"？蔡英文任陆委会主委曾这么说》试图戳破民进党和"绿媒"操作周子瑜事件的"用心"：

有网友指出在政府公报的质询记录上，蔡英文曾经在备询的时候说出："我是中国人，因为我是念中国书长大的，受的是中国式教育。"

261

但似乎没有产生任何舆论效果。

同样被认为是"蓝媒"且素来支持"九二共识"的《中时电子报》，在"绿媒"大肆"挺绿反蓝""反中"、反"九二共识"的舆论操控下，显得有些"自乱阵脚"。

选举前两天，《中时电子报》脸书并未意识到"绿媒"对周子瑜事件的别有用心，也没有回应"绿媒"借这一事件批评国民党作为的相关言论。中时脸书本身刊载的关于这一事件的新闻也很少，只有诸如《国民党脸书：支持周子瑜！》《挨轰"台独"又来大陆赚钱吴念真：是你们找我去的耶》等三四则新闻。16日上午，中时脸书编辑似乎意识到这一事件愈演愈烈，便转载了《周子瑜被政治化激起对立是社会悲哀》这一链接新闻，借用权威专家的话语，表明自身立场：

台湾艺术大学广电系教授、"中央广播电台"总台长赖祥蔚在今日《中国时报》时论广场中投书表示，这次风波竟会越演越烈，推波助澜的媒体当然不能免咎，社会大众也有责任，才会造成当事人、媒体与社会大众三输局面。

然而，之后的中时脸书新闻似乎也成了"推波助澜"的媒体，开始大量报道台湾各界人士对周子瑜事件的声援。报道对象包含国民党竞选总部主委胡志强、国民党"立委"候选人马文君、名嘴王尚智、郭台铭、台湾艺人江俊翰、留韩的台湾学生。在这些报道中，大部分新闻只呈现了报道对象的声援话语，并未对周子瑜事件进行判断、分析和反思。

17日已经是选后，中时脸书似乎意识到这一事件的效应，才开始进行事后分析报道——《周子瑜道歉影片揪"国家"认同青年票被催出压垮蓝营》《黄安搅动深绿意识压缩小英"新"九二共识空间》《比两颗子弹还够 力揭 16岁周子瑜冲击选战之因》，试图表明"挺蓝反绿"、支持"九二共识"的立场。其意是说明周子瑜事件犹如2004年选举的"两颗子弹"，促使许多原本无投票意愿的年轻人出来投票：

大陆这十几年来对台湾选举保持理性自制、务实观察的努力，竟然因为周子瑜事件莫名其妙地破了功！……大陆方面虽在某些两岸出席的国际场合，会阻止"中华民国""国旗"出现，但从未有"拿'中华民国''国旗'就是'台独'"的逻辑……

这些事后分析，在当时的舆论环境下，难免显得声音微小。

第二节　"蓝""绿"媒体报道周子瑜事件的意识形态机制比较

周子瑜事件发生在台湾"总统"选举的特殊时间里。民族主义认同问题，台湾亦称作"国族认同"问题，在选举时总是成为台湾各类社会事件泛政治化解读的靶子，左右着台湾民众的生活和思想。台湾媒体，尤其是"绿媒"，时常扮演"民族主义"认同问题的推手。周子瑜事件中，"国旗"作为"国家"的象征物，作为承载"民族主义"的符号，直接被"绿媒"用来炒作"国家认同"似乎顺理成章。然而喧嚣中几乎没有"民众"去细究，《自由时报》脸书呼吁"民众"保护的这面"国旗"并不是一直以来为台湾民众所共同承认的符号。而且对于"绿营"来说，其内涵是相当矛盾的。正如"联合报PLUS"脸书所指出的：

民进党"总统"候选人蔡英文与其他绿营候选人身上，都未见任何"国旗"或配饰，显示力挺"国旗"的方式……过去民进党"立委"在"立法院"宣誓就职时，也不愿意面对"国旗"宣誓，集体到议场外宣誓。

素来并不承认这面"国旗"的民进党，又是如何将"国旗"符号为我所用，打趴国民党的？

从上部分的叙事特征分析，我们可以看出，《自由时报》脸书使用的是一种多层的"意识形态替换"方式。通过惯用的隐喻、转喻、象征、蒙太奇等叙事修辞手法，将周子瑜事件从最初的娱乐明星"吸睛"行为，替换为涉及"九二共识"的政治事件，导入台湾"大选"场域，再替换为"全民"反黄安的投票号召，最后导向"国家层面"的"民族认同"问题。在每一次"意识形态替换"的转折点，《自由时报》脸书都假借国民党的声音或网络意见领袖的话语，来掩饰话题的操控痕迹。在引用他人话语时，自由脸书大量加入耸动字词、情绪描写，似乎也显得"合理"。台湾部分网民在情绪的感染下，已无暇顾及这一事件是否裹挟政党利益。民进党和"绿媒"熟知民粹主义式社会运动的操控手法，将"声援周子瑜""投票行为"冠以维护台湾"主权"之名，利用被自己煽动起来的网络"舆论"，企图推倒国民党式传统的"民族主义"，建立新的"群众""民族主义"。

安德森在《想象的共同体》一书中提出："民族是一种想象的政治共同体"①，这一想象共同体是可以通过语言媒介，用"大众传播媒体、教育体系、行政管理等手段进行有系统的、甚至是马基雅维利式的民族主义意识形态灌输方式"进行重新塑造，②"绿媒"承载的正是这一叙述任务。为了激起台湾"民众"尤其是年轻人的"主权"意识并使之转化为投票行动，《自由时报》脸书有意忽视"国旗"符号认同的内部差异，而诉诸外部的台湾"主体性"。即通过制造"强"大陆压制"弱"台湾的共时性符码，代替台湾各政党认同差异的历时性符码。在"意识形态替换"中，《自由时报》脸书又将叙事主体转换成台湾"民众"，利用民粹主义的工具，诉诸极端的批判情绪，对"老的"国民党、"强大的"大陆进行攻击，对"新的"、以"民众"为名的、鼓吹"台独"的政党即民进党给予支持，进而完成台湾"主体性"的话语建构，完成新的"民族主义"塑造。这种二分对立式的话题操纵模式严重加深了台湾社会的"蓝""绿"对立结构。

当然，周子瑜事件在此次选举中究竟起了多大程度的作用仍尚待厘清，但由此可看出《自由时报》脸书对于"民族主义"和民粹力量的操弄技巧及其思路。这也与国民党传统的"民族主义"论述方式（即"中华民国"）脱离当今两岸关系的现实及"一国两制"构想分不开，因此易于为对手所攻击。作为"蓝媒"的"联合报 PLUS"与《中时电子报》脸书显得"不知所措"的原因也在于此。

安德森还提醒我们，包括小说、报纸在内的印刷媒介的叙事方式为民众提供了"再现"民族这种想象的社群所必需的技术与模式，并创造和维持着民族的内涵与本质。③当印刷媒介变为网络社交媒体时，正如周子瑜事件一样，我们发现，"民族主义"的想象开始具象与实体化——每位社交媒体网民在阅读这

---

① ［美］本尼迪克特·安德森：《想象的共同体：民族主义的起源与散布》，吴叡人译，上海人民出版社，2011年，第4页。

② ［美］本尼迪克特·安德森：《想象的共同体：民族主义的起源与散布》，吴叡人译，上海人民出版社，2011年，第109页。

③ ［美］本尼迪克特·安德森：《想象的共同体：民族主义的起源与散布》，吴叡人译，上海人民出版社，2011年，第24页。

一事件时所做的点赞、留言、分享等行动，都可被其他认识的或陌生的人看到。这相当于加深了读者对这一虚幻共同体的信心。《自由时报》脸书营造"全民声援子瑜"的"拟态媒介环境"，为的就是让更多的台湾"民众"响应新的"共同体"号召。而"蓝媒"对这一事件叙事符码的失败建构——"联合报 PLUS"脸书的沉默，《中时电子报》的"犹豫不决"——让想要在社交媒体寻找其他声音或认同旧的"共同体"的粉丝读者难以发声，只能做沉默的羔羊，或被卷进舆论巨浪中。

第三节　"绿媒"意识形态影响下的台湾"民众"反应分析

在《自由时报》脸书的"教导"下，台湾部分网民产生了哪些捍卫"青天白日旗"下的"主权"的行为？他们认为的"民族主义"又是什么？

近年来，台湾民众尤其是年轻人习惯透过社交媒体参与社会运动。在 2008 年的"野草莓运动"，2013 年洪仲丘事件引发的"1985 行动联盟运动"，2014 年的"太阳花学运"、反"核四"政策等社会运动中，台湾网民都表现出了唯"民众"有理、反老牌国民党、反资本 / 权力精英、反市场等民粹主义的行动倾向，目的是呼吁与现有体制相对的法理意义上的"公民社会"的建立。诸如时代力量的"第三势力"，就是通过这样的社会运动起家，通过呼吁大量年轻人介入，寻求新的"民主"和新的参政领域。周子瑜事件与之相比，具有类似的民粹性质，但所追求的理念似乎从法理上的内部公民权利追求转变为文化层面上的外部"民族主义"诉求。按理说，这两者在本质上有明显的不同，前者标榜的是"理性""平等"、法律规范下的"公民"归属，后者则呼吁血缘关系、语言、历史等文化归属。但台湾部分民众的意识似乎在这一事件下转换自如，不能不说是非理性的表现。

可以说，"绿媒"有意以"民族主义"之名煽动台湾部分网民行"民粹主义"之事。但部分网民并没有意识到这点，也没有细究他们所追求的新的"群众""民族主义"的内涵，更没能看到这一"民族主义"内包含的文化与政治的悖论。他们在社交媒体场域发表具有批判、反抗、激进色彩的非理性话语，只为反对国民党的传统"民族主义"而反对。这些非理性话语在周子瑜事件后发生的"帝吧出征 FB"事件中与大陆网友的话语形成了对抗。

第四章 "四大报"脸书
"大选"新闻影响机制的内外成因分析

第一节 内部成因:"蓝""绿"媒体新闻神话建构的差距

一、社交媒体特性利于建构新闻神话

在符号学的观点看来,语言神话里有两个符号学的系统:第一符号系统中的能指与所指通过意指作用所形成的语言符号在第二系统中变成新的能指,再次通过新的意指作用形成新的语言符号(图4.1)。第一层语言系统产生的意义仍指向语言与实物之间的联系,而第二层语言系统与实物、第一层意指已毫无关系,是第二层意指化后产生的一种文化意义。

	1. 能指	2. 所指	
语言 神话	3. 符号 Ⅰ能指		Ⅱ所指
	Ⅲ符号		

图 4.1 神话的形成 ①

罗兰·巴特在《神话——大众文化诠释》一书中提出,自然化是神话的基本功能,因为在构成神话的第一个纯粹的语言符号系统中,能指和所指间的因

---

① [法]罗兰·巴特:《神话——大众文化诠释》,许蔷蔷、许绮玲译,上海人民出版社,1999年,第173页。

果关系确实是自然的，这使得第二个符号系统中人为的、虚假的因果关系得以绕过自然的后门。[①] 也就是说，神话通过两层意指作用将概念（意义）与实物冻结成某种自然的关系。从符号学角度看，新闻文本同样具备构成语言神话的两级符号系统：新闻在第一层符号系统表现出的是对事实进行的一种客观真实的叙述；而在第二层符号系统中，正如曾庆香所言，"神话的'自然化'运作特点决定了新闻话语所意指的文化意义、意识形态了无痕迹"[②]。

对于本书所研究的脸书新闻，按照文本制作的先后顺序，第一层符号系统来自链接新闻文本对新闻事实的建构，包含多个事件和序列组合、各种人物引语等，极力表现新闻的真实性与客观性。第二层符号系统则建构了这一新闻事实所蕴含的文化意义与意识形态。但这一意义能否"准确"传达至读者，还取决于处在特定社会文化时空中的读者能否理解这一叙事符码。接收者在解读时存在选择性机制，受到制度/政治/意识形态秩序的影响，对意义的解读可能存在多种情形。这时，以评论或引用评论为主的脸书编辑文本的作用便显露出来。脸书编辑的态度将链接新闻文本的多种意义解读方式指向了唯一的文化意义阐释，固定了第二层神话系统的所指与意指关系，成为读者解读链接新闻文本和脸书编辑文本的一种指导和根据。更何况，基于脸书贴文的形式设计，最先让粉丝读者注意到的是最上方的脸书编辑文本，其后才是链接新闻文本。这就造成了读者事先受到脸书编辑态度的影响，再去阅读链接新闻的先入为主的情形。

而且，社交媒体一般被视为一种较为自由化和轻松化的讨论空间，脸书编辑作为新闻专业人员的角色在这里很大程度被弱化，更多地被识别成社交媒体中的一名使用者。网友也是基于自己的兴趣选择参与特定媒体的叙事场，能较轻易地接受该媒体的叙事符码。这使得脸书新闻神话的构建更加"自然化"。脸书编辑可以"肆无忌惮"地表露态度而不被厌恶。

更进一步，当每则传达文化意义的新闻文本形成大规模的专题和话题报道时，单篇新闻话语的意义又将成为新的能指，通过新的意指方式，自然地聚合构造出媒介话语神话，造就社交媒介上的"虚拟现实"，长此以往，将被读者当作真实世界的替代。也就是说，在神话的自然化运作方式的掩护下，脸书新闻比传统媒体新闻更容易传达出强烈的特定的意识形态，建构"媒介真实"。这也

---

① [法]罗兰·巴特：《神话——大众文化诠释》，许蔷蔷、许绮玲译，上海人民出版社，1999年，第190页。

② 曾庆香：《新闻叙事学》，中国广播电视出版社，2005年，第172页。

是社交媒体深化台湾社会"蓝""绿"意识形态对立的技术原因。

二、"绿媒"神话叙事的成功与"蓝媒"神话叙事的失败

结合前文对"四大报"脸书"大选"新闻叙事特征和态度影响机制的分析，可以看出"绿色"新媒体对新闻文本的神话建构更为娴熟和大胆。

以《自由时报》脸书为例，链接新闻文本通过选取有"挺绿反蓝"倾向的叙事对象、引导读者进行反对式联想、使用"以小见大""以偏概全"的转喻手法、运用象征手法与蒙太奇"剪切""组合"等方式，本身就展现出了一种"伪真实"，显现出了较为明显的意识形态指向。而脸书编辑强烈的"在场感"情绪渲染、"反讽""嘲笑""隐喻""换位思考""转喻"等手法的综合运用，更加强硬地让新闻"事实"意指为"挺绿反蓝"、支持"第三势力"、支持"民众"甚至鼓励民粹行动、反"九二共识"等立场倾向，并显示出合理性。加上大规模的话题策划与专题联结，多则新闻文本在层层的神话运作方式中显示出巨大的威力，使《自由时报》脸书得以割裂台湾现实社会中的历史文化、民族认同等历时性连接，重新塑造起以当下以新闻"事实"为出发点的、为"绿营"所用的新的"民族主义"文化认同。这在周子瑜事件的话题操控中表现得尤为明显。

同为"绿媒"的《苹果日报》脸书的神话操作更倾向于用滑稽、反讽的手法。苹果链接新闻所展现的充满戏剧冲突的"政治秀"，与喜欢给人物和事件贴标签的脸书编辑文本，往往将政治描绘成另类的样子，让读者在"凝视"、嘲笑和评价政治时不知不觉地接受了《苹果日报》背后的"亲绿""反蓝""反中"的意识形态框架。同样，大量嘲解式新闻或视频文本被集结成专题，在高频率的推送下，逐渐形成苹果式的"媒介真实"而被信以为真。

与"绿媒"相比，"联合报 PLUS"和《中时电子报》脸书在运用新闻神话建构手法时，便显得相形见绌。

"联合报 PLUS"链接新闻谨遵所谓的"新闻专业主义"，致力于大篇幅的传统硬新闻报道，整体报道量极少，无法形成专题效应，且脸书编辑弱化立场，使得新闻文本在神话运作过程中仍然保留文化意义理解上的不确定性。"新闻专业主义"有其客观中立的一面，但相对而言无法在社交媒介平台上产生传播效应。

《中时电子报》倒是强烈而明确地表达"挺蓝反绿"、支持"九二共识"的立场，但其操作手法过于简单——链接新闻常直接表明立场、自说自话——在

第一层符号系统中就迫不及待明现立场,破坏了作为新闻必需的外部的"客观"属性特质,难以被读者接受。况且,在周子瑜事件中,《中时电子报》还出现立场反复的情况,让"媒介真实"建构和意识形态传达都显得无力和失败。

粉丝读者因"蓝媒"的"弱势"而沉默下来,或者因失去判断力而受"绿媒"影响。这也间接造成了"蓝""绿"媒体在这次"大选"新闻中传播效力的巨大差别。就本书抽选的356则样本而言,"绿媒"的粉丝赞数、分享数、留言数总量和每则均量显现出了"蓝媒"无法比拟的优势:

表4.1 "四大报"脸书356则样本粉丝行动数统计

粉丝行动 粉丝页	网友赞数		网友分享数		网友留言数	
	总计	平均	总计	平均	总计	平均
联合报 PLUS	8595	343.8	462	18.48	538	21.52
《中时电子报》	64155	493.5	1760	13.54	6171	47.47
《自由时报》	580871	5927.26	19922	203.29	25890	264.18
《苹果日报》	651544	6323.67	8244	80.04	18705	181.6

曾庆香认为:"新闻话语所建构的知识、所形成的规范、所反映的价值,以及所塑造的共识一旦被受众接受,就会变成受众对原初的社会事件进行'符号化''意义化'的框架、模式,而且,透过此框架、模式对不同社会事件一再作类似的诠释。"[①]当"绿媒"所传达出的理念被接受且一边独大时,在沉默的螺旋的作用下,靠近"绿营"的声音将占领整个社交媒体舆论场。

第二节 外部成因:政党作为隐性叙事主体的行动差异

前文分析得出的"四大报"脸书构建的四个不同的叙事场,显现出比传统媒介环境更为严重的"蓝""绿"分野情形,且"绿媒""一支独大",对选情造成极大的影响。这表明了台湾新闻界素有的"政党控制"与"市场导向"问题在社交媒介技术特性的加码下更加严重。台湾媒介文本的叙事特征与意识形态机制,一方面是由新闻机构和从业者自身的文本制作方式和立场倾向所导致,另一方面,也更为重要的,是台湾社会政治、经济、文化各方面合力作用的结果。

---

① 曾庆香:《新闻叙事学》,中国广播电视出版社,2005年,第204页。

归根结底，台湾"蓝""绿"媒体对立的属性是由其背后支撑的政党挑起的。也就是说，政党是作为新闻文本背后隐性的操控者而存在，是文本的内隐叙事者。政党、新闻从业者（链接新闻作者、脸书编辑）、粉丝读者（包含更大范围的"民众"）三者构成以政党为主导的、两两相互影响的动态互动模式（图4.2）。

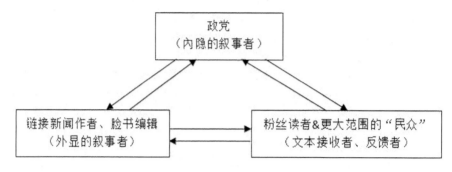

图 4.2 "四大报"脸书叙事主体互动模式图

台湾政党作为内隐叙事者，其话语和行动将作为媒介叙事的指导，也直接影响台湾"民众"的感知与评价。同时，政党也将回收媒介叙事主体与"民众"的反馈，并以此作为下一步行动叙事的参照。

链接新闻作者和脸书编辑作为新闻文本的外显叙事者，根据政党所需和自身的立场偏向制作新闻，同时受到读者反馈内容的影响，同时关注"民意"所带来的商业利益。

粉丝读者受到媒介框架的指导和政党的"教化"，并发出自己的声音（即"民意"），回应给政党与媒介，本身亦是商业利益的衡量指标。

一、民进党主导下的叙事主体良性互动模式

"绿色"新媒体以《自由时报》脸书为典型，其叙事符码系统构建的成功得益于民进党主导下的叙事主体之间的互动。

首先，民进党内部目标明确、口径一致、反应及时、营造团结氛围，使得"绿媒"得以快速获得一致性的"指导"。"绿媒""大选"新闻所呈现的民进党声音基本以候选人蔡英文为主，极力表现候选人个人魅力与民进党政策的协调性。当出现破坏这种协调性的声音时，民进党马上处理和反馈。例如国民党邱毅13日中午爆出蔡英文多次收受政治献金的弊案，当日下午民进党发言人阮昭

雄就发布新闻稿回应这一事件——指责国民党凭空捏造、散布传播不实之事，民进党将提出控告。"绿媒"也立刻协助这一新闻稿进行更大范围的传播。在这些行动的背后，反对"旧"的国民党官方执政和建立"新"的民进党认同是唯一理念。《自由时报》脸书在这一理念的指导下，娴熟地运用社交媒体工具，快速地进行文本编码与意识形态传达。例如前文分析的周子瑜事件，民进党与"绿媒"相互配合进行"意识形态替换"，在短短一天内，就激起部分台湾民众尤其是年轻人的"主权"意识，割裂国民党传统的"民族主义"认同，建立新的反抗式的"群众""民族主义"。

第二，民进党关注"民意"，善于将"民意"作为支撑自己和攻击对手的工具，使得"绿媒"在利用"民意"时顺理成章，并获得巨大的商业效益。（"民意"之所以加引号，是因为它并非代表整体，而是民进党和"绿媒"所制造的"媒介真实"下的"舆论"。）民进党善于利用民粹主义工具，也善于利用本土语言，更善于利用新媒体、文创等新兴事物来笼络人心。长期声援各种草根社会运动、根植于和改革基层文化，民进党在积累人气的同时也动摇了国民党的"民众"根基。"绿媒"就在这样的"民意"基础上，选取舆论中的部分意见为我所用，加以诠释解读后在网络媒体中"呼风唤雨"，既成就了民进党的网络舆论支持，也成就了自身的商业获益。《自由时报》和《苹果日报》脸书的粉丝量就是一大例证。反过来说，当民进党和"绿媒"将自己塑造成"民意"代表，寻找"同温层"的网民也自然会依附其中，长此以往便形成共识，左右部分网民认识其他社会事件的框架。值得一提的是，代表"民众"力量的"第三势力"团体也攀附在"绿媒"上，甚至通过炒作事件的方式（如9日柯文哲骑自行车从台北到高雄的网络直播、"时代力量"在周子瑜事件中无端呛声国民党等），来增加媒介的曝光率，确认共同的"民意"支撑，体现了一种权力的实现需要依附更大的权力的特殊形态。

二、国民党主导下的叙事主体互动缺失

相较之下，国民党主导下的叙事主体互动呈现出缺失和难以调和的矛盾状态。

首先，国民党内部目标不明、派系繁多、意见纷争不断、回应迟缓，一定程度上可以解释"蓝媒"立场不坚定、"失声"的现象。"大选"新闻中既竭力展示候选人朱立伦、王如玄的正面形象，又不断被爆出马英九执政当局的毛治国辞职、林锡山受贿案等负面新闻；一方面在宣传片中着力强调国民党温情脉

脉的一面，另一方面还在用攻击性广告、选前爆弊案等老式选举手法。这些失败的竞选策略直接导致"蓝媒"无法构建出完全有利于国民党的"媒介环境"。在受到对手攻击时，国民党回应迟缓，或不回应，导致"蓝媒"也无法及时回应或"失声"。例如，国民党"副总统"候选人王如玄的"军宅案"，国民党拖延了两周才在媒体上回应。而国民党"立委"候选人林郁芳"支持死刑废死"前后矛盾的政见反复被"绿媒"炒作，"蓝媒"却因国民党内部无人回应而从未提及。

第二，国民党长期忽视"民众"的声音，甚至被"绿媒"塑造成与"民意"对抗的形象，使得"蓝媒"无法调和国民党与"民意"之间的矛盾，既难以"发声"也难以获取商业利益。实质上，"蓝媒"也存在忽视"民众"声音的现象，尤其是"网络民众"的声音，几乎未被关注或提及。"老招牌"国民党长期脱离"新活力"年轻群体，使得"蓝媒"在进行国民党"大选"新闻报道时显得"忸怩不安"。再加上"蓝媒"使用社交媒体的手法笨拙，使得自身越来越远离舆论核心，难以"发声"或产生影响。在周子瑜事件中，"联合报 PLUS"脸书选择沉默，远离舆论争锋的核心。《中时电子报》脸书只能通过报道国民党党内的声援声音来获取一点舆论支撑，显得尴尬无力。为提高粉丝量和商业效益，《中时电子报》总编辑刘善群提出构造"全媒体"的理念，着力丰富新闻文本的媒介形式。① 因此，"大选"期间的《中时电子报》脸书还充满着大量社会性的、娱乐性的文本。"大选"新闻在其中只是很小的一部分，这反而降低了中时脸书在"大选"期间的影响力。因此，忽略实质内容的改革，漠视国民党乃至媒介集团与"民意"对抗的情形，也只能收效甚微，甚至更加远离"民意"所关注和讨论的核心。用台湾华视媒体人的话来说，"蓝媒"要发出声音，就要从国民党自身体制改革做起。② 去除党内派别纷争，愿意了解和经营"民意"，学会利用新媒体工具"发声"，"蓝媒"的路还很远。

---

① 《中时电子报》总编辑刘善群访谈，2016 年 1 月 19 日。

② 台湾华视新闻业者访谈，2016 年 1 月 20 日。

结　语

本研究从新闻叙事理论入手，运用文本分析法与内容分析法，探究台湾传统"四大报"的脸书（"联合报 PLUS"和《中时电子报》《自由时报》《苹果日报》）关于 2016 年台湾"大选"新闻文本的叙事特征和深层的意识形态影响机制，以及产生这些特征与机制的内外成因。

研究发现，"蓝""绿"政治势力的较量始终是"四大报"脸书"大选"新闻文本的聚焦点。围绕这一主题，"四大报"脸书的链接新闻作者、脸书编辑、粉丝读者三大叙事主体在"编码""解码"的对话中，构建出四个不同的叙事场。

"联合报 PLUS"脸书的叙事场为委婉的"亲蓝"派：链接新闻作者擅长长篇幅硬新闻文本的叙事，平衡各方声音，谨遵传统新闻写作的专业手法；脸书编辑态度较委婉，极力弱化"蓝""绿"冲突，隐含"亲蓝"情感；粉丝读者主要是"亲蓝"群体。

《中时电子报》脸书的叙事场是"挺蓝""亲中"派：链接新闻作者青睐"蓝营"与"亲蓝"专家的声音，鲜有"民众"聚焦，立场倾向在"大选"前后表现不一；脸书编辑善于从具体政见入手，利用引语强烈展现立场；读者粉丝均为"挺蓝"群体。

《自由时报》脸书的叙事场是非常强烈的"挺绿""独派"：链接新闻作者擅长通过引用单一信源、变换叙事主体、引导反式联想、使用转喻、象征、蒙太奇等手法构建新闻"伪事实"；脸书编辑则擅长凸显"在场感"，利用反讽、嘲笑、隐喻、转喻、换位思考等手法强烈而直接地表达立场；粉丝读者是坚决的"挺绿""独派"。

《苹果日报》脸书的叙事场是强烈的"亲绿""反中""独派"（以"反中"立场为主，"亲绿反蓝"立场为辅）。链接新闻作者注重商业效益，擅长"膻色腥"的操作手法，利用模仿等方式展现台湾政治"娱乐秀"；脸书编辑则作为看客，通过筛选刺激性内容、贴标签制造刻板印象等方式隐现立场；粉丝读者以"挺绿""反中"为主流。

"四大报"脸书叙事场显现出的"蓝""绿"分野可能对选情造成了影响。通过对周子瑜事件的案例研究，发现《自由时报》作为这一话题的策划者，运用层层的"意识形态替换"方式，通过惯用的隐喻、转喻、象征、蒙太奇等叙事修辞手法，将周子瑜事件从最初的娱乐明星"吸睛"行为，替换为涉及"九二共识"的政治事件，再转入台湾"大选"场域，再替换为"全民"反黄安的投票行为，最后导向"国家"层面的"民族认同"问题。台湾"国旗"符号在岛内的认同差异被有意忽略，而被刻画为"全民"对外以追求台湾"主体性"的新图腾。《苹果日报》脸书则配合《自由时报》脸书，将事件置于"反中"的报道框架中为其所用。在"绿媒""'强'大陆压制'弱'台湾"的二分对立式话语中，国民党和"蓝媒"被夹在两岸关系表态和"民意"表态之间进退两难。"蓝媒"叙事符码建构的失败，使得粉丝读者只能沦为沉默的羔羊，或被卷进舆论巨浪中。"绿媒"粉丝则长期被"教导"参与民粹式的社会运动，企图推翻国民党传统的"民族主义"，建立新的"群众"性"民族主义"。这一"民族主义"内包含文化与政治的悖论，与大陆网友形成话语对抗。

"绿媒"叙事建构和影响机制的成功与"蓝媒"的失败可归因于两方面原因。一是"蓝""绿"媒体新闻神话建构的差距："绿媒"善于利用社交媒体进行新闻神话建构，"自然化"地传达意识形态；而"蓝媒"对社交媒体的运用相形见绌，在"媒介真实"的建构和意识形态的传达方面都显得无力与失败。二是政党作为隐性叙事主体的行动差异：民进党内部目标明确、口径一致、反应及时，使"绿媒"快速获得一致性的"指导"；且民进党关注"民意"，善于将"民意"作为支撑自己和攻击对手的工具，使得"绿媒"在利用"民意"时顺理成章，并获得巨大的商业效益。相较之下，国民党内部目标不明、派系繁多、意见纷争不断、回应迟缓，一定程度上可以解释"蓝媒"立场不坚定、"失声"的现象；且国民党被认为一贯忽视"民意"，甚至被"绿媒"塑造成与"民意"对抗的形象。"蓝媒"无法调和国民党与"民意"之间的矛盾，既难以"发声"也难以获取商业利益。

本书创新地运用新闻叙事学理论探究台湾社交媒体"大选"新闻的叙事特征与态度倾向，为观察选举时期的台湾社会政治、经济、文化形态提供一面镜子。当然，囿于个人能力的限制，本研究仍存在一定不足：首先，叙事特征分析部分采用等距抽样法，未将所有新闻文本纳入研究范畴，存在缺憾；其次，本书进行文本话语分析时，由于个人理论水平有限，存在一定的主观性和浅显性。对上述不足，将在后续的研究中继续完善，以期更全面和更深入地探究台湾社交媒体新闻和台湾社会形态。

附录："四大报""脸书""大选"新闻叙事特征分析编码表

四报脸书大选新闻叙事特征分析编码表

编码员：　　　编号：　　　日期：

序号	类别		中电子报	自由时报	苹果日报	发布时间	网络转载	自制			
1	主页名 叙事主体 脸书编辑	联合报PLUS	本报电子版	本报纸媒	本报副刊 电视台	F脸书文转载	网络转载				
2	基本属性	信息源	500以下	501~1000	1001~1500	1501~2000	2000以上				
		报道篇幅									
		报道形式	文字	图片	截图截图	视频	截图图表				
		版块分类	政治	国际	社会与主	综合与其他	专题	经济	两岸	视频	
		链接作者	提乐	评论				莫启要固	其他	台湾民众	
		文本信息（最重要引语）	马英力协政当局	绿营	绿营	亲民党	时代力量	"时代力量"	专家	台湾民众	无
			艺人等公众人物	台湾网友	台湾媒体	大陆声音	国际声音	国际声音	台湾立机构		
3	语言与视角 脸书编辑 链接作者	第一人称		全知		限知			夏台 第三人称		
4	人物聚焦 脸书编辑	正面 中立面 负面	马执政当局	绿营	时代力量	其他党派	无党派	艺人等公众人物	大陆声音	国际声音
	链接作者	正面 中立面 负面						台湾民众		
5	事件聚焦 脸书编辑	正面 中立 负面	该清信息/分析评论	与大选无关的政治人物活动	候选人政见		经济	国际态度	主张民主提示民众活动	热炒活动 两岸关系 其他
	链接作者	正面报道为主 中立一般报道 负面能报道为主 人物为主	事件为主							
6	叙事外结构 脸书编辑 链接作者	留言形式	繁体文字	简体文字	图片	链接地址	解说方式			照片介貌为主
7	叙事接受 网友读者					同意式	协商式	对抗式	引用评论为主	无实质意言

第四篇：台湾竞选广告的喜剧性研究

第一章　研究背景与概念辨析

第一节　研究背景

竞选广告作为触及广大选民、宣传政治理念的载体，历来备受政治人士的青睐。每逢大选年，精心制作、设计精良的竞选广告便充斥媒介。作为广告在政治领域的运用，竞选广告与商业广告在本质上并无不同，只是推销的商品是候选人、政党和政见。拥有投票权利的选民就是潜在顾客，候选人的个人品性、政治理念、政见议题就是商品的独特价值。如何定位、挖掘亮点，将自己打造成与众不同而又深入人心的品牌，如何巧妙地包装、获得选民信任，进而争取到选票，这是候选人、竞选团队面对的难题。

广告心理学家戴维·刘易斯认为："幽默是一把利器，广告商可以用它瞄准严格确定的人口群体和态度群体；又因它的普遍性，可以作为万金油，对每个人都讨巧。"[①] 以幽默为代表的喜剧心理策略，历来为广告界所推崇。政治人物同样意识到幽默等喜剧性技巧的重要性，并应用于竞选宣传。这样一来，竞选广告得以凭借内庄而外谐的态度降低选民戒心，从而达到提升选民对广告和政治人物之好感度的目的。

台湾的竞选宣传历来不乏喜剧性。创意迭出的文创产品，候选者夸张的肢体动作、滑稽的穿着打扮、幽默风趣的语言是竞选期间的一大看点。与政治资讯娱乐化相伴的，则是政治人物的娱乐化。譬如设计卡通造型、发布人物漫画，候选人一改往日正经、严肃的形象，"小英"戴上猫耳，朱立伦化身"朱朱伦（蜘蛛人）""风火伦"，"宋楚瑜后援会"以后援团的口吻发布支持信息，制作

---

① 刘世英、彭征明、袁国娟：《广告也幽默：中外幽默广告鉴赏》，中国时代经济出版社，2006年，序第1页。

轻松幽默的候选人动态表情包；再譬如绰号的运用与强化：柯文哲的"柯P"，陈菊的"花妈"，游锡堃因其来源于网友及媒体的绰号"游锡方方土"而成立"动感方方土乐团"。娱乐化的人物，玩笑化的称呼，为候选人贴上亲和、有趣的标签，仿佛普通民众也能跟他随意玩笑。于是政治符号的权威被消解，观众在观看的同时，得到欲望的满足和情感的宣泄。情节的戏剧化塑造是影视竞选广告的常见手法，将严肃的政治议题转变为日常生活的喜剧化表达，让广告人物扮演政治理念的传声筒。通过候选人的努力，解除困境，"化丑为美"，形成大团圆结局。这里的候选人是善解人意、洞察一切的，足以满足民众对政治民主化的愿景。此外，以讽刺形式攻击对手的负面广告，勇于自嘲、善于解嘲的幽默反制广告同样不在少数。

对于竞选广告而言，"喜剧性"不仅是一种艺术表现方式，也是一种审美形态。它既能以主体的姿态根植于竞选广告之中，搭建出整体的喜剧结构，也能以各种喜剧性元素为表现手段，以辅助的形态存在其中。那么，台湾竞选广告如何进行喜剧性表达？审美主体与审美客体的互动有何特点？

在研究思路和框架的推动下，本书将从台湾地区数量繁多的竞选广告之中，以喜剧性为审美核心，选取具有典型性和代表性的广告文本作为研究对象。其中，台湾地区领导人选举期间发布的竞选广告，覆盖面广、影响力强，且制作精良，具有较高的美学价值；县市选举的竞选广告，虽然在表现力和影响力上无法与前者相比，但因其所受限制较小，也会出现部分出人意料、带来明显喜剧效果的广告作品。因此，本书拟以历年台湾地区领导人选举期间发布的喜剧性广告作为主要分析对象，同时，从县市选举中选取部分具有"笑"之喜剧效果的广告。抛开党派因素，仅从喜剧美学角度对广告文本进行观照，在审美客体与审美主体的互动之中，探寻广告文本中存在的喜剧审美现象。首先，立足具有代表性的竞选广告作品，综合运用喜剧性相关理论，对广告文本进行整体观照和细致解读，对喜剧性创作手段、表现技巧等做出尽可能全面的描述。在文本解读的基础上，从喜剧人物塑造、喜剧语言运用、喜剧情境创造等角度分析喜剧性氛围的营构，深入剖析竞选广告的喜剧性审美意蕴。最后，置广告文本于社会、文化、历史、心理等语境中进行考察，探索台湾竞选广告喜剧性特征的成因。

喜剧性作为一种大众喜闻乐见的表现方式，一种推销商品的艺术技巧，在广告审美实践中发挥了非常重要的作用。因此，对于台湾竞选广告喜剧性的研究，一方面可以对广告在喜剧人物、语言、情境等方面进行喜剧性营构的特征与技巧做出归纳，揭示广告和喜剧美学的关系，论证将喜剧性作为竞选广告美学特征的合理性，从而深化台湾竞选广告的相关研究；另一方面，现有喜剧性研究集中于文学、电影、戏剧等领域，分析广告中的喜剧性，是对研究对象的一种创新。竞选广告作为一种具有明确目的的艺术形式，在喜剧性的内涵和表现方面都有它的特殊性，通过对该领域的探索，可以丰富喜剧美学的审美形态与审美意蕴，同时，为文化学、影视学等方向的研究提供可借鉴的理论素材。

此外，竞选广告作为一种特殊的文本，与政治的关系比其他任何一种文本都要密切，毋庸置疑成为反映岛内政治生态的一面棱镜。同时，喜剧性在竞选广告中的应用，也是其所处社会文化语境的内在要求。对台湾政治竞选广告中的喜剧性进行分析，并拓展到社会、文化、心理语境之中，探索喜剧性手段运用背后的民族心理、时代特征、审美偏好，一方面可以管窥台湾政治群像，另一方面也能观照更加宏观的台湾社会、文化生态，从而增进对台湾社会文化的了解。

第二节　相关概念

一、台湾竞选广告

竞选广告作为政治说服的一种形式，是选举期间，候选人及其团队以付费方式，通过传媒发布政见、提升形象、动员投票以争取选票、达到当选目的的一种宣传行为。它传达的，是党与党之间，派与派之间，意识形态与意识形态之间的较量。台湾学者郑自隆指出，由于时间与题材的限制，竞选广告的创作空间具有一定的局限性。它需要在短时间内达到影响受众的目的，内容上不离候选人特质、政党关系与政见三要素。[①] 有学者对竞选广告进行功能的归类，提出可分为宣扬式、攻击式以及防卫式。[②] 宣扬式即肯定和宣扬候选人个人特质与政治理念；攻击式即攻讦竞争者，使其形象受损；防卫式则旨在回应对手攻击、

[①]　郑自隆:《竞选文宣策略：广告、传播与政治行销》，台湾远流出版事业股份有限公司，1992年，自序第4页。

[②]　Benoit, W.L.(et al.):*Campaign 2000: A Functional Analysis of Presidential Campaign Discourse*, Lanhan, Rowman & Littlefield, 2003, p.8.

避免自身形象负面化。

从 20 世纪 50 年代的县市"自治"选举到 90 年代的台湾地区领导人直选，台湾民众对"民主自治"孜孜以求。相应地，候选人也在想方设法调动一切资源以争取选民支持。"现代的选举可视为合法化与社会控制的机构，那么促成合法化与控制的工具当然与传播有关。过去传播或是依恃人际与政党的通路，现今的传播就必须仰赖大众传播媒介。"①受"选举罢免法"中"不得利用大众传播工具刊登广告从事竞选活动"的规定限制，早期候选人只能通过传单、海报、自传、演讲、示威等方式进行宣传造势。1989 年，台湾举行"三项公职人员选举"，首次开放报纸供候选人刊登竞选广告。1991 年，开放电视作为政党竞选工具。此后，电视逐渐代替报纸成为台湾政坛最大的竞选宣传媒体。随着信息技术的发展和媒介生态的变化，网络开始加入选战，竞选广告的影响力更加无远弗届，候选人纷纷成立网络团队，开设个人网站、注册 Facebook 账号，竞选广告的形式与内容日益多元化。2004 年大选时，陈水扁竞选网站上的"阿扁与阿珍"动画，点击率高达七十万；连战竞选网站的"铁水莲号"动画，也获得了十二万点击量。2012 年，国民党、民进党候选人更是创造性地推出微电影竞选广告。

围绕竞选广告展开的竞争愈演愈烈，候选人投入的金钱也居高不下。以台湾地区领导人选举为例，根据台湾"监察院"公布的资料，2012 年台湾地区领导人选举中，"马吴配"人事、宣传、集会等支出总共 4.4418 亿元（新台币），宣传支出占 2.7912 亿元（新台币）。"蔡苏配"共支出 7.0985 亿元（新台币），宣传费用共 3.5916 亿元（新台币）。②2016 年，"英仁配"总支出 6.377 亿元（新台币），宣传支出 2.3038 亿元（新台币）。"朱玄配"支出 2.247 亿元（新台币），占比最高的依旧为宣传费用，共 1.2643 亿元（新台币）。③毫无疑问，以竞选广告为主的选举宣传在台湾地区的政治选举中占据着极其重要的地位。

二、喜剧性

亚里士多德较早论述喜剧性。他认为："喜剧摹仿低劣的人；这些人不是无

---

① 彭芸：《政治广告与选举》，台湾正中书局，1992 年，第 2 页。

② 海外网：《蔡英文政治献金收入 7 亿 5 千万比马英九多 3 亿》，2012 年 7 月 16 日，详见 http://www.haiwainet.cn/n/2012/0716/c232524-17247587.html。

③ 中国台湾网：《2016 台湾地区领导人选举各党派花了多少钱？》，2016 年 7 月 20 日，详见 http://www.taiwan.cn/taiwan/jsxw/201607/t20160718_11511840.html。

恶不作的歹徒——滑稽只是丑陋的一种表现。滑稽的事物，或包含谬误，或其貌不扬，但不会给人造成痛苦或带来伤害。"①喜剧性产生于美与丑的矛盾。车尔尼雪夫斯基肯定了亚氏的观点，并进一步提出"丑强把自己装成美的时候这才是滑稽"②，即"丑却自以为美"，或"丑而自炫为美"的形式对比产生喜剧性，笑源于本质与假象的矛盾。柏格森则在其生命哲学思想的基础上提出，"滑稽与其说是丑，不如说是僵"，产生喜剧性的根本原因是"镶嵌在活的东西上面的机械的东西"，人物的僵硬而不知变通，违背了生命绵延流动的状态，因而引人发笑。③为了论证喜剧性客体的自我背反在于自由与机械性的矛盾，柏格森提出从弹簧魔鬼、牵线木偶、雪球三种儿童游戏中探索引人发笑的因素，并进一步阐释重复、倒置、相互干涉三种手法在构建喜剧情境、语言中发挥的重要作用。不管是"丑"还是"僵"，本质都是喜剧客体存在某种缺陷，这种缺陷并非身体的残疾，而是指精神上存在不合理的、无价值的因素。喜剧客体的自相矛盾往往通过言行显现出来：可能是表里不一，言行不一，前后不一，或者所思所行与周围环境不协调等。

善与恶，美与丑这些美学因素在喜剧中的体现不仅是创作者主观构建的结果，也是欣赏者审美观照的结果。还有学者从审美主体的心理情感出发，阐释喜剧性的生成机制。霍布士认为，喜剧性的产生源于优越感，"笑的情感不过是发现旁人的或自己过去的弱点，突然想到自己的某种优越时所感到的那种突然荣耀感"④。康德在其《判断力批判》一书中否定了"优越论"，认为笑是一种从紧张的期待转化为虚无的感情，"正是这一对于悟性绝不愉快的转化却间接地在一瞬间极活跃地引起欢快之感"⑤。叔本华肯定了康德的观点，并对期望消失的机制做出进一步解释，指出笑的产生源于突然发现客体和概念两者不相吻合。⑥英国美学家萨利则提出"游戏说"，认为笑的发生与游戏时的心绪根源一致："发笑，在于对规章的违犯，或对秩序的破坏，或在于尊严的丧失。"⑦倍恩持有相似

① [古希腊] 亚里士多德：《诗学》，陈中梅译，商务印书馆，1996年，第58页。

② [俄] 车尔尼雪夫斯基：《车尔尼雪夫斯基论文学·中卷》，辛未艾译，上海译文出版社，1979年，第89页。

③ [法] 柏格森：《笑：论滑稽的意义》，徐继曾译，中国戏剧出版社，1980年，第18、23页。

④ [英] 霍布士：《论人性》，转引自《西方美学史》，人民文学出版社，1963年，第204页。

⑤ [德] 康德：《判断力批判（上卷）》，宗白华译，商务印书馆，1996，第180页。

⑥ [德] 亚瑟·叔本华：《作为意志和表象的世界》，石冲白译，商务印书馆，1982年，第100页。

⑦ [英] 阿尼柯尔：《西欧戏剧理论》，徐士瑚译，中国戏剧出版社，1985年，第251页。

观点，他认为，现实世界中由理性规范塑造的庄严、神圣、崇高、伟大给人紧张的约束感，突然间摆脱这种约束，会使人发笑。[①] 巴赫金的狂欢化理论同样触及生命本体，推崇"降格""贬低化"，追求群体性和全民参与，等级被破坏，权威被消解，现存被颠覆，特权、规范不复存在，因而得到极大的身心解放。他认为，喜剧性是肯定和否定的结合，笑中具有"欢乐、快活的因素，这种因素存在于一切生动和真诚的笑里"[②]，喜剧性总是与解放、进步相联系，"倾注了人民对最美好的未来，对更为公众的社会——经济制度、新的真理的渴望"[③]。

无论是以喜剧内容为视角的"错位反差"，还是以人的心理为视角的"预期违背""突然荣耀"等，其实质都是审美主客体之间某种对应的不协调关系的激活：形式与内容、现象与本质、目的与手段、动机与效果、存在与环境……构成喜剧性矛盾的两种因素相互背离，作用于人的审美心理，从而产生某种喜剧张力，既可以构成夸张搞怪的滑稽、寓庄于谐的幽默，也可以引出妙趣横生的机智，甚至是颠覆理性的怪诞。[④] 善与恶、美与丑的矛盾悖反所形成的美，体现在喜剧性人物身上，也体现在喜剧性语言、喜剧性情境之中。

---

① 朱光潜：《文艺心理学》，复旦大学出版社，2009 年，第 258 页。

② [苏] 巴赫金·迈克尔：《巴赫金全集（第四卷）》，白春仁、晓河等译，河北教育出版社，1998 年，第 60 页。

③ [苏] 巴赫金·迈克尔：《巴赫金全集（第六卷）》，李兆林译，河北教育出版社，1998 年，第 60、94 页。

④ 修倜：《喜剧性矛盾的结构形态与发展变异》，《戏剧艺术》，2007 年第 3 期，第 91—100 页。

第二章　台湾竞选广告喜剧性分析

第一节　人物喜剧性分析

一、喜剧性人物概述

亚里士多德学派的《喜剧论纲》被视作现存研究喜剧创作的第一份完整材料，书中对古希腊喜剧中的人物格局进行归纳，将喜剧性格分为丑角、隐嘲者和欺骗者三类。"'丑角'是最能制造喜剧效果的特殊人物，其义近于后世；'欺骗者'在喜剧中出现与悲剧中不一样，一般需要有自以为是、自作聪明的特点，使其在诓欺吹牛中流露出滑稽；'隐嘲者'是'欺骗者'的对手，与'丑角'一般聪明善辩，但又比'丑角'厉害：'丑角'娱人，'隐嘲者'自娱。"[①] 就喜剧性格而言，柏拉图此前已有一定论述，他曾借苏格拉底之口，指出"丑角"的可笑之处就在于同著名的德尔斐神庙铭文"认识你自己"相悖，即缺乏自知之明：不富自以为富，不美自以为美，不善自以为善。[②] 喜剧人物的乖谬在于本质与表象的背反，这种背反一则表现为不自知的盲目与自负，二则表现为试图遮掩腐朽本质的虚荣与虚伪，"虚荣策动我们去冒充虚妄的身份，以骗取赞美；虚伪就唆使我们用德行的外衣来掩饰我们的罪恶，以躲避谴责"[③]，产生"矫揉造作"的可笑性。

性格上具有表里不一、自相矛盾特点的喜剧人物，行动上表现为动机与手

---

① 余秋雨：《戏剧理论史稿》，上海文艺出版社，1983年，第21页。

② [古希腊]柏拉图：《柏拉图全集·8》，王晓朝译，人民出版社，2003年，第131—132页

③ [英]亨利·菲尔丁：《约瑟夫·安德鲁斯的经历》，王仲年译，新文艺出版社，1957年，原序第6页。

段、目标与效果的背反：或是目标崇高，而行为幼稚可笑；或是追求无价值，而态度严肃虔诚，其结果不免归于虚妄。相关论述见于黑格尔，他认为"喜剧所表现的只是实体性的假象，而其实是乖戾和卑鄙"，喜剧人物追求的目标缺乏"实体性""本身渺小空虚"，却在行动中煞有介事采取周密的准备并全力以赴地去实现，或者本想实现具有"实体性"的目的，但个人在行动上却起着完全相反的作用，造成形式与内容的不协调，促使这些人物行动的是"主观随意性、愚蠢和乖僻"，结果逃不脱"这类蠢人所干的蠢事，以自作自受的方式而得到解决"的命运。①

滥觞于古典时期滑稽戏、讽刺剧的研究，西方传统喜剧性理论中的喜剧人物总是与"丑""缺陷""乖讹"紧密相关。莱辛拔新领异，认为喜剧性人物同样具有值得赞扬的善良本性。普罗普在对喜剧性格进行论述时，也提到了"正面的喜剧人物"及其品质中的乐观与机智："生活中的乐观主义并不是可以从滑稽的角度解释的唯一的正面品质。另一个这种品质是机变、滑头，能随机应变，能临危不乱，摆脱困境。一些喜剧的主人公便具有这种品质，他们常常使笨拙的对手大受其窘。"②实际上，古希腊、古罗马时期的喜剧中就存在"智者"，他们有着出色的修辞技巧与逻辑思维，用风趣幽默的言语揭露否定性喜剧人物的"无价值"，通过含蓄的讽刺和揶揄，既不致陷对方于难堪，又让人在捧腹大笑之余有所感悟。

波得斯卡尔斯基在《现代电影喜剧的几项原则》中，把喜剧性人物划分为反面的喜剧性形象和正面的喜剧性形象。③国内学者苏晖也对喜剧性人物进行了相似的分类。否定性喜剧对象即传统喜剧理论中以"丑"为特征的喜剧人物，而肯定性喜剧对象则"往往在困境或窘境面前表现出机智、正直、善良、淳朴等美好品德以及对理想的向往与执着追求"④。在塑造肯定性喜剧人物时，可能出现"丑"的因素，但此时的丑，往往是为了反衬、加强人物之"美"。比如，通过揭露人性与现实的丑恶，肯定喜剧人物的美好品德和审美理想；或是外丑而内美，具备自我扬弃的丑和自我追求的美；又或是化丑为美，凭借机智、善良等品质解决难题，脱离窘境。凡此种种，通过丑与美的对立统一，形成别具风

---

① [德]黑格尔：《美学（第三卷下册）》，朱光潜译，商务印书馆，1996年，第284、292、293页。

② [苏]普罗普：《滑稽与笑的问题》，杜书瀛等译，辽宁教育出版社，1998年，第129页。

③ 波得斯卡尔斯基：《喜剧人物形象》，《电影艺术》，1961年第3期，第53—62页。

④ 苏晖：《西方喜剧美学的现代发展与变异》，华中师范大学出版社，2005年，第41页。

味的喜剧审美意蕴。

二、喜剧性人物造型与特点

（一）候选人作为喜剧性人物

1.消解权威，娱乐化的喜剧造型

从县市选举到台湾地区领导人选举，候选人越来越注重使用个人视觉形象进行宣传。这里的个人形象，不再只是中规中矩展示魄力或亲和力的肖像照，更多的代之以娱乐化、诙谐化的 Q 版人物或者漫画造型。这些形象不仅出现在平面广告、影视广告中，还被做成互动游戏广告，甚至印在杯子、钥匙扣等文宣产品上。

通过对形象的揶揄，造成滑稽的喜剧审美效果，Q 版人物漫画无疑最能体现候选人形象的喜剧性色彩。

喜剧性人物常常带有某种缺陷，而漫画则负责人为制造这种缺陷，用相貌、肢体的滑稽取悦他人。柏格森认为，任何人的颜面不可能取得完美的平衡，总存在一些瑕疵，存在一些为大自然所扭曲而走样的地方，而"漫画家的艺术在于捕捉这个时常不易察觉的趋势，把它扩大出来给大家看。"[①] 如何扩大？夸张成为漫画家进行喜剧性营构的最常用手法，"常人能够模仿的一切畸形都可以成为滑稽的畸形"[②]。夸张即在角色外在原型的基础上进行变化、延伸和增减，强调并突出角色的代表性特征，通过"畸形"创造滑稽效果。当然，畸形的丑是有边界的，不致引起痛苦与伤害。从人物整体来看，畸形常常体现在头与躯干的对比上，头大而身小，头身比的夸张变形使得角色从外形上看就具有反常的可笑性。政治人物为了维持形象的稳定性和识别度，鲜少改变发型。因此发型是候选人漫画造型最常强调的特征之一。蔡英文的三七分学生头，赖清德的中分，马英九的西装头，都是肖像漫画创作者着力描绘的重点。苏贞昌的人物造型在其光头的基础上，通过色调与明暗对比，使"光头"产生"反光"的喜感效果。陈菊的 Q 版卡通造型"花妈"，一头蓬卷发极具识别度。同时，由于陈菊脸型较为圆润，"花妈"的脸更是夸张化为正圆形。简化也是夸张变形的一种手段，除了最具代表性的特征外，其他部位只用简单的线条描绘，呈现出某种"畸形发展"。陈菊的"花妈"造型，眼睛以两个黑点替代；朱立伦眼睛、嘴简

---

① ［法］亨利·柏格森：《笑：论滑稽的意义》，徐继曾译，中国戏剧出版社，1980 年，第 16 页。
② ［法］亨利·柏格森：《笑：论滑稽的意义》，徐继曾译，中国戏剧出版社，1980 年，第 14 页。

化为细线，五官中的鼻子甚至消失不见。此外，人物面部纹路也被简化，整体呈现出幼龄化的外貌特征。无论是扩大还是简化缩小，从生理角度看，自然都是"丑""有缺陷"的。"把一个人同周围环境区分开来的任何特点或古怪之处都能使他变得可笑"①，外貌的反常违背了社会日常审美标准，与受众对政治人物的潜在审美经验期待发生碰撞，喜剧性油然而生。

在 Q 版人物造型的基础上，竞选团队推出的系列表情包同样颇具喜剧效果（图 2.1）。一是表情的夸张，朱立伦的嘴部被放大到极致，露出十余颗牙，以表现"龇牙咧嘴"的不耐烦与生气。二是形体的夸张，肌肉遒劲，夸张凸起，身体与脑袋的不协调进一步加强，同时，也和朱立伦现实中清瘦的形象形成强烈反差。戏仿是人物造型喜感化的有效方式。创作者以玛丽莲·梦露的经典形象为蓝本进行滑稽模仿，朱立伦的脸与代表女性特征的发型、裙子相互对立、拆台，充满形式与内容的矛盾，给人以怪诞的审美体验；又戏仿蜘蛛侠的造型，并通过"蜘蛛人"和"朱朱伦"在读音方面产生谐音之趣。这组娱乐化的漫画表情，除了让观众因认知不协调产生强烈的喜剧情感反应外，也植入了亲和、正义、无所不能等人物设定。

图 2.1 朱立伦漫画表情包

来源：朱立伦竞选团队

---

① ［苏］普罗普:《滑稽与笑的问题》，杜书瀛等译，辽宁教育出版社，1998 年，第 44 页。

比拟是政治人物 Q 版造型的另一常用手法。人与物之间的高度反差和鲜明对比，极易产生不协调和轻松感。因而，比拟这一手法常为造型设计者所运用。"在造型艺术中，多半或者将人比拟为动物，或者将人比拟为物品，这样的比拟便引人发笑"①。比拟的运用，本身就是对人物形象的一种夸张变形。同时，在人这一高级动物的身上添加低级动物的某种特征，或者某种非生物的特征，便意味着缺陷的产生。由此生发的笑，既可能是违背审美期待、造成期待落空之笑，也可能是源于优越心理之笑。马英九的台湾加油赞团队曾通过"动物化"的形象为竞选造势——副执行长罗智强化身"台湾黑熊"，发言人李佳霏化身为"加菲猫"，另一位发言人殷玮化身为"哈士奇"。2016 年台湾地区领导人选举中，蔡英文团队推出的"3D 小英"也不无趣味——在蔡英文的代表性发型上添加了一对猫耳，两只卡通宠物猫则在身边紧紧跟随。有"小辣椒"之称的洪秀柱顺势以辣椒为原型进行人物设计——红发被设计为辣椒本体，翘起的一撮头发则涂抹为绿色，作为椒柄。人物站在破碎的半个蛋壳中，仿佛破壳而出。这种比拟，恰与洪秀柱性格泼辣、言语犀利等特点相映成趣。

图 2.2 蔡英文 3D 造型　　　　　　图 2.3 洪秀柱漫画造型

来源：蔡英文竞选团队　　　　　　来源：洪秀柱竞选团队

喜剧性不仅体现在形象上，也体现在人物动作上。柏格森认为，机械和僵化造成了动作的滑稽效果："人体的体态，姿势和动作的可笑程度和这个身体使我们联想起一个简单机械装置的程度恰恰相当。"②朱立伦真人现身，在广告中跟随两位小朋友跳起健康操，动作笨拙、僵硬，充满滑稽之感（《"国旗"大力操》）。动画竞选广告在喜剧性创造方面更是具有先天的优势：从原理上看，动

① ［苏］普罗普：《滑稽与笑的问题》，杜书瀛等译，辽宁教育出版社，1998 年，第 50 页。

② ［法］亨利·柏格森：《笑：论滑稽的意义》，徐继曾译，中国戏剧出版社，1980 年，第 18 页。

画是将逐格拍摄的画面，按照一定速率播放，利用人类"视觉暂留"的特征，使人物产生运动效果。由于技术的限制，人物动作不可避免地带有机械性，这就为喜剧性的创造提供了条件。《点亮台湾》（蔡英文竞选团队，后文以参选者名字代称）中，"3D小英"伴随竞选主题曲的节奏叉腰、摊手、转圈、摆手，变换各种姿势，但肢体运动远不如真人灵活流畅，不免让人因联想到"简单机械装置"而发笑。由于动画的超现实性，卡通人物的动作往往更自由、更夸张，甚至随心所欲地颠覆现实世界的客观规律。以MV《义气》为例，吴敦义化身简笔动画形象"义气敦义兄"，行动时肢体能够发生夸张的弹性形变，甚至违背重力一飞冲天。除了肢体动作，表情也是制造笑料的重要手段:《义气》刻意将角色表情定格数秒，用面颊线条的弯曲表现面部的肌肉痉挛，使人"想起那是普通自如的颜面上某种僵化了的、凝固了的东西"[①];"义气敦义兄"在"带领人们向前冲"时嘴抿为一条线、"遇见风雨"时嘴变为咬牙状、开心地原地踏步时鼻子尖部却离奇地进行着左右变换等，一系列违背常理的夸张和变形，让人轻而易举地看到"一个自动运行的机械装置"，"装在生命之中，模仿生命的机械动作"[②]，自然而然产生滑稽的审美体验。

图 2.4

来源：吴敦义竞选主题曲 MV《义气》

不管是形象还是动作的娱乐化，其实质都是政治人物原本形象与身份的低矮化。亚里士多德曾说，喜剧模仿"比我们低的人"，娱乐化造型产生喜剧性效果的一部分原因即在于此。换言之，令我们感到可笑的不仅是形象和动作的滑稽，更多的是形象和动作的滑稽与他们掌握权力的崇高身份之间的反差。

此外，候选人发布的竞选广告常常成为网友改编的素材。如宋楚瑜的竞选海报《泥巴》，被网友添上日文和商品图案，做成泥膜广告；也有网友将海报与《神奇四侠》中的角色"石头人"进行拼贴，通过两者的"相似"对比衍生滑稽

---

① [法]亨利·柏格森:《笑: 论滑稽的意义》，徐继曾译，中国戏剧出版社，1980年，第15页。
② [法]亨利·柏格森:《笑: 论滑稽的意义》，徐继曾译，中国戏剧出版社，1980年，第19—20页。

效果。可以说，网友的二次加工，让广告的喜剧性色彩进一步加强。不过，这种改编大部分时候带有较强的讽刺意味，虽然也有善意的戏谑，但远不如前者数量显著。不论如何，"改编"在客观上确实扩大了广告的传播范围。同时也可以说是后现代游戏化心理的些许体现。

2. 塑造英雄，真善美的审美取向

作为一种明确的符号运作行为，广告所做的，就是在能指和所指之间，利用叙事赋予商品消费意义。可以说，竞选广告的运作过程，就是政治神话的塑造过程。对神话原型的崇拜，对光明未来的向往，对黑暗现实的反感，对娱乐狂欢的需求，深深根植在人们长久以来积淀下的集体无意识中。正是在这一层面上，竞选广告通过将喜剧性和英雄性相结合，塑造出真善美的"喜剧英雄"形象——"他"是"民众理想"的寄托，是"台湾精神"的象征，"他"符合人们共同的审美追求和审美理想，能够巧妙地应对冲突，揭露无价值，往往见危授命，最后化"丑"为"美"。

囿于广告时长，"困境—解决"是竞选广告中常见的英雄化行为模式。这一模式体现的，是角色内在喜剧性格和外在社会环境的冲突。《因为坚持，所以才看到希望》（邱显智）回顾了邱显智参与关厂工人案、洪仲丘事件、"太阳花学运"等事件的画面，将邱显智塑造为试图拯救台湾民主的"英雄"。面对社会不公、"政府"暴力压迫，他挺身而出，积极反抗，屡遭挫败，却依旧乐观甚至天真，相信只要坚持一定能走完改革之路。《义气》中，吴敦义以"义气敦义兄"的形象出现：他有敦厚，不畏风雨，不怕辛苦，为民做前锋，努力奋起，带领台湾向前冲；他有义气，化身"超人"，制服恶势力，保护受到侵扰的民众，让"人人有春风"。再如国民党的竞选广告《台湾的沉沦！一定要被救起来！》：画面显示沙漏，上方象征民进党执政的绿色台湾岛逐渐碎裂掉进下方，配合"民进党执政下的台湾流失了经济、竞争优势、资产"的旁白，萧万长发出"台湾的沉沦一定要救起来"的呼喊。表明只有国民党执政才能拯救台湾、制止台湾被掏空。此类模式在政绩与形象类竞选广告中尤为突出。"扶大厦于将倾，救民众于水火"的母题不仅能体现出行动者的能力与品格，还能有效引发受众的紧张期待，而最终必然通向喜剧性结局，从而构成喜剧审美心理的"紧张—松弛"模式。"草根英雄"也是竞选广告乐于塑造的候选人形象，比如陈水扁、邱显智等。"草根"本身就隐含人物的出生境遇——生于微末，却从困境中成长至此，"草根英雄"的成长史于是被隐喻为底层人物的奋斗史。通过这种方式塑造出来的英雄，不仅是"可敬可仰"的，也是"可亲可喜"的。

以真善美为价值取向的喜剧形象，必定具备某些积极正面的肯定性喜剧性格。上述行为模式彰显的喜剧性格即是面对逆境的积极性和坚韧性。

乐观豁达也是肯定性喜剧性格的重要因素。以竞选广告《泥巴》（宋楚瑜）为例，刚开始被砸泥巴时，宋楚瑜是惊讶、恐惧甚至气愤的，而后他开始思考泥巴的成分：是命运强压，还是复杂的人性纠结造成的，或是欲望的反弹，抑或是自找。泥巴代表挫折、侮辱与压力，这是生命的考验。而他将泥巴当作成长的养分，通过考验，完成智慧的转念。最后，满身污泥的宋楚瑜双手托起一团泥巴，泥巴中长出隐喻新生的树苗。通过字幕点题："所有挫折，都是下一个新生的起点，都是养分，也是荣耀。"喜剧性的结局，蕴含的正是巴赫金笔下死与生辩证统一、消亡孕育新生的狂欢化喜剧精神。在此过程中，人物心理上的转折与变化似乎正是其乐观豁达性格的体现——实现了对自我的"反思"和"超越"，从而获得"再生"。所期待于观众（也是"选民"）的，是完成从惊奇紧张到恍然大悟再到深思反省的喜剧审美体验。

图 2.5

来源：宋楚瑜竞选广告《泥巴》

风趣幽默是肯定性喜剧性格的另一取向。肯定性喜剧人物也有缺陷，但与否定性喜剧人物"丑不自知"，或者"丑而自炫为美"不同的是，他们对自己的"丑"有着清醒的认知，并且通过自嘲的方式自我揭露。当然，这类"丑"是无伤大雅的丑——比如，头发稀少等外貌缺陷。胡志强竞选广告的创意从"头"

开始，将自己的光头与地球、太阳饼、篮球对比，象征"宏观、在地与行动"，自曝其短，并借由"相似"产生诙谐的喜剧效果。无独有偶，朱立伦也有发量少、额头高的缺陷。在其于2016年竞选公布的首支竞选影片中，画面始终停留在朱立伦和王如玄的形象照。唯一让人确定它是动态影像而非静态照片的，是朱立伦额头上的一道光，由左到右，反复闪烁。长达84秒的无声广告中，仅有的变化是点亮额头40次的那道光芒。额头上的光芒在放大自我缺陷的同时，隐含"有亮点"之意蕴，达到化丑为"智"的效果。

机智也是肯定性喜剧性格的特征之一。人物自身并不带有喜剧性矛盾，他通过揭露他人的矛盾和无价值因素制造喜剧效果，所引发的笑不是针对他们自己，而是针对否定性人物或社会的某种缺陷。当然，他们诙谐的话语、喜感的造型偶尔也能增添一些喜剧因子。包公是中国文学传统中具有代表性的智者，机智善断，明察秋毫。在2000年的竞选广告《包青天》中，陈水扁就戏仿包公造型，对国民党黑金政治的"腐朽"进行讽刺与揭露，以塑造其"铁面无私"的智者形象。

英雄是最重要的神话原型之一。经过千百年来的传承、演绎，这一原型也已走下神坛，变得有血有肉——"他"既有顶天立地的"霸气"，也有仗义行仁的"侠气"；既有"凌云壮志"，也不乏"儿女情长"。对爱情、亲情的执着和坚守，契合人们关于现实生活幸福图景的期待。"修身"之后便是"齐家"，只有"齐家"方能"平天下"。温馨和乐的家庭景象固然能让观看者愉悦一笑，与亲人不离不弃患难与共的情节似乎更能让人产生"泪中带笑"的喜剧情感体验。陈水扁与吴淑珍的"爱情"之所以成为其竞选广告的常用主题，源于他俩的结合本身就有"穷小子和大小姐"的人间喜剧色彩，加之后来吴淑珍遭遇车祸，造成半身不遂。陈水扁推着妻子轮椅的身影便成为其竞选广告中屡屡出现的能指符号，所指的正是"深情不弃"这一主题。

亚里士多德认为，人格对于说服几乎可以起到支配作用，"在所有事情上我们都更多和更愿意信赖好人，在那些不精确和有疑义的地方也毫无保留地相信"[①]。无怪乎竞选广告在塑造候选人理想化、完美化人格上大做文章。

英雄化的情节模式，加上角色或机智或乐观的性格，以及某些喜剧性的穿插成分，构成了候选人竞选广告喜剧性的主要内容。在形象塑造的过程中，真

---

　　① [古希腊]亚里士多德:《亚里士多德全集（第九卷）》，中国人民大学出版社，1994年，第338页。

善美的英雄原型契合受众的认知模式与价值取向，是有效的情感唤起方式；而喜剧性能加深受众印象，激发积极的情绪反应。两者相互交融、相得益彰，通过笑声达到宣传意识形态和建构观众思维的效果。

（二）竞争者作为喜剧性人物

1. 以讽刺揭露无价值

选举是一场零和博弈。为了使己方当选，竞选团队在着力塑造候选人形象、彰显政绩的同时，也采用负面竞选广告等方式攻击、贬抑、指责竞争对手及其党派，以丑化对方形象。讽刺是负面竞选广告中最常见的喜剧建构形态，可以将喜剧性的攻击效应展现得淋漓尽致。作为喜剧客体的竞争者，被塑造为具有不协调因素的否定性喜剧形象，这种不协调往往体现为表里不一、言行不一、前后不一的自相矛盾。而广告的喜剧性则恰恰在于通过讽刺，将竞争者身上的"无价值撕破给人看"[①]。所产生的笑，是具有批判意味的笑。

"任何事物都可能成为讽刺对象：虚伪、欺骗、两面三刀、贪婪、不讲道德和其他使社会和个人受到扭曲的消极因素。"[②]竞选广告讽刺对象的主要范畴，是其他候选人、党派及其政策。

讽刺的"喜剧性核心不是一般的平庸，而是自称有高度重要性的平庸；不是一般的衰老，而是化装成年轻的衰老；不是一般的陈旧，而是夸耀自己时髦的陈旧；不是一般的无足轻重，而是狂妄自大并且企图蒙蔽我们的无足轻重"[③]。矛盾首先体现在本质与表象的背反。其一是丑不自知的盲目。盖着"维持现状"布条，躺在躺椅上晒太阳，问"小宋你在忙什么"的蔡英文，与"为台湾找出路"的宋楚瑜形成鲜明对比。安于现状的不作为就是无价值。漫画中的蔡英文对其精神上消极、行为上懈怠等无价值的因素，不以为丑，怡然自得，讽刺意味昭然。其二是丑而自炫为美的自负。《人生 NG 系列之阿晖篇》《人生 NG 系列之阿花篇》将马英九提出的"633 政见"拟人化为陆参三，陆参三将"把妹""赚钱买车"视作人生价值体现，沾沾自喜、津津乐道。他越是吹嘘，他的不学无术、言行低俗越是暴露无遗，喜剧效果就越是强烈。其三是文过饰非的虚伪，用异己的外观来掩盖自己的本质[④]。以国民党"立法院党团"名义发布的

---

① 鲁迅：《鲁迅全集（第一卷）》，人民文学出版社，2005 年，第 203 页。

② [美] 梅尔文·赫利泽：《喜剧技巧》，古丰译，南京大学出版社，2003 年，第 76 页。

③ [苏] A·齐斯：《马克思主义美学基础》，彭吉象译，中国文联出版社，1986 年，第 260 页。

④ 中共中央马克思恩格斯列宁斯大林著作编译局：《马克思恩格斯选集（第一卷）》，人民出版社，1972 年，第 5 页。

广告《当你们同在一起之俄罗斯娃娃篇》中，拧开以蔡英文为首的俄罗斯套娃，里面一层层是谢长廷、吴乃仁、邱义仁、柯建铭等民进党选战中的核心人物。广告借俄罗斯套娃暗示蔡英文看似清廉、干净的外表下，包藏着原陈水扁旗下涉及诸多弊案的贪腐团队，讽刺民进党以清廉的外衣遮掩贪腐的实质。"讽刺性的模仿是模仿中的喜剧夸张，是对某种现象的形式所具有的个别特点的夸张嘲讽的再现，它解释出该现象的滑稽，贬低它的内容。"①2000 年选举，在宋楚瑜竞选团队发布向"国旗"敬礼的竞选广告后，连战团队对该广告进行戏仿，情境、构图一般无二，但"青天白日旗"升至一半时突然下降，被美国国旗所替代，以此讽刺对方团队打着"爱国"的旗帜，却在美国置豪宅、办绿卡的行为实质。当装模作样的本质被揭露，前者的庄严虔诚愈发显得滑稽可笑。

矛盾也体现为形式与内容的抵牾，集中表现为行动与目标不相称或相反。一则是对无价值目标的追求。《党产魔戒》（蔡英文）通过动画形式"揭露"国民党的执政目的在于增加党产，竞争者以"牵线木偶"的形象出现，党产"魔戒"套脖，意在暗示其受党产所困、为贪婪驱使、被党派操纵。二则是目的有价值但行动迟滞、行为矛盾。《急转弯篇》（马英九）中，开车者跟随导航指示驾驶，"蔡英文新路线请直走"，"催促核四完工请左转，路线改变，核四停止商转，请右转"，"盖国光石化请左转，路线改变，反对国光石化请右转"，"抵制老农津贴请左转，路线改变，加码老农津贴请右转"，"反对陆生来台，五十公尺请左转，路线改变，欢迎陆生来台，二十公尺请右转"……男子犹豫，导航坚持"听我的没错"，最后却驶至垃圾堆前，无路可走——原来这是一条"绝路"。蔡英文及民进党言行不一、前后不一的欺骗性与自相矛盾昭然若揭。前期导航女声语气中的肯定与自信越强烈，结局的讽刺意味就越浓。

2. 讽刺的具体喜剧手法

竞争者与候选人形象的塑造，在喜剧手法上具有一定的相似性，但目的却大相径庭。夸张是人物喜剧性造型的常用手段，但是，候选人的夸张造型只是一种善意的自嘲与温和的打趣，而对竞争者形象进行夸张变形则旨在揭露其外表背后的否定性个性特征。1991 年选举的电视竞选广告中，国民党以一个头绑"永远的反对党"的秃顶丑陋皮偶（当年的民进党主席许信良也是秃顶）讽刺民进党；翌年，民进党则以卡通形象——一个老迈不堪的"老贼"攻击国民

---

① 　[苏] 普罗普：《滑稽与笑的问题》，杜书瀛等译，辽宁教育出版社，1998 年，第 67 页。

党老大腐朽。漫画形象也离不开夸张的喜剧性表达。"漫画可以看作一种捕捉人物个性本质的艺术，它用夸张的外表，绘制出比生活本身更真实的画像。漫画不只是绘制长鼻子或大耳朵等人物的外表，还需要揭示外表深处的个性特征。"[①]前述俄罗斯套娃上的政治人物漫画形象，将皱纹夸张放大、面部明暗对比加强，塑造出颧骨高凸、两腮凹陷、下颚宽大的面部特征以及皮笑肉不笑的表情特征，意在突出人物尖刻、贪婪、威权等内在性格。尤其是苏嘉全的漫画形象，皱纹凹陷明显，眼睛白多黑少，眼鼻区大量阴影铺陈，其阴郁与邪恶呼之欲出。在这里，扭曲变形成为制造笑料、表达态度的有效方式，让观众在捧腹而笑的同时，产生排斥、恐惧等情绪。

图 2.6

来源：国民党竞选团队

比喻也是讽刺艺术的重要表现手法。在以物喻人方面，柏格森提道："通过物来写人，并不是什么时候都是可笑的，只有当物与人具有内在可比性并能表现出他的某些缺陷时，才是可笑的。"[②]也就是说，比喻可笑性的产生在于物的特征反映了人的某种缺陷。如"老爷车篇"以老爷车比喻执政党，"政府如此老，难怪吃油凶得不得了"，用老爷车的老旧、迟缓、吃油凶喻义国民党当局陈腐、低效、腐败的内在缺陷。"老佛爷篇"呈现清装女子绘像，将国民党比作慈禧，甚至"国民党其实比老佛爷更老佛爷"。借古论今，利用慈禧专制、奢华的负面形象讽刺国民党的挥霍以及长期揽权自重，并借由当年国民政府推翻满清的历史缘由，暗示"政党轮替"的迫切性。

对比的运用也颇为常见。前述"维持现状"的蔡英文与"为台湾找出路"

---

① ［英］休斯：《幽默与夸张》，田俊静译，人民邮电出版社，2009 年，第 10 页。

② ［苏］普罗普：《滑稽与笑的问题》，杜书瀛等译，辽宁教育出版社，1998 年，第 58 页。

的宋楚瑜是一例，陈水扁团队推出的"老政府"系列广告之"老人篇"也是一例。暗色影像的"老人"与色彩鲜艳的"奶嘴"对比鲜明，构成荒诞不经的画面。"奶嘴"暗示台湾的年轻，"老人"讽刺国民党体系老旧、内部官员高龄化。通过比喻、对比，将"腐朽"且行政效率"低下"的执政党与需要"活力""进取精神"的台湾之间的矛盾转化为喜剧性冲突，凸显国民党当政的不恰当性。

在竞选广告之中，讽刺具备了别林斯基所称的战斗性和社会性。但值得注意的是，讽刺的审美意义不在于感性经验，而在于先验的理性、德行和秩序。这意味着审美主体的文化背景、心理基础等会显著影响其对喜剧对象的反应。对于竞选广告而言，如果受众缺乏对政治符号、候选人及其政策等相关政治知识的了解，很难对其含蓄的暗示、间接的讽刺产生良好的喜剧体验。比如，竞选广告《给自己一个改变的机会》（蔡英文）在呈现买不起房，油价、学费一直涨等消极情景后，将画面定格在一串"九万"装饰品上，要是此前不知道"九万"是马英九、萧万长的竞选象征符号，自然无法体味广告之讽刺意蕴，更遑论产生笑的反应。因此，在安排喜剧性因素时，必须将受众的心理接受能力作为参考依据。

柏格森强调，不动感情是笑产生的必要条件，"无动于衷的心理状态是笑的自然环境"[①]。换言之，审美主体必须与审美客体保持一定的审美距离。这或许能够解释为何负面喜剧性广告对既有政治立场坚定的敌对选民很难产生作用——在有明显利害关系的情况下，选民无法保持不动感情的心理状态，因而很难体悟讽刺性广告的喜剧意蕴，甚至可能产生反感、厌恶等消极情绪。

第二节　语言喜剧性分析

一、喜剧性语言概述

喜剧性语言历来为喜剧理论研究者所重视，它能够通过语言本身各要素的变异使用来产生喜剧效果，在创造喜剧性冲突、塑造喜剧性人物方面发挥着举足轻重的作用。《喜剧论纲》论及语言喜剧性，指出令人发笑的语言通常有七种，即"同音异义字""同义字""唠叨话""变形字""小字""变义字""言词

---

① ［法］亨利·柏格森：《笑：论滑稽的意义》，徐继曾译，中国戏剧出版社，1980年，第3页。

的形式"。①柏格森认为，各种滑稽效果大多数以语言为媒介而产生。②他将语言的滑稽分为语言表达的滑稽和语言创造的滑稽——后者是由句子的构造和用词的选择得来，突出表现为语言本身的心不在焉，而心不在焉往往体现于"在陈词滥调中插进荒谬的概念"，或是混淆物质的意义与精神的意义，"当一个表达方式原系用之于转义，而我们硬要把它当作本义来理解时，就得到滑稽效果。也可以这样说，一旦我们的注意力集中到某一暗喻的具体方面时，所表达的思想就显得滑稽了。"③句子的滑稽化改造有三条规律：一是倒置，例如主宾互换的俏皮话；二是相互干涉，"在同一句话中插入两种交错的互不相关的意义"，如同音异义语、文字游戏；三是移置，"把某一思想的自然表达移置为另一笔调"④。语言移置主要分为大小的移置与价值的移置两种形式，仿拟、夸张、反语都是移置的具体手段。庄严与亲昵，高尚与卑劣，大与小，理想与现实……移置的手法通过由此及彼或由彼及此两种方式进行。⑤普罗普在"滑稽的语言手段"一章中对双关语、俏皮话、反语、嘲讽等展开具体论述，其观点与柏格森有一定相似性。如双关语引人发笑是"当交谈者的一方对一个词从广义或一般意义上去理解，另一方则把这一般意义理解为狭义或字面上的意义"⑥。而反语则是"谓语与主语相矛盾，或形容词与被形容的词汇相矛盾"⑦。对于双关语、反语、嘲讽而言，滑稽得以生成，是语言手段表达的意思、语言手段本身共同作用的结果。不同于上述方式中的内容与形式缺一不可，他也提到，仅运用发音要素使人们的注意力从内容转向它的表现形式，令语言失去意义；以及，对各种职业或帮派行语进行讽刺性模拟同样能达到滑稽的目的。

此外，弗洛伊德、西塞罗等喜剧理论家也对喜剧性语言的艺术特征、修辞手法展开了较为全面的概括与论述。综合看来，语言喜剧性技巧包括谐音、重复、曲解、双关、夸张、比喻、反语、戏仿、拼贴等。究其实质，即通过语言符号结构的反常产生不协调，由不协调产生喜剧性。这里的反常，包含语音、文字、词汇、语法、形式逻辑等方面的反常。形式与内容的冲突，能指与所指

---

① 余秋雨：《戏剧理论史稿》，上海文艺出版社，1983年，第32—33页。

② [法]亨利·柏格森：《笑：论滑稽的意义》，徐继曾译，中国戏剧出版社，1980年，第63页。

③ [法]亨利·柏格森：《笑：论滑稽的意义》，徐继曾译，中国戏剧出版社，1980年，第70页。

④ [法]亨利·柏格森：《笑：论滑稽的意义》，徐继曾译，中国戏剧出版社，1980年，第73—75页。

⑤ [法]亨利·柏格森：《笑：论滑稽的意义》，徐继曾译，中国戏剧出版社，1980年，第78页。

⑥ [苏]普罗普：《滑稽与笑的问题》，杜书瀛等译，辽宁教育出版社，1998年，第105页。

⑦ [苏]普罗普：《滑稽与笑的问题》，杜书瀛等译，辽宁教育出版社，1998年，第108页。

的矛盾，成为喜剧性生成的客观基础。当不协调与主体审美心理相结合，便可能产生"心理之期望的突然扑空""经验与现实的矛盾冲突""情感之郁积的巧妙释放"[①]等喜剧心理效果，不协调愈是明显，喜剧氛围就愈是浓厚。

语言喜剧性是实现竞选广告喜剧效果的重要手段。但须明了，竞选广告既能通过语言文字传递信息、表达情绪，也能通过画面、音乐意有所指。载体及形式的多元化，拓展了竞选广告的喜剧性表达空间。因此，对其语言喜剧性的研究若拘泥于词句运用本体则不免有所欠缺。

学者佴荣本将艺术语言划分为普通艺术语言与特殊艺术语言，普通艺术语言主要指以有声语言符号系统，或者作为有声语言的文字符号系统，将创作主体的审美意象固定下来的物质形态；特殊艺术语言却超出了语音和文字的界限，泛指以非语言符号系统，将创作主体审美意象固定下来的物质形态。[②]竞选广告语言同样可分为普通语言与特殊语言两类，前者是指具备语音或字形等特定的条件，分音节的有语义的声音组合，包含人物对白、独白、解说词等听觉部分，以及字幕、文案等视觉部分；后者主要包括镜头语言、画面语言、音乐语言等——影视类竞选广告结合自身特性，尤其擅长通过镜头的运动和切换、蒙太奇技巧的运用、音乐与画面的搭配，创造不协调与矛盾，从而引发观众期望消失、紧张松弛等喜剧审美效果的产生。因此，本书对于竞选广告喜剧性语言的探讨，将首先针对普通语言展开，而后研究画面、声音等特殊语言的喜剧性特征。

二、普通语言的喜剧性

修辞是语言营构喜剧性的重要手法。亚里士多德认为，修辞赋予平常的事物一种不平常的气氛，变熟悉的事物为不寻常的奇异，使受众产生惊奇的感受。在语言中运用修辞技巧正是为了表达的陌生化，重新结构的词句赋予观众意料之外的惊奇感，带来游戏化的语言自由与狂欢。

竞选宣传语是语言喜剧性修辞的集中体现。以2016年国民党"立委"参选者宣传片为例，候选人多从姓名出发，一语双关，有意使语句具有双重意义，言在此而意在彼，让人在由此及彼的心理跌宕中体悟谐趣。如"安心生活，双和有福"，"福"一指幸福，二指林德福；同样，"'立委'换新，新北会兴，高雄就是要旺"中的"旺"具备"兴旺"与"庄启旺"双重含义。例子不胜枚举，

---

① 胡范铸：《幽默语言学》，上海社会科学院出版，1991年，第90页。
② 佴荣本：《笑与喜剧美学》，中国戏剧出版社，1988年，第233页。

再如林进生的口号"挺进别放手，好士继续走"，张庆忠的口号"忠于人民，有利台湾"。也有宣传语通过语音达到双关效果，"嘉义，幸福来敲玲"（林玉玲），"未来，月来越好"（颜秋月）。陈根德的口号"多一点建设汗水，少一点政治口水；多一点民生'立委'，少一点政论名嘴"则运用对偶与对比，在保持形式齐整的同时，诙谐地讽刺政党相互攻讦、政治人物作秀的选举乱象，喜剧性从形式、内容两方面倾泻而出。蔡锦隆仿拟工业行业语言，推出口号"西南屯4.0"，以"工业1.0"机械化生产到如今"工业4.0"数字化科技的发展，暗示他将在第四届"立委"连任中推动西南屯持续升级，语境的错位产生奇妙的趣味。

"说双关语俏皮话时，我们意识之中一个词的较宽泛的意义被它外在的'字面上的'意义所取代，这时便会听到笑声。"① 双关之所以令人发笑，是因为审美主体在两种截然不同的语义理解中，产生了"经验与现实矛盾冲突"的心理效果。由于音韵相协、充满谐趣，双关的使用往往能够达到很好的记忆效果，因此成为竞选广告语言喜剧性营构的最常用手法。马英九竞选团队深谙双关之道，推出"马上就会好"系列竞选广告。"那生意什么时候会变好？马上就会好！"（《让钱回流台湾篇》），"那什么时候才会出头？马上就会好！"（《年轻人免担心篇》），"店租付不起，利息交不出，东西卖不掉"，"老板，不用担心。马上就会好！"（《老板篇》）。"马上"一方面指时间，一方面指马英九上台。"马上就会好"反复出现，重复手法增强语句气势，带来听觉上的强化刺激。每一个"马上就会好"回应不同的问题关切，强调、渲染、深化反复内容，加强传播效果。陈水扁团队制作"连字广告"："连"米酒都买不到、"连"晚回家都不安全、"连"上下学都怕被绑架、"连"逛街都会被枪打倒、"连"HBO电影台都被切断信号……在"连"的语义转换中，对连战的讽刺清晰可见。

运用比喻的广告语言往往饶有趣味。喜剧性语言需要有悖语言审美经验的不协调，因此，比喻一反本体、喻体之间需恰当、贴切的原则，在保持某一方面相似的前提下，本体、喻体之间的差异越大，比喻越不合理、不妥帖，"笑果"就越强。台南市长候选人黄秀霜在推出的竞选广告《手脚的小确幸》中，以护手霜比喻黄秀霜："天气干燥，你需要护手霜来保养肌肤，一般的护手霜是否有用？来试试新的黄秀霜。黄秀霜，温和不刺激，快速滋润，长效保湿，找回你的玉手。换霜试试看，你值得更好。"不合逻辑的比喻令人产生荒谬之感，

---

① ［苏］普罗普：《滑稽与笑的问题》，杜书瀛等译，辽宁教育出版社，1998年，第105页。

虽说是意料之外，却又在情理之中。错位得离奇，巧合得别致。毕竟，护手霜与黄笑霜不仅在"品名"上相同，也在"品质"上相似。这种错位逻辑的心理冲击力让思维转移，转移得越是自然，反差产生的喜剧性效果就越是强烈。

"马之内在"平面广告将马英九比作马，语言所指称对象的意外跃低造成"情感之郁积的巧妙释放"，降格化处理带来喜剧性意味。广告通过对马各个部位进行解说，暗赞马英九个人内在品质。解说词综合运用多种艺术手法："马肉：马英九在'法务部长'任内认真查贿，不知挡了多少人的发财及漂白之路，有些人恨得想要学日本人生吃马肉，于是也有人乐得提出'五马分尸'。""马屁：有人说，马屁文化是中国官场的必修课程。马英九从小念书直到哈佛博士，只有这门功课没有留意，理应被'当'。"贬词褒用，完成感情色彩的移置：受贿贪污者想要"生吃马肉""五马分尸"，正反映出马英九的肃贪决心与任内的累累成果；"马屁文化"一课被当，反指马英九行事正直、不喜逢迎的人格特质。在这里，情境意义违拗语言意义，造成主体经验、审美观念同现实话语的矛盾冲突，从而产生滑稽诙谐之感。[①]"马力：路遥知'马力'，日久见人心。（马英九宣布肃贪后，盖洛普民调显示只有38.4%的民众对肃贪有信心。马英九却以实际成果证明他的肃贪决心……一共新收贪渎案件3370件，起诉1319件……65.4%的民众对'政府'肃贪有信心。）"巧妙双关，彰显能力与政绩。"本部分理应'马赛克'处理，但马英九从政十六年，从未听说过他的任何八卦绯闻。所以，这部分不需要遮遮掩掩。"戏谑隐喻，充满谐趣。崇高与粗鄙、人与物、精神与身体的有趣混淆，产生妙趣横生的效果，令读者不由会心一笑。

除却传统艺术手法与修辞手段，充满后现代解构色彩的反讽、戏仿同样被广泛应用于竞选广告。"马'总统'，您破纪录了"系列广告运用反讽，将褒与贬两种极端的笔调移用。破纪录原为褒义，在这里却指薪资低得跌破纪录，所得税利率、失业率、贫富差距超过最高纪录，审美主体经过语用推理，识破并理解语言的暗示意图，在"经验与现实的矛盾冲突"中发出笑声。

戏仿的喜剧效果更为直接。《当你们同在一起之俄罗斯娃娃篇》中，在苏贞昌等人物套娃相继出现的同时，字幕依次显现相关弊案，《当我们同在一起》作为背景音乐响起，原歌词"当我们同在一起""其快乐无比"被修改为"当你们同在一起，贪污同在一起""奇怪无比"。经典儿歌在戏仿游戏中被解构，传统

---

① 胡范铸：《幽默语言学》，上海社会科学院出版社，1991年，第140页。

被颠覆，权威被嘲弄，言语的自由与狂欢就此形成。歌词配合字幕、画面，呈现出立体的讽刺效果。《马上就会好之阿扁篇》（马英九）同样运用戏仿手法：

> 男声：执政的责任在拼经济，不是在拼选举。多一点经济，少一点政治。
> 童声：那还要等多久？
> 男声：马上就会好！

语言本身的喜剧性并不明显，但是男声戏仿陈水扁颇具个人特征的口音与咬字，有意使人产生"是陈水扁在说话"的误解——以对立党派前领导人的身份说出"马上就会好"，人物身份与语言的错置产生喜剧性冲突。

语言结合人物创造喜剧性，不仅在于人物身份与语言内容的反差，还在于通过语言揭露出人物的性格、推动喜剧矛盾的加深。正如普罗普所言："语言的滑稽……反映说话人的精神生活的某些特点，它的思维的不完善。"① 即语言的滑稽能够直接反映出人的"机械僵硬"等精神缺陷。《十二星座——妈我会回去投票》（蔡英文）的十二段剧情始于妈妈打电话给十二星座男生问其是否回去投票。狮子座男生一边对着电脑屏幕打游戏一边打电话：

> 儿：欸妈，怎么了？
> 妈：阿弟啊，你下礼拜要去投票吗？
> 儿：我当然会回去投票，你放心。
> 妈：你不要骗妈妈哦。
> 儿：妈，我一定会回去投，而且带很多朋友一起回去投。
> 妈：啊，你在干嘛啊？
> 儿：我在忙！
> 妈：你在打电动哦？
> 儿：我没有打电动哦！反正投票的事情我已经搞定了，你相信你儿子好吗！
> 妈：你现在是顺风还是逆风？
> 儿：当然是顺风啊！

---

① ［苏］普罗普：《滑稽与笑的问题》，杜书瀛等译，辽宁教育出版社，1998年，第103页。

顺风、逆风是游戏专门术语，对应优势与劣势。人物的心不在焉导致言语的自我暴露，前面的信誓旦旦与结尾回答反差鲜明，喜剧效果卓然。审美主体在喜剧人物自我矛盾的言语中察觉其个人精神缺陷，产生优越感与自我肯定的快感。其他星座的母子对话也颇具喜感："投票！好，我现在立刻回来！"牡羊座儿子话音未落，立刻动身出门，落在桌子上的电话中传来妈妈的声音"喂，喂，喂，我是说下个礼拜！"；"礼拜六早上 6 点高铁，7 点 08 分到，换区间车 26 分钟，7 点 34 分到站，所以我们约 36 分吃早餐……"摩羯座儿子的表述带有夸张的精细；"不过记住哦，不要因为我投给谁你就投给谁，投票这种事情呢……"伴随声音快进变形的音效，天秤座儿子的"啰唆"表露无遗；射手座儿子和妈妈对话："妈，我会带朋友回来哦。""好啊多少个？""大概 20 个。"配合对面骤然挂断电话的音效，因人数之多突破原有心理期待造成的态度突变令人哑然失笑。牡羊座的"行动力"，摩羯座的"计划性"，天秤座的"爱唠叨"，射手座的"好客热情"，各星座人物的代表性"性格"特征被具象化并夸张放大，构成喜剧性矛盾，显得滑稽又可笑。

三、特殊语言的喜剧性

（一）画面表现的喜剧张力

按照时空容量和呈现形态，竞选广告图像可分为静态平面图像与连续运动的影视图像。无论分属哪一类，画面都是其基本叙述单位。不同于线性的文字叙事，画面是一种空间性的呈现。因此，广告图像能够通过构图、色彩、景别、光影、文字等视觉构成要素的精心建构，创造自身的喜剧张力。

构图若想产生喜剧性效果，需要不协调与违背常规。拼贴是产生画面构图不协调的重要手段。《柯 P 新政之道路统一挖补》（柯文哲）为了说明"由工务局统一发包施作"，将挖掘机、超级赛亚人拼贴于同一画面，甚至给超级赛亚人拼贴上全然不相关的安全帽、锤子等施工用具，形成滑稽的视觉效果。人物与工具之间有着使用与被使用的联系，但又存在时空的矛盾和冲突，这种矛盾恰恰就是喜剧性的落脚点。特殊的拍摄角度也能够创造画面的不和谐。在《柯 P 新政之道路统一挖补》的开头，采用推婴儿车妈妈的视角，画面大部分是破损的路面，边缘是虚化的婴儿双脚，有悖常规的特殊视点、不平衡的构图带来新奇的视觉感受。重复手法也被用于构图。如国民党"立法院党团"发布的平面广告，民进党的人物被简化为黑色人形符号，在画面上连续排列，每个"人"

身上标有姓名，姓名旁边则是重复出现的"扁"字红印。具有隐喻性质的造型元素重复出现，将"英派的后面是扁系"这一广告主题，清晰而直白地呈现了出来，看似善意提醒，实则辛辣讽刺。

图 2.7

来源：朱立伦竞选团队

鲁道夫·阿恩海姆认为，图像的"看"与"被看"属视觉思维的认知过程，"视觉乃是一种积极的器官"[①]。换言之，视觉不是简单的"知觉"，而具有"思维"的能动性。竞选广告通过构图，能够充分调动审美主体的视觉思维特别是视觉"错觉"参与喜剧性叙事，延伸画面表现的喜剧张力。《当你们同在一起之俄罗斯娃娃篇》中，代表谢长廷与苏贞昌的套娃被置于前方但虚焦，代表苏嘉全的套娃位于后方而实焦，并恰好从间隙中透出清晰的半张脸。人物的巧妙排列，刻意虚化的前景，达到利用错觉进行喜剧性叙事的效果——仿佛苏嘉全正在后方窥视，坐等谢苏鹬蚌相争，以收渔翁之利。即便没有文字说明，画面的滑稽、讽刺意味也从构图中倾泻而出。

---

① ［美］鲁道夫·阿恩海姆：《视觉思维——审美直觉心理学》，滕守尧译，光明日报出版社，1986年，第63页。

图 2.8

来源：国民党竞选广告《当你们同在一起之俄罗斯娃娃篇》

　　不论是人物设计还是场景设计，色彩都是重要的造型元素和叙事技法。作为喜剧性的视觉表现手段，色彩能够充分利用受众对不同颜色的心理体验规律，在营造喜剧性氛围方面发挥作用。《英派革新台湾好政之安心居住政策》（蔡英文）中，政策实施前的画面仅为白底黑线勾勒，政策实施后的画面则进行彩色填充，生动鲜活。通过色彩变化烘托环境与氛围，象征不同的情绪，给人带来愁苦与欣悦两种截然不同的心理感受，为喜剧性的展开提供了心理暗示。色彩在《美丽岛篇》（陈水扁）中发挥了同样的功能。广告一开始展现当年美丽岛事件"叛乱战犯"出庭的暗黄影像，充满悲情色彩。广告最后的影像却是彩色的，曾经的罪犯、现在的民进党高层彼此拥抱、微笑。通过前后色彩的反差，意在提醒人们民进党对台湾"民主"的"贡献"，也企图营造焕然一新的政党形象。这里的笑，是该党支持者充满喜悦的欢笑。

　　值得一提的是，在蓝、绿已经成为党派政治符号的台湾政坛，竞选广告通过"政党代表色"实现画面喜剧性张力，就有了不同于普通商业广告与影视剧的独特途径。下图是国民党推出的平面竞选广告，单看文字没有明显的喜剧性，上方几行字似乎只是为"您希望您的孩子将来成为怎样的人"的疑问提供选择。但当"温文儒雅、知错能改、谦恭有礼"等褒义词使用代表国民党的蓝色，而"巧言令色、凡事硬拗、蛮横无理"等贬义词却以代表民进党的绿色着色，隐含义不言自明。明白了言下之意，也就自然而然地体悟了讽刺带来的喜剧效果。

图 2.9

来源：马英九竞选团队

如果说，普通语言主要依靠修辞手法变易语音语义、背离语言常规实现喜剧张力，那么作为语言基本要素之一的字形则在画面语言的喜剧性营构中大有作为。就竞选广告而言，文字的大小、颜色、字体富于变化，早已超越了单纯传达信息的功能，成为情感表达的一种方式。如宋楚瑜的平面广告，"一起找出路"五个字色彩丰富，字体稚嫩圆润，童趣十足；"在地希望，点亮台湾"，希字上半部分变为禾苗，亮字一点化为火焰，字形的变化有悖传统经验，却与在地、点亮的含义形成巧妙的呼应与联系，也从视觉呈现角度赋予观赏者以欣悦感。影视竞选广告中的字幕不仅形态更多样——既有普通文字，也有图形字幕，还能与加速、降速、放大、缩小、倒回、旋转等各式特效相结合，创造出多样的视觉效果。例有《1916 园区》(林智坚)、《年轻领袖篇》(陈水扁) 等。总的说来，特效字幕作为视觉表现的重要组成部分，适时进入正常叙事过程，可以丰富影像的视觉表达，甚至结合画面内容创造"笑点"，轻松营造活泼的喜剧性氛围。《捷运南港基隆线》(林右昌) 中，"3D"化的"新市镇""都市更新"等文字随着人物手掌指示，依次从平面上"拔地而起"，随意拼贴的空间，随意建构的规则和联系带来的是狂欢化的视觉体验。创作者有时也对"字"进行拟人化处理。《城市博物馆》(林右昌) 中的感叹号、问号被赋予了人的情态与动作——迈台阶、过马路，而叹号、问号本身带有情感色彩；这样的设计既有喜剧性氛围的渲染，也有惊奇、欢喜等情绪的表达，唤起观众的共情与共鸣。

表 2.1

一起找出路	在地希望， 点亮台湾	城市博物馆	捷运南港基隆线

以"人"为基础的特效带来的喜剧效果更为显著。《不乐透篇》（国亲联盟）里，路边婴儿胸前的金锁发出夸张的金色亮光，光线刺得车内的男子睁不开眼；《作弊篇》（国亲联盟）中，棒球手接到棒球后，眼睛射出蓝色光束，将棒球从中间一切为二；连战更是在《机器战警篇》中化身白色的机器战警，只身对抗黑色魔鬼足球队，大量特效的运用造成酷炫的画面效果。再如《"五都长"飞龙篇》，胡志强、朱立伦、黄昭顺等"五都"市长候选人做出太极的手势，蓝色水墨从他们的掌心晕染开去，组合成为蓝色飞龙。随意创造的联系，有悖现实规律的视觉呈现，令笑意蹁然生发。

技术与艺术的关系，从来都是相辅相成、相互促进的。特效的运用有赖于数字技术的进益，数字技术的发展，为画面的喜剧性表现提供了更多的可能性。

另一显著特征当属动画的运用。动画自诞生之日就与喜剧性密切相关，人物形象、动作、场景夸张变形，画面的喜剧张力自不必多言。《城市博物馆》以动画结合实景拍摄，斑马线变成钢琴琴键，天空成为美术馆顶壁，模糊真实与虚拟的界限，画面充满天马行空的想象力与奇幻色彩。其中，图文动画（Motion Graphics）在传达政策议题、政见诉求、政党理念等方面被普遍运用。图文动画是介于平面设计与动画电影之间的产物，基于平面设计的规则进行视觉表现，在技术上则使用动画制作的手段。《改变从自己开始》（宋楚瑜）、《英派革新，台湾好政》《点亮台湾》（蔡英文）、《创业冒险家》《ONE TAIWAN》（朱立伦）等，以图文动画为载体，将枯燥晦涩的政策、理念转化为视觉表达，绚丽的视觉效果，欢快的动态节奏，共同衬托广告的喜剧内核，极大地丰富了画面的喜剧表现力。

摄影技术的成熟带来奇观化的视觉景象。慢速摄影、高速摄影、逐格摄影、倒摄等拍摄特技都是画面语言的喜剧性表达手段。慢速摄影导致运动和变化异乎寻常地迅速进行。《台湾只有一个》（朱立伦）、《台湾美乐地》、《众神护台湾》

（蔡英文）等竞选广告通过慢速摄影展现台湾社会与人物情状，快速动感的节奏和刺激感官的画面给观众带来有悖常规的喜剧性快感。高速摄影被认为是"时间上的特写"，能够延长实际运动过程，呈现出"慢镜头"的效果。《跟着孩子走》（蔡英文）中，镜头扫过形形色色的台湾民众，画面中的每个人仿佛都停滞了，运动几不可见，借时间的"放大"创造活动的反常，表现"台湾停滞"的主题。倒摄也能产生喜剧噱头。《人生 NG 系列之阿晖篇》（马英九）运用倒摄，人物快速后退，掉落的物体自行回归原位，营造出时间倒退的荒谬感。逐格摄影可以极大地压缩时间，使变化、节奏变得夸张。《英派革新台湾好政之长照体系政策》（蔡英文）中，头发浓密、身姿挺拔的男子逐渐脱发、长出皱纹，转瞬垂垂老矣，让人在因异常而发笑的同时心生对衰老的恐惧。《许愿，2012 我们一起实现》（蔡英文）则运用定格摄影，建构轻松明快的喜剧氛围。无论是快摄、慢摄、倒摄还是逐格、定格摄影，其实质都是通过日常活动的失真与悖理实现画面的喜剧张力。

（二）镜头组接：突变、对比引人发笑

囿于时长的限制，竞选广告多通过蒙太奇实现叙事目的和喜剧效果。从喜剧审美的角度看，蒙太奇不仅是一种剪辑技巧，还是一种艺术思维方式。蒙太奇与喜剧性在本质上是相通的。这种相通体现在两个层面：一方面，从笑的心理机制来看，不论是"预期违背说""突然荣耀说"还是"乖讹说"，其实质都是紧张状态的突然中断，而蒙太奇正是造成这一中断的艺术技法；另一方面，蒙太奇的思维是"组接"的思维，通过画面的组合、排列产生全新的意义，而喜剧引发笑声正是依靠不协调事物的组合与并置。具体到镜头语言，蒙太奇将画面有机地组接起来，产生平行、呼应、对比、悬念、暗示等作用，或者创造、突出人物、事件之间的喜剧性矛盾，或者通过画面之间的相似、对比产生喜剧性隐喻。

首先，蒙太奇能够通过镜头组接创造"突变"，顺其自然的心理期待转变为意料之外的视、听觉呈现，可笑之处就在于"事与愿违"。《英派革新台湾好政之安心居住政策》（蔡英文）中，画面先呈现无力承担房价的年轻人经过一幢幢高楼，在与高楼的对比中年轻人显得如此渺小。下一个画面却是比高楼更高大的炒房投机客正在楼房上方举杯相庆，高楼只是他们放置钱财、酒杯的桌柜。出人意料的"真相"消解了观众先前的期待，年轻人的垂头丧气和投机客的洋洋得意反差强烈，观众的情绪也发生了"下降的乖讹"。《不乐透篇》里，小男孩对房子、车子表现出强烈的兴趣，爸爸两次问：喜欢吗？得到小男孩肯定的回应，表情欢快且期待。按照现实经验，爸爸应该会回复"爸爸给你买"，但事实上，爸爸的回答却是"买不起"。在这里，喜剧性产生于两方面的突变，一是违背经验的回答，二是小男孩从欢喜期待到面无表情的神态骤变。《抢救"国旗"篇》（马英九），当主人公踩到香蕉皮时，观众产生"他会滑倒"的心理期待，结果他却顺势腾空、并在空中翻越；在他即将落下之时，镜头切换到围观群众捂嘴惊讶的夸张表情，这个中途插入的镜头是叙事层面上的一次出人意料的中断，观众的期待再次落空，始料未及的镜头突变，为喜剧效果的最终呈现一而再、再而三地蓄势铺垫，让观众在笑声中为人物的喜剧性落地做好充足的欣赏准备。

插入毫不相关的镜头也能造成心理突变，进而产生某种喜剧效果。《小白球篇》（陈水扁）展示男子在高尔夫球场上挥杆打球的画面，同期声解说"他是台湾拥有最多高尔夫球证的政府官员，他是全世界最有钱的'副总统'，他是台湾史上治安最差的'行政院长'"，此时，突然插入一名黑衣男子的镜头，他将食指竖于唇前示意嗓声"嘘——"，一切声响随之戛然而止。形式上是遮掩，实际上却在凸显"腐败"本质之不可告人，讽刺效果极强。突变镜头也表现为动漫卡通、手绘图像等文本的画面组接。《人生 NG 系列之阿晖篇》中，开篇在实拍镜头后面，通过漫画展示主人公的个人经历，骤然变化的画面为喜剧效果的表达增添色彩，也为喜剧故事的展开做好了心理铺垫。广告利用蒙太奇手法深入和扩展到人物的内心世界，创造出独特的影视时空，混淆的时空带来滑稽与荒谬之感。"柯 P 新政"系列也有不少这样的镜头。在柯文哲的访谈画面中间，或是插入黑底白字，或是插入图画解说。例如《i-voting 篇》，在柯文哲解释完网络投票的政策后，黑色画面插入，白色字幕出现："那网络投票安全吗？""你都在网上买了那么多包了，也没见你担心过啊！"紧张状态被幽默话语打断，观众从严肃态度骤然转向非严肃态度。再如《0—2 岁公共保姆篇》，柯文哲提到公共托育平台时，画面突变为数十个重复的婴儿卡通形象，上方字幕显示"生了一个我，还有千千万万个我"，令人忍俊不禁。竞选广告中添加动画、漫画等其他文本，目的不仅在于解释说明、承上启下，更是为了增强视觉冲击力与喜剧感染力。当观众对实拍镜头感到厌倦的时候，色调不一、形式各异的画面插入会将观众的注意力拉回广告。视觉元素的突变，恰是对陌生化效果的迎合。

其次，蒙太奇能够通过画面组合突出或者创造喜剧性对比。代表不同时空概念的、互相矛盾且反差强烈的画面被组接起来，达到反衬叙事的效果。《沉默的魄力之下水道篇》（马英九），雨天的窨井边，一台电视机依次播放民进党高层七次参加通车典礼的画面，每一次典礼都伴随着密集的掌声；下一个镜头，戴着安全帽的马英九从下水道里探出头来，背景音乐只剩雨声。"多多益善地做有掌声的事的聪明人"陈水扁、苏贞昌等与做"台北市污水下水道系统这种没有掌声的傻事"的马英九形成鲜明对比，反衬马英九不求掌声、默默做事的"努力"与"踏实"。《台湾转运》（马英九）先是通过原始人无法推动岩石、出租车司机费力推动车辆的画面暗示民进党当局"动不起来"；画面一转，孩子推着球跑得飞快，自行车轮子、轿车轮子、风车飞速运转，前后对比反差强烈，在笑声中凸显"换'政府'努力运转才能转运"的广告主题。讽刺是对比蒙太奇最易取得的效果，《"633"全跳票》（民进党"立法院"党团）拼接不同时期的新闻画面制造出国民党的承诺一再"跳票"的场景：从"633不只是个数字，更是我们对台湾的承诺"，到"国民所得3万美金，这不可能在8年不到的时候达到"，再到"国民所得3万美金，本来目标就是在2016年达成""失业率百分之三，这个我们确实没有做到"，前后矛盾对比构成莫大的讽刺。对马英九"633政见"的讥讽也体现在《人生NG系列之阿晖篇》中。"陆参三"言行粗俗，不求上进，家里"制鞋工厂"的收入让他能够"游戏人生"。马英九阐释"633政见"的新闻画面和"陆参三"的个人介绍被三番五次地剪接在一起，对比其间的相似性，隐喻与讽刺如此直白清晰。

（三）声音语言的喜剧性

竞选广告的声音语言主要包括音乐、音效以及人声的各种表现形式（对白、旁白、画外音等）。由于话语本身的喜剧性已在第一部分有所阐释，这里着重探讨声画结合形成的喜剧效果。

音乐若想产生喜剧性，需要依赖节奏、速度、调式、音色等要素的变化创造形式的不和谐，通过接受主体的听觉认知引发滑稽、诙谐等审美心理效果。一般来说，单靠音乐本身体现喜剧性较为不易，但音乐在建构喜剧性氛围、渲染喜剧性冲突、维持喜剧性效果的持续性方面具有不可替代的作用。与之相似，适宜的音效配合人物的滑稽动作、夸张表情或者喜剧性情节，也能起到有效的烘托作用。此外，人物声音的特征变化同样可以产生别样的喜剧效果。通过音色、音量、音调、连贯性方面的变异，造成与日常生活的不一致，使受众能够轻易把握声音蕴含的感情色彩。此时，喜剧性效果不是依靠语言文字的含义来实现，而是通过语音的变化加以暗示，达到夸张、隐喻、反讽的目的。如《米酒篇》："啊，连他都当上'立委'了啊。"语气词"啊"的发音夸张变异，刻意延长发声时间，音调几经变化，言语间的嫌弃与不满跃然而出。《不乐透篇》，父亲回答"买不起"时，同样通过语音的变异表达夸张化的沮丧，令人在同情之余不免因滑稽而发笑。

声音与画面具有密不可分的关系。因此，笑的发生也必须要在声画关系中加以分析。

首先，声音能够与画面形成并行关系，修饰、强调、解释画面内容，揭露喜剧性矛盾。一是音乐与画面的并行。《当你们同在一起之俄罗斯娃娃篇》中，画面呈现画有贪腐人物肖像的俄罗斯套娃，低沉的嗓音唱着被改编的儿歌，曲调忽强忽弱，怪诞的音乐与滑稽的画面并置产生喜剧效果。在这里，引人发笑的不仅是运用戏仿手法的背景音乐，更多的是声画结合带来的戏谑讽刺。二是言语与画面的并行。催票广告《差一点点，没你不行》（蔡英文）中，小女孩眼含期待地端着碗排队，轮到时却发现锅里只剩半勺菜，表情从雀跃期待突变为沮丧委屈，画外音"少一点点，就让人心痛"，结合画面内容，"心痛"的表述十分夸张，"不能少了你"的严肃政治投票下降为"少一点点饭菜而心痛"的戏谑，夸张的演绎、滑稽的类比令人失笑。竞选广告的画面常常带有浓重的隐喻色彩，必须配合解说才能领会其中的喜剧性意图。《马"总统"，您破纪录了之买房子好难篇》，穿着婚纱的新娘竭力阻止新郎吃面包、喝水，画面让人不明所以，但当字幕解说"房价快速攀升，今天在台北买房，需要不吃不喝16.2年"，喜剧性矛盾被揭露，观众由此恍然大悟。

另一方面，画面与音乐及对白言语元素能够形成对立，通过对立双方的反衬制造笑料，实现更为立体、丰富的喜剧性效果。《拼倒经济篇》（谢长廷），画面依次显示大桥市场、龙山寺地下商场及西门市场等地荒凉的场景，字幕表明马英九当局投入巨大资金改造所导致的却是商户"倒闭歇业"，画面色调阴暗，音乐缓慢沉郁。此时，插入马英九此前信誓旦旦的承诺"改善人民的生活，这个是非常重要的，因为生活不改善，其他都是假的。"声音画面相对照，观众紧张沉重的心情骤然突变为好笑，讽刺的喜剧性效果便由此产生。不协调性是喜剧性产生的重要前提，《差一点点，没你不行》的画面图像显示"每坪只要100万"，"只要"极言数量之少；同时，"买房还差几千万"的声音传来，数量的巨大反差造成视听觉认知的矛盾，喜剧性因此生发。《米酒篇》里，观众看到图像，在视觉上做出了这是一只玩具狗的认知判断，配音却是"连救难犬都没有"，听觉认知与视觉认知形成冲突，令人忍俊不禁。再如《柯P新政之道路统一挖补篇》，柯文哲提及反复挖补的结果是"破坏市容"，听觉造成对"道路坑坑洼洼"场景的心理期待，实际却呈现为威力巨大的"哥斯拉"（一种怪兽）摧毁城市的画面，原有认知被打破，过剩的精力引起"上升的乖讹"。

第三节　情境喜剧性分析

一、喜剧性情境概述

竞选广告在进行喜剧性建构的过程中，可以依托喜剧性形象、喜剧性语言等各种要素，但其对喜剧性情境的倚重是显而易见的。喜剧性情境是创作者为制造、展示喜剧性矛盾特意设置的审美情境，它通常以"局面""结构""关系"的形态出现，以催化、促成其"笑果"。[①]具体言之，喜剧性角色在超越现实与理性逻辑的假定性场景中活动，与其他人物、社会环境发生碰撞，落入或窘迫或紧张的处境，衍生出一系列滑稽可笑的喜剧性行动，爆发出层出不穷的喜剧性冲突。在此过程中，喜剧性角色的内在性格被揭示，而喜剧趣味则在不协调与荒谬悖逆中得到激发。

喜剧性情境一般有两种：一种从整体上发挥作用，是所有情节展开的支点。唯有在此特定情境中，事件的发生、发展才成为可能，并且这一情境能够持续不断地制造笑料；另一种作用于局部，表现为剧情发展纵向纬度上的具体喜剧性场面，带来短暂的喜剧性冲突和引发笑声的高潮段落，与其他剧情共同衬托喜剧性内核，在整体的喜剧性建构上起到很好的辅助作用。

狄德罗最早提出"情境"的概念，强调情境已成为戏剧作品的基础，应该取代人物性格成为戏剧的主要对象，"现在情境却变成主要的对象，而人物性格则只能是次要的"[②]。黑格尔也提出，"艺术的最重要的一方面从来就是寻找引人入胜的情境"，情境对人物性格起到制约作用，能够"显现心灵方面的深刻而重

[①] 成慧芳：《"喜剧情境"的美学定位》，《文艺研究》，2007年第6期，第157页。

[②] 狄德罗：《和多华尔的谈访（第三编）》，《世界文学》，1962年第1、2月号，第223、224页。

要的旨趣和真正意蕴"，而且，真正的动作只有当情境中所含矛盾被揭露之时才算开始。① 在戏剧创作和戏剧理论研究中，我国学者也注意到情境的重要性。戏剧学者谭霈生就曾指出："'戏剧情境'是促使戏剧冲突爆发和发展的契机，是使人物产生特有动作的条件。这样的情境是戏剧创作中的一个重要环节，它直接关系到我们所说的'戏剧性'。"②

柏格森所谓"滑稽剧的情景"实际上也可被视作喜剧性情境。他认为喜剧性情境的表现手法有三种，目的是取得"生活的机械化"：一是重复，某些景况的组合的反复出现，"这是违反不断变化的生命之流的"，异乎寻常的巧合使人发笑；二是倒置，通过把"情景颠倒过来，角色地位换了个"，可以得到滑稽的场面；三是相互干涉："当一个情景同时属于两组绝不相干的事件，并可以用两个完全不同的意思来解释的时候，这个情景就必然是滑稽的。"误会的喜剧性情境正是相互干涉的具体表现。③ 梅尔文·赫利泽在《喜剧技巧》一书中引用他人的论述，归纳出电视喜剧具体建构喜剧性情境的六种方式，即误会、假想的困境、愚弄观众、角色转换、非正统看法、滑稽动作。④ 本章对竞选广告喜剧性情境策略与手法的探讨，将借鉴上述两者的论述，并结合广告文本实际展开。

二、情境喜剧性的策略与手法

（一）重复

场景的不断重复可以制造喜剧性，因为反复出现的事件多数是违反现实常态和理性逻辑的巧合，这些巧合必然会形成某种滑稽、反常或意外的喜剧效果。

《人生 NG 系列之阿晖篇》在"重复人生"的喜剧性前提下展开，形成具有超现实色彩的循环式结构，也为喜剧角色的出场、喜剧冲突的发生提供了一个充满喜剧张力的"情境"。这里的重复是一种特殊的逆转时空回到过去的方式：阿晖得以回到大学时期，在每个关键节点上重新选择人生走向，每次选择都会导致截然不同的命运——继续或"game over"，"game over"则重新回到上一个时间节点，再次重复选择，他的命运就在人生的反复中震荡。这种重复正是对柏格森所言"生命永远也不回头，永远也不重复"的悖逆，呈现出生命的机械

---

① [德] 黑格尔：《美学（第一卷）》，商务印书馆，朱光潜译，1982 年，第 254、275 页。

② 谭霈生：《论戏剧性》，北京大学出版社，1981 年，第 98 页。

③ [法] 亨利·柏格森：《笑：论滑稽的意义》，徐继曾译，中国戏剧出版社，1980 年，第 55—62 页。

④ 梅尔文·赫利泽：《喜剧技巧》，古丰译，南京大学出版社，2003 年，第 203—204 页。

化特征。

重复的场面能为喜剧性冲突的揭示"造势",这与相声中的三翻四抖有异曲同工之妙——三翻四抖指经过再三铺垫衬托,把矛盾反复强调多遍,直到最后一遍才巧妙突变,揭露真相,形成喜剧效果。《不乐透篇》戏仿乐透广告《喜欢吗,爸爸给你买》,当公车开始启动,喜剧性情境便诞生了。第一次,儿子指着远方的房子喊道:房子! 父亲问:喜欢吗? 儿子开心地点头,父亲愁眉苦脸地回答:买不起。第二次,儿子又指着窗外轿车兴奋大喊:车子! 父亲重复问:喜欢吗? 儿子咧着嘴狠狠地点头,父亲看着手上的当票(原广告是象征希望的乐透彩票),再次垮着脸回答:爸爸买不起。第三次,公车路过抱着婴儿站在路边的一家三口,婴儿身上戴的金锁散发出耀眼金光,照到父亲的脸上。这时儿子重复父亲的问题:喜欢吗? 父亲则重复儿子的回答:喜欢,并在心里念道:我连你都养不起了,还想金锁……人物夸张的表情与肢体动作使得每一个重复的场面都喜感十足。将场景设置在公交车内,重复得以随着车子的行驶自然而然地发生。"重复的场面越复杂,发展越自然,这种重复就越滑稽"①,第一次重复,观众会觉得有趣,但第二次、第三次重复发生时,观众就会忍不住被逗笑。柏格森在谈到喜剧中的重复手法时提道:"现在让我们想象一个毋宁是精神的弹簧,想象一个刚表达出来就遭到压制,遭到压制又再表达出来的思想;想象一串刚迸发出来就被阻挡,遭到阻挡又再迸发出来的言语。我们又将看到这样一种景象:一个力量要坚持,另一个固执的力量要阻挡。"②父子间的对话形成一种表达、压制、再表达、再压制的机械性重复过程。最后一次重复并不是简单的"再来一次",人物身份完成了下文将提到的倒置,进一步将喜剧气氛推向高峰。能量反复累积,矛盾揭示,原来买不起是因为"民进党执政带来的经济不景气"。最后由量的积累造成质的改变,观众在开怀大笑后恍然大悟,在恍然大悟的同时怅然若失。相似的还有《箭靶篇》。不同人物拉开皮筋瞄准的场景重复出现:男子A瞄准瓶盖,男子B瞄准刊登分类广告的报纸,女子C瞄准塑料袋,画面突转,原来射出的小石子命中的是贴在马英九后背的箭靶。重复为广告展示人物"政绩"提供了良好的表现空间,马英九在取缔酒驾、扫荡色情广告、资源回收等方面的"政绩"通过"重复造势——揭露真相"深入人心。《毕

---

① [法] 亨利·柏格森:《笑:论滑稽的意义》,徐继曾译,中国戏剧出版社,1980年,第55—56页。

② [法] 亨利·柏格森:《笑:论滑稽的意义》,徐继曾译,中国戏剧出版社,1980年,第43页。

业照篇》（李应元）的故事在一张本来是静态呈现的集体毕业照中展开，然而毕业照里的学生头像动了起来，随着一个接一个重复摇头的动作，荒诞的喜剧性场面就生成了。片末的告知揭开喜剧形式掩盖下的悲剧内核——原来这一场景竟是由摇头丸所引起的，人们因重复的形式发笑，笑声过后充溢心头的却是对于摇头丸在学生中大肆蔓延的担忧与恐惧。

相同或相似的场景发生在不同人物身上，异乎寻常的巧合感带来直观的喜剧效果。《十二星座——妈我会回去投票》，和母亲打电话的场景在十二个时空上演，十二段重复场景的并置带来异乎寻常的巧合感，每一段又结合人物特质构成一个小的喜剧情境，同中有异，异中见同，既能形成富有形式感的喜剧节奏，又能在对比中展现不同人物的内在喜剧性格特征。

此外，快速重复的画面剪辑能够制造视觉奇观，虽然在强化视觉冲击力方面有奇效，但若缺乏内容深度，欠缺幽默和智慧的深层烛照，就不能构成我们所谈论的喜剧性情境。而重复的画面一旦带有隐喻色彩，那么颇有意味的喜剧性情境便生成了。比如《龙舟篇》（马英九），开篇就将台湾比作一条龙舟，执政的民进党则是划桨者。"台湾岛在四周船桨的作用下原地转圈"的动画场面重复出现，与"绿衣人指挥绿色龙舟原地转圈难前行"的实拍场景相映证，与片末国民党划着蓝色龙舟向前冲的画面相对比，由此层层强化"民进党带台湾经济原地打转"的讽刺性广告主题。

（二）巧合与误会

上面谈论的重复就是巧合的一种表现形式，但巧合的包容性显然更广。

别林斯基在谈论喜剧时提道："喜剧的内容是缺乏合理的必然性的偶然事件。"[1] 巧合之所以令人发笑，归根结底是因为它将"可能性"放大，造成"无巧不成话"的意外效果。巧合对于喜剧性情境的建构蔚为重要，正如顾仲彝在《论滑稽戏》中所说："喜剧情境是容许巧合和偶然。不是几方面的巧合偶然的剧情不容易造成喜剧情境。这是喜剧结构上的基本特点。有的喜剧情节可以荒诞到全凭幻想来构思。"[2]

人物设置本身能够通过巧合实现喜剧效果。《英派革新台湾好政之食品安全政策》，矮胖与高瘦两个角色的巧合并置形成喜剧性反差。两人的形象正是该年

---

[1]　别林斯基：《诗的分类》，载《西方文论选·下卷》，伍蠡甫主编，上海译文出版社，1979年，第384页。

[2]　顾仲彝：《论滑稽戏》，载《喜剧电影讨论集》，中国电影出版社，1963年，第329页。

龄段妇女的缩影，也恰好符合谈论"食品安全政策"主题的人物身份，为喜剧性的展开铺垫蓄势。身高体型对比悬殊的"二人组合"借鉴了相声捧哏与逗哏的结构模式，一问一答，一唱一和，形成妙趣横生的喜剧性情境。

图 2.10

来源：蔡英文竞选广告《英派革新台湾好政之食品安全政策》

　　巧合的设置可以使原本不可能出现的事件得以发生、不可能相遇的人物产生交集，对于形成戏剧化的矛盾冲突、制造悬念迭出的喜剧效果具有突出作用。《"国旗"女孩篇》（马英九）有多处巧合情节：第一处巧合发生在开篇，从小生活在美国的台湾女孩 Rima 在拨弄相机的时候不小心将镜头盖弹飞，镜头盖恰巧跌进在美国旅行的台湾男孩 Cody 的水杯，这一不可思议的巧合成为两人相识的契机，推动情节继续发展。第二处巧合，两人相约带着"国旗"一起去看比赛，Cody 在准备出门之时不小心打翻床头柜上的水杯，弄湿了写有 Rima 手机号的贴纸，他在情急之下用纸巾猛擦，孰料越擦越糊。Cody 气恼抓狂，结果重重跌倒在地板上，惊魂未定的他好不容易爬起来，一看手表发现已经错过约定的时间。几十秒内巧合连生，令 Cody 丑态百出，原本顺理成章的相会化为乌有，在无法联络、不能相见的遗憾中，Cody 回到台湾。第三处，Rima 独自来到台湾，却在天桥与 Cody 擦肩而过，巧合般的错过令故事的发展充满悬念。第四处，Rima 偶然经过选举造势活动现场，巧合地接受现场记者的采访，更巧的是，Cody 刚好通过网络直播看到这一新闻，欣喜若狂地联系网友寻找她的踪影，一巧再巧，为两人再次相遇埋下伏笔。一系列巧合屡屡制造喜剧冲突，推动故事在波澜起伏中发展。观众轮番体验惊奇、期待落空、紧张下降等喜剧心理，无巧不戏，无巧不趣，喜剧美就在充满曲折与悬念的情境中得到揭示。同样以"国旗"为主题的《抢救"国旗"篇》（马英九）以巧合构筑"抢救'国旗'大作战"的喜剧性情境。为了比"绿马甲"男子所牵的狗先捡起地面上的"国旗"，男生奔跑起来，在距离"国旗"仅剩几十厘米时却被恰好路过的滑板、自行车少年打断；即将够着"国旗"时，一阵风将"国旗"吹飞，从此男生开始抢救"国旗"的追逐行动——在短短的一分钟内，他经历了被狗追逐、路障挡道、撞到买菜大妈、"国旗"差点落入下水道等意外。在过马路即将被汽车撞倒时，他恰巧踩到一块香蕉皮，顺势完成了一系列夸张的翻越动作继而越过车顶，并在落地时成功抓住"国旗"。层出不穷的巧合让追逐的过程惊险刺激、悬念迭出。就在男生暗自庆幸，享受围观群众的欢呼与掌声之时，从天而降的香蕉皮刚好落在他头顶，原本还有几分庄重的场面被增添了一些滑稽色彩。值得一提的是，建立在喜剧情境假定性基础上的巧合，如果指向一个善恶有报的结局，那么达到的喜剧效果将是事半功倍的。《转角的小确幸》（黄秀霜）中女孩的单肩包被抢，抢劫犯在逃跑的过程中却意外地被黄秀霜的竞选广告立牌绊倒，趴在地面无法动弹。这也算是一部构思巧妙之作。

误会常常在巧合的基础上发生。一种情景具有两种意义，剧中人却只知道其中一个方面，从而巧合地对人、事物、处境等做出错误的判断，引起矛盾，推动情节发展。比如《抢救"国旗"篇》，男生误会掉在地上的是真正的"国旗"，眼中闪过"七十二烈士墓""国民政府建都南京""国父孙中山"等场面，决定追逐与抢救。《人生 NG 系列之阿晖篇》，阿晖在他的第一段人生中，看见阿花坐在陆参三的车里，误会他们已在一起，不敢上前确认，因而错过自己的爱情。再如《"国旗"女孩篇》，Rima 误会 Cody 故意失约，黯然离开。喜剧性角色在误会情境中活动，这种误会通常要到故事结束时才能解开。经历"千难万险"抢救的"国旗"竟然只是一位美丽女孩的丝巾；原来阿花并没有与陆参三在一起，阿晖在知晓后勇敢地与陆参三对峙，将阿花带下跑车，从此开启幸福生活；Rima 最后与 Cody 在台湾相遇，得知对方当天没到的原因，误会解除，在漫天烟花中甜蜜牵手。大团圆式的结局，加重了广告的喜剧色彩。

（三）倒置与错位

"设想在某种情景下的几个人物。如果你把情景颠倒，角色的地位换个过，你就可以得到滑稽的场面。"[①] 柏格森认为，"颠倒的世界"中的事物引人发笑，

[①]　[法] 亨利·柏格森：《笑：论滑稽的意义》，徐继曾译，中国戏剧出版社，1980 年，第 57 页。

倒置实质上是"情景违反制造情景人的意志"①。将角色的身份、地位和能力进行某种置换，能够形成角色自身，或者人与人之间关系的矛盾与冲突，从而建构出不合常规、夸张的喜剧性情境。

错位意味着有悖于常规。人物的身份错位造成表象与实质的不协调，是营造喜剧性情境的常用方式。苏贞昌将足球夹在腋下，一本正经地在足球场上奔跑，引得观众发笑，正是因为在他身上发生了"足球员"与"橄榄球手"两种身份的喜剧性错位（《苏贞昌拼世足，态度最重要》）。《眼盲心盲》（宋楚瑜）中，为体验盲人生活，宋楚瑜用领结蒙住双眼，在进行一番改装后，由盲人"铝罐"牵引走上街头。"身体健全者"与"残障人士"的身份改换正是情节发展的推动力。虽然广告整体偏向感性、深沉，但是因无法视物引起的双手试探摸索、蹒跚犹豫的走姿显现出一定的滑稽。二十余岁的"铝罐"称呼七十余岁的宋楚瑜为"小宋"，身份的倒置形成喜剧性冲突。《宋就好》（宋楚瑜）中，宋楚瑜与小朋友击掌、转圈跳舞；《"国旗"大力操》（朱立伦）里，朱立伦模仿小朋友的动作，笨手笨脚地跳起健康操。本该严肃的领导者做出童稚气十足的动作，身份的错位被用于营造喜剧性情境。

人物特征的变化，常常是喜剧性表现的主题。《人生 NG 系列之阿晖篇》，在第一段人生中，面对陆参三的一系列无理要求与"娘炮晖"的侮辱性称呼，阿晖不敢拒绝，习惯性被欺压。而在重新开始的人生中，他重新建立"自尊"，不再软弱可欺，敢于拒绝、反抗甚至挑战陆参三，角色特质与行动的喜剧性转变，揭示的正是"做出正确人生选择"的广告主题。

人物身份的颠倒，形成倒置的人际关系，也能成为喜剧性情境建构的基础。《老陈贡丸汤》的喜剧性情境在父子俩的对话间展开：

子：为什么店里没有客人啊？

父：因为现在的国际经济不景气啊，"那棵大树"又一直跌啊。

子（翻白眼）：纳斯达克指数啦。

父：原本的有钱人啊，现在都没钱吃牛排啊，所以啊，他们就改吃猪肉，（父子同时）造成全球猪只大恐慌。

父：猪若一紧张，肉就缩起来，就不好吃了！外国猪肉都不好吃了，咱台

---

① ［法］亨利·柏格森：《笑：论滑稽的意义》，徐继曾译，中国戏剧出版社，1980 年，第 58 页。

湾的猪肉哪会好吃呢，你说对不对啊！

子：别家就很好吃。

父：所以我是全球经济衰退的……的……的受害者。

字幕：民进党搞衰经济，不怪自己怪国际，现在还怪911。

子：不能生，还怪邻居。

　　按照一般经验逻辑，父亲的角色为教育者，儿子为被教育者，父亲较儿子知识更丰富，儿子天然对父亲存有尊敬与崇拜的心理。而这里显然发生了双方身份的倒置与错位。儿子对父亲的纠正与质疑、犀利的吐槽都显现出不合年龄的成熟，屡屡逗得观众发笑。《不乐透篇》同样是"父与子"关系倒置的体现，父问子的场面最后被颠倒为子问父，小男孩甚至理解并安慰地拍了拍父亲的肩，"小大人"的模样既滑稽又可悲。

　　（四）综合运用：以"人生NG系列"为例

　　"人生NG系列"作为政治广告，其政治诉求直白，情节格调也不高，但作为台湾"绿营"的典型作品，还是显示了其综合运用重复、巧合、倒置等手法，试图构筑"喜剧性情境"的强烈意识。

　　1. 阿晖篇。阿晖曾是奋发努力的有志青年，梦想成为顶尖的服装设计师，结果，台湾大环境恶化，他遭遇失业、欠债等危机，穷困潦倒，流落街头。某日，在将奋力奔跑争抢到的"100元"递给身边乞丐后，他获得改变人生的机会。阿晖回到大学时期的学生宿舍，"过去的自己"正在画设计图，"好朋友"陆参三在楼下大喊"高英晖，娘炮晖，赶快下来，你妈在等你吃饭"。陆参三言行粗俗，重欲放纵，依靠家里制鞋工厂的收入游戏人生。"过去的自己"出门下楼，陆参三向他吹嘘新买的跑车，以及车里坐着的、他"新把的妹"阿花。"过去的自己"眼睁睁看着陆参三开车带着自己喜欢已久的阿花扬长而去，自尊受挫，却只敢在背后跳脚大骂"王八蛋，你什么都要跟我抢，阿花我先喜欢的欸。"看到这一幕，阿晖回忆起自己化为泡影的车子、房子、设计师梦，开始反省：难道自己做错选择了吗？此时画面出现一行字：为了拯救未来！请避免过去的自己见到"633"和阿花！重新建立自尊！如何阻止悲剧人生的重演？阿晖继而面临第一处选择：一是"将自己锁在门内"，二是"下楼击败陆参三"。选择"下楼击败陆参三"，却由于体格的差距，反被强壮有力的陆参三击打，毫无还手之力，回头与正好走到楼下的"过去的自己"四目相对，违背所谓"平行宇宙两人不得见面"的规律，故事结束。选择"将自己反锁在门内"，结果锁链却离奇脱落。在看到"过去的自己"走出房门之时，第二处选择出现：一是"将阿花支开"，二是"将'过去的自己'绊倒"。选择将"过去的自己"绊倒，结果"过去的自己"摔下楼梯，磕到头，死亡，故事结束。选择"将阿花支开"，他趁陆参三向"过去的自己"吹嘘时偷偷将阿花带到草丛里躲起来，并问她"你怎么会想要去跟'633'这种人在一起啊。"听到阿花否认"在一起"，他才明白原来"过去的自己"被陆参三的话误导了。恍然大悟的他和阿花甜蜜亲吻，故事结束。最后是阿晖的内心独白："错误的选择可能让你身陷危机，做了对的选择，一步一步地努力，终究会有好结果。"

图 2.11

来源：蔡英文竞选广告《人生 NG 系列之阿晖篇》

2. 阿花篇。阿花原本是人见人爱的美少女，梦想成为第二个"VeraWang"，让每个女生都能穿上属于自己的独特婚纱。那天同样是阿花人生的转折点：她被陆参三带走，进而闪电结婚。后来，现实环境恶化，工厂倒闭，家里入不敷出，她不得不成为"槟榔西施"补贴家用。某天，她送给乞丐一瓶矿泉水，时光逆流，获得重新选择人生的机会。阿花出现在阿晖的宿舍，并在阿晖下楼前强调"等会儿你会在陆参三的车里看到我，如果你真的喜欢我，就过来跟我表白，千万不要让我被带走。"阿晖一把拉住她，表示现在就可以跟她告白，并将她搂入怀里。这时，一行字出现：为了拯救未来，请避免让过去的自己被"633"带走！夺回人生！阿花面前出现第一次选择：一是"享受片刻人生"，二是"推开阿晖办正事去"。选择"享受片刻人生"，两人亲吻，结果阿花对阿晖嘴里的大蒜味过敏，呕吐不已，故事结束。选择"推开阿晖办正事去"，在第二次强调要阿晖带走"自己"后，阿花快速离开。然而阿晖没能鼓起勇气制止陆参三开车。躲在一边的阿花面前出现第二处选择：选择"偷偷丢石头"，结果石头砸中了试图再次阻止陆参三离开的阿晖，阿晖倒下，故事结束。选择"冒着世界爆炸的危险主动出击"，在阿晖再次阻止陆参三、勇敢表白却反被陆参三打头时，阿花在陆参三的背后用木棒将他打倒。两人甜蜜亲吻，故事结束。最后是阿花的内心独白:"鼓起勇气,努力争取自己的未来,才会有新的希望,默默承受事情的发生就只能忍受现况。你的选择决定了你的未来,只有正确的选择,才会有好的结果。"

最后,画面回到现实,做出了正确选择的两人命运改变,相逢在万华街道,牵手离开,拥有全新的、简单却幸福的人生。

图 2.12

来源: 蔡英文竞选广告《人生 NG 系列之阿花篇》

对于"人生 NG 系列"而言,重复既体现在时光倒流回到过去的"重复人生",也体现在故事发展过程中人物在特殊时间点的"反复选择"。人生的重复负责提供情节展开的基础喜剧性情境,选择的反复负责制造笑料。心存理想的有志青年阿晖与游手好闲的"富二代"陆参三之间本身存在不可避免的戏剧化冲突,而阿花的存在则是激化矛盾的因素。对于主人公而言,大学时期与陆参三的纠葛是造成其现实悲剧人生的关键。故事提取其中重要的冲突点,将之转化为人生选择,围绕这几个衔接点,将同一事件以几种不同的方式进行重述与改写。阿花篇与阿晖篇是同一时空发生的故事,双视角的立体反复叙事不免出现许多重复的段落。比如陆参三向阿晖展示跑车与阿花的场面:通过阿晖的视点,看到阿花坐在陆参三的车里,以为两人已"在一起",暗恋夭折;而通过阿花的视点,她只是上了陆参三的车,并非实质性的情侣关系。这种重复因为视点的转换成为一种"双重阐释",两篇相对照,各视点信息互相补充,令观众产生恍然大悟之感。

巧合正是"人生重复"的契机。在这里,拥有转换时空"超能力"的乞丐成为"大隐隐于市"的关键人物。由于做出错误的人生选择而流落街头的阿晖,将"辛辛苦苦"捡到的"100 元"(新台币)送给乞丐,意外获得重新选择人生的机会;沦为"槟榔西施"的阿花,好心给过路的乞丐送水,在交接水瓶时,时光逆转。与乞丐相遇的意外事件成为喜剧性事件展开的基本前提。同时,这一情境也是对"善有善报"的戏谑化用,两人巧合地选择帮助乞丐,于是巧合地获得乞丐的回报。

在延续"重复人生"情节设计的喜剧性主旋律的同时，广告特意运用倒置的手法来进行局部喜剧性场面的渲染。阿晖与陆参三对峙，就在观众可能因阿晖在言语、行动上被陆参三全方位压制而紧张焦虑之时，阿花的出现使局面忽然颠倒——娇小柔弱的阿花举起木棒将身强力壮的陆参三一下子击倒。"英雄救美"变为"美救英雄"，男女身份、能力的倒置正是对现实经验的悖逆。陆参三如木棍般直挺挺地倒下，完成了该广告对于通俗喜剧电影的模仿。

另外，陆参三作为有缺陷的喜剧性角色，闯入观众的审美视野，以其荒谬逆情的言行显现出可笑性。他具有丑不自知的热忱，重复强调人生的意义在于"车子，房子，妹子"。陆参三与马英九陈述"633政见"的新闻画面反复交替出现，暗示意味不言则明，在滑稽之外更建构出另一层讽刺隐喻的喜剧性情境。阿晖与阿花具有道德理想的充足意义，而陆参三则有社会现实的深厚背景。经历人生的重复，善受制于恶的悲剧性冲突通过主人公行动的改变转化为喜剧性解决。最后，陆参三被击倒，阿晖与阿花获得幸福。由此，人生的逆转不但在结构上制造故事奇观，更产生发人深思的象征意味。从这一层面上看，"错误人生选择导致的现实局面"即指2008年选择马英九执政后带来的"物价上涨、青年失业、经济衰退"等台湾社会状态，对造成阿花、阿晖悲剧人生的陆参三的惩治正是对国民党的讽刺与批判。广告主题进而点明：做出改变，票投民进党蔡英文，才是"正确的人生选择"，才能获得最终的幸福人生。

不过，需要指出的是，"人生NG系列"虽在建构喜剧性方面做出一定努力，但"草根性"以及对于一些"无厘头"电影的生硬模仿痕迹也显而易见。其一，广告在内容上诉诸身体、性、欲望，将"阿花"的身份设置为"槟榔妹"，通过"633"的绰号由来、陆参三的粗俗话语引人发笑，以达到对市井趣味的迎合。广告所形成的仅是初级阶段的"可笑性"，笑成为迎合低级趣味的手段。这与《巨人传》看似使用粗俗的幽默，实则以逆反的方式讽刺禁欲主义、强调追求人性解放的道德意义的喜剧技法截然不同。须知，"淫词秽语"的使用需慎之又慎，一旦超过某种伦理与道德、实用与美学的限度，极有可能落入"低级庸俗"的危险境地。陆参三自得于"秉持每个礼拜六天，每天三次，一次三十分钟出来做人""才能填补因为金钱过多造成的心灵漏洞"，实质上是以泛娱乐化的方式传播消极与悖论，缺乏意蕴，表现低俗，挑战着伦理道德与中华传统文化背景下形成的民族审美习惯，也容易对青少年造成不良引导。其二，以露骨的语言、过分的亵渎进行讽刺，虽也能显其弊恶，但往往流于鄙俗浅陋，削弱讽刺的批判力量。尤其是以"欲求不满"的"富二代"陆参三暗指"633 政见"，两者仅有名称的相似性，缺乏内在的真实指向，是"非写实的讽刺"[①]，过于功利的恶意丑化会产生"丑诋死敌，等于谤书"[②]之嫌，反而激起接受主体的抵触心理。广告为将陆参三塑造为"权势的象征"，刻意为其安排"阿花是我的阿花，你的阿花还在种啦""要多少妹有多少妹"等物化女性的言论，宣扬男尊女卑的腐朽思想，看似滑稽幽默，实则浅薄粗鄙，大大削弱了文本的审美价值。其三，"无厘头"的情景设置若能以其反常揭露现实生活的内在荒谬性，可以构成滑稽、荒诞的喜剧形态。但是，广告中"摔下楼梯死亡""亲吻时因大蒜味过敏死亡"等"命运走向"缺乏现实指向性，仅为"无厘头"场景的随意堆砌，不免有卖弄噱头之感。虽也能令人发笑，但此类笑声是空虚且毫无意义的，同时也是浮光掠影、流于表面的。与其说是喜剧，不如说是闹剧。反之，若能以荒唐可笑的情节揭露光怪陆离的社会现实，甚至激起接受主体积极抗争、摧毁丑恶的激情，这才是我们所期待的喜剧性效果。因此，创作者在满足娱乐、消遣需求的同时，也应强调喜剧情境设置的认识价值、现实意义。这样一来，才能产生真正深入人心的喜剧审美力量。

三、喜剧性情境美学特征

（一）碎片化

竞选广告喜剧性情境的设置本身带有强烈的功利化倾向。为了在有限的时空内制造出高密度的喜剧效果，以达到提供信息、强化刺激、加深印象的目的，广告在构筑喜剧性情境时不再注重叙事的合理性和完整性，情节的发生与转折缺乏必要说明，体现出鲜明的碎片化表征。"对事件的讲述往往停留在表层，并不追根溯源，事件在这样的讲述中被简化为'状态'；同时，为了追求尽量多的状态，加快节奏，密集信息，便往往省去'包袱'（或情境）之间的联系，使得彼此无关联，呈现出'跳跃性''零散化''无厘头'的特点"。[③]虽然学者论述的是喜剧影视，但对于我们探讨竞选广告喜剧性情境的美学特征也有极大的启发意义。

碎片化特征首先体现在场景的跳跃式转换。比如时空的肆意交错，《人生NG 系列之阿晖篇》的开场就体现出鲜明的片段化特点：阿晖在街道上奋力地

---

①　鲁迅：《鲁迅全集（第六卷）》，人民文学出版社，2005 年，第 288 页。
②　鲁迅：《鲁迅全集（第九卷）》，人民文学出版社，2005 年，第 301 页。
③　成慧芳：《当代喜剧美学发微》，湖南文艺出版社，2007 年，第 81—82 页。

奔跑，捡到"100元"（新台币）；镜头快速倒退，插入漫画片段进行他的人生回溯；场景切回现实，阿晖与身边乞丐对话，获得改变人生的机会；阿晖回到大学时期。短短的两分钟经历了四个场景的跳跃式切换，时空的交错营造出眼花缭乱的喜剧节奏，带来天马行空的自由感。任意变形的幻想与梦境也会造成时空的支离破碎，《英派革新台湾好政之长照体系政策》的情景始于喜剧性角色面对镜子刷牙时突然变老的幻象，引出台湾即将进入高龄社会的状况。喜剧性角色因年老失依的一系列幻想而忧虑，接着画面开始介绍蔡英文的长照体系政策。广告里没有完整场景，呈现的只是一些场景碎片。《鲁蛇家的逆袭人生》（胡志强）将梦境镶嵌进正常的剧情，用画面特效与柔光形成"异于现实"的提示，鲁妈妈在她的主观梦境中收到鲁爸爸送的玫瑰与钻石，醒来却发现鲁爸爸在隔壁沙发上打鼾睡觉，梦境与现实的反差形成了强烈的喜剧性对比。碎片化特征还体现为言语、片段的无逻辑拼贴与嫁接。面对要债的"大佬"，鲁爸爸一句"要钱，over my dead body"使观众瞬时从严肃紧张的要债场景中抽离；就在一家人为躲避讨债者决定前往台中之时，鲁妈妈、鲁爸爸却突然进入歌剧情境，"天这么黑风这么大，'政府'欠这么大何处是鲁家，听讨债怒吼真叫我心里害怕。故乡不能呆只好离开也罢"。场景的突兀切换造成叙事层面的断裂，上述情节的嫁接并不符合剧情发展的逻辑，但是符合谐谑的目的，成为游离于叙事与情节之外的纯粹乐趣。相对于刻画喜剧性人物，竞选广告更倾向于通过营造喜剧性情境制造密集笑料，一个场景往往出现多个包袱。例如《抢救"国旗"篇》的追逐场景，主人公接连经历被狗追赶、撞到买菜大妈、踩到香蕉皮腾空翻越等一系列意外，一波未平一波又起。其中，撞到买菜大妈的情节被分解为多个喜剧性画面：相撞，蔬菜飞向天空的慢动作特写，主人公与大妈睁大眼睛、嘴张成"O"型的夸张表情特写，最后画面定格为主人公一手托住大妈的腰一手朝天的经典舞蹈动作。观众的期待屡屡被打破，忍不住笑声连连。在这里，因果联系、理性逻辑不再重要，颠倒错乱的时空、无厘头的叙事、自由随意的拼贴、幻想与梦境、特效与动画等喜剧性元素被熔于一炉，构成了"荒诞"的外在特征，也构成了竞选广告碎片化喜剧性情境的基本形态。

图 2.13

来源：马英九竞选广告《抢救"国旗"篇》

（二）狂欢化

巴赫金在西方狂欢节的基础上提出狂欢化诗学理论。在狂欢节期间，人们可以摆脱等级制度、现实规范的束缚，肆无忌惮地颠覆现存的一切，在纵情狂欢中获得生命的自由与解放，"狂欢节的形式变为艺术的手段（主要是情节——结构性质的），它们服务于各种艺术目的"[①]。台湾竞选广告喜剧性情境的设置在某种意义上也可视为巴赫金狂欢节理论的再次实践。

狂欢化首先体现为对理性与常规的颠覆。比如匪夷所思的巧合对生活常识的违背，以及人物的"超能力"对客观规律的消解：《抢救"国旗"篇》的主人公能在空中长时间停留、做出翻转动作，毫不费力地摆脱"诸如地心引力、常识和可能性之类的常规必然性"[②]，以及《作弊篇》中的棒球手，能够用眼睛发射蓝色光束，轻易地将棒球从中间一切为二。再比如对思维逻辑的破坏，《制衡篇》（谢长廷）割裂人物与语言、视觉与听觉，呈现出异化的现实，形成雷蒙德·奥尔德曼所谓"似乎能以丑角的冷漠对待意外、倒退和暴行"[③]的黑色幽默，给人以"震颤于痛苦与喜悦之间"[④]的复合审美感受。悲喜在这里以一种奇特的方式形成对立统一，黑色幽默的情境营构暗合非理性与相对性的狂欢化世界感受。

解构传统与经典是狂欢化特征的另一表现。不少竞选广告运用戏仿手法，对经典作品、人物、事件进行戏谑模仿。《不乐透篇》戏仿乐透广告《喜欢吗，爸爸给你买》的情境与拍摄手法；《包公篇》戏仿中国通俗文学传统中以"清廉、公正"著称的脸谱化形象——包青天。"爸爸给你买"被逆向操作为"爸爸买不起"，乐透彩票被当票取代，直指台湾经济低迷的社会现状；"包公"脸上的黑色被擦去，露出陈水扁面容，表明其"扫除黑金"的理念与决心。意料之外的改写既有现实指向的讽刺意味，又形成对源文的戏谑颠覆与消解。戏仿正是互

[①]　[苏]巴赫金·迈克尔：《巴赫金全集（第六卷）》，李兆林、夏忠宪等译，河北教育出版社，1998年，第136页。

[②]　斯·尼尔、弗·克鲁特尼克：《论影视喜剧的基本要素》，孙雨译，《世界电影》，1993年第1期，第26页。

[③]　雷蒙德·奥尔德曼：《越过荒原》，引自吴然《天堂与地狱的使者——冯尼格的幽默》，陕西人民出版社1988年，第46页。

[④]　[德]让·波尔：《美学入门》，载《古典文艺理论译丛.第7册》，刘半九译，人民文学出版社，1964年，第35页。

文性的体现，受众不仅在陌生化的审美体验中获得强烈的新奇感，也在解读过程中积极参与文本的创作，狂欢化所重视的群体性与大众化在此获得了恰到好处的契合。

竞选广告对政治人物进行降格处理，达到消解权威的目的，从而实现某种程度的自由与狂欢。比如参选者的降格化，一方面通过人物自嘲与贬低化的情境设置形成善意调侃，以体现己方候选人的"世俗"与"亲民"；另一方面，同样也是"降格"最突出的表现，则是通过负面场景的设置对竞争者进行讽刺与丑化。当然，权威的消解不仅存在于候选人与普通民众之间，也存在于长辈与晚辈、老板与职工等人物关系之中。《结婚，别怕》（马英九）用滑稽的方式呈现"准岳父"与"准女婿"围绕"结婚、买房、创业"的喜剧性冲突，对两者之间的微妙关系进行放大与调侃。另外，建构喜剧性情境常用的身份错位也算是狂欢化思维的体现，通过将崇高与卑劣、高尚与庸俗、上位者与下位者等进行颠倒与调换，可以象征性地实现等级的"消解"与精神的"解放"。

政治人物有意通过歌舞场景的渲染营造"狂欢"场面。《"总统府"元旦升旗快闪庆生》（朱立伦）《We are one》（马英九）等广告中，候选人与民众一同载歌载舞，森严的等级在这一刻似乎"消失"，"自由狂欢"的精神在热烈与欢笑的氛围中昂扬。广告所建构出来的狂欢化的歌舞情境带来集体情绪的高涨，为候选人烙下"在地""亲民"等印记的同时，也在热烈欢快的气氛中起到强化认同、凝聚群体的文化整合作用。同样是歌舞场面，《呼喊自由篇》（蔡英文）的歌舞场面则着墨于"自由"与"解放"，一群女高中生解开裙子，抛向天空，在纵情欢笑、大声欢呼中实现解除束缚、追求理想的张扬与狂欢。

需要强调的是，以上的"狂欢化"景象终究是竞选广告的虚构，或者说是对于真正的狂欢节精神的"戏仿"，因为本质上并没有颠覆什么，而是不停地建构。

（三）游戏化

柏格森从儿童游戏出发，总结出弹簧魔鬼、牵线木偶、滚雪球三种在西方喜剧中最常见的滑稽情景，进而提取出重复、倒置等喜剧性营构的常用手法。事实上，不论是传统手法还是后现代的颠覆与解构，其背后都是创作主体游戏化心态的显现，这种游戏化心态不仅表现在某些喜剧性情境的建构上，更渗透进作品的整体构思和每一个细节之中。

《抢救"国旗"篇》《转角的小确幸》等以"追逐游戏"作为广告的基础性

喜剧情境，其魅力在于追逐过程中的"出其不意""始料未及"，观众屡次体验从紧张到松弛的心理状态。《创业冒险家》（朱立伦）直接套用闯关游戏的情境，将青年创业进行游戏化改写，一系列喜剧性冲突都在这个游戏情境中展开。年轻的创业者冒险家，缺乏"资金""装备"，路上障碍繁多，好点子被"封印"。此时，身着魔法师服饰、手执魔法棒的朱立伦出现，"让我来解决创业障碍"，打破老旧制度，为创业者提供资金、资源、渠道，助力年轻人打败"大魔王"，完成人生冒险。"人生 NG 系列"则做成互动游戏的形式，观众可以点击屏幕为主人公进行选择，不同选择对应不同命运。人生可以重来，甚至还能"存档"重新读取：主人公每次因选择错误而"死亡"后都能回到上一个时间节点，遇到相同的场景与人物，再次出发，生命仿佛成为可以无穷延展和重复的叙事游戏。这种循环结构在颠覆叙事惯例的同时，也对事件真相的唯一性与可靠性进行了后现代化的解构，令观众产生一种参与游戏的娱乐想象。此外，"错误选择"对应的"命运走向"则以一种貌似无逻辑、无理性的"无厘头"叙事框架来支撑其合理性。比如，阿花与阿晖亲吻，却因对阿晖嘴里的大蒜味过敏而死亡；再比如，阿晖与"过去的自己"相见，违背"平行宇宙两人不得见面"的法则，地球爆炸。无论如何，游戏化的娱乐精神贯穿于竞选广告的始终，目的显然是让观众在这种虚拟的游戏情境中体验反叛现实的"狂欢"。

第三章　台湾竞选广告喜剧性特征成因

　　以上部分已经阐释了将喜剧性视作台湾竞选广告美学特征的合理性。那么，广告文本为何会表现出喜剧性特征？巴赫金将文本中的每一种表达都看作众多声音交叉、渗透与对话的结果，提出要将文本置于文本之外的社会文化语境中加以研究。文本所处的语境——包括历史背景、文化背景、社会背景、政治背景以及心理因素等，都会对其产生与发展造成影响。从这个角度看，探究竞选广告喜剧性的成因，也必须将包括社会的、历史的、政治的、民族的和心理的等在内的文本存在语境纳入考量，寻找"社会、历史与文本自身特征之间的相互关系"[①]。就喜剧性本身而言，"在真正是属于人的范围以外无所谓滑稽"[②]，喜剧性的产生是审美客体作用于人的结果。对喜剧性的把握，自然受到审美主体自身文化背景、审美心理、知识结构等方面的影响。因此，喜剧性便有了时代的和文化的区别，也就是说，一个时代有一个时代的喜剧性特点，一种文化有一种文化的喜剧性精神。

　　本章将置广告文本于台湾的社会、文化、历史、心理等语境之中，从文化基因、社会心理、文化转向、选民结构等层面探究台湾竞选广告喜剧性的成因，并试图解决以下两个问题：一、喜剧性缘何成为台湾竞选广告的美学特征？通俗地讲，即为何存在大量喜剧色彩浓郁的竞选广告。二、文本的存在语境如何影响台湾竞选广告的喜剧性表现？

---

　　① ［美］爱德华·W.萨义德：《东方学》，王宇根译，生活·读书·新知三联书店，1999年，第32页。

　　② ［法］亨利·柏格森：《笑：论滑稽的意义》，徐继曾译，中国戏剧出版社，1980年，第2页。

第一节　文化基因与审美经验

竞选广告喜剧性特征的出现，根源在于中华民族特有的文化基因以及受众审美视域下对圆满的期待。

中华民族在漫长的岁月中形成了林语堂所谓"浓厚的现实主义、微弱的理想主义、高度的幽默感和丰富的敏感性"[①] 的文化性格。这种幽默感表现为"善戏谑兮，不为虐兮"的言辞，面对困境的乐观与豁达，"古今多少事，尽付笑谈中"。台湾文化与中华传统文化一脉相承，喜剧意识与喜剧精神同样沉淀在台湾民众的文化基因中，世世相因，代代相传。竞选广告中喜剧因素的融入，正是创作主体文化自觉的显现，也是对接受主体审美期待的满足。

从价值取向来看，中华文化注重现世享受，强调实用性与直觉思维，家庭团圆、爱情美满是中国人关于幸福的现实图景。竞选广告重视喜剧性结局的呈现，结局的圆满最大程度地满足了人们在长期审美实践与人生体验中形成的审美趣味及接受习惯，观众因而获得充分的审美享受，并将这种积极的情绪转移到"广告产品"——候选人及其党派身上。也正是从这一文化心理出发，竞选广告在具体创作实践中常常借鉴"先离后合、始困终亨"的传统戏剧结构，在展示喜剧性解决之前，先着力铺陈个人自身、人与人之间、人与社会之间的悲剧性冲突，如自负、虚伪等人物性格缺陷、复杂扭曲的人际关系、经济衰退等社会问题。从悲向喜转化的关键正是"消费"的指向——通过提供社会矛盾、个人生存困境的虚幻的假定的解决，暗示"正确"的投票选择是唯一的救赎之途。受众在"平衡—不平衡—平衡"的情绪体验中发笑，并潜移默化地接受着广告暗含的意识形态。

竞选广告本质上是一种说服。不同于西方辛辣直率、声色俱厉的论辩，中华传统文化中的说服具有婉而多讽的特征。《毛诗序》有言："上以风化下，下以风刺上，主文而谲谏，言之者无罪，闻之者足以戒。"中国自古便有讽谏的传统，淳于髡讽谏齐威王，优孟谏楚庄王，优旃隐嘲秦始皇……以机巧的言辞进行谏劝，正是讽刺之政治效能的显现。弗洛伊德认为，玩笑是为了以伪装的外表掩饰真正的性欲与敌对倾向的本质，如果缺乏这一伪装，这种冲动就会受

---

① 林语堂：《生活的艺术》，越裔汉译，陕西师范大学出版社，2003年，第6—9页。

到社会的禁忌。① 讽刺的喜剧形态为负面竞选广告的攻击性提供了完美的伪装。以含蓄暗示、迂回攻击的形式，对竞争对手的否定性品质予以揭露，合乎"谑而不虐""雅而可笑，中而不伤"的笑之审美标准，不易招致民众反感，又充分发挥了讽刺的攻击效应与政治效应。"笑，可能是修正后的威胁性动作仪式进化来的……人们在参与笑时，会产生强烈的伙伴感，同时会联合攻击性以对抗外人。一起痛快地笑一件事会形成一个迅速的联结，就像为同一理想而有狂热的情形一样。"② "笑"对于形成身份认同，凝聚文化共识亦有奇效，自然成为竞选广告巩固己方选民、争取中间选民、动摇对方选民的有力工具。此外，"谈言微中，亦可以解纷"，以谐谑的方式化解对手攻击，或是通过自嘲以守代攻，往往能够起到"息蜗争于顷刻"的作用。喜剧性在反制广告中的运用，正是充分发挥"笑"的保护效应及"解纷"之社会功能的表现。

第二节　社会心理需求

竞选广告喜剧性特征的形成，顺应了"解严"后台湾民众社会心理变化的内在要求。

自 1949 年 5 月起，台湾开启了长达三十八年的"戒严"。权力机关渗透进生活的方方面面，文艺作品动辄被套上"妨害社会善良习俗""为'匪'宣传""挑拨政府和人民的感情""蕴含政治暗示"等罪名；情治机构横行的社会氛围，让人们到了"闻政治色变"的地步，社会情感被僵化的政治情感所替代，民众的个人情感表达与思想、言论自由受到了极大的压抑。

"解严"后，随着台湾地区威权统治的瓦解，社会情感禁锢逐渐松动，台湾社会开始摆脱政治束缚和宣教痕迹，进入审美大解放的时期。经济飞速发展，媒体禁制破除，文化创作趋向自由，这一切刺激都促使人们的精神需求与审美心理发生转变，追求轻松、享乐逐渐成为社会普遍的思想潮流。思想的解放带来政治迷信的破除，"娱乐化"成为台湾政治的一大特色——政治术语娱乐化、政治活动表演化、政治人物丑角化、政治参与游戏化，这些现象的出现是对"戒严"期间压迫人性的反弹，却又走向另一个极端——政论节目、政治活动变成带有表演性质的滑稽秀；原本神圣、严肃的政治竞选也沦为党派间相互攻讦、

---

① 佴荣本：《笑与喜剧美学》，中国戏剧出版社，1988 年，第 120 页。
② [奥]康罗·洛伦兹：《攻击与人性》，王守珍、吴月娇译，作家出版社，1987 年，第 306 页。

曝八卦揭隐私的"战场"。不可否认的是，娱乐化的营销方式迎合了台湾民众的审美心理与精神需求，在某种程度上确实起到了吸引"眼球"、积累政治资本的作用。

"娱乐化"成为台湾政治生态和社会语境中最有效的表达方式之一，竞选广告的喜剧性表现正是这一背景下的产物。政治人物在广告中自我降格、自我脱冕，喜剧化成为人物形象塑造最常运用的方式。竞选广告开辟了一个独特的狂欢广场，各种形式的戏仿、降格、脱冕与加冕仪式在其中陆续上演。"高高在上"的权威人士解下权力的外衣与神圣的面具，与民众"亲密"接触、"平等"交流，形成亲昵的"共同体"，营造出乌托邦的浪漫盛景。"威权"统治不再，"白色恐怖"不再，等级规范不再，在嬉笑游戏之中，政治符号的严肃意义被消解，人们则在解构秩序、嘲弄权威、超越现实的狂欢中获得了情感的宣泄与心理需求的满足。

第三节　当代文化环境

喜剧性成为竞选广告的美学特征，是大众文化语境下的一种逻辑必然。

大众文化注重娱乐性，突出流行性，强调大众参与性，追求瞬时轰动效应。然而民众的注意力资源是有限的，选举期间，竞选广告密集轰炸，谁能够在第一时间抓住民众的"眼球"、形成情感联结，谁就迈出了成功的第一步。于是，作为实践性与功利性极强的大众文化形态，竞选广告必须通过满足大众"娱乐与消遣"的方式来取得一席之地。

随着市场化、世俗化进程的推进，精英文化开始衰落，人们对权威与经典的敬畏之心淡化，消费主义与后现代主义逐渐渗透到社会文化的脉络之中，成为台湾大众文化的重要特征。

消费主义的文化核心在于"遵循享乐主义，追逐眼前的快感，培养自我表现的生活方式"[1]。在消费主义的影响下，文化从过去的教诲与灌输趋向于服从与取悦观众的消费心理，竞选广告自然不可避免地发生了价值判断的转变——它将候选人及其政见加工为可供消费的产品，以"喜剧"的形态进行包装，将意识形态隐藏其后。而观众在消费广告所提供的喜剧经验的同时，实质上也在

---

[1]　[英]迈克·费瑟斯通：《消费文化与后现代主义》，刘精明译，译林出版社，2000年，第165页。

消费着广告所建构的意识形态。

视觉性压倒其他观感成为主要审美范式，"当代文化正在变成一种视觉文化"[①]。为满足观众的视觉性消费，竞选广告不断地制造视觉奇观：一方面借助数字技术、影视手段，从视觉上打破时空、自然规律的限制，形成强烈的视觉冲击力。观众在模糊了界限的真实与虚幻之间，体验超越现实理性的审美快感；另一方面，将社会中的冲突和解决方式以戏剧化的方式呈现，对现实世界无法解决的矛盾进行喜剧化的影像塑造。因此，与其称之为现实的再现，不如说是想象的再现，实际上形成一种将矛盾理想化以掩盖社会真实性的拟象——观众流连于"乌托邦"场景之中，会产生强烈的喜剧体验。情感对行为的驱动力是毋庸置疑的，竞选广告在这里起到欲望修辞的作用，通过情感唤起欲望，通过欲望助推行动：它给受众这样一种暗示，消费（投票）就能消弭现实与理想生活的距离。

后现代的生活是一种游戏式的生活。生活在后现代社会的人们拥有典型的游戏心态：娱乐至上、拒绝深度、打破规则的限制、反叛传统与权威。在后现代语境下，竞选广告既通过传统的逻辑错位制造喜剧机趣：以形式与内容的矛盾赋予喜剧客体某种不协调，巧用双关、比拟、夸张等修辞，化偶然为必然制造巧合与误会等；也运用戏仿、拼贴、延异、播撒等后现代手法进行玩世不恭的解构，对经典形象、价值标准、原理规则、神圣权威等各式各样的"传统"进行颠覆和破坏。创作者凭借肆无忌惮的自由解构形成与源文的巨大反差，从而结构出笑的全新机趣。政治的深度和严肃性在这里被消解，候选人成为广告中不断"延异"的游戏符号：可以是"超人"，也可以是"魔法师"，甚至是被操控的"木偶"。

第四节　选民结构

喜剧性竞选广告的盛行，与候选人争取年轻选民的目标相一致。

有研究指出，台湾独特的政治经济文化和地域背景造就了"选举亲情取向、教育引导政见、年轻选民冷淡、中产关心议题"等选民特点，因此，把握受众

---

① [美] 丹尼尔·贝尔：《资本主义的文化矛盾》，赵一凡等译，生活·读书·新知三联书店，1989年，第156页。

细分策略成为竞选传播的关键。① 在适龄选民中，占比三成左右的年轻人一直是台湾各政党阵营重点争夺的对象。陈水扁在 20 世纪 90 年代开启台湾选举年轻化、商品化的宣传模式，他启用年轻团队，成立"辣妹助选团"，开办"扁帽"工厂贩售各式趣味周边产品，力图提高年轻选民的投票意愿。在年轻群体当中，"首投族"尤其受到关注。所谓"首投族"，主要指年满 20 周岁、初次投票的年轻选民。他们在经济腾飞、政治"民主"的台湾社会中出生、成长，没有经历过"意识形态高于一切"的威权统治时期，党派意识淡薄，投票模式、投票意向相对直接、单纯，可塑性极强。"太阳花学运""反服贸运动""反课纲运动"等扭转了他们对政治的冷感态度，逐渐激发了他们的参政热情。他们是媒体舆论中的活跃群体，能够依靠网络联结他人，也乐于通过社交媒体发声，为自己支持的候选人拉票助选。在变幻莫测的选举中，"首投族"是足以左右选情的关键族群。摇摆未定的政治态度、集中而庞大的数量理所当然使其成为参选者竭力争取的对象。因此，竞选团队在巩固核心群体支持率的同时，积极推出各式喜剧性竞选广告以争取年轻选民的认同。

深受网络文化与后现代文化影响的年轻一代，重视感官体验与自我感受，以颠覆体现个性，以玩笑、调侃的态度解构一切。竞选广告在话语表达和审美表现上呈现出明显的向年轻群体靠拢的特点。从内容上看，"宅"、星座、游戏、网络购物、网络红人等成为广告中的常见话题。广告借用流行性、世俗化的题材，以戏谑的方式表达严肃的政治话语，营造出喜剧性氛围，甚至形成只有年轻人才能领会的独特"笑点"。竞选广告通过话题的接近在年轻人心中产生"候选人"与"我"的联系，以此点燃他们了解、倾听候选人的欲望。从形式上看，天然带有喜剧性基因的动画愈来愈多地被运用于竞选宣传。2014 年底的"九合一"选举，出现《城市博物馆》《捷运南港基隆线》（林右昌）、《改变成真》（柯文哲）、1916 园区（林智坚）、好团队拼幸福（王立仁）等动画作品；2016 年台湾地区领导人选举，国民党、民进党、亲民党等都推出各自阵营的动画作品，如《创业冒险家》《我们的台湾》（朱立伦）、《英派革新，台湾好政》《转来key》（蔡英文）等。动画的形式令原本枯燥的政策宣讲变得生动，顺应年轻人快节奏、浅思考的思维模式；参选者 Q 版形象的广泛运用颠覆了年轻群体视竞选广告为"虚假造作之形象宣传"的刻板印象，政治人物也因"喜剧化"而充满"亲和力"与"真实感"。事实上，竞选广告内容与形式的更新，不断颠覆政

① 徐键：《论台湾竞选政治广告及其传播效果》，《郑州大学学报（哲学社会科学版）》，2014第 1 期，第 174—176 页。

治广告创作的某些既定规则，在给年轻人带来惊喜、娱乐的同时，也带给他们特别的记忆点，成为他们的消遣对象与日常生活的谈资。

喜剧性竞选广告所具备的娱乐效果与特定社会背景下年轻族群潜在的审美期待达成了一致，是拉拢年轻族群的有力之举。即使无法直接促成投票行为，也给观者以积极的体验——部分迎合年轻选民文化偏好与游戏心态的竞选广告，甚至能够依靠他们在社交媒体上的强势地位形成病毒式传播，进而产生巨大影响。

第五篇：台湾广告原型研究

——以"时报广告金像奖"获奖作品为例

第一章　背景、理论与方法

第一节　研究背景及目的

随着社会经济的发展以及消费文化的升级，现代消费者不再满足过往对商品物质层面的使用，更看重商品精神意义层面的价值。尤其是在产品同质化愈加严重的情况下，基于物质价值之上的精神价值成为塑造品牌形象、进行产品区隔以及满足消费者深层心理需求的重要属性。广告作为建设和传播品牌的重要手段，不仅要以商品信息和经济利益为出发点，更要关注消费者内心深处的需求，赋予产品更多的精神文化意义。这个意义不仅能够深植人心，在心理和情感层面与消费者建立长久的联系，还能转换成有效的销售力，增强品牌影响力与消费者的忠诚度，成为一种宝贵的品牌资产。问题是，怎样才能为品牌或产品构建这样一种"意义"？

购物心理学认为，无意识心理是消费者行为的真正驱动力[①]，其消费行为是为了满足潜意识的欲望本能。美国文化批评家弗雷德里克·杰姆逊也强调广告必须迎合消费者的欲望需要，甚至是内心深处的无意识，其中最强烈而古老的无意识欲望是集体性的。[②] 可见，无意识成为现代广告创作与品牌发展中相当重要的部分，"原型"（Archetype）就是一种能够与消费者进行深层心理交流的无意识。现代原型理论源于瑞士心理学家荣格（Carl Gustav. Jung），他从原始社会开始流传于世界各地的神话传说中发现了人类内心深处共通的"集体无意

---

① ［英］格雷夫斯：《购物心理学》，中信出版社，静恩英译，2011年，第12—13，22页。
② ［美］弗雷德里克·杰姆逊：《后现代主义与文化理论》，唐小兵译，陕西师范大学出版社，1987年，第177页。

识"（Collective Unconscious），"集体无意识的内容则主要是'原型'"①，是人们世代传承的集体记忆和心理模式，是一切心理反应的具有普遍一致性的先验形式。加拿大文学批评家弗莱将原型的概念引入到文学批评领域，认为原型是文学作品中反复出现的主题意象、叙事模式、人物类型等等。② 我们不妨假定，广告作为一种叙事方式，也存在反复出现的意象、主题等，它借助这些原型营造一种氛围或场景，激发消费者深层心理的情感共鸣，将原型所具有的意义与内涵投射到品牌或商品上，促进消费者对品牌的好感或需求，继而转换为销售力和忠诚度。

事实上，美国著名广告学者 Margaret Mark 和 Carl S. Pearson 提出，有些品牌尤其是一些超级品牌就是因为具体展现了永恒而普遍的原型意义而与普通品牌产生区隔，并和受众建立了良好而持久的共鸣与联系。③ 著名运动品牌耐克（Nike）就一直在塑造一个"英雄"的品牌原型，其名称"Nike"是古希腊神话中胜利女神尼姬之名，"想做就做"（Just do it！）的口号则在倡导勇于任事的英雄品质，邀请知名运动员担任广告代言人更传递着"英雄"都穿 Nike 的讯息。苹果（Apple）的商标是被咬了一口的苹果，据说灵感来源于那颗落在牛顿头上的苹果，那颗苹果也成了科学探索精神的原型象征，这与苹果想要体现的"不同凡响"（Think different）的品牌精神不谋而合。正是这些原型帮助品牌创造了经久不衰的形象，赋予品牌更深刻的内涵，并向消费者传达品牌意义，激发其购买欲与忠诚度，将文化的力量转换成经济效益。

我国台湾地区广告业的起步早于大陆，发展也更为成熟完备。从 1959 年第一家广告公司——东方广告成立算起，近 60 年来随着经济的发展，台湾的广告产业从品类到内容都呈现个性化多元化的繁荣发展态势，表现出较高的创作水平和创意能力。一方面台湾与大陆同根同源，有着相似的历史记忆与文化背景。博大精深的中华传统文化为台湾广告的创作提供了源源不竭的营养，包括价值观念、行为方式、主题意象等等，都有着深深的中华文化的印记。另一方面由于政治历史等原因，台湾还受到了日韩文化以及欧美文化的影响。作为反映社

---

① 荣格:《集体无意识的概念》，载《荣格文集》，冯川、苏克译，改革出版社，1997年，第83页。

② [加]诺斯罗普·弗莱:《诺斯罗普·弗莱文论选集》，吴持哲编，中国社会科学出版社，1997年，第114—116页。

③ [美]玛格丽特·马克、卡罗·S.皮尔森:《很久很久以前:以神话原型打造深植人心的品牌》，许晋福等译，汕头大学出版社，2003年，第32页。

会生活面貌的一种重要文化现象，广告也通过不同的表现方式和符号内容呈现台湾社会的变迁与发展。那么在此背景下的台湾广告又呈现怎样的集体无意识呢？在广告创作中又有哪些反复出现的具有特定意涵的原型人物？台湾广告原型在当代叙事中又呈现怎样新的面貌？

本研究将运用原型理论，梳理台湾广告中原型的外显性象征，以及随着社会的变迁，台湾广告原型所呈现的不同面貌，揭示在广告中原型所体现的功能与价值，进而在为广告从业者提供理论参考的同时，也尝试以此作为探析台湾大众消费文化的一个新的视角。

第二节 原型理论溯源

原型概念的出现已有近两千多年历史，早期的原型概念主要源于宗教对世界和人类诞生与存在的解释。根据荣格的考察研究，"原型"一词最早为犹太人斐洛使用，用以说明人身上的"上帝形象"[①]。现代汉语语境中的"原型"，特指文艺作品中作者在塑造人物形象时所依据的现实生活中的人。罗贯中以历史人物为原型，以"拥刘反曹，维护正统"为主题而作《三国演义》；冯小刚说严歌苓就是《芳华》的缘起，是穗子的原型。这些都是现实人物在艺术中的映射。而西方文艺理论中的"原型"（Archetype）一词意为"典型"[②]，是一个涉及神学、哲学、心理学、文化人类学、文学等多重维度的概念。不同领域的学者从各自的研究角度出发，赋予"原型"异中有同的内涵与外延。

一、原型的人类学之维

文化人类学的研究者们通过对原始民族的历史、语言、宗教、艺术等各方面的考察，试图对人类社会的各类现象进行追根溯源的研究，寻找表层现象下的深层范式，这些都为原型理论提供了新的内涵与思考。

英国人类学家弗雷泽在其著作《金枝》[③]（The Golden Bough）中梳理了世界各民族的原始信仰和民俗习惯，他发现很多在地缘上完全隔绝的文化体系在神

---

① 荣格：《集体无意识的原型》，载《荣格文集》，冯川、苏克译，改革出版社，1997年，第40页。

② 霍恩比：《牛津高阶英汉双解词典》，李旭影等译，商务印书馆，2018年，第92页。

③ 程爱民：《原型批评的整体性文化批评倾向》，《外国文学》2000年第5期。

话、巫术和祭祀仪式等原始信仰上却呈现出相似的行为模式和活动内容，比如很多再生神话和祭祀仪式都是对自然界季节变化和植物枯荣规律的模仿，从而创造出"死而复生"的神话主题。虽然在名称和细节方面，不同的民族有不同的描述，但其实质却是相同的。弗雷泽认为，这些"仪式"就是文化人类学研究中的原型，是社会的无意识象征，体现了人类深层的共同心理与情感。弗雷泽对原始文化尤其是"仪式"的研究对现代原型理论的产生与丰富有着极大的影响。

法国社会学家列维 - 布留尔在其著作《原始思维》中提出原始人与西方现代人的思维有根本的不同，对于日常生活现象他们只能进行具体分析而无法进行抽象分析，比如原始人认为影子就是他们的灵魂，所以他们敬畏影子这一类的事物，他们无法区分事物和事物所代表的象征意义。原始人的思维中拥有很多世代相传的神秘性质即"集体表象"，"集体表象"之间的关联不受到任何逻辑思维规律的支配，它是集体思维的产物，是群体所共有的价值观念、宗教信仰、思维方式等的总和，它不产生于个体但作用于个体，引起每个社会成员对有关客体和现象的尊敬、恐惧、崇拜等感情，久而久之个体对集体有了绝对的依附关系。[①]这对荣格提出"集体无意识"的概念有重要启发意义。

法国人类学家列维 - 施特劳斯从结构主义的角度进一步挖掘了神话中原型的结构模式，他认为一切社会活动都有表层和深层结构。神话是具有叙事性质的材料，可以拆分为不同的"神话素"，其表层结构正是这些"神话素"之间的修改变形和排列组合，其深层结构是人类先验的"集体现象的无意识本性"的投射。[②]原始人的一切社会文化生活都是人的无意识的产物，不同文化系统的神话表层结构具有相似性的根源在于人的深层心理的共通性，心理机制中的"无意识"是一切事物的本原。

二、原型的心理学之维

瑞士心理学家荣格为探索人类的心理结构，将原型这一概念引入了心理学领域，为现代原型理论的形成奠定了基础。"集体无意识""原型"和"原始意

---

① [法]列维 - 布留尔：《原始思维》，丁由译，商务印书馆，1981 年，第 40、46、5 页，译后记第 495 页。
② [法]列维 - 施特劳斯：《结构人类学》，陆晓禾、黄锡光等译，文化艺术出版社，1989 年，第 39—40、45—47 页。

象"是荣格原型理论中非常重要的三个概念。①

在其老师著名心理学家弗洛伊德的无意识理论的启迪下，荣格提出，除了个体所独有的个人无意识之外，人生下来就有一套潜在的心理机制——"集体无意识"（Collective Unconscious），它是集体所共有的，普遍存在于每个社会成员内心深处的集体心理现象。它不是源自个人经验，也不能从后天的经验中习得，是通过遗传而世代传承的集体共有心理遗产，并影响着个体的思维方式和行为模式。

荣格认为原型是集体无意识的重要内容和载体，它是一切心理反应的普遍一致的先验形式，代表了一种先天反应倾向或行为的可能性。即当面临某种与原型相符的情境时，人们内心深处的集体无意识会被"激活"，会采取与自己的祖先相同或相似的反应方式。但原型并不是一个个具体的行为图式，它本身是空洞的，是一种纯粹的形式，只是对人们的行为和思维有着引导作用，但具体所呈现的内容是因人而异的。比如常见的母亲原型并非是简单的一张母亲的照片，它深藏于人类的深层心理中，决定了婴儿的行为和情感的选择，使得婴儿能对现实的母亲产生反应。但因为不同家庭中母亲与孩子的关系有不同的表现，所以母亲这一原型在意识中的呈现也就显现出不同的内容，不断地置换。

原型是被抽象化的特殊形式，仍属于无意识的范畴，但是在特定的情境下可以被激活为具体可"见"的"原始意象"，进而被人类的意识所感悟到。原始意象是原型的一个层次，是沟通意识与无意识的桥梁与中介，一方面它连接集体无意识，另一方面它激发人的具体的情感。原型是根本的体，原始意象是具象的用，原始意象在不同的情境中呈现出不同的形态，但作为体的原型则具有跨越时空，跨越不同文化与个体的稳定性。荣格分析了几个普遍存在的基本人格原型：阿尼玛（Anima）——男性身上的女性特质，阿尼姆斯（Animus）——女性身上的男性特质，人格面具（Persona）——为掩盖"真我"而伪装的"假面"，阴影（Shadow）——类似于弗洛伊德的"本我"，是人性中最原始的部分。

荣格构建了原型理论的一个逻辑链条：集体无意识是集体所共有的普遍存在的心理现象，是人类最深层的无意识，无法直接被个体所意识到，从而也无法影响后天的经验。而原型和原始意象就是连接个体意识和无意识的中介与桥梁，原型是集体无意识的内容，具有先验的特征，但同时又能在特定的情境中

---

① ［瑞士］荣格：《心理学与文学》，冯川、苏克译，生活·读书·新知三联书店，1987年，译者前言第1、4页。

被具体化的原始意象所表征。原始意象是原型的外在显现,能够使原本未进入意识层面的内在情感和心理活动被人们所察觉和意识到。因而集体无意识到原型,到原始意象,最后上升到个体的意识,就实现了从先天心理到后天经验的显现。

三、原型的文学之维

无论是神学的"上帝原型"、列维-布留尔的"集体表象"抑或荣格的"原型",都是一种带有形而上意味的抽象化概念。加拿大文艺理论家弗莱将原型的概念引入文学研究中,他试图从宏观的视角去考察分析作为人类精神实践产物的文艺作品之间的有机联系和内在规律,从中概括出一种具体化的可以相互交流的原始程式,即"原型",继而形成了西方重要的文学批评理论——"神话-原型批评"。

弗莱认为文学是"移位"的神话(myth)[1],而神话归根到底是情节(mythos),就是文学形式的一种赋予生机的结构原理。换而言之,文学的本质就是对神话结构的再排列组合。虽然不同的文学作品看似在讲述不同的故事,有着不同的背景、主角与故事内容,但其核心都是在重复着原始神话故事的基本模式或精神,比如小说中常见的诞生、斗争、胜利与死亡等情节都是对原始神话中某些故事或某些人物经历的模仿。弗莱还将四季的更迭与文学叙事结构相联系,用自然的循环来比拟文学的发展:春天——喜剧,是神的诞生或复活的原型;夏天——传奇,讲述的是神的历险和胜利的原型;秋天——悲剧,诉说着神的受难与死亡的原型;冬天——反讽和嘲弄,反映了神死后尚未复活的混乱状态的原型[2]。文学作品就是对神话原型的模仿与移位,弗莱的这一论述将文学与人的深层心理结构联系起来,对于把握文学史的发展规律有重要启发作用。

弗莱进一步指出了原型在文学作品中的具体呈现形式,他认为原型"是一种典型的或反复出现的意象。"[3]它是文学作品中历经沧桑而不变的固定内容,贯穿于文本的整个过程,它不再是虚无缥缈的集体无意识,而是有一定的形式和意蕴的、具体化的意象。原型是具有约定性意义的联想群(associative

---

① [加]诺斯罗普·弗莱:《批评的剖析》,陈慧等译,百花文艺出版社,1998年,第33页。

② [加]诺斯罗普·弗莱:《批评的剖析》,陈慧等译,百花文艺出版社,1998年,第192—299页。

③ [加]诺斯罗普·弗莱:《批评的剖析》,陈慧等译,百花文艺出版社,1998年,第99页。

clusters），这些原型在不同作品中反复出现，可供人们交流沟通，因为在特定的文化背景下大部分人对其有着约定俗成的理解与联想，比如在中国文化中，龙代表至高无上的皇权与吉祥幸运的祥兆，西方文化中龙却是邪恶、凶残的象征。原型还是可以置换（displacement）的，为了使故事更加合乎情理，作者会根据不同的时代背景和价值标准对原型进行新的加工与美化，便于不同时代的人接受理解。

弗莱的原型批评理论一方面在一定程度上消解了荣格原型理论的神秘色彩，将抽象的原型概念具体化明晰化，为文学批评开拓了新的视野；另一方面其研究对象是作为人类社会实践产物的文艺作品，文艺作品在一定程度上是根据人的后天实践与经验创作的，区别于荣格所说的纯粹的先天的心理遗产，这说明原型的运用也是经验性的传承，有着现实的基础和文化的积淀。

原型的概念在不同的领域中有着不同的诠释，本书借鉴荣格和弗莱关于原型概念的理解，认为原型是一种普遍存在于人的无意识深处的世代传承的集体记忆和心理形式，在一定的情境下会被激活为具体可见的原始意象，继而影响人们的思维方式和行为模式。这些原始意象在现实生活中反复出现并具有典型性，具有约定俗成的语义联想，且会随着时空的变化、历史文化背景的不同出现置换。总的来说，本书中的原型概念是一个体与用、抽象与具象、形式与内容相融合统一的范畴。

第三节　原型与广告

当代广告营销诉诸的往往是最深层且持久的人性需求，而原型作为一种恒久传承和普遍存在的集体无意识，能够反映人们内心的欲望与情感。人们内在的原型所散发出的讯息，借由外显的象征，彰显了人们的基本欲望与动机，同时也释放了内心深层的情感与渴望。这种情感意义的投射效果，也被运用在商业广告中，帮助消费者们表现他们的内心戏码。

一、广告原型心理机制探析

究竟人们在多大程度上能够清醒地意识到其消费行为产生的动因？现代消费心理学认为，很多消费者在购买商品与服务之前并没有强烈的消费意向，人们并不是在单一的经济理性的支配下进行消费选择的。无意识心理成为现代广告影响消费者行为的重要因素，20 世纪 50 年代，美国心理学家欧内斯特·迪希特（Ernest Dichter）就已将弗洛伊德的精神分析学说用于消费者购买行为研究中，他认为研究消费者购买行为必须深入到无意识水平，我们日常生活中的很多决策都是由我们无法控制和觉知的动机控制着的，因此广告要着重于消费者的情感及非理性的一面。美国研究人员曾做过一个有趣的实验：在电影播放中每隔 5 秒钟以 3/1000 秒的速度呈现讯息："请吃爆米花"和"请喝可口可乐"，电影院商店里的爆米花和可口可乐的销售量分别暴增了 57.5% 和 18.1%。[①] 广告能够通过唤起消费者的无意识深层欲望来影响其消费行为已被学术界普遍接受。

荣格将人的无意识分成两个层次，在个人无意识的背后还蕴藏着更为广阔而隐蔽的集体无意识，原型作为集体无意识的重要载体，蕴含着人们丰富而复杂的情感欲望。人类从感知生理的不足，到弥补心理的匮乏，是原型心理生成过程的相互关联的环节。[②] 人们生理上的局限与欲望的无限这一冲突让他们产生一种匮乏感，从而通过创造幻境或借助特定物象来寄托自己的希冀与情感，填补这种匮乏与不足，这是原型生成的重要原因。在特定情境或原型意象的吸引下，人们的集体无意识会被激发，在物象与心灵进行交流的过程中影响人们的行为模式和情感体验。"一旦原型情境发生，我们会感到一种不寻常的轻松感，仿佛被一种强大的力量运载或支配。"[③] 因此广告中原型的置入能够刺激消费者内心深处的欲望与匮乏感，进而通过消费的行为来获取心灵的满足。

二、广告原型意义生成模式

如何与消费者进行有效沟通是市场经济发展带给广告创作者的巨大挑战，广告劝服非常关键的一点是，其广告符号意义要能即刻被消费者辨认理解，不然说服活动将停滞在对广告内容的诠释过程中。现代消费文化的升级让消费者们更加注重产品的文化符号意义。那么广告是如何赋予产品特定的文化意义？原型又是如何参与广告意义的构建的？

学者麦克拉肯提出了"意义流动模式"（Model of Movement of Meaning）[④]

---

① 黄合水：《广告心理学》，厦门大学出版社，2003 年，第 247 页。

② 程金城：《原型批判与重释》，甘肃人民美术出版社，2008 年，第 156 页。

③ [瑞士] 荣格：《心理学与文学》，冯川、苏克译，生活·读书·新知三联书店，1987 年，第 121 页。

④ Mccracken Grant: Culture and Consumption: A Theoretical Account of the Structural and Movement of the Cultural Meaning of Consumer Goods, *Journal of Consumer Research*, 1986(1), pp.71—84.

来说明商品是如何借助广告和流行体系将文化世界中的意义纳入消费社会中传递给消费者的。麦克拉肯建构了三个意义定点：文化建构的世界、消费者商品和个体消费者，文化意义就是在这三个位点间沿着既定的方向流动。首先广告系统和时尚系统将"消费者商品"和"文化建构的世界"中的某一具有特定意涵的象征进行一定的联结和重建，将特定的文化意义传递给商品。比如耐克运动鞋在其广告中一直塑造的英雄形象，久而久之消费者就会将英雄所蕴含的文化情感意义转移到其产品上。然后个体消费者通过"占有仪式""交换仪式""修整仪式"和"剥夺仪式"来获取商品的文化意义。"占有仪式"意味着消费者通过购买商品而获得其象征价值，比如某些消费者对奢侈品牌的消费一定程度上是为了其象征的社会地位和身份；"交换仪式"则是消费者通过商品的交换或赠予来获取情感满足，比如"脑白金"广告中强调将产品赠予父母来彰显"孝心"；"修整仪式"是特定时代和社会对某些文化意义的重构和更新；"剥夺仪式"也是随着社会的变迁，商品失去了原有的意义，需要为其重新建构新的意义。

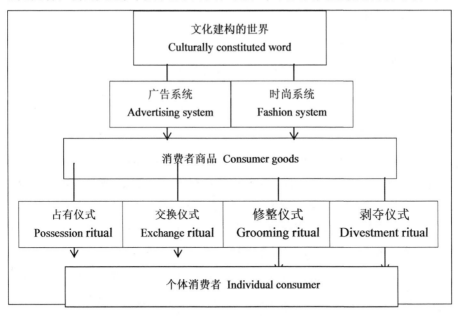

图 1.1 意义流动模式（Model of Movement of Meaning）

来源：Mccracken Grant: *Culture and Consumption: A Theoretical Account of the Structural and Movement of the Cultural Meaning of Consumer Goods*

原型作为社会集体记忆和共同心理的象征，根植于人们的社会实践和精神文化活动中，具有约定性的文化内涵和情感意义。广告系统可以借助原型从"文化建构的世界"中汲取特定的文化意义，在"消费者商品"和原型间建立一种符号等价性（Symbolic Equivalence），将原型所具有的文化意义投射到商品和品牌上，再通过仪式的占有、交换等方式传递给消费者，从而完成意义的整体流转。另一方面原型不仅可以传递文化意义，还可以直接作用于个体消费者，"原型是一种典型的领悟模式"，领悟模式是一种相对于行为模式的属于精神范畴的后天心理活动，它意味着在特定情境下人的集体无意识被激活，是特殊的意与象相契合的心理活动过程，蕴含了物象与心灵交流的可能性。当广告中的原型契合消费者的认知模式，就能激发他们内心深处的无意识，对人们的消费行为和情感认知有着影响和引导作用。

总的来说，原型作为一种反复再现普遍存在的精神现象，也存在于当代广告创作中。广告作品借助原型来激发消费者的深层无意识与欲望，赋予产品文化价值与意蕴，并通过原型所具备的对行为模式和思维情感的引导作用来影响消费者的购买行为。

第四节　研究综述

一、国外广告原型研究

鉴于原型对人类情感体验和行为模式的影响，人们将"原型"的理念融入广告创作中，通过"再现"人类生活中的典型情境，将原型所具有的意义投射到产品上从而激发消费者对品牌的情感认同与好感。20 世纪 90 年代国外的学者开始研究广告领域中的原型现象，他们着重讨论了广告原型的分类、原型对品牌形象建构的作用以及对消费者的影响等。

美国学者 Margaret Mark 和 Carl S. Pearson 认为原型是唤起消费者对于品牌的情感认同的重要原因，是"长寿品牌的心跳"[①]。他们以希腊和罗马神话故事和人物形象构建出广告中最常出现的 12 种原型形象。同时参考 Abraham Maslow 的需求等级理论，将动机理论浓缩成归属 / 人际（渴望自己在团体中或与人建立亲密感，但仍保有自主性）、独立 / 自我实现（实现并寻求自我的动机）、稳

---

① ［美］玛格丽特·马克、卡罗·S. 皮尔森：《很久很久以前：以神话原型打造深植人心的品牌》，许晋福、戴至中、袁世珮译，汕头大学出版社，2003 年，第 25 页。

定 / 控制（对安全与秩序的渴望）和冒险 / 征服（不断迎接挑战以证明自己的实力）四大人性动机，并以这四大动机将十二种原型形象进行分类：

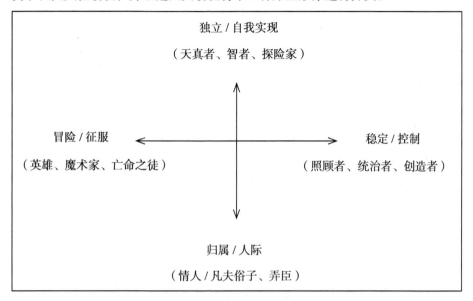

图 1.2 人性"动机四大面向"与原型关系图

来源：玛格丽特·马克、卡罗·S. 皮尔森：《很久很久以前：以神话原型打造深植人心的品牌》

肯特·沃泰姆（Kent Wertime）在其著作《形象经济》中同样对神话人物进行分类归档，提出了十二种品牌建设时的神话原型：终极力量、塞壬、英雄、反英雄、创造者、变革大师、权力经纪人、智慧老人、忠诚者、圣母、小骗子、哑谜形象等神话原型形象；他强调品牌需要树立强有力的形象才能培养最为忠诚的客户，品牌可借用这些原型形象，利用消费者的潜意识心理机制，使其在众多产品中脱颖而出。①

Hirschman 为探究不同年龄层是否会因生涯发展的任务不同，心理需求也会有所不同？因此他将受访者依照不同的生涯发展阶段进行观察并从其生活经验中找寻答案，研究发现，男性受访者中，16—25 岁年龄阶段，认同的原型角色为"履行任务的英雄""出身低微的英雄""王子"；25—30 岁者，认同"合作者""社群导向"；30—55 岁者，认同"好父亲""聪明人"。女性受访者中，

① [美] 肯特·沃泰姆：《形象经济》，刘尧舜译，中国纺织出版社，2004 年，第 109、277 页。

16—25 岁年龄阶段，认同的原型角色为"法官""战士""合作者"；25—45 岁受访者，认同"哺育者""受崇敬的女神""殉道者""战士"；45—65 岁受访者，认同"哺育者""受崇敬的女神""理想主义者"。①

部分学者则具体分析了广告中的原型形象对消费者潜意识的影响以及他们体验广告原型时的心理历程。Woodside, Sood & Miller 研究发现荣格的原型理论具有"普世价值"，因为人类的 DNA 是与生俱来的。品牌故事能使人愉悦，是因为特定的原型触动了人类的潜意识情感。广告故事中的要素是主角与一些能激起消费者反应的事件，相对于平凡生活而言，广告透过主角演出具有冒险性的行动，人们对看到或听到的故事产生一定的情感，并将这种感动向他人叙述。由于广告架构自消费者的潜意识，在接受故事并向别人说故事的过程中，引发个体思考或顿悟，提供学习的智慧并带来生活的改变。②

Delgadillo & Escalas（2004）通过叙事理论架构，研究消费者在观看原型故事时的心理状况，是否随着故事情节发展而有起伏反应？结果发现每一个故事都有开始、中间、结束，随着故事线中场景、主角、事件、行动的交互进行，消费者经历平衡（Balance）、不平衡（Imbalance）、解答（Resolution）、形成思想并述说故事（Sense Making and Storytelling）四个阶段。他们的感情指数随着事件的发生与故事情节发展，历经情绪的上下波动，每一情绪高峰代表人的意识或潜意识对刺激事件的反应，而在解决问题阶段，消费者情绪与感情指数则达到最高峰，最后对故事形成总结性的判断，并自其中获得某方面的体会与学习。此研究再度证明，会带引消费者体验感情高峰的，都是些会触动消费者潜意识的场景、事件与主角，亦即有所感动，进而影响自身对日常生活的感受与行为。③

二、大陆广告原型研究

20 世纪 80 年代，西方原型理论引入国内后，文艺理论界迅速掀起了研究文艺作品中的原型的浪潮，也出现了很多经典专著和论文。但相较于文艺界的

---

① Hirschman, E. C.: Consumers' use of intertextuality and archetypes, *Advances in Consumer Research*, 2000, 27(1), pp.57—63.

② Woodside, A. G., Sood, S., & Miller, S. K.: When consumers and brands talk: Storytelling theory and research in psychology and marketing, *Psychology & Marketing*, 2008, 25(2), pp.97—145.

③ Delgadillo, Y., & Escalas, J. E.: Narrative word of mouth communication: Exploring memory and attitude effect of consumer storytelling, *Advances in Consumer Research*, 2004, 31, pp.186—192.

热度，国内关于广告原型的研究起步较晚，直到 21 世纪才有学者触及该领域，研究成果也相对较少。在中国知网中国学术文献网络出版总库、google 学术搜索、厦门大学超星数字图书馆等平台中，除去不相关学科论文，国内关于广告原型的研究成果仅有 12 篇硕博士论文和 14 篇期刊论文。整体而言，国内对于广告原型的研究主要集中在以下两个方面：

一类是研究广告中的神话原型，此类研究以神话原型理论为出发点，以具体案例为基础，对广告中的原型要素进行梳理。一类则是侧重于原型批评理论，结合中国品牌的广告实践活动，探讨广告中原型的具体形态与作用。

三、台湾地区广告原型研究

台湾学术界对广告原型的研究更是屈指可数，于台湾博硕士论文知识加值系统、台湾学术文献数据库以及华艺线上图书馆上以关键词"原型＋广告""原型＋品牌"等进行检索，共检索到 7 篇与话题相关论文。

其中部分研究主要探讨原型对于品牌形象塑造的作用以及对消费者心理的影响等，江宇轩的《神话原型于电视广告应用之研究》发现深受消费者喜爱的广告内容当中，以讲故事的方式在画面或关键词中体现原型的内涵，借此将品牌讯息传递给观众进而产生联结，消费者因为喜爱该原型的特色而对品牌产生情感。部分学者则从原型表现的角度分析了台湾广告的特点。常金兰的《两岸广告比较——从原型分析探讨》以 Mark & Pearson 的 12 种"原型"形象为研究比较基础，分析两岸的广告在原型表现上的差异。[①]。

总的来说，在浩如烟海的原型研究和广告研究中，从原型的角度对广告进行研究和分析的相对较少，对于台湾广告中的原型研究更是寥寥无几，显示该视角在广告学研究中尚未得到重视。且研究多集中于原型人物的分析，视角单一，系统全面性不够。本研究将具体分析台湾广告中原型的具体呈现方式，以期填补这部分研究的空白，同时为广告业者提供参考与创意源泉。

---

① 常金兰：《两岸广告比较—从原型分析探讨》，世新大学，2009 年。

第五节　研究对象与方法

本书研究对象为第 30 至第 39 届的时报广告金像奖影像类得奖广告，"时报广告金像奖"是台湾媒体"中国时报系"所举办的广告设计比赛，是台湾第一个以广告为主题的设计比赛，自 1978 年第一届时报广告设计奖举办以来，至今已有 40 年历史，在两岸暨香港广告界具有较大影响力。相较于平面广告而言，集文字、图片、影像、声音等于一身的影像类广告形式更加丰富，更具有代表性和说服力。

在研究方法上，本书以文本分析法为主，对所选广告进行文本细读，同时辅以文献分析法与归纳法。广告文本多从社会生活和文化中寻找素材，为产品赋予一定的意义，使其成为具有交换价值和精神内涵的符号，同时广告又会将这个意义回输传递给社会大众。对于本研究的广告原型分析而言，原型的运用，就是一种将商品赋予意义的营销手法，原型广告企图在消费者心中建立较稳定的情感联结，因此广告分析重视观察原型的特征，这些特征并非依靠单纯观察广告文字即可获得，而必须通过文本细读，通过对文字、图片、影像、声音等讯息资料的挖掘分析，以归纳出可能的意涵，也有助于对每一则广告的原型属性做出正确判断。

第二章　台湾广告中的原型形象

在荣格的原型研究中，所定义和描述的原型有 30 多种，其中原型形象包括英雄、上帝、儿童、魔鬼、大地母亲等等。经过时代的变迁，这些原型模式逐渐发生改变，但在现代广告或品牌中，这些原型又呈现怎样的形态？美国学者 Mark 和 Pearson 融合了荣格的研究和其他心理学派的研究发展了一套较为合理可靠的广告原型理论，他们提出现今商业活动里最常被表现出来的人物原型有 12 种，这些人物原型都是在历史传承中经久不变反复出现的形象，具有特定的文化内涵和意义，成为塑造品牌形象、传递品牌价值的重要原型载体。本章将结合 Mark 和 Pearson 的广告原型理论具体探讨台湾广告中的原型人物形象以及广告使用策略。

第一节　"自在做自己"的天真者

每个生命的开始都是天真无邪的存在，他们身上有着善良、道德、纯洁、健康等一切美好的品质，在外部环境的悉心呵护和关爱下，天真者对世界有着积极的憧憬和充分的信心，"自在做自己"是他们的座右铭，得到幸福体验天堂是他们的梦想。他们相信那个梦幻般的美好世界的存在，所以即便是在最恶劣的环境中，也会坚持梦想与纯真。

在中国传统文化中，天真者的形象则表现为"赤子"。孔颖达注疏："子生赤色，故言赤子。"初生的婴儿皮肤为赤色，故称之为赤子。"含德之厚，比于赤子。"[1] 老子认为初生的婴儿其德足全，纯洁无染，精气充沛，和气充盈。又道"为天下溪，常德不离，复归于婴儿。"[2] 保持良好的德行，如同清澈的溪水一般，

---

① 陈鼓应:《老子注译及评介》，中华书局，1984 年，第 276 页。
② 陈鼓应:《老子注译及评介》，中华书局，1984 年，第 178 页。

回归到纯真无邪的婴儿状态。中国古代保有自然天真、纯洁质朴的"赤子"境界的文人也是数不胜数，极尽逍遥之致而无所拘束的庄子可谓赤子，在桃花源里想象乌托邦的陶渊明也算赤子，浮游尘埃以外、其志与日月争光的三闾大夫更是赤子的鲜活代表。

Mark 和 Pearson 认为天真者原型首先具有单纯无邪和对他人有依赖性的特点，他们具有纯真的心灵，追求简单美好的生活，依赖性强，渴望被照顾，容易被人说服。孩童是最典型的天真者，每个人心中都住着一个长不大的小孩，那是我们的赤子之心，儿童最能为观众营造温暖纯粹的梦幻世界，唤起他们内心的柔软与疼爱。台湾全家便利商店的"谁把全家店长缩小了！？"广告仿照电视节目的形式，以天真无邪的孩童为主角，以台湾人熟悉的便利商店为背景，推出后就获得大量传播，成为当期最热门的广告。

图 2.1 台湾全家便利商店广告《谁把全家店长缩小了！？》

西装革履的大人步入 Family Mart，却只闻欢迎声不见店员身影。寻着声音低头一看，却是两个身着迷你的全家便利商店制服的双胞胎小朋友。几个小朋友一本正经地跟着学习店员礼仪和工作内容，原来这是全家推出的"小小店长体验营"活动。

"我没有带钱耶，怎么办？""那我借你钱。"面对突发状况，天真的小朋友大方掏出口袋的零钱，随后拿起刷条形码器，抢着要帮客人结账。看到喜欢的熊猫人进来买东西，小小店长眼睛里面满是喜悦与纯真。

当我们被囚困在这个繁忙而平庸的世界，纯真的心灵和美好的生活仍是我们永恒的追求，天真者很容易让人们联想到一种简单的快乐，基本的价值与幸福的生活。全家小店长们靠着天真无邪、童言无忌的"萌样"激发了消费者们内心深处未泯的童心，全家便利店也成功依靠天真者原型在消费者心里树立了简单美好的形象，尤其为追求"小确幸"生活的台湾民众们提供了一个简单而幸福的乐园，和消费者之间建立了良好的联系与共鸣。

纯真无邪的天真者往往停留在初级的感官层次，最高层级的天真者则是神秘主义者，他们追求的是内心的超脱与灵性，面对纷繁杂芜的世界，用最淡然质朴的状态来保持初心，坚持价值。酒类品牌格兰利威和金马影帝李康生合作的广告片《一念》就是在陈述时光流逝与万物改变，从中淬炼而成的一念，向观众呈现坚持一念而不随波逐流的天真者形象。

图 2.2 格兰利威广告《一念》

每个人，说我讲话很慢。

可是，那是我独特的节奏与频率。

353

是大家太快了。

快的无法感受到身边的一切。

……

这么多年，无论顺遂与艰难，我始终不变。

我只是一直走，一直走，很慢很慢地走。

我很纯粹，也很坚持。

我是李康生。

我会一直这样，用我的节奏，走下去。

全片时长 15 分钟，在台湾人非常熟悉的西门町、天后宫等城市地标取景，运用长镜头和固定画面的手法，搭配着怀旧的音乐，李康生则静立于人群纷沓的闹市，任凭人群指指点点、疑惑好奇，他始终"不动声色"，用不变的姿态诉说着不变的信念，试图以此形象来传达格兰利威自 1824 年以来一直坚守的品牌信念"单一信念，无二标准"。

在 146 条有明显人物原型的广告中，运用到天真者原型的广告有 15 条，其中在通路服务业（如 7-11、全联）、食品、公益广告等产品特点为无污染、纯天然或希望向消费者传递纯真、善良、朴实与怀旧等品牌文化的产品中尤为盛行，可见天真者的原型在消费者心中有很高的认可度，也就容易成为广告制作的诉求点。但就所有研究样本来看，大部分的广告停留在天真者的初级层次，仅有极少数有着悠久历史或文化深度的品牌能够达到更深层次。

第二节 "不要把我困住"的探险家

天真者的梦想是到达天堂，而探险家则渴望一个自由的世界，他们希望通过向外的探索去发现真实的自己，从而获得自我的满足。他们是真理的追求者，强调自我追寻的正当性，忠实于自己的内心，不背弃自我也不向外界妥协。他们害怕受困、服从、内在空虚和虚无。因此他们常常希望通过体验新事物，探索未知的领域来逃离枷锁，表现自我的独特性。

海洋文明孕育了西方人的冒险精神，早在荷马史诗《奥德赛》中便记录了希腊英雄奥德修斯在特洛伊战争取胜后返航归家途中的冒险经历。在大航海时代西方人的冒险精神更发挥到极致，他们踏上了广袤的非洲与美洲，将地球更完整地呈现在世人面前。相较之下，在强调"克己复礼"的儒家文化影响下的中国人，体内似乎缺少冒险的因子。但好奇是人类的天赋，历史长河中从不缺乏追求刺激、不甘束缚、具有冒险精神的勇者。出使西域的张骞、西去取经的玄奘、七下西洋的郑和以及"达人所之未达，探人所之未知"的千古奇人徐霞客都是敢于冒险不断突破的探险者。

人类对生命的探索从未停止，探险者的目标就是摆脱旧我，实现自我。人们渴望追求自由的生命与快乐，它召唤我们向更高的层次前进，超越环境和自我的束缚。很多广告就是通过塑造勇于打破现实桎梏、积极向外探索的勇者形象而让社会大众感受到自我的满足。户外品牌 Timberland 一直是张扬不羁、粗犷活泼的探险者形象，其年度品牌宣传片《真是踢不烂》结合商品的特点和中文谐音，以独特的大黄靴的视角，用人物的脚步去讲述探险者的故事。

图 2.3　Timberland 广告《真是踢不烂》

"跨出别人指定的路线，自然到达别人到不了的地方。"

"我记得从跨出第一步开始，我就只走在自己相信的路上。"

"如果走在路上，我选择没人敢走的路。如果在路上遇到麻烦，我不会逃走，只会走向它。"

"让我们一起走向现实，走向高不可攀的山巅，走向遥不可及的溪谷，走向海浪与风，走向自由，走向爱。"

在成长的道路上坚定勇敢地追求自己的信念，探索自我的真谛，执着地追求着向往的生活。真实地向往、坚定、勇气和爱都是"踢不烂"的，四段不同的故事向消费者传递跨出去、做自己、勇敢走、走下去的探险者的人生理念。产品如果想要塑造成探险家的形象，那它将必须在人们探索的旅程中充当某种助手或伴侣的角色，这也是增强消费者对品牌忠诚度的方式。而 Timberland 就被构建成为我们在探险的旅程中支撑着我们向前走的忠实的"伴侣"，它不仅仅是一双耐用的大黄靴，更代表这一种巨大的精神力量，它存在于灵魂深处，支撑着我们去探索世界，对抗所有怯懦、妥协与退缩。

在统计 146 条有明显人物原型的广告中，运用到探险者原型的广告有 7 条，其中在汽车、饮品、服饰等坚固耐用，适合在大自然、危险的环境中使用，给消费者以自由的感觉的产品中运用较多。探险的精神激发了消费者对自我个性的强烈表达与宣泄，它具有释放压力的功能，教人们打破常规，挣脱束缚，每个张扬个性、追求自我的年轻人都会对探险者的产品心驰神往，因此"探险家"的原型也越来越多地成为广告创作者的选择。

第三节 "真理使你获得解脱"的智者

什么是真理？这是每日萦绕在智者心间的终极问题。"生活中最自由自在的时刻，就是寻找到真理的时刻，它照亮了我们的生命，解开困惑，澄清心灵，使我们知道该做什么事。"[①] 智者就是帮助我们发现真理的人，他们拥有过人的智慧与知识，对生命有深刻的认识，希望能够自由地独立思考和主动表达自己的想法。智者可能是专家学者、思想家、老师或者年长的老人等可以让人依赖的人，他们常常扮演顾问的角色，为我们提供更精准的资讯以及解决问题的有效方法。

人类有尚智的传统，亚当、夏娃偷吃智慧果被赶出伊甸园，但也代表人的自由意志从此被启蒙，希腊神话中专设掌管智慧的神——雅典娜，苏格拉底定义哲学就是爱智慧，他们重视思维的独立性，强调对真理的探索。中国文化中也有崇拜智者的传统，"明君之道，使智者尽其虑，而君因以断事，故君不穷于智"（《韩非子·主道》）。不管是君王还是百姓，人们对智者都怀有无限的尊崇。

① ［美］卡罗·S. 皮尔森：《影响你生命的 12 原型》，张兰馨译，中国广播电视出版社，2010年，第 212—213 页。

"自天子王侯,中国言六艺者折中于夫子,可谓至圣矣。"身为中国历史上最伟大的思想家和教育家,孔子可谓中国智者的代表,不仅被中国人尊为"至圣先师",还被西方人称为"东方智者"。足智多谋而近于"妖"的诸葛亮也是备受推崇的智者代表,上知天文下知地理,空城计、草船借箭的故事至今仍为人们津津乐道。从各种民间故事、历史记载中可见,足智多谋、博闻强识、智慧卓群是中国智者的共同特点,他们具有洞悉一切的力量,能给他人以指引。

只要是能够为消费者提供准确咨询或帮助做出明智选择与行动的产品,都会倾向于在其广告中塑造智者的形象。智者为我们提供的咨询和帮助一方面是建立在其专心研究、博学多识的基础上,另一方面也可以是其经过岁月的沉淀和累积所获取的丰富的人生经验。所以智者的原型在广告中多呈现为"专家"和经验丰富的"老者"的形象。台湾灵芝王广告"接吻篇"便是结合专家研究出的保健知识以及老者的介绍来突出产品的特点与功能。

图 2.4 台湾灵芝王广告《接吻篇》

公园里一对情侣在忘情热吻,字幕和旁白指出:荷兰研究报告指出,接吻10秒钟,会交换八千万个细菌,帮助免疫调节。一旁的两位长者,一位白发、一位白胡子,对身旁的这对热吻情侣,瞟以惊异的表情。白发长者似乎被这样的举措感动了!转过头来,虽然表情有些为难……但为了增加免疫调节,他凝视眼前的白胡老友,眼神流露出他愿意牺牲的精神!睿智的白胡老友,马上拿出灵芝王产品。只要食用这个健康食品，一个人自己也可以增加抗体。

虽然有些许无厘头与搞怪，但是这个广告还是树立了一个为消费者的健康提供意见的专家智者形象。

在 146 条有明显人物原型的广告中，运用到智者原型的广告有 7 条，多为医疗保健、饮料（尤其是酒精饮料）、信息数码用品等为顾客提供专业服务、品质有实际资料可供佐证的产品。广告的长期目的就是要使消费者信任其产品，人们总是希望从更有智慧或经验的人那里寻求忠告，因此强调智慧是建立信誉的重要武器。

第四节 "有志者事竟成"的英雄

英雄原型的普遍意义是力量、勇气与拼搏，他们往往身强体壮，能够做到常人所不能做的事情。英雄希望世界变得更美好，因此愿意为这世界奉献一己之力，他们内心渴求突破与变革，害怕软弱，不愿任人宰割，希望通过外在的成就来彰显自己的价值，将个体追求与社会使命相统一。有志者事竟成，有英雄出现的故事，最后的结局都是在英雄不懈的努力与坚定的意志力下战胜所有困难与邪恶势力，并鼓舞所有的人，他们可能是军人、运动员、超级明星，也可能是不惧挑战勇敢拼搏的平凡人。

英雄是一种原欲，英雄崇拜是人类永恒的信仰，每个国家都有自己的英雄，都有自己独特的英雄文化。西方文化尤其是神话故事中有着数不胜数的英雄人物，完成 12 项被誉为"不可能完成"任务的希腊最伟大的英雄赫拉克勒斯、历经艰险盗取金羊毛的伊阿宋、特洛伊战争中希腊联军里最强大的英雄阿喀琉斯等等，他们具有超乎常人的力量与智慧，敢于同各种邪恶势力斗争，甚至直接向权威挑战。欧洲的骑士精神，美国的超级英雄都是民族精神的力量源泉。而在中国传统文学中，始终存在着尚武精神和抗争意识，塑造了数不胜数的英雄角色。古代奇书《山海经》中就记录了很多中国原始神话中的英雄故事，盘古开天地、精卫填海、夸父逐日等等，《诗经》中《大雅·公刘》和《大雅·緜》就是记录周民族开疆辟土的英雄史诗，他们的斗争精神一直鼓舞着中华儿女。而在民间则有由墨家思想发展而来的"侠义精神"，《史记·游侠列传》中太史公曰"今游侠，其行虽不轨于正义，然其言必信，其行必果，己诺必诚，不爱其躯，赴士之厄困。"无力改变现状的老百姓们一代代地传唱着这些英雄豪杰的故事，将自己无法实现的愿望寄托在这些侠客身上。

每个人心中都有一个英雄梦，渴望能够出类拔萃，为民伸张正义，获得大众的认可与崇敬，深植于文化与灵魂中浓厚的英雄情结使得英雄的原型较多地应用于当代广告中。英雄的意义主要体现在两个方面，其一是在行为层面，英雄往往承担社会保护者的角色，为了社会的和谐与安全做出自己的奉献与努力；其二是精神层面，他们拥有坚强的意志与果敢的勇气，鼓励大家为了自己的理想不懈追求。当代广告中行动力层面的英雄多为解救苍生、为民造福的保卫者形象，台湾广告"灿坤·地球保卫战篇"以当前环保议题为背景，以节能减碳爱地球为主旨，塑造了保护地球保卫人类生存家园的英雄形象。

图 2.5 广告《灿坤·地球保卫战篇》

此刻我们得以安身立命，完全归功于一群默默付出的无名英雄
发票号码 1943，它用变频冷气缩小了臭氧层的破洞
发票号码 8726，它用省电灯让全球气候不再异常
发票号码 2358，它用环保冰箱守护北极熊的家
还有发票号码 5912，它用变频洗衣机保住了无数森林

英雄希望世界变得更美好，希望通过外在的成就来体现自我的价值，灿坤

将产品的特点与地球"保卫者"的形象联结起来，在宣传健康环保理念的同时，让消费者看到一个负责任的有能力有品质的企业形象，将灿坤与"英雄"的形象画上了等号。

英雄是意志的象征，不惧挑战坚持信仰是他们的标签，即便在最艰难的环境下他们也要追求自己的梦想，证明自己的价值。"高大全"的英雄形象在现代的语境中很容易成为我们生活中的"他者"，与消费者产生距离感，因此平凡生活中勇敢逐梦的平民英雄便成为很多广告的诉求点。"梦骑士"就是台湾大众银行推出的发生在一群普通但不平凡的人身上的故事。

图 2.6 台湾大众银行广告《梦骑士》

"人为什么活着？"广告伊始便向观众提出了一个令人沉思的问题，画面上昏暗的隧道，光线恍惚不定，让人不禁陷入沉思。画面切换到几位老人的生活日常，他们饱受病痛的折磨，死亡的脚步在一天天逼近，生活似乎毫无希望。在朋友的追悼会上，原本失落的他们突然看到了年轻时的合影，眼中又闪烁起生命的希望。五个平均年龄 81 岁的台湾人不愿被命运所绑架，勇敢地追逐年轻时的梦想，开始了新的旅程。环岛 13 天，途径 1139 公里，几位骑士终于找到了活着的答案，那就是"梦"。

运用自己的力量、才能与勇气做一件对自己对生命有意义的事情，这是英雄原型的最高层次。顽强拼搏、勇敢追梦的老人们成功地震撼了台湾民众的心灵，为消费者在面对困难和挑战时的态度和选择提供了一个英雄模范，进而促使社会大众对该银行的品牌文化和理念产生共鸣与认同。

在统计的 146 条有明显人物原型的广告中，运用到英雄原型的广告有 8 条，大多集中在电器、汽车、运动品牌、慈善机构等能够解决重大社会问题，或者能够帮助大家超越极限、战胜困难、振奋精神的产品广告之中。而运用英雄原型的广告也多呈现一种对抗性的场景，在抗争中英雄的意志力和行动力得以淋漓尽致地展示，试图赋予品牌更丰富的内涵与力量。

第五节　"梦想成真"的魔法师

魔法是让人梦想成真的神奇力量。在一般人看来，魔法师能发掘事物运作的基本规律，并把这些原则用来实现心中的想法。他们具有超能力，能施魔法，能通鬼神还能预知未来，可以将现实生活中人们不可能完成的任务与想象化为真实。

不管在东方还是西方文明中，巫术都是一种自远古时期就形成的重要的民俗信仰活动，也是一种建立在人类智慧的联想之上，相信存在某种虚幻的超自然能力的信仰体系。虽然有"子不语怪力乱神"之说，但是古人对巫术的信仰和敬畏却是历史悠久。从卜辞、《山海经》、楚辞到宋元话本、明清志怪，记录了关于宗教、神话、巫术等大量神秘、怪诞的故事，充满神秘之感，形成诸多难解之谜。人类对魔法师的幻想是永无止境的，在潜意识中一直存在着企图掌控一切的愿望。现代文学影视领域出现了大量的魔幻题材的作品，不管是风靡全球的《哈利·波特》系列，还是众多"吸血鬼"题材，都模糊了幻想与现实的界限，将人类天马行空的想象与不能实现的幻想寄托在这些魔法师身上。而随着现代科学的兴盛，那些探究宇宙根本奥秘、用知识创造奇迹的科学家，传授心灵成功"秘笈"的心灵导师等，同样具有了魔法师的魅力。

Mark 和 Pearson 认为魔法师的第一个层次就是神奇时刻与转型体验，因此能够让顾客有所转变、带给消费者不一样的体验和感觉的产品与服务，常常在广告中使用魔法师的原型。饮料产品黑松茶花绿茶"花太郎系列"广告，找来"水桶腰"的相扑力士，用"肥肉笑料"更胜"辣妹蛮腰"的策略来凸显产品"解油瘦身"的神奇魔力。

图 2.7 饮料产品黑松茶花绿茶广告《花太郎系列》

麻豆走秀前夕，师父伤心地对花太郎说，不要忘记自己曾经是个相扑力士。花太郎也难过地说了声好。隔天，花太郎上场表演，记者们抢着问师父，如何把相扑力士训练成麻豆？只见师父一脸茫然，似乎不知茶花绿茶不止好喝而已。

在很多宣传瘦身功效的广告中，小蛮腰的"辣妹"和九块腹肌的"猛男"是常出现的主角，但是花太郎的广告却反其道行之，找来了肥胖臃肿的相扑选手。并且从头到尾都没有提到"减肥"这个字眼，却借助于从相扑选手到模特儿的神奇转变来营造想象的空间，塑造出一个具有瘦身魔力、让消费者得到不一样的转变与体验的魔法师形象。

魔法师的最高层次是心想事成的体验与化梦想为现实的奇迹。魔法师是一个成功的圆梦者，具有实现梦想和安抚心灵的魔力。这类原型往往和天真者联合起来，一起为消费者构建美好幸福的"天堂"。奇美 Z 系列液晶显示器广告"许愿池篇"通过小男孩努力完成小女孩心愿的故事，来呈现一个能够成就人们对色彩的所有愿望的魔法师形象。

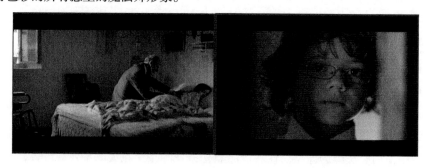

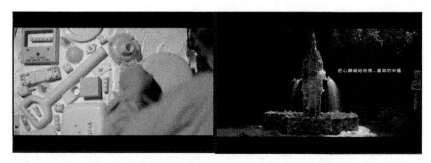

图 2.8 奇美 Z 系列液晶显示器广告《许愿池篇》

被病痛缠绕的小女孩孤单地躺在床上，目睹这一幕的小男孩想要完成女孩的梦想，努力集齐不同空间的色彩，为小女孩搭建了一个五彩斑斓的许愿池。所有的色彩都具有魔力，"许个愿望吧！"把她想见的都给她，完成自己在意的人的心愿是幸福动人的。

该广告所塑造的"圆梦"的魔法师形象，成就了消费者对于色彩的心愿，让他们在 720 度的色彩空间中，体验新的幸福。而天真者形象的配合更让消费者可能产生奇幻纯真的乐园体验。

所统计 146 条有明显人物原型的广告中，运用到魔法师原型的广告有 9 条，主要集中于饮料、化妆品、现代科技产品等广告中，这些能让消费者有所转变、梦想成真以及非常人性化、能够给人心灵与精神慰藉的产品在其广告中使用魔法师的形象就很容易发挥作用。在现在叫卖洗脑式的广告日渐式微，消费者总是抱有改变现状的幻想的背景之下，魔法师原型于是有了广泛的适用性和生命力。

第六节 "人生而平等"的凡夫俗子

凡间的民夫，俗世的女子，凡夫俗子就是世间的普通人。他们朴实无华、脚踏实地，拥有平凡固有的美德和平易近人的个性。他们渴望和别人建立关系，在群体中找到归属感；害怕孤独，害怕由于与众不同而遭到孤立。他们相信人生而平等，肯定每个人存在的价值。同时他们也坚信享受生活的美好是每个人与生俱来的权利，不只专属于贵族或精英分子。他们可能是无名小卒、路人甲、同事、邻居等等平凡的大多数。

在文学作品尤其是现实主义文学作品中，作为弱势群体的平民百姓的生活往往是作者着墨的重点。比如在俄国文学史上就存在着众多"小人物""多余人"形象，他们一般为不起眼的小市民、战战兢兢的小职员以及艰难度日的小知识分子，他们身处社会下层，生活困苦，忍受着社会的不公与压榨。中国文学作品中的小人物形象同样鲜活，如先秦《诗经·国风·豳风》中"八月萑苇""九月授衣"的农妇、"九月筑场圃，十月纳禾稼"的农夫、"馌彼南亩"的妻子，共同织就了一幅村庄里众人劳作的风俗画。世俗题材文学的兴起使得大量的小人物角色开始涌现，形象也逐渐丰满起来，成为反映世俗生活的重要画卷。

为获取消费者的认可，产生共鸣是现代广告创作的主要诉求，而展现普通大众生活状态是凡夫俗子原型广告的重要策略之一。创作者往往以日常生活为背景，以普通大众为主角，通过体现共同的价值与喜好让消费者在广告中找到自己，进而产生归属感。保健品牌白兰氏拍摄了一部时长 10 分钟的歌舞剧广告，以"肝不累，才能轻松 play"为口号，以"酸甜苦辣咸五味职场"为主题，讲述了 5 个典型的上班族的故事。

图 2.9　保健品牌白兰氏广告《肝不累，才能轻松 play》

酸味：卖命干杯、始终微笑的业务员，笑脸背后是不被人理解的心酸；

咸味：在数字海洋里努力计算的小会计，却算不出自己未来的图腾；

甜味：职场家庭两头忙碌的职业妇女，双面压力下"甜味难以下咽"；

辣味：做梦都在 concall 的辣妹策划，灯光背后，辣味走味，让人心生怜悯；

苦味：bug 不断的工程师，缺少交际的苦味，只能在虚拟动漫世界中来解脱。

　　广告展现了平凡但繁忙的普通职场年轻白领的生活，以轻松夸张的歌舞剧方式来表达加班辛苦的厚重话题，让观众既产生了工作繁忙艰辛的共鸣，又受到了歌舞剧的鼓舞。歌词"肝不累，才能轻松 play"穿插全场，陪伴"五味职场"人经历苦痛，试图使观众从事实共鸣上升到价值共鸣。

　　大众在进行日常消费时大都以实惠为追求，以省钱为目的，因此实惠省钱往往是凡夫俗子原型广告的一个重要诉求点。台湾全联福利中心的定位一直就是"既方便又便宜的大卖场"，他们的广告创造也一直以"省钱"为话题，以"全联经济美学"为主题来展现普通民众的省钱"秘笈"。

图 2.10 全联福利中心广告《全联经济美学》

几个穿着各种不同服装风格的男女，从"文青"到"庞克"、从单身到情侣，如果没有仔细看，或许会以为是哪个服饰品牌的广告。但每一幅广告都有一个共通点：他们都提着全联福利中心的塑料袋。

离全联越近，奢侈浪费就离我们越远

距离不是问题，省钱才是重点

省钱是正确的道路，我不在全联，就在去全联的路上

来全联之后，我的猪长得特别快

……

在这个"社会宅"都要彰显"绿生活"跟"智慧化"的时代，生活美学已经逐渐成为一种主流，生活不只要节俭，还要节俭得很有品格和品位。全联选择了不同特点的普通年轻人来诉说自己的故事，给出了14条节约的理由，渗透到普通大众生活的方方面面，将全联变成"省钱"且"时尚"的生活态度和消费价值观念的"代表"。

所统计的146条有明显人物原型的广告中，运用到凡夫俗子原型的广告有23条，可见该原型的广泛适用性。当明星营销成本居高不下，而"草根"阶层迅速崛起时，凡夫俗子的原型受到很多品牌尤其是希望拉近品牌与消费者之间距离的广告创意者的青睐，从而呈现在像食品、饮料、医疗保健等等一些属于中低价位或者有着淳朴的组织文化的日常商品广告中，成为联络消费者感情、获取品牌认可的助手。

第七节　"我心只有你"的情人

情人原型常象征浪漫的爱情，代表人与人之间炽热的亲密感与依恋感。人们期待与所爱的人保持稳定的情感关系，享受这种亲密关系所带来的感官和心灵的愉悦。与同样强调归属感与接纳的凡夫俗子原型不同，维系情人间亲密关系的纽带不是肤浅的忠诚或认可，而是更深层次的情感，是一种亲密、真实、私人的（有时也是情欲的）情感结合，需要更多的了解、诚实和热情。除了浪漫的情爱伴侣，彼此了解交心的朋友也算是情人原型的一种。因此情人的原型可能是爱人、夫妻，也可能是家人、朋友、协调者等等。

爱情是人类文明史上一个永恒的话题，是人本能的存在。正如恩格斯所说："人与人之间的、特别是两性之间的感情关系，是自从有人类以来就存在的。性爱特别是在最近八百年间获得了这样的意义和地位，竟成了这个时期一切诗歌必须环绕着旋转的轴心了。"[①]比如《诗经》和《圣经》，作为东西方文明的源头，当然有很多人类质朴情感的流露。《圣经》中《雅歌》就是以颂赞爱情为主题的诗集："愿你用嘴唇亲吻我，你的爱情比美酒香甜。"而在《诗经》中，又以《国风》中表达男女爱情、婚恋的诗歌最为出彩："蒹葭苍苍，白露为霜，所谓伊人，在水一方。"西方的爱情热情大胆不顾一切，东方的爱情温婉含蓄而不失执着，但不变的是人类对爱情真谛的不断追求。

著名心理学家罗伯特·斯滕伯格提出了爱情三角理论，认为爱情是由三个基本成分构成的，即激情、亲密和承诺。[②]亲密包括了对爱人的赞赏和照顾爱人的愿望，自我暴露和内心沟通也很重要，这是在使用情人原型广告中最常见的核心成分。投影仪品牌 BenQ "做个恋家的人"系列广告借由电影般的拍摄手法，搭配市井小民的日常生活情节，从细腻的感情表演中，完整呈现各种现代婚姻议题，其中"丈夫的秘密简讯"篇以丈夫的惯性晚归，带出孤单妻子的无奈，成家之后，家却不成家。

---

① 恩格斯：《路德维希·费尔巴哈和德国古典哲学的终结》，载《马克思恩格斯选集（第四卷）》，人民出版社，1972 年，第 229 页。

② [美]罗伯特·J. 斯滕伯格、凯琳·斯滕伯格：《爱情心理学》，李朝旭译，世界图书出版公司，2010 年，第 195 页。

图 2.11 投影仪品牌 BenQ 广告《做个恋家的人》

　　广告的开始，女生在电梯里拾到一部手机。回到家中面对的是漆黑空荡的房间，女生只能一人孤单地吃着便当。电视里放着节目"爱上一个不回家的男人"，嘉宾们细数老公不回家的借口，女生露出苦涩的微笑。画面一转，男生坐在漆黑的轿车里沉思，突然收到一条匿名短信："你在哪里，我很担心。""我在加班，如果你是我老婆，我会这样回你。不过，你传错人了。""回家不知道要干吗。"惯性晚归似乎成为横亘在夫妻间的巨大问题，婚前挤在窄窄的小套房，回忆却是幸福而美好；婚后有了宽敞的大三房，却是孤独的开始。随着剧情的展开，原来这是女生用捡来的手机以另一个人的身份与丈夫交流他们之间的问题。

　　在聊天过程中，丈夫想起结婚前的幸福时光，为找回当年的回忆，他买来一台投影机和妻子一起看过去的影集。后来丈夫不再惯性晚归，而是下班后和妻子一起用投影机看电影，两人感情又恢复亲密的状态。进而引出广告的主题："爱很简单，从投开始。"

婚姻情感中的种种问题，也许每个人都会遇到，因此也能引发很多人的共鸣。通过这些情人原型故事的讲述，让更多处在难题中的情侣知道，这些现象其实是可以被改变的，而投影仪产品也成为拉近情人之间距离，增加情感沟通的最好帮手。

爱情中承诺是非常重要的，而步入婚姻殿堂的许诺或许是一段爱情中最好的承诺。台湾烘焙糕点品牌伊莎贝尔一直坚持着浪漫健康的核心理念，《结婚，其实还不错》是伊莎贝尔推出的一个结婚微电影系列广告，《老板篇》《店员篇》《房东篇》以三个不同的女生为主角，分别讲述了她们在面对家居店店员的轻视、房东的刁难以及老板的无理呵斥时，突然收到男友的求婚与照顾一生的许诺，继而采取一系列的出人意料的举动，让人拍手称快。广告一方面从现在年轻人面临的工作、社会歧视以及住房等问题入手，将他们的困境呈现在大荧幕上，让同处于困境中的年轻人感同身受；另一方面广告又加入了与品牌主题相关的爱情要素，用婚姻的许诺将人们从生活的困顿中解脱出来，让观众产生更深刻的共鸣与好感。

激情是激发和维系爱情关系的最强烈的情绪驱动力，而外表吸引力和性吸引力在爱情关系中尤为显著。正如肯特·沃泰姆所说："性效应和与之相伴的风险，既能让消费者产生兴趣，又能使广告具有诱惑力。并且，吸引不是一种滞后的或理性的情感，它会即刻发挥作用。"[①] 因此许多广告商常常使用情人原型中的激情一面来赋予产品强烈的魅惑力。台湾首家精品旅馆薇阁的爱情小广告"送餐服务"以旅馆房间为拍摄背景，透过故事中女主角每天送餐给客人，幻想每间房间里的情欲故事，不论是"兄妹的爱的不伦"或"芭比的性爱论"，都在内心渴望与想象之间拉扯。透过镜头，将每个人的性幻想表现出来，让观者去思考幻想与真实世界的那种差别。

在统计到的146条有明显人物原型的广告中，运用到情人原型的广告有19条，其中像珠宝、时尚、食品、汽车等能象征着真爱或友情的，能帮助维系和

---

① [美]肯特·沃泰姆:《形象经济》，刘尧舜译，中国纺织出版社，2004年，第123—124页。

增进人际的亲密关系或者有着亲密、高雅的品牌文化的产品，较多地使用情人的原型。但是激情元素的使用在所有广告中比例极少，大概是与"在中国，'性'是最强烈的被意识而又最强烈的被压抑的一个领域"[①]相关。虽然在人的潜意识中有着对性的向往，但如何把握好呈现的尺度与方式，在诱导消费者时发挥有效作用，是广告主需要深思的。

第八节 "快乐活在当下"的弄臣

弄臣原型包括小丑、魔法师和任何喜欢作弄人或耍花招的人。[②]"如果不能跳舞，我就不要和你一起革命。"弄臣渴望快乐地活在当下，对于他们而言，生命就像是一场游戏，他们不仅自得其乐，还邀请大家一起同乐。将负面的情绪转化为积极的情境是弄臣最大的功能，他们能让每件事变得更轻松，因为他们喜欢打破常规，拥有能够带来创新和突破格局的思维，也因此对大众有着强烈的吸引力。

早在中世纪，英国的王公贵族们就专门设讲笑话和表演滑稽故事给主人消烦解闷的奴仆，这算是最早的弄臣。他们在主人面前可以比较大胆地讲话，适当的时候用开玩笑的方式劝谏君王。而在中国，弄臣常常以俳优的身份出现，司马相如《上林赋》中记载"俳优侏儒，狄鞮之倡，所以娱耳目乐心意者。"他们也有以歌舞谐谑来对君主进行劝谏的职责。司马迁就曾高度评价优人的讽谏艺术，《史记·滑稽列传》中就记载了淳于髡、优孟、优旃等一类"谈言微中，亦可以解纷"的滑稽人物，将优人的讽谏提高到与孔子的六艺相并列的地位。

弄臣代表着"幽默、不遵守规则和令人惊奇之元素等普遍意义"[③]。因此广告创意者多使用幽默的元素来塑造弄臣的形象，滑稽、讽刺、诙谐与怪诞是他们常用的手法。在现代美学中，滑稽是喜剧性和幽默感的重要表现形式之一，通过嘲笑与插科打诨乃至于超出常规的荒诞方式，揭露对象的自相矛盾和可笑之处。弄臣原型广告中最常出现一些显而易见的滑稽小丑形象，他们往往有着异于常人的外形、不协调的体态或者颠三倒四的言语行为，用最直接的搞笑方式

---

① 程金城：《中国文学原型论》，甘肃人民美术出版社，2008年，第186页。

② ［美］玛格丽特·马克、卡罗·S.皮尔森：《很久很久以前：以神话原型打造深植人心的品牌》，许晋福、戴至中、袁世珮译，汕头大学出版社，2003年，第219页。

③ ［美］肯特·沃泰姆：《形象经济》，刘尧舜译，中国纺织出版社，2004年，第225页。

逗观众们开心，让消费者们在这种趣味性的娱乐享受中加深对产品的认知。台湾主题公园剑湖山世界推出的广告"关心健康篇"就将中医中的针灸铜人形象进行变形丑化，给人一种滑稽可笑的视觉感受。

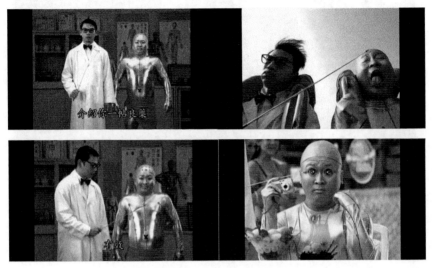

图 2.12　台湾主题公园剑湖山世界广告《关心健康篇》

广告主角是一位身穿白大褂的医生和一位围着红布加肥版的针灸铜人，医生用闽南话煞有其事地向观众介绍："中气不顺？"在过山车上大喊一下；"多年久坐卡穿痛？"去坐坐旋转木马；"目揪灰灰流目油？"去沙滩看看美女。"来剑湖山世界，有效！"

无厘头的剧情与逻辑，搭配铜人各式各样或夸张或扭曲变形的表情，制造出明显不协调的形象与画面，让人不禁哑然失笑。每一个场景最后都是广告语"来剑湖山世界，有效！"。滑稽丑角的表演与商品建立了巧妙的联系，将剑湖山世界塑造成一个有利于身心健康的搞笑乐园，体现出一种机智的滑稽形象。

诙谐是广告中塑造弄臣形象又一表现方式，它不一定需要纯粹逗笑式的滑稽形象，而是建构一些微妙的关系，而这些关系中往往隐含了荒谬可笑的逻辑。康德认为，笑是一种从紧张的期待突然转化成虚无的情感①，因此广告创意者常常通过设置悬念的方式来达到诙谐的效果。台湾食品味味一排骨鸡面广告《追

---

①　[德]康德：《判断力批判（上卷）》，宗白华译，商务印书馆，1996年，第180页。

踪篇》就讲述了一个绑架案的故事。

图 2.13 台湾食品味味一排骨鸡面广告《追踪篇》

"人在我手里，准备五百万。"太太的儿子被绑匪绑架，收到了歹徒的勒索电话。旁边西装革履的警探突然叫道："不要动！"两人寻着电话线一路追踪，最后成功找到绑匪所在地，原来是因为味味一排骨鸡面的香味泄露了绑匪的行踪。再远再难，香味都闻得到，"香到你没路躲！"

设悬念的表现手法让观众对广告结局产生好奇，通过情节发展的极力渲染，观众也随之开始好奇想象，气氛逐渐达到高潮，这时作为广告对象的产品突然出现解开疑惑，逻辑情感上的落差顿时产生诙谐幽默的体验，在轻松搞笑的氛围中，产品的"特点"得以展现。

在所统计的 146 条有明显人物原型的广告中，运用到弄臣原型的广告有 17 条，其中在食品类等标榜能帮助人拥有美好时光、具有自由轻松的企业文化、同时也是中低价位的产品中使用较多。早期广告中的弄臣形象多为滑稽夸张的小丑，但是一味地滑稽容易陷入浅薄低俗的境地。后来的广告越来越多地采用诙谐的弄臣形象，巧妙地将产品的信息融入幽默之中，让广告具有了一定的内涵与智慧。

第九节　"爱邻如己"的照顾者

照顾者的座右铭是"爱邻如己",对于他们来说,生命的意义在于施予与帮助。他们热情慷慨、乐于助人,善于沟通和倾听,具有较强的同理心和奉献精神,是典型的利他主义者。他们为他人尽心尽力,有一种让人安心与信任的力量。他们的形象可能是看护者、圣人、父母亲或者支持者等等。

一直以来,照顾的象征大多是以有力的母性来表达。[①]源于原始时期女性崇拜的"恋母崇母"情结,可谓人类集体无意识中一直传承且普遍存在的记忆,母亲是所有神话中最基本的原型,古希腊神话中的地母盖亚、西方圣母玛利亚、印度史诗《罗摩衍那》中的悉多,还有中国创世神话中的女娲,她们都是孕育生命的象征,具有创造、救赎、庇护、温暖和宽容等多重意义。弗洛伊德发现,人的最基本动力之一,"即永远依附于母亲,也就是依附于子宫、依附于自然"[②]。所以尽管后来"菲勒斯中心主义"主导下的社会秩序一直对女性进行贬低和禁锢,但依旧赋予了母亲神圣的光环,并将原始的女性崇拜转化成对贤妻良母和理想女性的追求与歌颂。

母亲原型广告正是利用人们潜意识中对母亲这一形象的眷念和崇敬,尝试赋予品牌以母亲般善良、温柔的特质。台湾大众银行的企业形象广告"机场母亲勇气篇"改编自真实故事,讲述了一位从未出过国也不懂外语的台湾母亲,为了能见到在海外工作又初为人母的女儿一面,凭借着母亲伟大的韧性及信念勇闯异国的故事。

---

① [美]玛格丽特·马克、卡罗·S.皮尔森:《很久很久以前:以神话原型打造深植人心的品牌》,许晋福、戴至中、袁世珮译,汕头大学出版社,2003年,第235页。

② [美]弗罗姆:《弗洛伊德的使命》,尚新建译,生活·读书·新知三联书店,1986年,第17页。

图 2.14 台湾大众银行广告《机场母亲勇气篇》

　　广告开始的场景是一位老妇人因携带违禁药品在委内瑞拉机场被扣留，画面中高大严肃的外国安检人员凶狠地质问，而语言不通的老妇人拼命挣扎哭喊，似乎在解释着什么。接着广告以插叙的手法交代背景，原来这是位去异国看望女儿的台湾老妇人，独自飞行了三天，经过三个国家，近三万两千公里。渴了就着机场的自来水喝，困了蜷缩于候机厅的椅子睡，每天在卫生间简单梳洗，语言不通只能四处彷徨询问，生怕错过转机拼命奔跑。画面再转回对峙现场，一位东方面孔的工作人员出现才揭开了谜底，原来所谓违禁药品其实是老妇人带给坐月子的女儿炖鸡汤补身子用的一包中药。广告最后提问："她是怎么做到的？"字幕作答："坚韧勇敢爱，不平凡的平凡大众。"

　　作品里从未出现母亲照顾女儿的场景，但母亲对女儿的疼爱通过一包小小的中药和一段坎坷的旅程展示得淋漓尽致——是坚韧勇敢的母爱让平凡的她有了不平凡的经历。为了子女母亲总是尽心尽力坚强无私地奉献自己，伟大的母爱唤起了观众内心深处对母亲的眷恋与爱戴，也使该品牌与无私奉献善良温暖的照顾者形象建立起了联系。

　　除了提供物质层面的照顾，精神层面的陪伴也会让消费者感知感觉，以解其对于爱和陪伴的渴望，进而产生依赖感，并移情于该产品之上。台湾随处可见的 24 小时便利店 7–11 广告"单身教我的七件事"系列就以一位热心的 7–11

店员的视角讲述了一群单身族群的故事。

图 2.15　24 小时便利店 7–11 广告《单身教我的七件事》

　　"好好活着"篇的主人公是一位中年丧妻的刘先生。他常常挂着若有所失的表情进入便利店，因思恋妻子而不断地重复着两人的生活动作，比如帮妻子到便利店买卫生棉，准备两份的晚餐，以及在空无一人的水房里细听着手机里妻子生前的语音，淡淡地延续着彼此的关心与回忆，给人一种强烈的孤独感。刘先生突然想到妻子生前希望一起出去旅行的愿望，在迷茫之际重新燃起对生活的期望，带着两人的婚纱照一起开始了环岛旅行。

　　在压抑的氛围当中，7–11 便利店里那位阳光有亲和力的男店员成功扮演了窝心暖男的形象，一直陪伴见证着刘先生的生活变化，在让受众感受到刘先生心情的同时也记住了在大家生活中始终如一地扮演着陪伴的角色的 7–11，让7–11 贴心服务的形象更加鲜明。

　　在统计 146 条有明显人物原型的广告中，运用到照顾者原型的广告有 38 条，其中在通路服务业、金融保险业、保健品、家用产品等等几乎各行各业中都有使用到："照顾者对他们子女和其他依附者的关心，让这个原型定位成为医疗、健康产品、保险、银行和财务规划等行业最自然的考量——类别太多，几乎难以区隔定位。"① 所有期待能够帮助消费者，呵护人们的身体或心灵，给人亲切感和关怀感的产品都可以合理使用照顾者的原型。

第十节 "权力是唯一"的统治者

当我们提到统治者时，很自然地会联想到权力、命令与威严感。对于统治者而言，"权力不是一切，而是唯一"。他们希望一切尽在自己掌握当中，因为他们知道避免混乱最好的办法就是取得控制权，这也是保护自己、家人和朋友最安全的方式。他们有着与生俱来的权威感和极强的领导力，让其他人自然而然地想要跟随。他们也被形容为非常负责的人，愿意为社会整体福祉贡献力量。统治者可能是老板、领袖、父母亲、政治人物或某一行业的意见领袖。

对于有着数千年的封建专制集权统治历史的国家而言，人们对统治者的形象并不陌生。在上古神话中就有对"三皇五帝"的记载，无论是尝百草、教食五谷的神农，"始作八卦"的伏羲，还是治水三过家门而不入的舜，他们都为人类的进步做出了自己的贡献，也成了部落的首领，受万民膜拜，受后世敬仰。在漫长的封建集权历史中，"皇帝"成为了统治者原型最典型的代表，尽管他们的形象千差万别，但内核依旧稳定传承，一方面他们拥有至高无上的权力，对社会有着空前的掌控力；另一方面他们的生活极尽奢华，锦衣玉食美女环绕，因此掌控一切的权力和奢华生活的享受就是统治者原型的基本内涵。

人们集体潜意识中一直存留着对统治者的敬畏和崇拜，在广告中使用强势的统治者形象容易让消费者对品牌产生认同感。台湾电信业巨头"中华电信"为强调布建光纤网络的决心，与传达对"光世代"的向往，"中华电信"董事长贺陈旦亲自投入广告拍摄，并请到旅美球手郭泓志担任"中华电信"网路骨干光纤化新品牌"光世代"代言人。"光世代"系列广告共分成"前导篇""决心篇""建设篇"与"应用篇"4支广告，借着其中两人的互动，展现"中华电信"耗资人力铺设光纤网络的决心。

---

① [美]玛格丽特·马克、卡罗·S.皮尔森：《很久很久以前：以神话原型打造深植人心的品牌》，许晋福、戴至中、袁世珮译，汕头大学出版社，2003年，第237页。

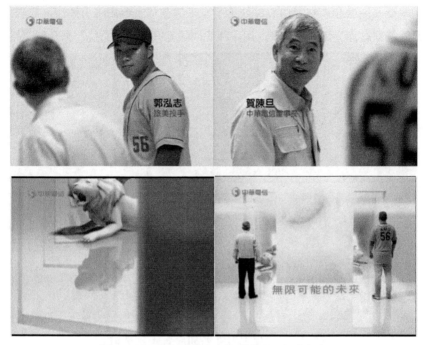

图 2.16 "中华电信""光世代"系列广告

在前导篇中，身穿棒球服的年轻男子和身着工服的老人在电梯口相遇："嘿，我认得你，你是郭泓志，2006 年美国职棒 100 大潜力球星，台湾唯一上榜的耶！"老人主动打起招呼。"你好你好！我也认得你，你是贺陈旦，中华电信的董事长！""你要去哪里？""和你一样！"画面中出现"无限可能的未来——光纤网路！""决心篇"中，贺向郭介绍，我们要把全台湾所有的电信网路换成光纤！先拉到每个人家，再把每个人拉到未来！

广告通过两人的对话，运用充满梦想和代表成功的符号，再加上努力的特质来传达未来的可预期和不可限量。贺陈旦和郭泓志可谓台湾电信业和棒球界绝对的强者和统治者，使用这两个充满控制力和权威的形象，尤其是"中华电信"董事长的亲身出演，免去光纤网络服务尚未普及，可能带来的空洞、遥不可及的印象等疑虑，向消费者阐明了"光世代"势在必得的决心，绝对的权威也带给消费者绝对的信赖感。

如果说过于强势的统治者会给消费者带来压力和距离感，那如同帝王般生活的享受又能激起消费者内心深处关于享乐的欲望。台湾维力炸酱面广告"领袖篇"就刻意营造怀旧的场景,用一种戏谑的方式模仿"总统"来介绍产品。

图 2.17 台湾维力炸酱面广告《领袖篇》

广告的主角是操着大陆口音的"总统"和旁边翻译的手下:"你是我的爱将(爱酱)!""办(拌)什么都很好""现在独当一面了(不只是一碗面而已)!""天将降大任于斯人也(添这个酱一丝啊咧)!""该怎么办(拌)就怎么办(拌)!"

广告利用谐音的效果,将台词巧妙地变成产品的推销词,让观众会心一笑。虽然带"恶搞"性质,但"总统"级人物的推荐让消费者在欢笑之余,也将其对统治者这一形象文化价值上的认同感和对产品的自我需求与欲望结合在一起,加深对产品的认知与辨识度,从而促使消费者的购买行为。

在统计 146 条有明显人物原型的广告中,运用到统治者原型的广告仅有 3 条,且在像中华电信等带有垄断性质,在业界属于龙头地位的大型企业广告中才略有涉及,可见在台湾,消费者对统治者原型的接受度或许并不深。

第十一节　台湾广告原型形象总结

研究发现，台湾广告偏好表现"照顾者"原型，几乎所有的行业都会在广告中传递让人安心和信任的信息从而建立与消费者的情感连接，只要能协助人照顾好自己，或帮助人们更好地完成照顾他人的任务，都有可能获得广大消费者的青睐。其次则为以普通人为主角的"凡夫俗子"原型，通过接近和反映社会大众的日常生活来满足消费者们想要融入群体的渴望。从广告动机理论四大面向的原型数来看，在"归属享受"面向所占总体比例最高，其次是"稳定控制"面向，然后是"独立实现"面向，最少的是"冒险征服"面向。究其原因，笔者认为有以下可能：

从原型表现数量来看，"照顾者"原型和"凡夫俗子"原型的适用范围较广。就广告操作层面，此类原型的设计比较简单，定位比较明确。可以说固定使用代表安全性的"照顾者"原型，或者固定使用强调归属感一致性的"凡夫俗子"原型，对广告主或者创意者来说都是最安全的做法，广告效果也相对较为成功。但是越是简单常见的产品，越是需要创意的支持来进行品牌的区隔，更加立体地加深品牌的内涵与形象。而"探险家"甚至"亡命之徒"等试图颠覆传统，打破常规的原型形象，在一定程度上可能会与某些消费群体的价值观念和情感意识相违背，招致他们的不适与反感，影响广告效果和品牌形象，同时也对广告主提出了更高的创意和创作水平的要求。另一方面"照顾者""凡夫俗子"等原型的广泛使用一定程度上与台湾文化中的中华传统思想息息相关，儒家"仁者爱人"的核心理念塑造了台湾人集体性的温良恭俭让的习性，他们强调睦邻友善、助人为乐，突出对人的关照和对人性的赞美。此外，传统道家的积善的善恶报应观、佛教的慈悲观念均是一种善行的观念，他们强调人与人之间的关心、爱护和帮助，尤其主张对弱势群体给予必要的关怀和照顾。从行业类别来看，医疗保健产品广告和公益广告中，照顾者的原型所占比例最高，究其原因，台湾人口结构的急速老化使得老人照顾问题成为重要的社会议题之一。台湾社会家庭结构功能改变，由以往以家庭为主的照顾，转变为寻求外界专业的照顾，对长期照顾资源与人力的需求与日俱增。医疗保健产品通过无微不至、专业贴心的照顾者原型的塑造成功满足了消费者的实际需求。

其次在人性动机面向上，台湾广告不会特别强调"冒险征服"的精神，这与中国人的特性有一定关系。儒家传统文化强调"克己复礼",在社会秩序的约束下每个人都习惯性地遵守群体共同的道德规范,较少表现主动斗争的意志。林语堂曾指出,中国人的特性最主要是"圆熟",具体的表现就是"忍耐、模棱两可、和平、知足和保守"①,中国人之所以会如此,是因为中国文化是属于消极的,以持久忍耐为基石的,没有进取且争胜的精神。另一方面近十几年来曾经作为"亚洲四小龙"之一的台湾经济陷入停滞的状态,失业率居高不下,对外环境和政治生态上也陷入困境。社会心理预期和现实的落差让台湾人尤其是台湾青年人普遍受挫,个人领域之外潜藏着太多的不安与未知。但也正因为如此,珍惜此刻尚且拥有的平凡日常,被奉为值得珍惜的小幸福。台湾民众从渴求变革期待冒险转向对"小确幸"的保守稳定生活的追求。广告的诉求往往必须考量文化取向,所以台湾广告的原型运用就会以"稳定控制"面向和"归属享受"面向为主。

广告中的原型人物其实并非在广告中出现的特定角色,而是广告所折射出的一类原型人物的特质。当符合某种特定原型的场景出现时,那个原型就在人们心中活过来了。"一旦原型情境发生,我们会突然获得一种不寻常的轻松感,仿佛被一种强大的力量运载或超度。"②广告创意者通过使用这些原型人物唤起消费者的代表某种行为倾向的集体无意识,建立品牌和这些原型某种程度的契合,进而与消费者产生联结。在146条所有存在明显人物原型的样本广告中,可以识别的原型类型一共10种。但是"生活中有多少典型情境,就会有多少种原型"③,在浩如烟海的广告创作中,具有原型特质的广告远远不止这10种。一方面随着时间的变化,原型呈现出不同的表现方式,为研究分析增加了难度;另一方面作为民族文化记忆和象征,原型的内核在不同的民族语境中也会呈现不同的内容,如何建构中华本土文化的原型体系也是研究者需要跟进的。由于样本选择量以及笔者精力的限制,研究仅为抛砖引玉,仍然存在着大量的原型等待后续的研究去分析整理。

---

① 林语堂:《中国人(全译本)》,郝志东、沈益洪译,学林出版社,1995年,第56页。

② [瑞士]荣格:《心理学与文学》,冯川、苏克译,生活·读书·新知三联书店,1987年,第121页。

③ [瑞士]荣格:《原型与集体与无意识》,徐德林译,国际文化出版公司,2011年,第41页。

第三章 台湾广告原型的现代建构

原型理论认为，人在社会实践中形成的经验感悟的类同性是原型心理生成的原因之一。①原型是人类相同的或相通的精神体验和心理模式，它通过具体方式（如文学艺术中的原型、母题、象征等等）的反复使其"可见"，具有跨越时空的恒定性和相通性。但是另一方面原型作为一个独立的交际单位，之所以能够沟通现代与远古之间的联系，负载不同时代人的精神与情感体验，是因为既受到文化沉淀的影响，也与特定时代的社会心理密切相连，遵循所在时代的伦理道德原则，因此原型的外显型特征会随着不同时代的伦理道德要求而呈现不同的演变。

因此当代广告在建构原型时就处于相互联系又矛盾的状态：一方面原型是一种与传统相关的模式，有了这个模式，才能唤起消费者内心深处世代传承的心理模式和情感体验，另一方面原型具体的形式又在不断地更新变化，它与现实生活、时代精神等相关。只有通过这种演变，满足人们不断变化的心理需要，原型意象才能更好地刺激人的无意识心理，唤起他们的情感认同。本章将通过具体的广告案例分析台湾现代广告在建构原型模式时所呈现的不同的表达方式。

第一节 中华文化的原型传承

荣格认为，艺术家并不是拥有绝对的自由意识，作为个人他可能拥有个人意志和情感，但是更高意义上他是集体人，是"一个负荷并造就人类无意识精神生活的人"②。艺术作品作为人们精神实践的产物，本身就体现了人内心深处的情感和行为图式，具有深深的民族文化烙印，因此现代广告在构建原型形象时

---

① 程金城：《中国文学原型论》，甘肃人民美术出版社，2008年，第12页。
② 荣格：《心理学与文学》，载《荣格文集》，改革出版社，1997年，第243页。

不可避免地会继承民族的集体记忆和文化。荷兰心理学家吉尔特·霍夫斯泰德等人把文化结构划分为符号、英雄、仪式和价值观四个层次①，其中最外层的是文化中具体可见的符号，包括语言文字、服饰、建筑物等等，而价值观则是文化最深层次最核心的部分，是人类世代传承的价值判断标准。台湾作为中国的一部分，深受中华传统文化的影响，在思维方式、审美情趣和价值观上都具有显著的东方特色，在广告中也会使用具有中国传统文化特色的原始意象或以传统文化价值观来塑造原型，以此来激发消费者内心深处的归属感与文化认同感。

一、以传统文化符号为表征

弗莱认为原型是具有约定性联想的意象群，就是用具体可感的为某一文化族群所熟悉的符号意象去传达人们的深层意识和情感体验。现代语言学家索绪尔的二元关系符号理论认为，每一个符号都包含了能指（Signifier）和所指（Signified）两个部分，所谓能指就是那些能被我们感官所把握的物质形式，而所指则是这些物质形式在我们心中形成的概念及所传达的观念。而中华文化在悠久漫长的文明发展史中也形成了一套庞大而极具民族特定含义的象征符号，它们广泛地存在于中华儿女生活的方方面面，表达人们在一般语言中所难以言尽的情感和意志，其影响之大范围之广让西方学者都不禁感叹："这样，他们形成了一个运用象征形式的社会，这种表达方式由于习惯而得到加强，并且将个人与公共秩序和道德结合在一起。"②

中国文化中具有象征性的意象符号种类繁多，包罗万象，比如象征理想人格的君子四友梅兰竹菊这类自然意象，中国龙、凤凰等图腾意象，字画、书法、京剧等文化意象，旗袍、唐装等民族服饰，春节、端午节等民族节日意象，赛龙舟、吃饺子等传统习俗等等，这些意象符号既是人们物质生活实践的反映，也承载了中华儿女的共同心理和集体认知。而在广告中借用这些象征性意象，对同一文化背景的人群具有强大的号召力，并通过激发消费者的文化认同感来进一步明确品牌文化。

在上文提到的台湾大众银行广告《机场母亲·勇气篇》中，剧情开展最重要的元素就是那一包被误认为违禁品的中药。广告创意者巧妙地将这包用来给

---

① 吉尔特·霍夫斯泰德、格特·扬·霍夫斯泰德:《文化与组织：心理软件的力量》，李原、孙健敏译，中国人民大学出版社，2010年，第7页。

② [美]W·爱伯哈德:《中国文化象征词典》，陈建宪译，湖南文艺出版社，1990年，第7页。

坐月子的女儿炖鸡汤补身子用的中药设置为中国和西方文化的区隔与差异，钱念孙先生认为，对于这些本民族人民往往赋以特殊含义或者当作某种偶像来崇拜的事物，异族人一般都难以以该民族的心理，而是按照自己民族的习惯去认识把握他们①。坐月子是中国人特有的仪式，当两岸人民看到坐月子以及用中药炖鸡汤时会很自然地联想到母爱的伟大，而西方人却不能理解这种文化。英国人类学家弗雷泽认为很多文化体系中会有特定的行为仪式，这些仪式就是社会的无意识象征，体现了人类深层的共同心理与情感。这则广告之所以能够激发两岸观众相似的情感与体验，是因为两岸人民共享着同一套文化符号系统，能够理解这些特定符号所传达的意义与价值，更加证明了两岸文化同根同源。

在中国古代文学中还有一些被反复歌唱的典型意境，所谓意境"是与心理图式和情感模板直接对应的意象之间的结构整体"②，是意象组合之后的升华。这些意境也反映了中华文化特有的审美观念和共同的心理感受，如一首"枯藤老树昏鸦，小桥流水人家"，将一些具体的意象按照一定的心理图式排列在一起，便具有了超越意象本身的情感内涵，继而激发读者的感性体验。台湾江南春别墅广告《中国人忘不掉江南风味》文案"一条清邃的仄径，垂柳依依，唐式山水地形，中国式古典大门转出一地江南风味，轻抚着淡淡幽兰，我们仿佛回到故国的江南山水，二十四桥、西子湖、苏杭美景，都在脑海中涌现！中国人忘不了江南味！中国人应该享受最具江南风味的生活！"同时搭配南唐后主李煜的《虞美人》，散文式的文案营造了一种清新淡雅，小桥流水的世外桃源的景象，景中全是情，让观众有丰富联想的空间。在高度相似的历史文化背景下，两岸人民形成了相同的审美取向与情感模式，也许从未到过江南，但江南的模样早已印在台湾人民记忆深处，广告通过意境的营造引发消费者的联想，刺激消费者的心理，唤起其情感共鸣并对品牌产生向往。

二、以传统价值观为内核

原型作为集体所共有的精神现象，作为一种先天反应倾向或行为的可能性，往往受到人们固有的价值观念和经验记忆的影响，反映了一定文化背景下人们对真善美的历史性选择，是民族相通的精神需求模式和价值取向，所以原型其实就是民族伦理标准、审美情趣和集体价值观等情感的集合，现代广告中原型

---

① 钱念孙：《文学横向发展论》，上海文艺出版社，2001年，第180页。
② 程金城：《中国文学原型论》，甘肃人民出版社，2008年，第64页。

的生成就是以传统文化、民族集体价值观为内核。在台湾以儒家思想为核心的中国传统文化依旧是影响台湾人民思维、审美和认知行为方式的最重要因素，其中以仁爱、孝悌和诚信为基础的儒家伦理思想和价值观念成为台湾现代广告原型构建的重要文化根基与来源。

（一）仁爱——道德追求之美

"仁"是孔子思想的核心内容，仅在《论语》中孔子对"仁"的解释就包括忠、礼、义、廉、耻、仁、孝等内容，可谓儒家思想中最高价值原则和道德标准。许慎《说文解字》中对"仁"的解释为"亲也，从人，从二"。仁的重要追求就是"爱人"，仁爱之人不仅要做到爱自己爱亲人，还要有爱天下人的胸怀与美德。台湾广告中对仁爱之美的体现比比皆是，几乎所有的"照顾者"原型中都是用感性细腻的手法传递爱人的道德之美，给观众以心灵的感动与震撼，进而塑造正义善良的品牌形象。

"苟志于人矣，无恶也"（《论语·里仁》），追求"仁爱"之美、成就君子品德必须没有恶人之心与恶人之行，用仁爱之心化解内心的恶念。台湾国泰金融品牌形象广告"天使之翼"讲述了一个"翼"于常人的小男孩因为背部长了一对像翅膀的突骨，遭受同学的异样眼光与恶作剧，他自己感到自卑、愤恨。游泳老师发现后编织了一个善意的谎言："当天使变成人离开天堂时，会摘下他的翅膀，但是有的人还是会留有翅膀。"同学们开始用正面的眼光去看他，而小男孩也开始找到信心，活出自我。

同样是国泰金融的人才招募广告"下雨天篇"中，街上下着大雨，男子急着过马路，但是雨伞却怎么都打不开，开伞的动作还将水花溅到身旁的人身上。从他身旁经过撑着伞的男女会做何反应？试验了好几次，大部分的人都无动于衷，甚至有的人还因为溅起的水花向男子投以鄙视的眼神。终于有位女子伸出了援手，替他撑伞挡雨。而此时国泰人寿临时人才招募站突然出现，因为他们终于找到需要的员工。

通过一系列爱人助人的广告，国泰金融塑造了一个仁者爱人的品牌形象。台湾广告一向大打温情牌，从爱亲人，爱众人到爱万事万物，将各个层级的仁爱都演绎得淋漓尽致。仁爱的观念与台湾消费者的价值取向和思维模式相吻合，是大家都追求的道德之美，广告借用这样的文化象征成功吸引消费者的注意力，影响他们的情感判断，对品牌和产品产生共鸣与好感。

（二）孝悌——人伦情感之善

"孝悌也者，其为仁之本也！"（《论语·学而》）所谓"孝悌"就是父慈子孝，兄友弟恭。"孝"文化在中国传统文化中具有悠久深远的影响意义，是自古以来就深植于中国人心中的、世代传承的民族精神与价值标准，不仅对家庭和睦、社会和谐具有重要作用，也对中华儿女的生活方式甚至精神品格的塑造都有重要作用。台湾广告中以"孝"为主题，用人伦情感去打动消费者的创作更是数不胜数。

台湾樱花品牌的企业形象广告"妈妈的记忆体已满篇"由一个在上海工作休假返台探望年迈双亲的眷村游子的故事展开。有别于一般微电影流水账式的平铺直叙，这支"妈妈的记忆体已满篇"，运用很多线索式的片段，如：用老爸煮菜忘了关煤气炉火，让观者发现老爸的忘东忘西，其实比记忆力严重衰退的老妈好不到哪去。用经常失忆的老妈看到儿子小时候的照片，连小学时儿子远足忘带水壶的情节，都能清楚地如数家珍，来显示妈妈把儿子放在心中的念念不忘，比早已遗忘此事的儿子，还记得一清二楚。也让许多为人子女者，愧疚自省，我们是否都把父母为我们所做的一切，当成理所当然？借此提醒常把工作与事业摆在第一位的年轻人，再忙也不要忘记温热对父母的爱。

"入则孝，出则悌。"在中国古代宗法社会中，除了对长辈孝顺以外，也强调平辈之间的和睦友善，年幼者要尊重礼让兄长，而年长者需承担抚养教育弟妹的责任，做到长幼有序。台湾远传电信"开口说爱，让爱远传"系列广告"小笨蛋篇"，主人公大二的时候家里发生意外，经济陷入困顿，姐姐为了继续供他读书出去打工赚钱，小元一直心存感激，但却从未对姐姐说起过。这次专门打电话给远在荷兰读书的姐姐，向姐姐表达他的感激与思念："我这边的时间比你快一点，思念传到你那边，会不会再多一点？"姐姐宠溺而温柔的一声"小笨蛋"让这个大男孩更是泣不成声。我懂你的付出，你懂我的感激，姐弟之间的温情纵使相隔万里也依旧浓郁，戳中观众的泪点。

荣格认为原型代表一种行为的可能性，比如人们在潜意识中对母亲原型的认知能使得婴儿对现实的母亲产生反应，但是具体的行为表现会依据不同文化或者不同家庭关系而有不同的表现。深受孝悌文化影响的中华儿女们在面对母亲这一原型时通常会涌现眷恋和感恩等正面情绪。台湾的广告正是利用这一民族集体无意识，通过润物细无声的方式向观众宣扬着传统伦理道德，唤起消费者内心深层次的情感，并将这种情感投射到产品和品牌上。

（三）诚信——理想人格之真

"诚者，天之道也。思诚者，人之道也。"（《孟子·离娄上》）"信，国之宝也，民之所庇也。"（《左传·僖公二十五年》）诚信自古以来就是中华儿女立身兴国的道德标准之一，是中华民族亘古不变的传统美德。孔子曰"人而无信，不知其可也。"（《论语·为政》）诚信是做人的基本准则，是立世之本。老子也强调："言，善信。"强调人说话需要恪守信用。古人对诚信已做出诸多诠释并积极地倡导，而在商品经济时代，诚信更是人们牢记于心并恪守履行的准则。

台湾全联福利中心面对对手偷斤减两、灌水搀油的造谣攻击，推出系列广告"洗发精篇""米果篇""面纸篇"，广告沿用一直以来的冷幽默风格，将测试全联产品质量的实验过程真实地呈现在观众面前。"云林的陈妈妈表示，全联贩售的洗发精浓度较低，在我们特制的跑道上，比较稀的全联洗发精将会率先抵达终点。"广告运用一种荒诞而直接的方式来验证全联产品的品质保障，打破人们认定的"便宜没好货"的预期心理，不仅维护了全联自家品牌的口碑与诚信形象，提出便宜一样有好货的口号，也让消费者能够安心消费。

在与人交往过程中"诚信"不仅代表着一种道德要求，要求诚实守信、内诚于心，还象征着一种人际关系，讲究外信于人，强调人与人之间相互信任的情感模式。台湾信义房屋以"信任带来新幸福"为主题，推出了六部微电影广告，探讨了 20 世代的友情、爱情、亲情和职场生活中的信任问题。比如《John 的 my apology》讲述的是冷战十多天彼此都不愿意拉下脸跟对方道歉的夫妻："我的理智叫我投降，但我的自尊偏偏落枕。"这不正是很多夫妻和情侣常有的争吵过程吗？最后老婆叫先生去倒垃圾，先生趁机低头用一句简单的"对不起"化解了争执，"让心防卸下了，让信任连结了"。广告设计了 13 个不同生活形态的角色，广泛触及 20 世代的各个族群，期盼能让社会大众产生共鸣，让在都市中距离很近但心却很远的人们找回对"信任"的重视！虽然整部影片中信义房屋没有任何营销植入，但却让这种创意领导品牌形象，建立消费者与品牌之间的信任。

当然中国传统文化博大精深，包罗万象，台湾当代广告在建构原型时所继承和体现的中国传统文化元素绝非上述研究可以简单概括。但是可知的是，广告作为一种文化现象是受到一定的文化共同体影响的，它所传达的信息与价值观念必须为其消费者所熟知理解，广告才能达到刺激消费的目的。台湾人民受到中华文化的长期熏陶，在其潜意识中已经形成了特定的文化解读方式与情感价值倾向。当这种传统文化渗透到广告创作中，运用象征一定思维模式和意念主旨的原型意象，这些原型所代表的意义会直接刺激消费者的潜意识，影响他们对广告内容的解读以及对品牌的认知。

第二节　广告原型的现代移置

弗洛伊德在解释梦的工作机制时提出"移置作用"①（displacement，也可译为移位）这个概念。"如果真是这样，则在梦的形成过程中必然会产生一种精神强度的转移和移置，构成了梦的显意和隐意之间的差异"，"移置作用的结果是梦内容不再与梦念的核心有相似之处，梦所表现的不过是存在于潜意识中的梦欲望的一种化装"，"所以我们就假定，梦的移置作用产生于行使内心防御的一同一稽查作用的影响"。弗莱将"置换"的概念引入原型批评理论中，他认为文学就是被移位的神话，是对神话结构的重新排列组合。每个历史时期都有自己的偏好和倾向，在继承神话原型的过程中，为了让作品能够被特定时代的读者所理解并符合当时社会的道德标准和法律审查机制，文学家们会在继承的基础上对原型进行新的建构，从而"使故事令人信服、契机合乎情理或道德上为人接受。"②

广告作为社会文化的重要载体，不仅要展现商品或服务的功能与信息，也会利用各种广告原型符号来传递社会的消费文化和意识形态。"任何传统只有和当代生活发生联系时，才能成为有意义的传统，传统的活力也只有依靠当代的精神才能被激活"③。所以现代广告一方面既要继承传统的原型符号，另一方面也要与特定的时代联结，对它进行新的建构与诠释。

原型作为一种纯粹的无意识，能被具体的原始意象所表征，我们所说的原型意象实际上是意义与形式的统一，因此原型移置的方式一般就是意义与形式的变形或移位。

---

① ［奥］弗洛伊德著：《释梦》，孙名之译，商务印书馆，1996年，第309页。
② ［加］诺斯罗普·弗莱：《诺斯洛普·弗莱文论选集》，吴持哲编，中国社会科学出版社，1997年，第131页。
③ 王光东：《"主题原型"与新时期小说创作》，《中国社会科学》，2008年第3期。

一、形变而意不变的陌生化移置

"当代社会符号的过度生产和影像与仿真的再生产，导致固定意义丧失，并使实在以审美的方式呈现出来。"①大众媒介的繁荣和经济的发展升级促使了台湾社会消费主义的兴盛，社会大众对商品的关注开始从使用价值转移到审美价值上，而广告创意者们也不断革新变化广告创作的手法和方式来满足大众的审美需求与变化，陌生化（Defamiliarization）就是他们常用的手法之一。

陌生化就是"把形式艰深化，从而增加感受的难度和时间的手法，因为感受过程就是艺术的目的，应该使其延长"②。形式主义者认为人们对日常生活中那些非常熟悉、司空见惯的事物开始陷入麻木机械化的反应泥淖中，比如广告中大量原型符号的粗制滥用不仅不能和其他品牌产生区隔，更不能唤起消费者内心深处的认同。为了打破这种状态，让人们恢复对生活的体验，就需要用陌生化的手法创造出新的形式，唤起人们的好奇心与关注。台湾消费文化的盛行以及在西方文化影响的背景下，社会出现一种传统与反传统，民族性和国际化的对立，广告作为最敏感迅速的流行温度计，也会在广告文本中大胆地去消解和重构传统文化，陌生化就是广告原型重构的重要方式之一。

用蒙太奇手法对广告中的文本、画面等进行拼贴剪辑是现代广告中常用的陌生化手法，当消费者不再轻易地对某种固定的原型意象产生认同时，将不完整的、零碎的原型意象进行任意拼接，在碎片化、去中心化的原型构建中给消费者一个极为广阔的自由发挥空间。台湾中兴百货"关于我们的恋父情结"广告中列出了20个看似毫无相关的物件，"丹顶发蜡、大男子主义、555香烟……派克钢笔……都彭打火机……即使跟父亲再少交谈，他的一举一动仍是我们心头对男子汉的永恒形象。"③这些物件单看没有任何联系，似乎是一些名词毫无意义的堆砌。语意的停顿更阻隔了读者理解的流畅性，延长了理解的时间，增加感受的难度，让消费者有了更广的想象空间。最后的解释让一切有了答案，原来这一切都是父亲的物件。平时我们潜意识里的父亲原型或许就是简单的严肃沉默的形象，但广告让消费者在感受这种随意拼贴的美感的同时重新认识了父亲的形象，这种审美的体验也成功为品牌争取到消费者的关注。

---

① [英]迈克·费瑟斯通：《消费文化与后现代主义》，刘精明译，译林出版社，2000年，第21页。

② [俄]维克托·什克洛夫斯基：《俄国形式主义文论选》，方珊译，生活·读书·新知三联书店，1989年，第6页。

③ 曾玉萍：《中兴百货广告作品全集》，湖南美术出版社，2001年，第159页。

陌生化的基本意义是对现实有意识的背离和变形，而对众所周知的故事和约定俗成的情节进行艺术性的变形，让受众以新的视角去审视传统事物成为现代广告创作的重要手法。同样是台湾中兴百货的一则广告"现代端午节"，广告文案为"端午节粽子的精神在微波炉中发扬光大，雄黄酒自从让白素贞变回蛇形后，许仙决定让白素贞改喝啤酒。屈原决定把离骚放进邮筒寄给楚怀王，并贴上邮票，提醒他端午节时务必到中兴百货买束菖蒲好过节。"[①]端午节是中国传统节日，许仙与白素贞和屈原与楚怀王的故事更是台湾人民耳熟能详的传统故事。但广告从标题就向观众预告了这与我们熟知的那个传统节日不同，它用一种无厘头的方式改写了这两则故事，不仅将白素贞和屈原的形象加以变形，对这些流传上千年的经典故事的情节也用现代化的方式加以改写。认知有时会蒙蔽我们的视觉，人们对端午节这个沿袭数千年的传统节日已经形成机械化的思维定式，久而久之就会对其视而不见。而中兴百货的广告对其加以变形，在一定程度上重新建构了原型的形式和意义，一方面让消费者跳脱机械化的认知，吸引他们的注意力；另一方面陌生化的作用是为了熟悉，创造性地对传统进行变形反而让人们更加深入传统，人们在获取审美的快感时依旧会联想到传统的习俗文化，唤醒消费者内心深处的潜意识。

二、意变而形不变的魔幻变调

原型的本质是社会深层次的情感的凝聚，它既触及人类最深层次的意识，又表现了当代人的精神世界和审美趋势，它有共性也有个性，有永恒性也有时代性。现代文化的多元与变化考验着传统的价值观念和情感模式，原型也通过不断的移置反映着社会心理的变化。原型移置的另一方式就是采用原型以往的框架或形式，按照创作者内心想要表达的情感内涵对其进行改造，表现出时代特征和思想新意。魔幻变调（demonic modulation）就是颠覆原型所惯有的传统道德联系。[②]

80年代以来台湾经济高速发展，社会文化受到了西方自由思潮的影响，"身体"解放成为颠覆传统的一个重要场域。一方面女性主体意识开始觉醒，人们追求两性平等的和谐社会，要求女性解放与独立自主的呼声越来越高。另一方面九十年代中期的酷儿（Queer）风潮以另类的情欲书写和颠覆一切的姿态吸引

---

① 曾玉萍：《中兴百货广告作品全集》，湖南美术出版社，2001年，第90页。

② ［加］诺斯罗普·弗莱：《批评的剖析》，陈慧等译，百花文艺出版社，1998年，第182页。

了大众的眼球，同性恋议题在台湾得到极大的讨论与传播。人们对这种传统性别角色的挣扎与颠覆也体现在了广告创作中。

社会对传统贤妻良母式的理想女性的追求明显地受到菲勒斯中心主义的影响，体现了男权社会的价值观和审美观。女性主义的盛行让人们对女性扮演的社会角色有了颠覆性的认识，广告中也开始展现不同于传统意义的女性形象。全家 Let's Café 企业形象广告"妈妈的五个难题篇"开始讲述了一个年轻的全职妈妈从一大清早就开始忙碌着送孩子读书，结束了一连串的慌乱和奔跑后，妈妈拿着咖啡走到了公园里一处宁静的树荫下，一片叶子正好飘落在咖啡杯旁。随后妈妈开始向化为人形的叶子先生倾诉起自己的烦恼："你觉得我应该回去上班吗？"全职妈妈对于自己现在的生活是疑惑的，她内心深处想要离开这样的环境，去体验独立女性的自由。传统的女性尤其是母亲的原型形象往往是为家庭相夫教子无私奉献的贤妻良母，广告虽然没能完全摆脱传统形象的束缚，但结局的转变显现了现代文化对传统原型的重塑，自由独立、追求自我越来越多地成为现代女性的标签。"台湾女孩，勇敢追梦"广告文案"你可以是老师、护理师、空服员……也可以是科学家、工程师、消防员、飞行员……"也是要求社会打破传统的性别刻板印象，呼吁男女平等发展。女性的原型形成了新的表述与内涵，她们不再是男性的附庸与社会的"他者"，她们不仅可以温婉端庄贤良淑惠，也能够勇敢独立自信张扬，她们既反映着社会文化的变迁，也在影响着人们的审美与价值观。

在传统社会中，人们对男女的认知和异性恋的机制是一体的，而同性恋文化可谓对传统秩序和爱情原型的最大解构，他们无视传统社会体制对男女关系与性别认同的限制，追求性取向的多元与自由。台湾麦当劳广告"让对话更有温度·接纳篇"灵感源于台湾社会大众对多元成家话题的关注，讲述了一位男生在咖啡杯上写"我喜欢男生"向父亲坦承性向，父亲在"我喜欢男生"中加上 3 个字改成"我'接受你'喜欢男生"，表达对儿子的包容与接纳。台湾喜饼伊莎贝尔广告"他他篇·我们结婚吧！"拍摄了一对"男同志"日常生活的一天，当旁白问"两位在一起多久了？""29 年。"接下来又问"两位还爱对方吗？"年轻男子抢着回答"爱！"另一名男子则是微笑着点头。同性恋倾向颠覆了传统礼教和人们意识中对爱情和婚姻等的认识。人类一方面继承了原始的精神宝库，另一方面也受到现实的影响，冲击和破坏着以往精神的樊篱，表现时代的个性与价值。

　　人的意识和潜意识总是不可避免地带有时代和环境的印记，在原型影响着人们的思维方式和行为取向时，特定的时代和社会文化也在塑造着原型。人们除了会眷恋回味过往的经历来满足一定的精神需求外，还有对未来的好奇，对突破传统、释放压抑心理的需求。所谓原型置换就是发现人性的新内容，呈现社会的新情境，反映时代的新思想，是为超越传统的思维定式、突破由原型心理所制约的深层模式的束缚所做的努力。

第四章　台湾广告原型的意义

大卫·奥格威认为,无法为产品提供新信息时,可以引用感情与情绪（emotion and mood）。[①] 广告的意图并不是直接灌输给消费者的,而是融合了一定的社会文化与大众心理,通过精心建构一定意义参考体系中的文化符码与情境,让消费者在对文化符码与情境的理解中将原本属于文化范畴的意义转换成商品的属性。原型是与特定民族与社会群体的文化背景和社会心理相关的潜在的文化模式,是具有约定性的联想群和反复出现的意象,它体现了人们在长期的社会实践中形成的经验感悟的类同性,可以超越具体的事物成为一种共通的情感体验与行为倾向。广告从博大精深的文化中提取原型意象,为消费者构建特定的情境从而激活人们的心理体验,释放他们深层次的情感与渴望,进而产生一种强制性的反应,促使他们进行消费。另一方面也将品牌和商品纳入社会生活和文化意义的领域,赋予他们情感和文化价值。对于消费者和广告主而言,情感的满足和商品的消费得到了密切的结合,越来越多的广告开始从原型中寻求影响力。

第一节　对于消费者而言

一、促进消费者认知,消解"对抗性"解码

广告创作与传播的过程可以看作广告创作者对一组信息符号进行编码,到消费者对其进行解码的过程,消费者对广告内容的理解是广告传播的前提,广告意义的生成是基于广告主和消费者对同一套符号系统和文化体系的理解与熟知。我们每天都在接触大量的广告信息,为了让消费者快速地理解广告的表面

---

① [美]大卫·奥格威:《一个广告人的自白》,林桦译,中信出版社,2008年,第167页。

信息和内在意义，广告制作者就必须使用观众所熟悉的符号和信息。原型具有为集体所共同理解的特征，是在历史文化和社会生活中反复出现的具有约定性意义的联想群，无止境的重复已经将原型深刻地镌刻进了我们的精神世界中，它一旦出现便能激活人们的潜意识，进而不自觉地参与意义的建构。比如台湾广告中端午节、长城、中药等具有中国传统文化意义的原型符号，深受中华文化影响的台湾人民潜意识中早已形成一套共通的文化符号系统，对这些原型有着相似的意义理解与情感倾向。广告主借助原型促进消费者对广告内容的认知，消除对产品的陌生感和理解障碍，进而搭建起与消费者之间沟通的桥梁。

"节目是电视业生产的，而文本是由解读者生产的。"①消费者在对广告符号进行解码的时候也会产生个人的文本理解和情感倾向，广告信息只有符合受众的审美需求和认知方式才能达到传播和促进消费的目的。"文化研究之父"霍尔提出受众对媒介讯息进行解读时可能会产生"对抗的代码"（oppositional code）②。受众在对文本和符号进行解读时虽然能够完全理解它们的表面意义和潜在内涵，但是却会产生一种与编码者的预期相反的解码情感。原型作为集体无意识的内容，代表了人类共通的情感体验和行为倾向，它通过营造某种特定的情感和心理模式来激发受众特定的反应。广告利用原型让其传达的意涵更加明晰，促成广告编码者和受众解码者对广告意义和内涵理解上的一致，消解受众对广告内容的"对抗性"解码。

二、迎合受众心理，建构身份认同

"我是谁？我从哪里来？我要到哪里去？"人们对自我身份的探寻从没停止，身份认同（identity）始终是一个重要的议题。对自我身份的认同受到特定文化的影响与建构，它包括两个层面：一个是对个体身份的认同，每个人都会对自我形象有一个评估与界定；另一个则是集体身份的认同，人是集体动物，总会将自己纳入特定的群体中以寻求安全感与认同感。

个人认同是个体对自我身份和形象的认知和定义，这种内在心理也会支配外在的消费行为。现代经济文化的发展让消费的内涵发生巨大改变，商品的使用价值或交换价值日益淡化，商品的符号价值和隐含在产品背后的象征意义成

① [美]约翰·菲斯克:《电视文化》，祁阿红、张鲲译，商务印书馆，2005年，第22页。

② 斯图亚特·霍尔:《编码，解码》，载《文化研究读本》，罗钢、刘象愚主编，中国社会科学出版社，2000年，第358页。

为刺激消费的重要环节，消费也成为个体表达自我的重要方式。消费者对理想自我的追求和现实自我的呈现也会影响消费的需求，他们更愿意选择那些品牌形象与自我认同相一致或者能够体现理想中的自我的产品，来进行个性化的展示和身份表达。广告运用原型意象赋予产品特定的文化内涵和社会意义，对产品和品牌进行个性化和象征化，通过这些原型预先塑造了相应的形象，比如上文所分析的英雄、探险家、智者等多种原型人物形象。原型为消费者们营造对他们具有诱惑力的场景与形象，消费者对这种场景具有很强烈的共鸣或向往，会把自己置换进广告场景中，使得自己与产品形象意义合为一体。他们对品牌所建构的原型形象越认可，对他们倡导的理念越认可，对品牌的共鸣与认可也就越强烈。

群体的身份认同是自我认识的社会维度，个体在社会化的过程中会将自己归属到特定的社会团体，享受作为特定群体成员所赋予他的价值与情感。在消费社会，个体会通过消费的方式将自己融入某一群体，利用广告符号对自己进行"社会编码"。一个民族或族群在共同生活的过程中，会形成共通的思想观念与价值倾向，并借由作为集体无意识的原型意象进行表达与传播。原型作为一种特殊的心灵符号，是人类社会世代传承的民族共通心理体验，能够唤起消费者内心深处的某种回忆与情感。"一旦原型情境发生，我们会感到一种不寻常的轻松感，仿佛被一种强大的力量运载或支配，在这一瞬间，我们不再是个人，而是整个族类，全人类的声音在我们心中回响。"[1]在台湾现代广告原型的构建中，中国传统元素的使用与传统价值观念的呈现随处可见，意象和场景的再现迎合了台湾消费者的文化心理。且大部分以打感情牌为主，刺激消费者的情感需求，进而唤起他们的文化认同感与归属感，强化他们作为中华儿女的身份认同。

第二节　对于广告主而言

一、提供创意源泉，增强广告张力

消费社会的高速发展使得现代商品的种类和数量越来越丰富，随之而来的

---

[1]　[瑞士] 荣格：《心理学与文学》，冯川、苏克译，生活·读书·新知三联书店，1987年，第121页。

广告作品开始大规模生产。尽管现代科技的发展使得广告的外在形式越来越多样化，给消费者以视觉上的冲击与震撼，但是更多的广告却只是"虚有其表"，而没有内在的文化意涵或情感价值，也无法真正冲击到消费者的内心，获得他们的认可进而刺激消费行为。

生活中有多少典型情境，就会有多少原型。原型作为人类在漫长的物质实践和精神实践中反复出现的典型情境和意象，它的载体和表达方式是无限的。荣格认为一切伟大的文艺作品均可视为对人们内心深处集体无意识的成功挖掘，集体无意识是文艺创作最本质的部分，他还列举了众多原型：死亡原型、再生原型、巫术原型、英雄原型、大地母亲原型、智叟原型等。而在台湾，博大精深的中华文化也为广告创意者们提供了庞大的原型意象、原型主题等。这些集体无意识如同一个巨型宝库，为广告人提供了数量庞大且意涵丰富的广告素材。这些原型深根于人们最深层次的潜意识中，这种深层心理往往是最持久的，人们的潜意识一旦被唤醒，便会对个人产生巨大的影响力与召唤力。

原型还具有美学价值，有助于为作品增添更多的张力。荣格认为人们会因被唤醒沉睡在内心的集体无意识原型而获得审美愉悦。对于具有相似文化背景和社会实践的消费者来说，广告中原型的使用一方面涉及原型与商品本身的联系，另一方面它会从情感的角度切入去反映文化模式，显现着特定文化背景下人们相似的情感表达方式和审美取向，引发消费者对历史文化等问题的联想与思考，使广告的内涵变得意蕴丰厚而不至于肤浅轻率，达到"味无穷而炙愈出，钻弥坚而酌不竭"的境界。

但是原型的利用并非一成不变生搬硬套的，它所提供的仅为一种形式或框架，如何将品牌的资讯和原型的内涵合理地联系起来并以有效的方式传达给受众，这仍是广告创意者们需要去挖掘创新的。

二、塑造品牌个性，区隔产品特质

当前社会人们消费的目的不仅仅局限于物质需求，精神需求成为刺激消费的重要动力。与此同时科技的发展使得商品的性能差异越来越小，产品趋于同质化。大卫·奥格威认为，最终决定品牌市场地位的并非产品之间微不足道的差异，而是品牌总体的性格，品牌的性格就是消费者对品牌形象的认知与界定。

为了让自己的品牌不落窠臼，原型成为广告创意者们塑造品牌个性，区隔产品特质的重要手段。原型中所沉淀的特定的文化内涵、情感方式如果能够和品牌想要传递的独特个性气质相符合，就能够被广告创意者一再地使用。一方面广告创意者在对原型的不断深化和体悟的过程中丰富了品牌的内涵，另一方面消费者在对原型的不断感知中强化了对品牌形象的认知和理解，加深对品牌形象的印象与认可。纵观那些成功的品牌都有着自己永恒而普遍的原型意义，如星巴克的探险家原型、香奈儿的情人原型、耐克的英雄原型、IBM 的智者原型等等。在台湾也有很多成功建立起具有辨识度的形象的品牌，全联福利中心长久使用冷面全联先生为他们的广告主角，成功塑造一位教导大家节省开支的凡夫俗子形象；远传电信的"开口说爱"系列通过具有煽动性的情感故事的讲述塑造了让人信任的照顾者形象。这些原型形象赋予了品牌突出的个性，契合消费者的某种心理需求，从而与大众建立了良好的联系。

第五章　总结与反思

第一节　研究总结

　　研究结合原型批评理论以及美国学者 Mark 和 Pearson 的广告原型形象理论，运用文本分析法、文献分析法和归纳法，以近十年台湾"时报广告金像奖"获奖作品为样本，探讨台湾广告中原型形象的具体特征以及在当代广告创作与实践中，原型所呈现的新的面貌，探寻这些表层现象下的深层心理模式与变化。

　　研究发现，台湾广告偏好表现"照顾者"原型，几乎各行各业在广告创作中都使用到，以此来塑造能够帮助消费者、呵护人们的身体或心灵、给人亲切感和关怀感的品牌形象。"凡夫俗子"原型在台湾广告中也被广泛使用，尤其对于一些在日常生活中使用非常普遍的中低价位商品而言，"凡夫俗子"的原型可以迅速拉近品牌与消费者的距离，加强与消费者的情感联系。从广告动机理论的四大面向来看，台湾广告多强调"归属享受"和"稳定控制"，"独立实现"和"冒险征服"相对较少，这在一定程度上反映了台湾社会大众的文化心理和集体无意识。首先在漫长的历史发展过程中，一个民族会形成自己特定的文化态度和审美倾向，在强调"克己复礼""圆熟保守"的中华文化心理和民族气质的影响下，台湾广告中的惯用原型更多地呈现出"安定""内倾"的心理特性。其次特定的时代也会有自己独特的倾向，经济的低迷、政治的困顿，社会心理预期和现实的落差让台湾社会弥漫着一种焦虑和不安感，台湾大众尤其是台湾年轻人从开拓革新转向对"小确幸"的稳定享受生活的追求，因此强调稳定与享乐的原型成为广告主的优先选择。

　　研究还发现，台湾广告原型在具体建构中呈现出既相互联系又矛盾的特点：

一方面台湾广告通过以传统文化符号为表征和以传统价值观念为内核的方式实现对传统原型的继承。中华儿女在长期的社会实践中形成了一套庞大而丰富的民族符号系统，比如春节、中国龙、赛龙舟等具有象征性的原型意象。广告创作者通过使用这些象征性意象，或者将众多意象进行组合形成特定的意境来唤起特定文化背景中消费者的相似情感和集体认知，进而使消费者对品牌和产品产生文化和情感认同。原型作为文化积淀的产物，蕴含着丰富的民族观念和情感模式，以仁爱、孝悌和诚信为基础的儒家伦理思想和价值观念成为台湾现代广告原型构建的重要文化内核。另一方面广告中原型的形式和内涵也会随着时代精神与消费者心理需求的变化而不断发生置换。现代消费文化的盛行和西方文化的影响使得台湾社会呈现出一种传统与反传统，民族性和国际化的对立。社会大众对反复出现的传统原型陷入了机械化的认知和审美疲劳，为了重新唤起消费者对传统原型的认同，现代广告通过"陌生化"的手法有意识地对原型的形式进行背离和变形，让消费者跳脱机械化的认知，恢复审美体验。女性主义和同性恋文化等当代社会思潮在台湾社会的广泛传播促使了人们对传统道德观念的颠覆，"魔幻变调"成为现代广告对传统进行消解和重构的重要手法，在不断演变的过程中迎合时代的价值观念，满足当代消费者的心理需求。

最后本研究探讨了广告中原型的价值与意义，对于消费者而言，首先广告意义的生成是基于广告主和消费者对同一套符号系统和文化体系的理解与熟知，原型在广告中的使用可以让广告传达的意涵更加明晰，促使广告编码者和受众解码者对广告意义和内涵理解上的一致，消解受众对广告内容的"对抗性"解码；广告还通过原型赋予品牌和产品以特定的形象和意义，这些意义能够满足消费者们对自我身份和集体身份的想象与认知，人们通过对产品的消费实现自我身份的建构与满足。对于广告主而言，丰富的原型题材为他们提供了无限的创意源泉，原型所蕴含的丰富文化内涵更增强了广告的张力和审美价值。品牌还能通过原型塑造独具一格的品牌个性，加强消费者对品牌形象的认知与界定，与市场上其他相似的产品进行区隔。

第二节　对原型理论的反思

当我们强调原型在广告创作甚至文艺创作中的重要意义时，必须思考这样几个问题：首先原型理论从根本上是一种对人类精神现象进行假设的研究，它有一个基本前提是认为人类有着世代传承的共同的心理情感和精神需求，而人是会受到集体无意识的影响和制约的。这个假设真的成立吗？也有研究者倾向于认为在具体的情境和行动过程中，过去的经验和情感只能起间接的作用，"某一时间、某一地点所有人的组织和环境之心理的性质，根据实验显示，绝对有赖于以往的历史。但在动态的心理学之内，以往历史的影响应该被视为间接的：根据体系的因果关系，过去的事件不能影响现在的事件。历史的因果链的交织造成目前的情境，过去的事件只能在这种因果链中占据一个位置。"① 如果原型理论的假设成立，我们仍会发现原型并不是在任何时间对任何人物都有着相同的作用，那么原型到底在多大程度上能满足人的先天本能需要，唤起受众的基本审美体验？由于这个理论带有假设的性质，我们并不能用完全科学的手段去证明它的存在。并且原型理论常常是对经验的总结与归纳，更加注重共性的研究，可能会忽略单一个体的心理与体会。

在此基础上我们就不能够片面地夸大原型理论对艺术创作的作用，它也可能会带来一些负面的影响。首先，原型在某种程度上带有模式化的因素，可能会导致创作的"程序化"。对广告创作者而言，原型的意涵为大众所熟知，有时会固化成为一种思维定式。对原型的使用过犹不及，失去对现实的超越和启示，往往就会变成陈腐的委婉语，变成对日常现实的程序化反应，消费者对这些日常生活中司空见惯的事物可能会变得麻木甚至视而不见。其次，原型是特定文化背景和特定时空下的集体无意识，在某一原型形成之初可能具有其存在的合理性，但时空一旦转换，这一原型所体现的内涵和意蕴可能不会被现实所认可和接受了。如果广告创作者不能灵敏地感受到社会心理的变化，就可能使得作品陷入"庸俗化"，违背时代的潮流。最后，我们对生活的体验更多的是依据个人的经验而非社会普遍的认知，由于个人经验的不同，对原型的理解与认知也会产生很大的差异。广告创作者需要充分了解商品的目标人群，继而寻找到能够符合大部分目标消费群体心理期待的品牌原型，才能获得消费者的共鸣与认同。

---

① 郭有通：《创造心理学》，教育科学出版社，2002年，第164页。

第三节　研究创新与不足

本书利用原型理论对台湾广告进行研究，在一定程度上填补了大陆对于台湾广告研究的空白。不同于已有侧重于操作性和营销类的广告研究，原型批评是重要的文学批评理论，一定程度上弥补了当前广告研究在人文关怀方面的缺乏，既开拓了广告研究的视野，也拓展了原型理论的应用领域，为广告创意者的实际创作提供理论参考与指南。同时研究借助原型理论，分析台湾广告如何构建具有中华传统文化色彩的原型来刺激消费者的心理共鸣，对弘扬中华传统文化、唤起两岸人民的情感共鸣以及促进对民族身份的认可具有一定意义。

研究仍然存在不少缺憾。首先在广告样本的选取上未能对更多的广告进行研究，存在以偏概全的可能与风险。其次由于原型理论并没有一套完整而详尽的分析体系，每个人对广告内容和原型特征的理解具有差异性。另外笔者对广告的原型属性界定较为单一，人物原型往往有相似或重叠的特征，如"英雄"和"魔法师"都有梦想成真的特点，"情人"和"凡夫俗子"都强调归属感，因此在判定广告原型属性时可能存在偏差。此外，人生有多少典型情境就有多少原型，原型具有复杂多变的特点，除去笔者分析的人物原型，还有叙事原型、主题原型等等，对原型理论框架的丰富和完善仍有待后续的研究继续探讨。最后还可以从实证的角度探讨原型的使用对广告效果的影响，增强研究对实践领域的指导意义。

第六篇：台湾新新电影的身份认同研究

第一章　研究的缘起、对象与概念

第一节　研究缘起与问题的提出

　　台湾电影最早出现于日据时期，后历经闽南语电影、健康写实主义、新电影浪潮等发展阶段，在 20 世纪 90 年代迎来新的转型。相比于侯孝贤、杨德昌领衔的 20 世纪 80 年代台湾电影新浪潮运动，这一时期的台湾电影总体而言有所衰落。尽管如此，依然有不少导演在艺术和商业的夹缝中不断探索，试图为再次振兴台湾电影业而努力：2007 年，作为被戛纳电影节选中的五位中国导演之一，蔡明亮为电影节拍摄了 60 周年纪念短片①。除此之外，陈国富、李安、林正盛、张作骥、魏德圣、钮承泽、黄玉珊、陈玉勋等导演也以他们大胆的艺术思维成为这一时期参加国际影展的新兴势力，台湾影坛陆续出现了《双瞳》"父亲三部曲"和《美丽在唱歌》《蓝色大门》《海角七号》《艋舺》《鸡排英雄》《阵头》《总铺师》等一批票房和口碑俱佳的影片。再加上为了培植电影人才，振兴台湾电影产业，台当局把 1993 年定为电影年，实施了系列辅导政策。1994 年，台"行政院新闻局"举办了系列"迎接新新电影"的活动，于是"新新电影"成了这批新出现电影作品的代名词。

　　与此同时，台湾统"独"意识在政治派系斗争中日趋彰显，"去中国化"的声音甚嚣尘上。一方面，主张"台独"的民进党自 1986 年成立后，不断制造统"独"对立，并在 1991 年把"台独"主张列入其党纲，2000 年取代国民党执政后，更推行所谓的"一边一国"。另一方面，20 世纪 80 年代后期，李登辉继任

---

①　为纪念戛纳电影节 60 周年，电影节组委会在全球范围邀请了 35 位导演，以《每人一部电影》为题各自拍摄 3 分钟的短片，蔡明亮所拍短片名为《是梦》。其他四位中国导演为侯孝贤（台）、王家卫（港）、张艺谋与陈凯歌。

台湾地区领导人职位及中国国民党主席，对外大搞金钱"外交"，对内实行"台湾政权台湾化"，让"台独"势力急遽膨胀。再加上台湾城市化进程不断加快，西方文化强势影响，种种现象使得国民党退台以来苦心建构的"中国认同"（主要是文化层面）被无情"解构"，台湾社会族群分裂日益严重，充满了身份的焦虑与迷茫。

而电影作为一种社会实践与"世俗神话"（伊芙特·皮洛语），本质上是对物质现实的复原（克拉考尔语），一定程度上体现了台湾人的价值立场与情感，也间接折射出这一时期一部分台湾人对于其自身"身份"的想象与认同，同时还难免被人用以进行"国族"建构、政治控诉和社会反抗，甚至成为台当局"文化外交"的重要方式。诚如杰姆逊所指出的那样，"所有第三世界的本书均带有寓言性和特殊性"，这些文本，"以民族寓言的形式来投射一种政治"，对个体经验故事的讲述，"最终包含了对整个集体本身的经验的艰难叙述"。① 那么，在身份认同日益复杂的台湾社会，"民族寓言"在电影中是如何被生产出来的？即台湾新新电影描绘了怎样的群体影像？这些影像隐喻了怎样的身份想象与认同？

第二节　文献综述

目前，学术界对"新新电影"并没有一个明确而权威的定义，其最初出现主要是为了区别以侯孝贤、杨德昌为代表的新电影时代。为了振兴电影产业，达到"电影外交"效果，台当局把 1993 年定为电影年，实施各项辅导政策，并在 1994 年举办了系列"迎接新新电影"的活动，拉开了台湾新新电影的序幕。继官方提出"新新电影"一词之后，2002 年焦雄屏又进一步对新新电影的特征进行了阐释："90 年代后期与 90 年代初期的电影在主题、美学及世界观上都呈现相当的变化。有些导演在创作上寻求新的尝试，年轻的新导演也舍弃新电影建立的传统，企图改弦易辙，另起炉灶。台湾新电影的第二浪潮已然形成。"② 所以，新新电影主要是新电影之后，以蔡明亮、易智言、张作骥等导演为代表的 20 世纪 90 年代至今的第二次电影浪潮，亦被称为"后新电影"。

---

① 弗雷德里克·杰姆逊：《处于跨国资本主义时代中的第三世界文学》，张京媛译，《当代电影》，1989 年第 6 期，第 45—57 页。

② 焦雄屏：《台湾电影 90——新新浪潮》，麦田出版社，2002 年，序言二第 2 页。

围绕"身份认同"与"新新电影"，本研究相关文献、专著主要聚焦在以下两个方面：

一、以身份认同为重点的台湾电影研究

此类文献研究对象在时间范畴上，多集中在新新电影之前，尤其是以李行为代表的"健康写实主义"电影时期以及侯孝贤、杨德昌为代表的新电影时期。相比之下，港台以及海外学者对台湾电影的身份认同研究要早一些，主要通过后殖民、后现代等西方话语理论来对电影的身份认同进行阐释，呈现为与大陆（内地）学界大相径庭的论述。如，20 世纪 90 年代初，台湾学者焦雄屏以侯孝贤的《悲情城市》为对象，分析作品所呈现出的台湾身份困境，较为客观中立地承认了侯孝贤电影所存在的"大中国文化中心"心态，揭开了台湾电影身份认同研究的序幕；[1]Yueh-yuYeh（1995）则通过研究台湾战后流行音乐与电影的"国族"身份认同指出，台湾电影在解构既有身份认同消解历史记忆的同时，也在建构新的身份认同，在中国文化认同崩溃的同时，"本土主义"蔚然成风。[2]

二、以新新电影为重点的台湾电影研究

这一时期的电影研究呈现出较为明显的作品论特点，多以新新电影中具体的某部作品或某个导演为例来进行分析论述。尽管有海外学者以蔡明亮为例，分析其具体作品中的身体、性别、空间等视觉要素，指出通过引起广泛的争论，艺术可以成为形塑甚至改变政治与社会气候的影响因素（Kai-man Chang，2008）[3]，但这一时期的台湾影片和导演仍然不在研究者的主要关注范围之内。

总体而言，新新电影在知名度与影响力上并不能够与此前的电影相媲美，相关研究也尚未形成气候，其中的身份认同研究则更属凤毛麟角。刘骋在运用女性主义话语分析了台湾新新电影中反复言说的主体成长过程与性别认同之后[4]；翌年，又从族群认同的历史、社会、理性三个维度，分析了台湾新新电影

---

①　焦雄屏、季尔廉：《寻找台湾的身份：台湾新电影的本土意识和侯孝贤的〈悲情城市〉》，《北京电影学院学报》，1990 年第 2 期，第 13—27 页。

②　Yeh, Yueh-yu: *A National Score Popular Music and Taiwanese Cinema*, Ph.D Dissertation, Los Angeles, University of Southern California, 1995.

③　Chang ,Kai-man: *Disrupting Boundaries of Desire-Gender, Sexuality, and Globalization in Tsai Ming-liang's Cinema of the Oppressed*, Ph.D Dissertation. The University of Texas at Austin, 2008.

④　刘骋：《性别认同与想象中的台湾新新电影》，《电影文学》，2010 年第 24 期，第 25—27 页。

身份认同与想象的发展变化。① 孙慰川、杨雯在研究了 20 世纪初期台湾电影的"国族"认同之后指出，这一时期的台湾电影在"文化认同、民族认同和国家认同"三个层面呈现出"对中国认同的游移和疏离"，反映了目前台湾电影里"国族"认同的"复杂性""多重性"和"模糊性"。② 这三篇论文可被视为最接近本研究的参考文献。然而，它们在研究对象的时间范围上，都无法涵盖整个新新电影时期，更遑论全面论述新新电影作为整体所呈现的身份认同：刘骋论述的新新电影与新电影含混不清，孙慰川、杨雯的论述对象则在时间范围上被缩小至新世纪初期。专著方面，从理论上对台湾电影的身份认同、台湾新新电影进行论述得较少，大多以资料的收集、整理与研究为主，有关身份认同的论述散落于部分章节乃至段落。

综上所述，就台湾电影史的发展脉络而言，台湾电影中关于身份认同的研究到新新电影时期出现了断层。就研究方法而论，对于新新电影的研究，微观个案多于宏观的综述总结，缺少历史的景深与地理的经纬，可能造成对其他导演和作品的遮蔽。实际上，此前对台湾新电影的研究，就已经暴露出了此问题，大量的研究聚焦于侯孝贤和杨德昌的同时，往往忽略了同一时期的其他电影工作者及其作品。

值得指出的是，区域内的身份认同"焦虑"并非始于台湾。在 1997 年香港回归之前，就有"许多香港导演通过探讨内地与香港的关系来表达一种集体的焦虑"③。新电影以降，全球化、本土化等学术潮流充斥于有关台湾电影的论述中，却鲜有学者将台湾新新电影作为一个整体放置于中国身份想象与认同这一语境之中。在回顾了相关的研究现状之后，本书力图在新新电影的大框架之下，对其中所隐喻的身份认同进行论述，以弥补身份认同研究在新新电影时期的断层，利于观察台湾电影一直以来在建构台湾人身份认同方面的话语变迁，厘清台湾身份认同的现状，加深两岸认知。

---

① 刘骋：《身份认同与想象中的台湾新新电影》，《当代电影》，2011 年第 4 期，第 144—149 页。

② 孙慰川、杨雯：《论新世纪初期台湾电影的国族认同迷思》，《当代电影》，2012 年第 10 期，第 137—141 页。

③ 张英进：《影像中国：当代中国电影的批评重构及跨国想象》，胡静译，上海三联书店，2008 年，第 76 页。

第三节　研究对象与相关概念的界定

一、研究方法与对象

鉴于新新电影主要指台湾 90 年代以来的电影运动浪潮，本篇将以"新新电影"一词出现的 1994 年为时间节点，筛选出 1994 年至 2013 年这 20 年来较具票房影响力或知名度的 72 部影片进行分析，试图在宏观层面对新新电影进行历时性梳理的同时，重点从文本内部共时性的角度勾勒出这一时期电影所呈现的台湾社会群像以及潜藏在内的身份想象与文化认同建构，主要涉及民族主义、女性主义、种族主义、精神分析、后现代后殖民等文化理论。由于本篇研究的重点在于电影文本中的身份想象与文化认同，因此分析的主要角度将集中于影片的人物身份、题材、语言、主题、情节、符号等叙事元素，并不以新新电影的美学成就作为考量标准。

在研究方法上，本篇以文本分析法为主，对所选影片进行文本细读，同时辅以文献研读法。受限于时间、精力以及客观条件，在无法穷尽研读每一部台湾新新电影之时，选取这一时期跨度长达 20 年的 72 部较具影响力或票房号召力的影片进行分析，已然能够在一定程度上反映出台湾新新电影的概貌。[①] 同时结合文献研读法，对新新电影、电影理论、文化思潮等相关著作、论文、网络资料进行搜集，也为本研究提供了更为翔实的资料。需要指出的是，本篇所研究之新新电影，指不包含纪录片、MV 在内的剧情片。

二、相关概念的界定

（一）新电影·新新电影

台湾"新电影"一词最早被用于宣传《光阴的故事》，后来特指包括作品在内的台湾电影史上的一次革新运动。按照孙慰川的说法，1982 年至 1986 年，一些中青年导演拍摄了一批与当时台湾主流电影不同的影片，受到了影评人和观众的肯定。[②] 新新电影则是指新电影之后，20 世纪 90 年代至今的第二次台湾电影浪潮，以蔡明亮、易智言、张作骥等为代表。一言以蔽之，新电影是区别

---

① 具体详见附录"电影列表"。
② 孙慰川:《台湾新电影运动述评》,《当代电影》, 2004 年第 6 期，第 119—122 页。

于 70 年代"健康写实主义"的电影改革浪潮,而新新电影又是区别于 80 年代新电影的第二次电影浪潮。

(二)身份认同

"身份认同"最初是个哲学概念,后来成为西方文化研究的关键词,其对应的英文为"identity"。亨廷顿在综合了多种论述后指出,"identity"是"一个人或群体的自我认知",是一个被建构起来的概念,"我或我们有什么特别的素质而使得我不同于你,或我们不同于他们"①。和亨廷顿把身份认同视为本质不同,费斯克等人将身份认同视为一个过程,一个"个体将自我身份同至少另外某些身份相融合的过程"②。斯图亚特·霍尔以及乔治·拉伦则综合了以上两种解释,在承认身份认同是种静态属性的同时,提出其还是一种动态的过程。在霍尔看来,身份认同既是一种可被视为集体的"一个真正的自我"的"文化身份""一种共有的文化";亦可被视为一个生产过程,它"永远不完结,永远处于过程之中"③。乔治·拉伦承认身份认同是"某种持续性、整体的统一以及自我意识",但同时也指出,这种"文化身份总是在可能的实践、关系及现有的符号和观念中被塑造和重新塑造着"④。

尽管"identity"一词由于其自身的模糊性与多义性,在国内学术界中存在多种翻译,然而,综合以上学者的论述可知,"identity"这一概念同时包含了"动静"以及"同异"两组辩证关系,既是一种静态的用以区别他者的身份,也是一个动态的对身份的确认过程。因此,本篇将"identity"一词统一译为"身份认同",它既是一种静态的"身份"属性,也是一个动态的"认同"过程。由于文化在身份认同过程中扮演了至关重要的角色,因此本书篇将主要在文化场域对身份认同进行讨论,探究个人/群体在特定社会文化中的身份想象与认同建构。同时,由于"国族"身份认同必须依靠本民族自身的文化传承才能确保身份认同的指向,因此在本篇中,"国族"身份认同亦被视为特殊的文化认同。

---

① [美]塞缪尔·亨廷顿:《我们是谁:美国国家特性面临的挑战》,程克雄译,新华出版社,2005 年,第 20 页。

② [美]约翰·费斯克等编撰:《关键概念:传播与文化研究辞典》,李彬译,新华出版社,2004 年,第 127 页。

③ [英]斯图亚特·霍尔:《文化身份与族裔散居》,载《文化研究读本》,罗钢、刘象愚主编,中国社会科学出版社,2000 年,第 212—213 页。

④ [英]乔治·拉伦:《意识形态与文化身份:现代性和第三世界的在场》,戴从容译,上海教育出版社,2005 年,第 195、221 页。

第四节　本篇主旨与章节架构

围绕着新新电影所呈现出的群体影像及潜藏于其中的身份想象与认同隐喻，本篇分为5个章节：第一章论述了研究背景与问题的提出，在回顾了已有文献之后，界定研究对象以及相关概念，阐明研究方法；第二章为"身份的解构：陨落的父权"，分析了新新电影中陨落的父权背后身份认同的隐喻；第三章为"身份的迷茫：沉重的青春"，阐述了新新电影所体现的成长焦虑与性别错位，分析背后的身份认同隐喻；第四章为"身份的重构：'在地'的诉求"，从"本土文化的批判性重构""对日本殖民历史的重塑"以及"作为'他者'的中国文化"三个部分来探析新新电影中的两岸与日本三者的关系失衡以及背后关于台湾"主体"身份重构的努力。第五章为结语部分，对本研究的主要结论进行提纲挈领式的总结，并对台湾电影的未来提出展望，同时也对本研究的不足给予了正视。

和新电影时期热衷于重塑历史、描述家国情怀不同，新新电影大多在叙事上提供有助于建构台湾"主体性"的影像素材，呈现出了新新电影在影片叙事上的三大表征：其一，反复描绘父权衰落与传统家庭的破碎；其二，沉迷于青春题材的成长叙事，尤其是"酷儿"等边缘群体身份的焦虑与错置；其三，历史叙事中对"在地"经验的突出强调。本篇主要章节二、三、四章即围绕这三大特征从"解构""迷茫"与"重构"三大部分来对新新电影进行身份认同的分析论述。需要指出的是，新新电影所呈现出的身份解构、迷茫与重构这三个过程是同时并存于这一时期的电影文本中的，三者是共时并存的关系，而非历时先后顺序。

第二章　身份的解构：陨落的父权

1987年，台湾长达38年的"戒严令"解除，"党禁""报禁"相继开放。翌年，蒋经国去世，国民党威权统治终结。李登辉主政、民进党掌权、省籍矛盾加剧，"统"和"独"的意识逐渐成为台湾社会最大的焦虑。长期浸淫在威权统治之下的台湾电影虽因此得以挣脱桎梏，却也在诡谲的政局变幻中再次面临认同困境：台湾的身份到底是什么？

作为一种社会实践，电影的"产生和接受都需要考虑意识形态利益，无论怎么去否认都无法改变这一事实"[①]。虽然解严以后的台湾电影较少直接涉及"国族"认同的话题，但两岸在政治上的分野，仍然不可避免地影响着台湾身份认同的建构。再加上此前新电影时期的影片屡获国际大奖，更让台当局将电影视为国际发声渠道，推行包括"辅导金"在内的系列政策。

就"父亲"这一形象而言，在新新电影时期出现了集体的"陨落"。然而，作为家、国、社会和文化的重要能指，"父亲"成了身份认同的重要指标。在以儒家为主的传统中国文化里，"父亲"（父亲/丈夫/男性/父权），是家族最高权力的代表，是"威权统治"的象征，几千年的中国文化塑造出一个个高大的"父亲"形象。传统儒家，不仅要求"父亲"具备"修身、齐家、治国、平天下"等调动社会资源的能力，也要求其德才兼具，可以作为子女效仿之榜样。

因此，"父亲"形象所具有的先天隐喻，让其成为这一时期阐述台湾社会身份困扰的最好议题，新新电影中不断涌现的"衰老""无能"甚至"死亡"的父亲形象，似乎也让这一时期银幕上集体"陨落"的"父亲"成了台湾电影"国族"寓言的文化表征。

---

① [澳]格雷姆·特纳：《电影作为社会实践》，高红岩译，北京大学出版社，2010年，第197页。

第一节　新新电影的"父亲"形象

一、"父亲"的衰微

（一）衰老无能的父亲

此类影片所呈现出的父亲，往往因为各种原因而显得衰老、庸常甚至无能，在家中的地位显得尴尬甚而多余。

《多桑》中的父亲带儿子去看电影，半途开溜去喝花酒；为了虚荣，回家前特意借来一身行头，却被弟弟要去了借来的手表；矿村没落，失业的父亲沉迷于赌博彻夜不归；屡次向妻子要钱被拒绝后，又不愿意接受长子的资助；面对子女的嘲讽，自身无法消除代际的隔阂，最后在 62 岁那年，因为肺病在医院跳楼自杀。《艋胛》里的庙口老大 Geta 既是儿子的生理父亲，也是太子帮的精神父亲。然而，他却是个保守、落后的"死脑筋"：固执于冷兵器而拒用枪支，视枪支为"下等人"使用的武器，反对与"外省帮"合作。不懂审时度势的 Geta 最终并没能维持艋胛的旧有秩序，被自己从小看护着长大的和尚所杀。影片里的其他父亲也一样地衰朽：和尚的生父断了一条手臂，白猴的父亲死去，蚊子的父亲灰狼则是"贪得无厌的外省人"。《一席之地》里的父亲林师傅得了绝症，在活着的时候挣不到一席之地，却给自己扎个超级豪华的"纸厝"，幻想着死后可以和妻子在阴间享福。尽管《爸，你好吗？》以十段怀旧的影像描绘了十个温馨的父亲形象，但仍然无法掩饰"父亲"的苍老与无力。比如《爸爸的手表》里的父亲，因儿子发烧没钱看病，在医院无奈地和儿子说："没钱的人没资格生病。"《心愿》里的父亲，生意风生水起，却对生病的女儿毫无办法；《原点》中王伯伯要去澳洲探亲，却被儿女误以为要去四川而在机场闹了一场乌龙，可见平日里代际关系的疏离；《期待》中的父亲面对即将做变性手术的儿子虽然开明，但也多少有些无奈；《爸爸不要哭》的阿杰奉子成婚，老婆跟别人跑了之后，在酒店做着晚九朝五的工作以养家糊口，却因酗酒后被自己的母亲辱骂而忍不住痛哭；《背影》中的父亲送儿子去火车站，匆忙中把衣服和裤子都穿反了，遭到儿子同学的讥笑；《往日的旧梦》中从新加坡回来的儿子不知父亲没有牙齿，买了他咬不动的油条，与此同时，孙子却津津有味地吃着象征着美国文化的麦当劳；《我怎舍得分离》中阿贵和妻儿分居，患有心绞痛的他最终因挽救落水的孩子而死于海里;《铁门》里老迈的父亲,虽然子孙满堂,女儿儿媳却在其生日的时候争着要把父亲家里的东西往自己家拿去,最后老父亲拉上了铁门,一个人怅然若失地喝着酒,陪伴他的只有冰冷的电视机。

类似的"父亲"形象也出现在其他新新电影之中:《饮食男女》里二女儿家倩眼中的父亲老朱,独自一人在医院做体检;《一一》里的父亲 NJ 明明与周围环境格格不入,却又无法抽离;《不能没有你》里的父亲李武雄,因无法解决女儿的入户问题而携女跳桥;《海角七号》的洪国荣无法和继子沟通,而同为父辈的茂伯,明明是个月琴大师,却只能在青年歌手演唱会的舞台上摇沙铃;《美丽时光》中阿伟的父亲一无是处,甚至受欺负了都要年少的儿子撑腰;《河流》中的父亲退休后无所事事,吃的是妻子从餐厅带回家的剩菜;《今天不回家》里的父亲老陈在六十岁时置家庭妻儿不顾与他人同居;《带我去远方》中阿桂的父亲,老婆跟别人跑了,自己无力抚养女儿,常常被家人瞧不起;《乱青春》里 Angle 的父亲是个痴痴呆呆的重量级大胖子;《黑暗之光》里的父亲是个盲人;《囧男孩》里的父亲则是个疯子⋯⋯

（二）不在场的缺失的父亲

《刺青》里,小绿的父亲被关在牢里,竹子的父亲在地震中被压死,两人都在无父的状态下成长;《艋舺》中的蚊子直到长大以后才知道父亲灰狼的存在;《蝴蝶》里一哲的父亲为了所谓的黑帮义气抛妻弃子出走日本;《你那边几点》中的父亲仅在影片开头出现了一下就死亡了;《父后七日》更是以父亲的死亡作为叙事前提;《鸡排英雄》里,居住在八八八夜市的小市民,几乎个个都是"失父"者:男主角陈一华自幼和阿嬷生活在一起;女主角林亦南因父亲逝世,只能在照片中感受父亲的存在;美香的父亲万伯瘫痪,小七无父,和姐姐相依为命,牛排店老板阿朱的丈夫更是只知道打老婆和儿子,导致阿朱带着儿子离家;《听说》中的传教士父亲,抛弃有听力缺陷的女儿去异国传教⋯⋯父亲类似的缺席也出现在《经过》《五月之恋》等诸多影片中。

如果说,以上影片中"父亲"这一角色至少是存在的,只不过是出于各种各样的原因,在子女的成长中缺失了,那么《蓝色大门》《我的美丽与哀愁》《练习曲》《最遥远的距离》《盛夏光年》等影片则彻头彻尾让"父亲"销声匿迹,"父亲"成了一个缺失的角色。

（三）被杀死、被颠覆的父亲

《艋舺》中自幼在 Geta 庇护下长大的和尚,在从他人口中得知 Geta 当年为夺取大佬之位而残杀兄弟的不光彩事迹后，与他人联手刺杀了 Geta，Geta 精神之"父"的权威与合法性遭到了前所未有的打击。"父亲"形象最为彻底的陨落体现在蔡明亮的系列影片中。《你那边几点》中小康的父亲在影片的一开头就莫名其妙地死了，从此小康连在夜里上厕所都充满了恐惧，只好在房间"就地解决"。《爱情万岁》里，小康不仅是个同性恋，还是个纳骨塔（骨灰盒）的推销员，而纳骨塔里埋葬的不正是衰老死亡的"父亲"之辈么？在这里，象征着父辈衰老与死亡的纳骨塔，反而成为活着的人用来标新立异的促销商品。而《河流》更是借父子的同性乱伦之举，在生理和文化的双重意义上对父亲进行了颠覆。父母分房而睡，貌不合神已离，彼此没有直接对话，父子也陷入无法沟通的绝境。小康骑着摩托车在巷子里和父亲正面相遇，彼此之间连个招呼都没有，小康从摩托车上摔下来，父亲折返后，不但没有扶起小康，反而责备其不小心，小康则不发一语径自走了。后来，小康歪了脖子住院，前往探视的父母径直走过儿子身边却没有发现，剩下痛苦的小康，绝望地捶打自己。直到影片结尾，父子二人在澡堂内的乱伦之举，才得以短暂地缓和了无法沟通的绝望。至此，《河流》无异于从文化层面对"父亲"进行了审判与谋杀：传统中国的人伦观念被彻底颠覆，五千年的道德价值瞬间化为乌有。而贯穿全片的意象"河流"在以黄河、长江为源头的中国文化中，便具有了更为深层的含义：它不仅仅是影片开头漂浮着尸体的河流，更是中国文化的有效能指，被污染的河流（中国文化）是小康（子女）歪脖子病的来源，作为家、国、社会和文化重要能指的"父亲"，则成了一切道德、伦理败坏的"源头"。

这些苍老庸常的父亲丧失了调动社会资本的能力，他不再是偶像般的存在，在日常生活中和普通人一样有缺点，甚至软弱、自卑、猥琐。虽说这样的"父亲"也许更加贴近生活实际，却也免不了让"父亲"的存在成了空洞的能指，在一定程度上消解了年轻一代对于传统中国"父亲"的向往，陷入身份的迷惘。

二、家庭的破碎

"父亲"的陨落，直接的结果是家庭结构中"父·母·子"这一社会学意义上稳定的三角形结构被破坏。《刺青》里，小绿的父亲常年被关在牢里，母亲带着儿子离家出走，剩下小绿和阿嬷相依为命。年幼的小绿在野地里和母亲打电话的场景，乍看起来像是慈爱的母亲与乖巧女儿的日常对话，却以一个特写镜头粉碎了所有关于家的神话——竹子骑着单车而过，小绿赶紧跑去追赶，手中电话掉落在地。特写镜头下，粉色的塑胶玩具电话在田野里尤为孤单——原来跟母亲撒着娇要去狄士耐（迪斯尼）乐园的小绿，不过只是在孤独地自言自语。而竹子的父亲则死于"9·21大地震"，镜头里的一只断臂略带惊悚。《星空》中小美的父母整日吵架、貌合神离；而宇杰的父亲则是酗酒、赌博、打骂妻儿的形象，母亲只好带着儿子出走，通过不停搬家来躲避丈夫对儿子的暴力伤害。在此种环境中成长的宇杰，不爱说话，偷文具店的文具，在裸体素描被同学嘲笑后，愤怒击打铁器，释放内心的抑郁，最后因参赛作品被同学破坏而殴打同学。《热带鱼》的家虽然表面上完整，但儿子被绑架之后，父母却只关心其能否赶上联考。《海角七号》《真情狂爱》《蝴蝶》《渺渺》《一八九五》《鸡排英雄》《阳阳》等几乎这一时期的所有影片都或深或浅、或多或少地表现了家庭的残缺乃至瓦解。

在这些影片中，家庭丧失了对家庭成员的庇护和安抚功能，情感越发弱化，成为空洞的"房子"。《爱情万岁》里的房子不再作为家庭而出现，城市丛林里空荡荡的房子，被用来隔离原本就孤独的个体。电影场景主要集中于杨贵媚代售大楼的空屋，连床单都没有的房间成为都市边缘人暂时借住的栖息地，街道上小摊小贩人满为患和豪宅空着无人居住形成鲜明对比。"房子"原本是家的有效能指，却成为冰冷而孤立的商品，一如片中女主角杨贵媚的装扮，外表时髦而内心却脆弱空洞。而《河流》中的家庭彻底退化为漏水的房子，住在里面的人徒具空壳，无法沟通甚至从不交流。蔡明亮对家庭的解构，或许离不开其自身的成长背景。1957年生于马来西亚，20岁就读于台湾中国文化大学，不断迁徙的特殊经历，影响着其对家的解读以及自我的身份认知。在他的作品中，我们看到的是一群无父无根的年轻人，家对他们而言，不再是承载亲情、温情等传统价值的所在，而成为漂泊者短暂的栖息地，一个可以暂时摆脱疲惫的休息空间。不独蔡明亮，包括何蔚庭（《台北星期天》）、陈骏霖（《一页台北》）在内，这一类导演从别的国家迁居到台湾，本身就如何蔚庭所言，是生活在台湾的"异乡人"[①]，对台湾的历史记忆充满了隔阂，对大陆的记忆更是无从谈起。

三、女性的强大

与"父亲"形象的衰微相反，女性形象却在新新电影中得到了提升，甚至

---

① 详见时光网：《台北星期天：幕后制作》，http://movie.mtime.com/111564/behind_the_scene.html。

在某些方面取代了"父亲"的功能。

王童的名作《红柿子》将女性姥姥置于影片的中心地位，讲述了王将军一家跟随国民党退台以后的生活。片中的姥姥是一个慈爱且点子颇多的老太太：家里孩子众多，但物资匮乏，姥姥化腐朽为神奇，将女婿的 X 光片裁剪成多份写字板；为了让孩子们健康长大，姥姥跟教堂的修女搞好关系，得到了稀缺的牛奶；学校开运动会，姥姥将代表父亲荣誉的"常胜将军""跃马中原""革命精神"的锦旗，改成写有"冠军""亚军"的学生比赛奖旗。相比之下，石隽饰演的父亲王将军则显得颇为尴尬甚至可怜：他常叫错儿子们的名字、冲孩子发火、砸烂儿子的收音机，以至于儿子宁愿父亲不在家；戎马半生，回到家后卖笔、养鸡、养牛蛙，样样失败，甚至坐公交车都被摔落一地牙齿；当姥姥和母亲疲于生计之时，父亲却在地图上圈圈点点，策划着"反攻大陆"。这部带有自传性色彩的影片，显然不仅是对姥姥简简单单的怀念，更隐喻了一段背井离乡之后落地生根的历史际遇。"红柿子"源于姥姥珍藏的齐白石名画《五世（柿）其昌》，也是贯穿全片的意象。影片开头那长在河南老家的红柿子树，在影片的结尾被台湾乡下挂满了红柿子的柿子树所替代，回大陆老家的念想随着姥姥的逝去而再也无法实现。"柿"为"世""事"，回家无望，姥姥"落叶归根"的梦想最终成了"落地生根"的现实。

在这里，家庭的天伦之乐是由姥姥与母亲所建构出来的，这种借由女性的强大对比出男性的没落，借由对母亲的认同来强调与父亲的疏离，在新新电影中随处可见。《多桑》里的多桑、《当爱来临时》里的黑面都是入赘的女婿。多桑失业后，妻子外出工作为家庭经济提供支撑；黑面一生都在"吃软饭"，家里大小事由大老婆做主，甚至娶"细姨"（小老婆）这种事情，也由大老婆包办。《星空》里宇杰的母亲带着儿子出走以躲避丈夫的暴力伤害；《听说》中父亲出走，羸弱的妹妹照顾听障姐姐；在《海角七号》《阳阳》《爱情万岁》等影片的两性关系中，占据主导地位的都是女性，而男性不过是女性情欲需求的配合者。《一八九五》里，掌握汤、姜两个家族最高权力的都是女性，19 岁的姜绍祖即将出门抗日，其母宋氏更是以祭天之仪式送儿征战，凸显出无父状态下，作为女性的母亲的深明大义。

第二节　陨落父权背后的中国认同隐喻

虽然对"父亲"的批判与父权制自身的弊端以及台湾社会的变迁不无关系，然而，对于传统"家国同构"的中国而言，家为小国，国即大家，父为家君，君为国父，"家国同构，君父同伦"。这样一来，作为"一家之长"的"父亲"实则是"一国之君"的隐喻，具备双重意义：第一，以国民党为"父"，体现的是台湾的官民关系；第二，以中国为"父"，指涉的是两岸关系。新新电影不厌其烦地描绘"父亲"神话的没落，结合台湾自身特殊复杂的历史经验，其背后的意旨似乎在于：其一，瓦解国民党的威权统治，那么其建构的中国文化认同便失去了合理性；其二，割裂传统大陆与台湾同根同源的文化表达，体现出身份认同的疏离。

一、被瓦解的威权统治

1949 年，国民党败退台湾，出于政治的需要，加强包括电影在内的文化管辖。战后台湾政局、人口组成发生了剧烈的变化，国民党退台以后，将自己的政权定位为"国之正统"，这一时期，电影只能生产与"官方"一致的认同话语，以塑造以国民党为中心的"国族"神话。然而解严以来，尤其是蒋经国去世后，国民党威权统治土崩瓦解，以"二二八""白色恐怖"为题材的影片逐步出现在银幕上，反映出政权更替所带来的身份认同困境。再加上 1971 年台湾当局被逐出联合国，"反攻大陆"成为天方夜谭，国民党以"父"之名统治台湾的合理性更加危如累卵。

《泪王子》里，张孝全饰演的父亲因为回大陆接大女儿回台湾，而被判"通匪"被枪毙；希望可以早点回家的仇老师，因为在海边的"禁区"画画而被扔到海里；关颖饰演的将军夫人仅因为早先在上海读进步书籍而被捕；空军子弟有特权可以喝来自美国的脱脂牛奶……在国民党"白色恐怖"之下，人与人之间的信任变得脆弱不堪：妻子出卖丈夫，闺蜜出卖朋友，范植伟饰演的丁叔更是每天只顾着打报告给人穿小鞋。影片开头的字幕"蒋介石带着他的军队和人民来到台湾，但是他们仍然抱着光复大陆的梦想。于是国民党当局在台湾颁布'戒严令'，这是台湾另一个白色恐怖时期的开始"，用"他们"一词指代蒋介石及其军队，实则区分了"你"与"我"的身份认同之别，而"另一个白色恐怖时期的开始"，则暗暗将 1945 年入台的国民党等同于 1895 年的日本殖民力量。然而，暂不考虑国、共两党在政治上的分歧，就文化场域而言，国民党入台与日本殖民台湾有着本质的区别，后者可以被视为一种外来的殖民文化，而国民党和台湾，都属于中国文化这一范畴，因此国民党仍然是中国文化的有效能指。所以，把作为中国文化有效能指的国民党等同于日本的殖民力量实际上是不妥当的。

借由小人物，尤其是父亲（男性）在时代面前的不堪与无奈来表达对国民党威权统治的不满与批判也同样存在于《超级大国民》《好男好女》《天马茶房》等影片中。《超级大国民》中的父亲许毅生是一个因为参与读书会而被判无期徒刑的政治犯；《好男好女》里，钟浩东因为宣传左翼思想被枪决，妻子也遭遇牢狱之灾；《天马茶房》更是借男主角阿进之口表达了身份认同的无奈与迷茫："每个人一出生，出生在什么样的家庭，什么样的父母，出生做台湾人、日本人还是中国人，这都不是我们可以决定的……我去过台湾，去过上海，去过日本，都不敢想未来。"该片在时间跨度上涵盖了日据时期与国民党退台之初，并以"二二八事件"的爆发作为影片的结尾。其中表达了：日本的殖民统治使得台湾民众对来自父祖之国的国民党新政权抱有期盼。然而，当真正从祖国来的军队来到台湾以后，他们却发现，这些执政者并不如想象中的那般美好，他们不仅没有给予台湾社会以"自由"，反而实施了系列镇压：表面上女主角阿玉吟唱的是自身的"自由梦"，实则也是台湾的"自由梦"；阿玉的"自由梦"却最终以情人阿进被射杀而破灭，台湾的"自由梦"却遭逢了"二二八事变"和此后长达 38 年"戒严"的打击。

这些影片中代表父权的父亲与男性，在白色恐怖时期家与国的权力结构中完全处于无能的状态，这不仅是对国民党的威权统治的批判，更试图表达国民党以"父"之名统治台湾神话的破灭。

二、被割裂的中国性

按照斯图亚特·霍尔的说法，"文化身份反映共同的历史经验和共有的文化符码，这种经验和符码给作为'一个民族'的我们提供在实际历史变幻莫测的分化和沉浮之下的一个稳定、不变和连续的指涉意义和框架"[①]。而新新电影却借

---

① [英]斯图亚特·霍尔：《文化身份与族裔散居》，载《文化研究读本》，罗钢、刘象愚主编，中国社会科学出版社，2000 年，第 209 页。

由父亲的衰落与缺席、父子间的无法沟通，中断了叙事中关于中国认同"稳定、不变和连续"的表述，将叙事指向了一个异于中国的身份认同。

从这个意义上来讲，《一八九五》在叙事策略上似乎是想借抗日题材来从历史上割裂两岸的脉络之亲：清政府战败割台湾，已是对台湾的一次"背弃"；而在抗日过程中，清朝官兵贪生怕死不战而逃违背抗日约定，置客家民兵于万劫不复之境地，形成了对台湾的二度"抛弃"；义军首领吴汤兴在弹尽粮绝之时，回忆起唐山来的父亲在灾年抛妻弃子独自返回大陆，实则第三次批判了台湾的被"抛弃"。吴汤兴以一句"我还记得他头也不回的背影，他本来就不是这块土地的子孙"宣誓了他和父亲的不同身份归属，暗喻了台湾和大陆的关系。

代表中国的清廷一度在电影的叙事中缺失，所使用的语言也几乎全都由客家话完成，少部分是日语和德语，不见普通话。在影片中，客家先民抗日首领吴的有情有义，对比出唐山来的父亲抛妻弃子；客家先民誓死捍卫家园、舍生取义，对比出大陆来的清朝官兵贪生怕死、不战而逃；抗日将领吴汤兴、姜少祖都处于失父状态，只剩下客家母亲深明大义生死相依。影片借由被殖民的情景，割裂了大陆与台湾的联结，大陆成了有事"头也不回"的"背弃者"，台湾"本土意识"由此而生，恰如《爸，你好吗？》片头的字幕："对于父亲，除了背影，你还记得什么？"

共同的中国文化是连接两岸人民情感的根本因素，影响着台湾民众的情感认同，同根同源同为一家人。然而，新新电影在突出台湾相较于中国文化的异质特点时，却中断了其与中国文化一致性的表述，"中国性"缺失，这在新新电影里集中体现为中国文化有效能指的缺失：其一，不再独尊普通话，72部影片中，共有35部影片涉及其他语言①；其二，与中国文化的联结大多止步于古代传统文化，并且这些中国文化的有效符码大多已被异化。以《经过》为例，苏轼的《寒食帖》原为中国文化强有力的能指，但在台湾本地却鲜有人知，反而是日本来的游客岛因为爷爷曾经修复过《寒食帖》而千里迢迢到台北故宫博物院寻找《寒食帖》。仅在影片中出现过一次的寿司店老板不知《寒食帖》为何物，却能够用日语和岛流利对话，《寒食帖》最终沦为了台湾受日本影响的见证。类似的尴尬还出现在以茶圣陆羽为开头的《斗茶》中以及《条子阿布拉》里。虽然《飞侠阿达》《星月无尽》《红柿子》都出现了中国传统文化的符号表征，但

---

① 具体情况详见附录"电影列表"。

最终都没有能够产生更加深入的中国认同阐释，使得这些符号的能指被架空。尽管对历史的反思并不一定就与身份认同产生必然联系，但新新电影发轫于鼓吹"台独"的李登辉"执政"的时期，并在民进党"掌权"后得到了持续发展。在这种情况下，新新电影对台湾历史的反思就在一定程度上"或然"地反映了台湾人的"国族"身份认同。

在父权制社会中，"父亲"被认为理所当然应该享有更多的权力和资源。[①]当"父亲"失去了调用社会资源的功能，便失去了对家庭成员的惩罚与规训之权力。新新电影中"父亲"这一角色的集体陨落，恰好印证了让·拉克鲁瓦的言论："任何形式的解放，首先是摆脱父亲的解放。"[②]然而，瓦解了电影中的"父亲"权威与神话，非但没有解决台湾社会身份认同的困境，反而导致了更为迷茫的认同处境。

---

① 向宇：《父亲的回归：对今年内地电影中父亲形象的分析》，《当代电影》，2009 年第 11 期。
② ［法］伊·巴丹特尔：《男女论》，陈伏保等译，湖南文艺出版社，1988 年，第 144 页。

第三章 身份的迷茫：沉重的青春

台湾新新电影一边不再热衷于表现完美"父亲"的神话，另一边试图更加深入地呈现多种人群的生活处境，以同情而宽容的姿态描述了一大批"有异于传统异性恋性倾向或性属认同与行为"的"酷儿"[①]，呈现出第二个特点：青春电影尤其是同性暧昧题材在新新电影中一枝独秀。然而，"不同类型的电影的流行往往透露出时代的社会背景和意识形态，并在其中体现了民族内部的微观政治"[②]。正如杰姆逊所指出的那样，第三世界的文本是寓言性的文本，关于个人和个体经验的故事"最终包含了对整个集体本身的经验的艰难叙述"[③]。

在这类新新电影中，有关"国族"身份的宏大论述在对现代台湾人"日常"琐碎生活的呈现中被中断，而生活在台湾社会的群体中却更加充斥着身份的焦虑，呈现出认同的游移。

第一节 新新电影的青年形象

当禁忌被打破，新新电影走出了昔日的历史怀旧感，把重点放在了当代，描绘了一群群辗转于都市与乡村之间风格迥异的青少年影像，却依旧无法逃脱青年人的迷茫及其背后台湾身份焦虑之类的母题。

---

① 朱迪斯·巴特勒：《身体之重：论"性别"的话语界限》，李钧鹏译，上海三联书店，2011年，序言第 4 页。

② 王雁：《论台湾电影的国族认同观之变迁》，上海大学博士论文，2011 年。

③ 弗雷德里克·杰姆逊：《处于跨国资本主义时代中的第三世界文学》，张京媛译，《当代电影》，1989 年第 6 期。

一、成长的焦虑

（一）叛逆、反抗的少年

这是一群孤独、迷茫、叛逆乃至绝望的少年，试图在残酷青春的重压下进行反抗。《爱的发声练习》中的小猫在单亲家庭成长，遭遇继父的偷窥之后辍学、私奔、援交、成为"小三"甚至未婚先孕。《当爱来的时候》中来春软弱的父亲"黑面"是个上门女婿，母亲则是父亲的"细姨"（小老婆），强势的大妈掌控着家里的一切。缺乏父母关爱的来春不停在不同的男生身边打转，意外怀孕四个月而浑然不知，更是从另一个角度表明了父辈对子女的忽视。未婚先孕的来春在街头对着邮差歇斯底里怒吼，甚至产生了轻生的念头。《阳阳》中外表乖巧的阳阳，因自己法国生父的缺失而内心痛苦抑郁，在与继父的女儿产生嫌隙之后，愤而离家出走。这些影片直接或间接地表现了在父辈缺席或疏于照顾下，缺乏指引的青少年创伤性的成长历程。而《女朋友·男朋友》《练习曲》《九降风》等影片更是出现了学生集体扔东西、乱涂鸦、视集体反抗为青春嘉年华的片段。

（二）出走、漂泊的"浪子"

"父亲"形象的衰微，为年轻一代的迷茫与出走，提供了看似合情合理的依据。于是，青春爱恋的迷惘与困惑、青年的自我身心放逐便成为大多数青春电影所执着表达的主题。

《星空》中的小美在爷爷去世不久后得知父母要离婚，就和朋友一起坐火车去爷爷森林里的家中看星星。两个无法和父辈世界沟通的孩子，借由出走完成了对自我的认知。影片中缺了一个角的"星空"拼图，实际上折射出的是现代台湾人内心的认同现状，本质上每个人都是缺了一个角的拼图，出走不过是为了找回那块缺失的拼图。而在《练习曲》《蓝色大门》《女朋友·男朋友》《刺青》《带我去远方》《夏天协奏曲》《单车上路》《夏天的尾巴》等关于青春流浪与漂泊的影片中，单车（有时也包括机车、汽车）成了青春爱恋、追逐与逃离的绝佳表达意象。这些影片都不约而同地出现了单车追逐的片段，和田野、都市等户外景致组合在一起，形成沉重青春的奇妙构图。

（三）孤独、离散的个体

人与人、人与城市的疏离，让都市被异化成了空洞的能指：《爱情万岁》里摆地摊的阿荣，每日衣着光鲜在破旧杂乱的台北街头贩卖商品；整天都想着怎么推销房子的房屋中介杨贵媚，到了夜间却没有自己的归宿；前一夜还因寂寞难耐而迅速一夜激情的杨贵媚和阿荣，却在第二天形同陌路；结尾，杨贵媚坐在公园长椅上哭泣，更是以环境的特写，凸显了杨贵媚内心的寂寞。《你那边几点》里的小康，每天都过着一样的生活。《台北晚九朝五》中，坚持真爱而拒绝婚前性行为的 EVA、认为爱就要用身体来表达的 BEN、忧郁的卖"药"仔小马、身为幼儿园老师却总在晚上变身为夜总会女王的 VIVI、出卖身体以进入演艺圈的 HITOMI、花言巧语的 COLA、一夜情女王 CINDY 以及女同性恋者 IDEN……包括《寂寞芳心俱乐部》等影片在内，其所呈现的这些热衷于身体玩乐的人群背后凸显的正是原子化的个体，这些都市病征所对应的，恰恰是认同缺失所导致的秩序崩溃。

（四）黑帮、暴力的青少年

这一时期的电影也呈现了一批因父子失和而导致的青年一代的暴力景象。源于杨德昌《牯岭街少年杀人事件》的暴力少年"小四"，来到新新电影时期则显现出更为多样的面貌。

台北的西门町在《六号出口》中成了一个江湖，充满了拍贴、摇滚乐、援交、涂鸦、man power 街头极限运动、阴暗的"秋叶会"部落格（博客）、嘻哈 DJ 等青少年次文化。以此为背景，生活着一群找不到生活出口、不知该何去何从的暴力少年：街头卖 A 书的范达音、鞋店打工的黑客 Vance、跷家女小薇、叛逆的"乖乖女"Fion 等。借由少女的陆续失踪，表现被压抑的青春以及代际关系的失和。好姐妹小薇和 Fion 不满自小被父母用来相互比较竞争，前者离家出走，成为西门町的一个援交女，后者更是以毁灭性的死亡来表达内心的愤怒与绝望。影片开头借在地铁站不停奔跑的范达音之口提出了无望的质询："如果青春注定就是要不断地向前跑，他妈的，什么时候我才会跑到出口？"又在结尾借把自己和友人一起冰冻在试管里死亡的 Fion 来给出了回答：没有出口的青春，只好被冰冻。问题是，现实的西门町地铁站尚且还有六号出口，而影片中所呈现出来的青春的焦虑，伴随的却是死亡的气息。到了钮承泽的《艋舺》，西门町这一江湖变成了极具怀旧感的意象"艋舺"。自幼缺父的蚊子，因为一根鸡腿而误打误撞进入太子帮闯黑道，这群人以不问意义只知义气的精神在学校呼风唤雨。然而，失手误杀"外省人"狗仔孩，让太子帮提早接触了成人世界的丑恶。紧接着象征"父亲"形象的 Geta 死亡，硬是押着这群少年直面血淋淋的黑帮斗争，兄弟相残。《蝴蝶》中一哲的父亲为了义气，去日本混黑道，抛妻弃子，一去就是二十年，而一哲与弟弟则被黑帮老大带回南方澳加入黑社会。长大后的一哲为弟弟顶罪而入狱，出狱后期待重新做人与女友相守的他却再次陷入斗争的泥潭：弟弟因女友被杀而砍死仇家，一哲则因为父亲缺乏必要的责任又坚持用日语对自己说话而举枪弑父。暴力与血腥在弟弟挥刀砍人与一哲死亡的慢镜头中不断被放大，伴随着人物痛苦的叫喊与狰狞的表情，青年的挣扎显得痛苦而绝望。包括被母亲送去学八家将①，却被卷入黑帮暴力世界的忠仔（《忠仔》）在内，这原本是一群无忧无虑的少年，却在父辈缺席的"草莽江湖"，无知无畏地以暴制暴，在颠覆父辈世界的同时，否定既有的身份认同。

需要指明的是，新新电影所呈现的少年往往混杂了几种不同的特质，并非泾渭分明的青年形象。虽然这一时期也不乏一些以温暖的影调来描绘青年一代的励志成长故事的影片，如《逆风飞翔》《总铺师》《阵头》，但总体而言，新新电影的青年影像仍然是孤独、无助、叛逆乃至暴力的形象。

二、性别的错位

伴随青年成长的是性意识的觉醒。相比于此前的青春电影，台湾新新电影呈现出了更为复杂的性别取向，充斥着同性之恋的暧昧与性别认同的含混，以及由此造成的认同焦虑。

《我的美丽与哀愁》《蓝色大门》《六号出口》《盛夏光年》《渺渺》《刺青》《乱青春》《漂浪青春》等影片都表现出了青少年在成长过程中对于同性情感的困惑和恐惧。在被视为青春电影经典之作的《蓝色大门》中，孟克柔爱上了自己的同性好友林月珍，却惧于承认，甚至天真地以为只要被男生吻过就不算同性恋。《盛夏光年》里的康正行（男）爱上了朝夕相处的"坏男孩"余守恒，却因为害怕面对自己身体里可能的真相而躲避余守恒，类似的挣扎也出现在《女朋友·男朋友》《渺渺》等诸多影片中。

这些影片以同性恋题材来打破异性恋爱情与婚姻的理所当然，借由同性者与异性恋的紧张关系，以及对挣脱家庭与传统价值观钳制的渴望，表现出反父权的倾向。在这种情况下，同性恋情往往以暗恋的形式出现，隐晦含蓄的情感表达代替了直白轰烈的爱情宣言。《我的美丽与哀愁》中，杜莉莉承受着家庭和联考的双重压力，心中潜藏的同性爱慕只能在梦中得以释放：现实中的莉莉和

①　在台湾，"八家将"原是指八位负责捉邪驱恶的神祇，后来成为其特有的民俗文化，亦为阵头文化的一部分。所谓"阵头文化"，是指台湾传统民间社会庆祝其神明圣诞的方式，在台湾庙宇文化中占有着极其重要的分量。

女同学咪咪是死党，却未能进一步发展成恋人关系，直至梦中看得见女扮男装的书生柳玉梅，杜莉莉才陷入爱的迷惘。《爱情万岁》中的小康偷偷亲吻熟睡的阿荣；《蓝色大门》里孟克柔因为害怕失去同性女友林月珍而压抑自己内心的情感；而不惧遮掩自己同性取向的同性恋者，最终付出的却是生命的代价，如《渺渺》里的小贝、《带我去远方》中的阿贤。

性别的错位还体现在挑战"服装"这一性别符码的行为上。《爱情万岁》里的小康（男）穿着黑裙子在待售房子里翻着筋斗；《六号出口》中的捆绑老妖明明是个妇人，却在日常装扮中打扮成老头子的形象；《艳光四射歌舞团》中的四个男性异装者总在晚上打扮成女人。《漂浪青春》中，老年阿彦（男）穿着旗袍被打扮成妇女的模样；竹篙（女）自幼就不喜欢自己的样子，不肯穿文胸，整日打扮成男生的样子，被称为"半男娘"，连进女厕都要被保洁阿姨多看两眼，于是连自己也疑惑："我这样到底算不算女生啊？"在这些涉足同性情爱故事的影片中，男性普遍阴柔，而女性却表现了阳刚之气：《艋舺》里名为太子帮老大的志龙实际上软弱无力，与同为男性的和尚有着暧昧不清的情感；《盛夏光年》里的余守恒时不时向同为男性的康正行撒娇；《女朋友·男朋友》的林美宝（女）打扮中性大大咧咧，呈明显的男性特色，而喜欢她的王心仁却显得阴柔；《刺青》里的竹子（女）略显帅气……

第二节　错位青春背后的中国认同隐喻

一、性别错位下的认同困境

波伏娃的名言"女人并不是生而就的，而宁可说是逐渐形成的"[①]，奠定了女性主义关于性别可以被后天建构的基本观点。个体社会化的过程，首先是社会按照两性的性别规范来逐步建构个体性别身份的过程。当福柯和费斯克都把身体视为社会规训与惩罚场所之时[②]，也暗含了我们可以把性别差异及认同视为社

---

① ［法］西蒙娜·德·波伏娃：《第二性》，陶铁柱译，中国书籍出版社，1998年，第309页。
② 福柯在《规训与惩罚》中将身体视为权力用来规训与惩罚的场所；费斯克在《理解大众文化》中将身体视为身体政治的物质形式。详见：［法］米歇尔·福柯：《规训与惩罚》，刘北成、杨远婴译，生活·读书·新知三联书店，1999年。［美］约翰·费斯克：《理解大众文化》，王晓珏、宋伟杰译，中央编译出版社，2001年。

会文化的表征，性别认同也因此成了认识其他各种身份认同的重要途径。

在现代社会，科学和技术正把地球变成"地球村"，人们的生活也因此日益碎片化，稳定性减少，不确定性增加，甚至处于一种混乱的状态。对于台湾而言，除了全球化处境下以欧美为主的西方世界的冲击，身份认同的焦灼还根植于自身的经济、政治与两岸关系中。2000 年台湾"总统大选"，民进党陈水扁当选，岛内第一次出现了政党轮替，翌年，台湾经济出现了四十多年来的首次负增长。2008 年金融危机，为减少失业，马英九当局于 2009 年推出大专毕业生到企业职场实习方案，资助一些竞争力较弱的毕业生，每人月薪 2.2 万（新台币）。然而，这一原本为解决毕业生高失业率的缓冲方案，却成为台湾企业给薪的标准，使得台湾大学生陷入了"22K"的恐慌之中。社会的困境以及西方文化的冲击，再加上两岸的历史遗留与现实关系问题，导致了台湾青年的现实困境，加剧了其认同危机。

在这种情况下，出于反抗，被压抑个体的自我认同意识往往会不自觉加强，对个体性别身份的认知反而成了其建构自身主体性、明确身份认同的基础。就这个意义而言，新新电影借由被压抑者的狂欢，创造出了某种"逃避式的快感"①（约翰·费斯克语），反映了台湾人自身的认同困境。

在《女朋友·男朋友》中，张孝全饰演的陈忠良自称为两个女孩的爸爸，而在法律意义上却只能是哥哥，身为"芋仔蕃薯"②的陈忠良在影片中实际上是个无法生育后代的同性恋。而原本与台湾"本省人"王心仁为恋人关系的"外省"女孩林美宝，最终依旧没能融入台湾"本省人"的生活，以"小三"的身份黯然离开，他们的孩子再次成了"芋仔蕃薯"，也就是影片开头所出现的由陈忠良所抚养的两个女孩。而《渺渺》《带我去远方》则借由跨国同性之爱来隐喻台湾身份认同的尴尬。《渺渺》中，混血女生小瑷喜欢上了日本女生渺渺，而渺渺却喜欢上了台湾男性陈飞，与此同时，陈飞自身却是一个深陷于对已故男友的思念中而无法自拔的"同志"。类似的身份困境也出现在《带我去远方》中作为"同志"的表哥阿贤，爱上了来台的日本游客。值得一提的是，《渺渺》中饰演混血小瑷的演员张榕容自身就是一个父母离异的中法混血儿。同为这一时期青春电影的《阳阳》更是导演郑有杰以张榕容的身份认同困境为灵感，为其量

① [美]约翰·费斯克：《理解大众文化》，王晓珏、宋伟杰译，中央编译出版社，2001 年，第 85 页。

② 对台湾"本省"与"外省人"所生第二代的称呼。

身定做的影片。

同性恋等酷儿群体由于在国际上备受关注，而成为新新电影吸引世界关注、表达认同困境的叙事策略，通过对处于弱势地位的同性恋及酷儿认同困境的描述，台湾完成了对自我的象征性比喻。侯孝贤、杨德昌等屡获国际大奖的先例，以及"辅导金"的刺激，使得新新电影人一开始并不以市场为诉求，而是期待先通过影展尤其是以西方价值观为主导的国际影展来获得功名。"参加竞赛性质的影展，固然以得奖为第一职志，但是越来越多有经验的电影人，已经逐渐意识到影展所提供的国际宣传，才是影片最重要、同时也是最实际的功能。"[1]总共72部影片，已知参展的就有55部[2]。这样一来，台湾把自己和影片中的青少年、酷儿族群一起，作为奇观呈现给了西方世界，迎合了西方对中国的凝视期待。再加上台湾一直以来，尤其是1971年以后不断向外界渲染的"亚细亚孤儿"[3]的意识，更使得这种对待边缘族群的心态多了几分自我同情的味道。

在一个性别并非天成的社会，性别认同不仅仅是身份认同的重要指标，更是权力话语的修辞性表达。在一个异性恋占据主导地位的社会中，同性关系的探讨在某种程度上被视为文化禁忌。然而，新新电影的成长题材中涌现出大量的同性青年男女，对他们而言，所遭受的是异性恋霸权以及父辈文化的双重压抑。于是，电影中的性别呈现，就有了身体政治的蕴意：一方面，借由青少年、同性恋亚文化来呈现可被凝视的奇观；另一方面，新新电影自身对这种奇观略带同情的呈现方式表明，这种奇观本身是一种对父辈文化以及异性恋霸权的疏离与抵抗。个体在性别认同上的错位，在一定程度上也是台湾自身身份认同缺失的表现。

二、成长叙事背后的认同指向

如果说，新电影从宏观上对台湾的社会、文化经验做出了严肃的探讨，充满了厚重的历史感（如侯孝贤《光阴的故事》《悲情城市》，包括后来《最好的时光》也充满了历史的宏大叙事）。那么以蔡明亮的出现为标志，新新电影出现了转型：年轻人，尤其是边缘人的生存状态，代替了宏大的历史叙事。

---

① 陈宝旭：《台湾电影与影展的互动关系》，载《书写台湾电影》，闻天祥编，台北电影资料馆，1999年。

② 详见附录"电影列表"。

③ "亚细亚"一词来源于台湾作家吴浊流以日文创作的《亚细亚的孤儿》。详见：陈建忠等主编：《台湾小说史论》，台北麦田出版社，2007年，第251页。

新新电影中所呈现出的历史感的淡化以及大陆情节的断裂，从某种程度上来说与新新电影导演自身身份有着密不可分的关系，将导演与大陆的关系由弱到强分为四类，会发现：以蔡明亮（马来西亚）为代表的第一类导演，包括何蔚庭（马来西亚）、陈骏霖（美）等，这些华裔导演从别的国家迁居至台湾，自身也是生活在台湾的"异乡人"，对台湾的历史记忆充满了隔阂，对大陆的记忆更是无从谈起；第二类导演生长于台湾，日后多赴欧美留学，电影创作立足于台湾经验的同时也明显受到西方影响，如黄玉珊、易智言、王玉麟、李佑宁等；而林正盛、周美玲、林育贤、张作骥、叶天伦、戴立忍、魏德圣以及"写而优则导"的吴念真等第三类导演，代表着台湾本土成长起来的电影人；直到以李安为代表的第四类电影导演，包括王童、钮承泽等在内，才由于父辈的原因，或多或少受到了传统中国文化经验的影响，在电影创作上一定程度地保留了"中国记忆"。年轻导演的集中涌现，一方面为新新电影带来了鲜活的气息，但也在很大程度上稀释了历史叙事的厚重感。由于新新电影导演自身经验中与大陆的断裂，甚至是与台湾的隔阂，他们所导演的影片也多呈现一种失"根"状态。

人对自己身份的认知，既来现实经验，也来自历史学习和文化教育。实际上1945年，当台湾经历了半个世纪的殖民历史重新回归祖国时，其民众关于国家认同的指向就已经不再如被割让日本前坚定了。回归祖国仅两年，台湾又爆发了"二二八"事件，再加上1949年败退台湾后国民党只顾着政治上的"反共"，疏于照应这一时期的社会心理，使得原本就已显脆弱的中国认同基础日渐式微。在妻儿的不解中，台湾土生土长的多桑始终以日本大和民族子孙自居（《多桑》）；《赛德克·巴莱》中，为日本工作的台湾少数民族花岗一郎把日本视为文明的代表，却在无意识中自觉地将自己的族群视为野蛮与落后的象征，他努力融入日式生活，让孩子接受日本教育："已经忍了二十年，再忍个二十年，等我们的孩子长大了，也许能彻底改变我们的野蛮形象。"《条子阿布拉》的影片名称充满了中日混杂的味道："条子"原是中国民间称呼警察的黑话，而"阿布拉"则是日本的"油"，因为音同"游"和"尤"，所以在台湾演化为"阿布拉"，所以"条子阿布拉"实际上是指一个姓尤的警察。包括《好男好女》等影片在内，都呈现出日本殖民影响下，台湾人身份纯粹性难以维持的状态。

新新电影所呈现的大多数是生活在现当代的新新人类，他们"对未来呈现出一种事不关己的冷淡态度。他们关心今天的生活，今天的朋友，在意的是彼此的热情或冷漠。他们没有纵的沟通，只有横的联系；彼此像动物一样，凭着嗅觉，就能自然聚在一起"①。借由青春、成长、同性恋等题材，新新电影将身份认同的困境藏匿于现代人的身份迷思之中，将关于"国族"的追求化身为对人性等更具普世价值的细微议题的呈现，在去历史深度的同时，标举后现代的多元、游移、异质，身份的想象因而呈现出远比此前的影片更为复杂暧昧的认同指向。

---

① 卢非易:《台湾电影：政治、经济、美学（1949—1994）》，台湾远流出版事业股份有限公司，1998年，第347页。

第四章　身份的重构："在地"的诉求

通过对台湾自身文化资源的不断挖掘，新新电影在叙事中强化"在地"感，以"在地"的名义，加强了台湾文化与中国文化的异质性论述，完成了对少数民族及闽、客、"外省"等不同群体的历史重塑；与此同时，电影借助对日据历史的重塑，重新找回了面对殖民历史的姿态，台日关系暧昧不清；另一方面，中国文化却在"在地化"与多元化的叙述中日益"他者化"，体现了认同的疏离。在两岸与日本三者关系的角力中，新新电影在叙事中呈现出了扬台、日，抑大陆的逻辑，表达了"在地"的诉求，借以重构台湾身份认同。

第一节　台湾：本土文化的批判性重构

"本土性"是指具有本地色彩的方方面面，在台湾却成了一个极具政治意味的概念。新新电影对台湾本土地方性文化的再挖掘，隐含了台湾作为主体对自我认同的想象与重构。正如学者所指出的那样：当前台湾，"在地精神"是一个具有特定含义的词，实际上可以称之为"本土精神"或"本土意识"，但是在台湾"在地"却成为一个带有方位感和族群认同的特殊名词。[1]对于台湾而言，"在地"不仅是空间的想象，更是一种文化地方意识，由"台湾本土所寻找出的一种认同的'符号'，借以凝聚民族想象"[2]。借由对本土文化的批判性重构，新新电影中的社会现实指向异于中国的台湾本土，中国认同呈现出一定的分离倾向。

---

[1] 黄钟军、金天星：《〈鸡排英雄〉：台湾在地精神与商业电影的合谋》，《电影文学》，2011年第19期，第8—10页。

[2] 陈建忠等主编：《台湾小说史论》，（台北）麦田出版社，2007年，第40页。

一、本土风光的强调

这一时期的电影在叙事中大量呈现台湾独特而优异的"在地"风光，向人们展现台湾的美丽形象，以此表达"在地"认同。

《艋舺》勾勒了艋舺在20世纪80年代的盛况。《夏天协奏曲》《星月无尽》以及《对不起我爱你》尽显金门、高雄的美丽景色与风土人情。《单车上路》《练习曲》则借由单车旅行，呈现了台湾沿海的迷人风光，掀起了单车环岛热潮。《海角七号》的故事发生在美丽的海滨小城恒春，《热带鱼》《女朋友·男朋友》《五月之恋》《刺青》《夏天的尾巴》《盛夏光年》《带我去远方》《最遥远的距离》《泪王子》《星空》均展现了台湾迷人的自然风光。而《阵头》《鸡排英雄》《总铺师》《阿嬷的梦中情人》更是借年轻一代对台湾特有民俗的传承，大量呈现台湾当地文化。

以《鸡排英雄》为例，作为台"新闻局"的城市营销片，该片是继《海角七号》和《艋舺》之后，又一部票房破亿（新台币）的影片，更是ECFA签署后，首部"登陆"的台湾电影。因八八八夜市面临强拆命运而走到一起抗争的社区居民，打着"抢救八八八，抢救在地精神"的口号，扯着"在地精神不能亡"的横幅，为八八八夜市的生存做着激烈的抗争，最后代表"在地"文化的八八八夜市得以保存下来，原本看起来像"乌合之众"的社区居民也在抗争过程中形成了共同体，找到了属于自己的"在地"价值。以极富台湾特色的"夜市"作为故事发生的场域，塑造民众"团结一致"的影像，凝聚了台湾"在地共同体"的想象。作为台湾文化有效能指的四神汤，不仅唤醒了与商人相勾结的议员内心的良知，更借助电影闪回镜头，再现了台湾"古早味"文化，勾起了台湾民众对于"在地"传统文化的"记忆"。影片中有个情节颇值得玩味：一群大陆游客到夜市观光，吃到了夜市美食，女游客禁不住用标准的北京普通话赞口："台湾人做生意还真有良心。"另外一游客也用东北腔感叹："哎呀妈呀，太好吃了，咱那儿怎么就没有这味道呢！"在闽南语充斥的夜市，说普通话的大陆人，就成了用来观照台湾"在地"文化的"他者"。大陆游客吃到鸡排后，画面是两人沉浸于美味中的表情，歌声以画外音的形式传来："台湾好，台湾好，台湾真是个复兴岛。"

再加上阿珠牛排、满妹鸡排、珍珠奶茶、电音三太子、闽南语、布袋戏、台客舞、挽脸等台湾特色文化符号的呈现，该片充满了浓郁的台湾市井风情，成为一部极佳的台湾"本土"文化宣传片。新新电影中，对"本土""在地"文化的批判性再挖掘，隐含了台湾作为"主体"对"家园"的向往，是关于自我认同的空间想象与重构，是一种充满了安全感和历史感的"主体性"的建构。新新电影大量呈现台湾本土独特而优异的"在地"风光，无形中塑造了台湾的"在地"奇观，凝聚了台湾人的"本土"身份认同，使得极具"本土意识"的"台湾身份"成为一种集体无意识。

二、在地族群的呈现

除了"在地"风光的呈现，新新电影也深入与传统中国文化相比最具异域文化色彩的地方，着力刻画包括少数民族在内的多元族群的影像，以突显"在地"族群的生存状态与不屈精神。

《海角七号》开头以男主角阿嘉一句"我操你妈的台北！"表明了青年阿嘉的"在地"回归。于是，海滨小镇恒春成了多元族群的大本营，聚集了做小米酒生意的客家人马拉桑、少数民族警察劳马、日本模特友子、民意代表洪国荣等各色人群。谈及创作初心，导演魏德圣自己也说："台湾那么小，却拥有那么复杂的东西，有山、有海洋、有湖泊、有河流、有离岛、有平原；有少数民族、客家人、闽南人，有外来族群；有汉人移民的文化、少数民族的文化，还有外来殖民的文化，现在还有'外省'文化、'蓝绿'文化……我就想，能不能做一个多元族群和谐的故事？"[1]

当"原住民"一词于1994年正式载入台湾地区"宪法"后，昔日因为日据以及国民党威权统治而遭受"压迫"的少数民族文化再次进入大众文化的视野，成为台湾"本土"认同的标志。新新电影大量呈现少数民族影像，显然不能简单地被视为多元文化的多样实践。正如影片《海角七号》，借由"多元族群"的和谐，魏德圣突出的却是台湾"在地"族群的不屈影像，甚至连马英九都在看完该片后，公开撰文大赞其"坚毅、勇敢的台湾精神"，将此片视为"台湾最宝贵的资产"。[2]《超级公民》的少数民族阿美人马勒、《单车上路》的少数民族女子阿妹、《等待飞鱼》里的达悟人、《蝴蝶》的少数民族母亲、预言师以及《练习曲》《一八九五》《赛德克·巴莱》等影片都有大量关于少数民族的呈现。

---

① 陈力、平客:《〈海角七号〉喜欢，还是非常喜欢？》，《南方周末》，2008年10月29日。详见：http://www.infzm.com/content/19139。

② 陈力、平客:《〈海角七号〉喜欢，还是非常喜欢？》，《南方周末》，2008年10月29日。详见：http://www.infzm.com/content/19139。

威廉斯认为："在一个整体社会中，在它的全部活动之中，文化传统可被看作对先人的持续选择和重新选择。"① 新新电影对"本土"族群的描述原本无可厚非，然而中国文化传统在这些影片叙事中被淡化，无论有意还是无意，都不得不让人产生质疑：电影是否在借由对"本土"族群的描述，来凸显台湾"本土"文化与中国文化的异质性，以塑造台湾自身的文化"主体性"？实际上，"在地"的风貌、少数民族的描述，对于当地观影者而言，这些力图以日常生活出现的叙事，都以其贴近性而容易让人产生共鸣，台湾民众自身"族群认同"的意图很明显。诸多新新电影，将日本殖民台湾的历史记忆与台湾"本土"历史记忆、"本土"文化、少数民族特色等结合起来，从而借助重新诠释殖民记忆来强化台湾的"本土意识"。同样是少数民族的故事，同样是以 1895 年台湾被割让为历史背景，《一八九五》《赛德克·巴莱》史诗性的宏大叙事所突出的，却是以客家先民、"土番"（土著）为主的台湾自己的浴血奋战史，并在抗日历史的叙述中让中国这一父祖之国处于缺失状态。尤其是《一八九五》，影片所刻画出的台湾客家先民男性忠肝烈胆誓死捍卫家园，女性持家有道深明大义，而对清朝将领的抗日行为只字不提。然而，据相关资料记载，清政府于 1895 年 4 月签订条约割让台湾之后，身为大陆人的清朝官兵刘永福以及唐景崧仍然坚持在岛内与军民一起抗击日本侵略者。5 月唐景崧因敌我势力悬殊而回大陆之后，刘永福依然留驻守台南，与台湾抗日义军合作，在新竹、苗栗、彰化、嘉义等地重创日军，直到 9 月台湾失守后，刘才潜回大陆。这个时间，比影片中所描述的客家义军全部壮烈牺牲的时间 8 月 28 日要晚。这样一来，大陆军民抗日行为在影片中的缺失，就成了一种有意为之的结果。

第二节　日本：对日本殖民历史的重塑

萨义德认为 T.S. 艾略特的如下观点是正确的："我们阐述表现过去的方式，形成了我们对当前的理解与观点。"② 这一时期，电影中关于日本殖民历史的叙述，并没有纳入对"中国性"的认同中，却借由殖民经验的重塑，完成自身主

---

① 雷蒙·威廉斯：《文化分析》，载《文化研究读本》，罗钢、刘象愚主编，中国社会科学出版社，2000 年，第 136 页。

② [美] 爱德华·W. 萨义德：《文化与帝国主义》，李琨译，生活·读书·新知三联书店，2003 年，第 3 页。

体地位的建构，殖民时代的台湾成了身份认同的场域。

一、从"控诉"到"怀日"

被日本殖民近半个世纪的台湾，在回顾这段历史时的情绪是复杂的，这种复杂情绪到了新新电影时期，则呈现出与以往国民党威权统治时期截然不同的论述，呈现出一种对日本殖民时代的"怀旧"情结。影片中的日本元素增加，对日本殖民的批判力度却急遽减弱，完成了对日本殖民记忆从"控诉"到"怀旧"的转变。

《多桑》讲述了成长于日据时期却生活在国民党治下的多桑的一生。"多桑"本身就是个日本名字，多桑说的是日语，看的电影是日本片，他把女儿的青天白日旗画成日本太阳旗，别人问他几岁了，他总回答"昭和四年生的……"，有着浓厚日本情结的多桑一生的梦想，是去日本看富士山和皇宫。重要的是，影片并没有对多桑的认同脱轨进行是与非的判断，反而暗示了一条充满同情与宽容的情感逻辑：政治的变迁，使得多桑这一代受日本教育、看日本片、改日本名的台湾人，在自己的故乡，跟自己的家人，与自己的国家格格不入。

影片叙事对日本殖民历史的情感转变表明对历史的解读受到了当下的影响："对个体性的主体来说，历史建构是在构造一个由事件与叙述构成的有意义的世界。因为建构过程的动机来自居住在特定社会世界的主体，我们可以说，历史是现在对过去的铭刻。"[1]《练习曲》中，当大学生明相（男主）骑单车到宜兰的时候，导游正在介绍当地著名景点"莎韵之钟"[2]；当晚，又有一群泰雅妇人坐在长椅上用日语合唱《莎韵之钟》；单车骑过八斗子（地名），一群人聊起建于"昭和十二年"（1937年）的北火电厂，无意中提及当年日本人投降的时候，有日本技师因为留念台湾不肯走而切腹自杀；当《海角七号》阿嘉与日本歌手同台献唱《野玫瑰》，配上茂伯的月琴、劳马的口琴、大大的keybord、水蛙的鼓时，阿嘉对日本女友的表白，早已超越了青年男女的单纯爱慕，而成为新时期台湾"在地"人面对昔日殖民历史所表现出来的复杂情感。时至今日，当年被日本殖民的记忆已经不再痛苦，殖民时期留下的痕迹也成为旅游观光的场景和

---

[1] [美]乔纳森·弗里德曼：《文化认同与全球性过程》，郭建如译，商务印书馆，2003年，第177页。

[2] 《莎韵之钟》讲述了一位17岁的泰雅少女为了解救日籍教员而溺水身亡的故事，后来被日本用来作为"皇民化"的宣传工具。

茶余饭后的谈资。包括《好男好女》《南方纪事之浮世光影》《插天山之歌》等影片在内，其所勾勒出的日本殖民景况早已与传统殖民历史记忆大相径庭。即使是《天马茶房》《一八九五》《赛德克·巴莱》这样仍然维持了基本台、日分野的影片，题中之意也不在控诉日本暴行。《天马茶坊》中日本人在战败后依依不舍地与文艺界领袖詹天马惜别。《一八九五》延续了传统抗日题材的主旨，却着力刻画了日本殖民者"人性"的一面，突出其在残害台湾人时所表现出来的"不忍"之心：杀人是为了完成帝国的任务，是出于无奈，而非出于嗜血的本性。面对年仅19岁的另一个抗日首领姜绍祖，日本亲王表示出了身为"人"的敬佩，在姜拒绝归顺之后，也不让属下为难他。影片结尾，日本亲王因为自己在台湾的暴行而内心充满了痛苦，在愧疚中死去；更借助同行日本军医的反思再次凸显了日本殖民者的"不忍"："战胜并不是荣耀的事儿，凯旋的队伍应该以葬礼的仪式进行。"影片还力借殖民者之口盛赞台湾的富饶与美丽："美丽的福尔摩沙""崭新的国土""台湾人民淳朴可爱"。联想到《蝴蝶》中许多像一哲阿公一样的日本人选择在战败后留在南方澳渔港，这样一来，殖民者和被殖民者的对立关系被弱化，日本殖民者掠夺的负面本质被较为中性甚至正面的话语所替代，那段被日本侵略的历史也就不再是难以回顾的历史之耻，而是可以直接面对的台湾"在地人"的"精神成长史"，将身份认同指向了台湾本岛。

二、多样化的日本形象

从敌对性的"殖民者""异族""侵略者"到中立甚而友善的普通人、朋友，新新电影中的日本元素淡化了殖民侵略的特征，在现代性、后殖民的裹挟下，日本人的形象逐渐多样化，呈现出较为中立甚至是正面的特点。

（一）作为先进者出现的日本形象

《赛德克·巴莱》为日本工作的台湾少数民族警察，把日本视为文明的代表，却在无意识中自觉地将自己的族群视为野蛮与落后的象征。《练习曲》中日本人建设北火电厂，即使在战败后也舍不得离开台湾，宁愿选择自杀；《海角七号》中给台湾人上课的日籍教师；《蝴蝶》中的日本人在南方澳建造渔场；《经过》里修复《寒食帖》的日本人岛的爷爷；《斗茶》保护中国茶文化的八木一族……这些影片中的日本人，一改往日侵略者的负面形象，成为先进文明的代表。

（二）作为朋友出现的日本形象

《一一》里，日本商人大田是NJ唯一可以算得上真心朋友的人，对比那些表面上称兄道弟、暗地里给 NJ 使坏的台湾人，大田显得真诚而正直。《斗茶》最后，公母黑金茶的后裔台湾人杨哥一伙和日本的八木一家成了好朋友。《经过》中来台北寻找《寒食帖》的日本游客岛成了在台湾工作的静的朋友。不止于此，在其他一些影片如《天马茶坊》《夏天的尾巴》中，都有以朋友身份出现的日本人。

（三）作为恋人出现的日本形象

《海角七号》中，日据时期的日本男教师爱上了台湾女学生友子；现代恒春小镇，青年阿嘉也有个叫"友子"的日本女友。包括《渺渺》《对不起，我爱你》《带我去远方》等在内，这些影片中都出现了以恋人身份出现的日本人形象：《渺渺》里小瑷迷恋日本的交换女生渺渺，《对不起，我爱你》吴怀中饰演的台湾男孩喜欢上了来台湾学中文的日本女孩田中千绘，《带我去远方》的表哥阿贤喜欢上日本的游客。这样一来，殖民与被殖民的紧张与对立关系被弱化甚至消解，身份的想象与认同潜藏于台、日爱情文本中。

（四）作为父辈出现的日本形象

《蝴蝶》中，一哲父亲的父亲是移民台湾南方澳渔港的日本人。《刺青》《爸，你好吗？》均有日本人以父亲形象出现。而《多桑》里的父亲多桑，虽然是个台湾人，却在骨子里视自己为日本人。《艋舺》中蚊子的父亲身份就更加耐人寻味。从小在缺父状态下成长的蚊子，把去日本富士山看樱花作为人生最大的理想，因为母亲告诉他，父亲去了日本。从未见过面的父亲从日本寄来的明信片成了蚊子和父亲的联结点。讽刺的是，樱花和富士山都是日本的有效能指，却被蚊子用来作为父亲的象征，而蚊子的父亲灰狼实际上是个大陆过去的"外省人"。作为中国文化有效能指的"外省人"灰狼被儿子用极具日本意义的符号"樱花"和"富士山"来代替，这一"误解"，实际上折射了大陆、台湾以及日本三者之间的纠结与张力。

联想到台湾和大陆同根同源血脉相通，却因为政治因素而急于重释自身的历史记忆，新新电影中不断正面化的日本形象，或许就不再是简单的后殖民特色可以解释的了，在一定程度上，对日本殖民历史的重新诠释动摇了中国认同的稳定性，为台湾想象并建构自身的"主体性"身份认同提供了历史证明。新新电影所呈现出的台、日关系有所缓和甚而温馨化，日本多以正面形象示人，在与两岸的角力中占了优势地位。

第三节　中国：作为"他者"的中国

在影片所呈现的两岸与日本三者的关系角逐中，最为重要的一方实际上仍是大陆，在后殖民、后现代话语充斥的当下台湾，身份认同的指向集中体现在其对待中国文化的态度上。相比于日益丰富的"在地"文化、对日殖民历史不断友善化，新新电影中作为中国文化有效能指的"外省人"（大陆人）却多以负面形象示人。"外省人"往往被定义、描述为"暴力、自私、无礼"的形象，采用塑造负面"外省"族群形象的叙述逻辑，大陆人与台湾人形成了二元对立的话语结构，尤其是在帮派电影中，曾是大陆人的"外省人"更是一群聚敛不义之财的"暴徒"。大陆在新新电影的两岸与日本对比中，明显处于劣势的一方。

一、"暴力自私"的入侵者

《斗茶》中从大陆到台湾定居的"外省人"公黑金茶一族及其后人被描述为唯利是图。《艋舺》中蚊子的父亲灰狼，是"外省"黑帮帮主，他的出现打破了艋舺的秩序平衡，掀起了当地血雨腥风的屠杀。Masa 嘲笑"国语"（普通话）为"狗语"，台湾本省大佬 Geta 更是对"外省人"一直持有意见，甚至用"外省婆"这样侮辱性的词语来称呼儿子的"外省"女友。"外省人"灰狼原本是中国身份认同的有效能指，却被一张樱花照片所替代，和日本有了某种纠缠不清的关系。《天马茶房》《泪王子》等片中大陆入台的国民党军人显得"獐头鼠目"，在台湾"无恶不作"。

二、"落后弱势"的大陆人

《停车》一片塑造了迫于生计到台北讨生活的大陆失足女形象：李薇是抚顺的下岗女工，18 岁就在厂里工作，失业后被卖到台湾。为了生活，李薇不得不满足客户的变态要求，面对客户的侮辱表情麻木。镜头内 2007 年的台北是个繁华的都市，而与此相对比的，却是 2006 年落叶凋零的抚顺。《停车》中关于李薇的这一段，与香港影片《榴莲飘飘》在人物选择和情节设定上有着异曲同工之妙。同是"大陆妹"，《停车》的李薇到了台北，《榴莲飘飘》的秦燕到了香港，迫于生计的两人同样靠出卖身体"讨"生活。在台北的李薇和在香港的秦燕一样，都是没有感情的赚钱机器。尽管两部影片时隔 8 年，然而《停车》里闪回镜头下的东北（抚顺）和《榴莲飘飘》里的东北（牡丹江）相比，并没有进步多少：一样寒冷而苍茫的东北景象，破旧的房屋，老旧的工厂，"北妹"们（大陆妹）把未曾谋面的香港和台北当做实现梦想的"天堂"。《条子阿不拉》的黄小青是个身怀六甲到台湾寻找孩子父亲的大陆妹，在私渡台湾后被刑事组长阿布拉所抓获。小青在拘留所生下女婴，是阿布拉照顾她坐月子，并四处帮女婴找爸爸。《爸，你好吗？》原本疏于联系的儿女，却在误以为父亲要去四川之后着急阻止，理由是四川很"危险""没水没电"。

三、"粗俗无礼"的大陆客

随着两岸交流日益频繁，尤其是自由行的开通，越来越多的大陆人选择去台湾旅行。"陆客"几乎成了大陆人的代表与香港电视剧中所呈现出的"陆客"形象惊人相似。在《爱》中，台湾商人马克和北京来的"陆客"金小姐第一次在酒店的电梯相遇，电梯里挤满了大陆来的游客，大声讲话。马克因为电梯的拥挤无法按到电梯按钮，只得求助金小姐，结果却屡被金小姐无视。

无论是《爱》《停车》还是《条子阿不拉》，其相似之处都在于，男性均为台湾人，而女性都是大陆人，通过男主角对弱势女主角的帮助拯救，电影将大陆置于"落后"的位置，在"中国人"这一类别中划分出了"台湾人"和"大陆人"，大陆成了台湾对比想象自身"先进"身份的"他者"。然而，当对比的"他者"是日本时，台湾又成了被拯救的"弱者"。在《海角七号》里，当台湾男生阿嘉萎靡不振时，是日本女孩给他佩戴上勇士之珠；当阿嘉在感情中不够勇敢之时，是日本女孩给了他进一步的暗示。当"外省人"（大陆人）在电影中屡屡以负面形象示人时，其所象征的中国身份认同也遭到了否定，体现了当下台湾社会对"中国"的排斥，无形中强化了台湾"本土"身份认同。

与此同时，新新电影也努力呈现全球化语境下，台湾"多元包容"的文化，如《台北星期天》的菲律宾劳工群像，《一页台北》为了去巴黎留学的女朋友而努力学法语的女孩，《星空》中离婚后改嫁法国人的母亲，《练习曲》中问路花莲的立陶宛女孩等等。然而，在呈现这些多元文化的同时，新新电影却并未突出中国文化的主体地位，结合其对台湾"本土"文化、日本殖民记忆的再挖掘，在身份认同的指向上便呈现出了对中国的疏离。

一言以蔽之，在两岸与日本三者的张力与博弈中，新新电影借由扬台、日，抑大陆的叙事逻辑，建构了台湾"在地"独特的身份认同，重写了历史。

结　语

　　尽管台湾早期的新新电影在一定程度上仍延续了新电影时期的创作特色：其一，杨德昌、侯孝贤、万仁等新电影的代表人物在这一时期仍有部分电影作品面世，如万仁《超级大国民》（1995）、《超级公民》（1999）以及侯孝贤《最好的时光》（2005）等。其二，不少新新电影的导演亦"师承"自新电影时期的代表人物，如王育麟曾参与杨德昌《牯岭街少年杀人事件》的拍摄，张作骥曾跟随侯孝贤等新电影导演学习电影经验，是侯孝贤《悲情城市》的副导演。然而，以蔡明亮的出现为代表，台湾电影日益聚焦于个体的生存状态，展现东方与西方、传统与现代、乡村与城市的矛盾冲突。

　　按照亚里士多德的解释，对严肃、完整而宏大情节的模仿艺术可以称之为"悲剧"，它通过引发怜悯或恐惧作用于观者的心灵，其所表现的人事通常高于现实。[1] 就这点而言，作为一种艺术形式，台湾新新电影因其对个体、家庭、都市、文化、边缘人等严肃题材的关注而呈现出一定的悲剧美学特色。

　　究其原因，第一，在国民党的威权统治下，台湾关照社会现实、维护中下层人民利益、强调自由平等民主的左翼思想常年处于被压抑状态，但终究似暗流般延续了下来。如《夏潮》在"戒严"时期就确立了批判现实主义的路线，开始广泛关注社会、民主、劳工、人权、父权、环保等话题。台湾"解严"后，进入了经济快速发展的历史时期，成为"亚洲四小龙"之一。伴随经济增长的是社会结构的变动，紧接着劳工问题、女权主义、社会福利、环保等问题接踵而至。于是，在80年代末90年代初，台湾出现了新马克思主义热潮，"葛兰西的文化霸权和市民社会理论、卢卡奇的物化思想、阿图塞的意识形态理论、马尔库塞的革命理论、霍克海默和阿多诺的文化工业论述、哈贝马斯的历史唯物

---

　　① [古希腊]亚里士多德：《诗学》，陈中梅译，商务印书馆，1996年，第63—98页。

论的重建以及拉克劳和墨菲的激进民主政治论等"成为"台湾知识分子介入社会政治进行社会运动的思想资源"①。在这种情况下出现的新新电影也天然地充满了理想主义的色彩，关注宏大题材、关照社会现实。第二，新新电影最初是以参展为目的的，在题材的选择上，为了能够吸引西方世界的眼光，必然得诉诸更具普世价值的题材，呈现出一定的严肃性。还有什么比边缘人群、破碎的家庭、地方特色等更合适的题材呢？——具备吸引力和争议性的同时，还能诉诸所谓的自由、平等、民主、多元的理念。尽管新新电影后来慢慢走向商业化，但总体而言，依然呈现出浓厚的文艺片色彩。

然而，新新电影在表现严肃而深刻的社会题材时，却走向了极端，原本是为了展现人的心理、欲望及困境，却尽显社会的阴暗、病态与扭曲，没有表现出悲剧的理想与崇高。虽然新新电影诉诸人性等更具普世价值的议题，却只能产生怜悯，无法引发恐惧净化心灵。因为恐惧的产生来自观者能意识到影片中那些遭遇不幸的人是"和我们一样的人"（亚里士多德语），但观看新新电影，我们明显能够体会到，影片所呈现的人与事和"我们"不一样，和"现实"不一样，是"低于现实"的人与事。也因此新新电影所模仿的对象，丑而不美，悲而不崇高。

总体而言，这一时期的电影，抛弃了历史怀旧和时代情怀，呈现出了与此前电影所截然不同的生活态度与情感逻辑。围绕着新新电影所呈现的三大特征，本书分析了其中的群体影像以及影像背后所体现的身份想象与认同。

在家国同构的中国文化中，"父亲"这一形象因其自身所具有的先天隐喻，成为阐述台湾身份困扰的最好途径。而新新电影时期所呈现的"父亲"往往衰老、庸常甚至死亡，丧失了调用社会资本的能力，在一定程度上消解了传统中国对"父亲"的向往。被拉下神坛的"父亲"丧失了对家庭的庇护与支持的能力，自然也就失去了对年轻一代在内的家庭成员进行规训与惩罚的权力。对于台湾而言，通过瓦解国民党的威权统治，割裂大陆与台湾同根同源的文化表述，新新电影在文化意义上解构了中国这个父祖之国的神话，使得中国文化认同失去了合理性。

但是，对父权的解构却导致了更为复杂的身份困惑。借助青春电影尤其是同性恋题材，新新电影以同情而充满宽容的姿态描绘了一大批以"酷儿"为主

①　刘小新：《阐释的焦虑：当代台湾理论思潮解读》，福建人民出版社，2010年，第150页。

的边缘人形象。在这类新新电影中，"国族"身份的宏大论述在对现代台湾人生活的呈现中被中断，而生活在台湾社会的群体却更加充斥着身份的焦虑与认同的游移。借由影像中被压抑的青年、被边缘化的"酷儿"族群，新新电影完成了台湾的自我象喻，以同性之恋的暧昧与性别认同的含混，象征认同的焦虑与困境。将身份认同的困境藏匿于现代人的身份迷思之中，在去历史深度的同时，标举后现代的多元、游移、异质，身份的想象因而呈现出远比此前的影片更为复杂暧昧的认同指向。

与此同时，通过对"在地"文化的批判性重构、对日本殖民历史的重新诠释以及将中国文化"他者化"，新新电影在身份认同的指向上便呈现出了与中国认同的疏离。在两岸与日本三者的张力与博弈中，新新电影借由扬台、日，抑大陆的叙事逻辑，建构了台湾"在地"独特的身份认同。

尽管台湾新新电影在身份认同的指向上呈现出了对中国认同的疏离，但并不能据此将其归类为"台独"行径，更多时候，它是一种集体无意识的显现。从17世纪初荷兰侵占台湾开始，到后来的日本殖民，乃至于此后的国民党退台，台湾一直处于"本土"与"外来"二元对立的冲突与回应之中，二元对立的逻辑似乎已然成为台湾阐释世界诠释历史的一种方式。然而，电影本身所兼具的大众文化和经济的双重角色，也需要我们对其中可能潜藏的意识形态蕴意保持警醒之心。

蔡明亮等导演的影片在国际上屡获大奖，在票房上却不尽人意，表明了单凭台湾当局"辅导金"，走影展路线这种电影创作模式所存在的缺陷。虽然新新电影不乏一些票房和口碑兼具的影片，如《不能没有你》《蓝色大门》《海角七号》等，但台湾新新电影的整体成绩并不突出。一些在台湾受到热捧的影片，由于其在中国性上的缺失，使得大陆观众无法感同身受，在大陆惨遭票房滑铁卢，这其中就包括台湾电影业引以为傲的《海角七号》[①]。台湾新新电影经历了从艺术到商业，从"作者"（以作者创作为主）电影到"观众"电影（以观众审美为主）的转变，在商业势力的入侵下，开始逐渐向观众审美靠近，不再"曲高和寡"。

---

① 根据维基百科数据资料显示，《海角七号》2008 年票房收入逾 5.3 亿元新台币，但在 2009 年进入大陆后，却只有 2,909,204 美元。分别按照当年的汇率（4.48723、0.14620）计算，大陆的票房不到小小台湾岛的二成。详见：http://zh.wikipedia.org/wiki/%E6%B5%B7%E8%A7%92%E4%B8%83%E8%99%9F。

　　然而，在竞争极为激烈的台湾电影市场，台湾电影本身就格局小、缺乏厚重感，想要挽救自新电影以降长期积弱不振的颓势，继续闭门造车显然无济于事。同根同源的中国文化能为台湾所提供的，不仅是庞大的观影市场，更是取之不尽用之不竭的创作源泉。正如台湾知名电影人朱延平所说的那样："台湾电影应该走出来。"①

　　当然，由于本篇旨在于探讨电影文本所勾勒的群体影像以及其中所蕴含的关于身份认同的隐喻，在将分析重点集中于文本内部时，可能对电影产业等文本外部环境未做更为深入的阐述。再加上时间与自身精力有限，对于新新电影并未能够做出更为细致与全面的分析描述。

---

　　① 人民日报海外版：《台湾电影为何在大陆表现不佳》，详见：http://cul.china.com.cn/2014-06/20/content_6998770.htm。

附录：电影列表

序号	年份	片名	导演	语言	是否参展
			台湾新新电影		
1	1994	飞侠阿达	赖声川	普通话	是
2	1994	寂寞芳心俱乐部	易智言	普通话	是
3	1994	爱情万岁	蔡明亮	普通话	是
4	1994	多桑	吴念真	日语、闽南语、普通话	是
5	1994	饮食男女	李安	普通话、闽南语	是
6	1995	好男好女	侯孝贤	普通话、闽南语、日语	是
7	1995	超级大国民	万仁	普通话	是
8	1995	我的美丽与哀愁	陈国富	普通话、闽南语	是
9	1995	热带鱼	陈玉勋	普通话、闽南语	是
10	1996	今天不回家	张艾嘉	普通话	是
11	1996	忠仔	张作骥	闽南语	是
12	1997	河流	蔡明亮	普通话	是
13	1997	红柿子	王童	普通话	是
14	1998	真情狂爱	黄玉珊	普通话	是
15	1999	超级公民	万仁	普通话	是
16	1999	黑暗之光	张作骥	普通话、闽南语	是
17	1999	天马茶房	林正盛	普通话	是
18	1999	条子阿不拉	李岗	普通话	是
19	2000	一一	杨德昌	普通话、闽南语、日语、英语	是
20	2001	你那边几点	蔡明亮	英语、法语、普通话、闽南语	是
21	2002	蓝色大门	易智言	普通话	是
22	2002	美丽时光	张作骥	客家话	不详
23	2002	台北晚九朝五	戴立忍	普通话	不详

24	2004	经过	郑文堂	日语、普通话	是
25	2004	五月之恋	徐小明	普通话	是
26	2004	艳光四射歌舞团	周美玲	普通话	是
27	2005	等待飞鱼	曾文珍	普通话	不详
28	2005	南方纪事之浮世光影	黄玉珊	普通话、日语	不详
29	2005	最好的时光	侯孝贤	普通话、闽南话	是
30	2006	插天山之歌	黄玉珊	普通话、日语	不详
31	2006	单车上路	李志蔷	普通话	是
32	2006	练习曲	陈怀恩	普通话、闽南语、立陶宛语	是
33	2006	六号出口	林育贤	普通话、韩语	是
34	2006	盛夏光年	陈正道	普通话	是
35	2006	最遥远的距离	林靖杰	普通话	不详
36	2007	夏天的尾巴	郑文堂	普通话	不详
37	2007	刺青	周美玲	普通话	是
38	2008	爱的发声练习	李鼎	普通话	不详
39	2008	不能没有你	戴立忍	普通话、闽南语、客家话	是
40	2008	斗茶	王也民	普通话、日语	不详
41	2008	海角七号	魏德圣	普通话、闽南语、日语、英语	是
42	2008	蝴蝶	张作骥	普通话、闽南语、日语	不详
43	2008	囧男孩	杨雅喆	普通话	是
44	2008	九降风	林书宇	普通话	是
45	2008	渺渺陈飞渺	陈孝泽	普通话	是
46	2008	漂浪青春	周美玲	普通话	是
47	2008	停车	钟孟宏	闽南语、粤语、普通话	是
48	2008	一八九五	洪智育	客家话、普通话、日语	是
49	2009	阳阳	郑有杰	普通话	是
50	2009	爸，你好吗?	张作骥	普通话	不详
51	2009	带我去远方	付天余	普通话、闽南话	不详
52	2009	乱青春	李启源	普通话	不详

53	2009	听说	郑芬芬	普通话、台湾手语、闽南语	是
54	2009	一席之地	楼一安	普通话	是
55	2009	泪王子	杨凡	普通话	是
56	2009	对不起，我爱你	林育贤	普通话	不详
57	2009	夏天协奏曲	黄朝亮	普通话	不详
58	2009	星月无尽	唐振瑜	普通话	不详
59	2010	父后七日	刘梓洁 王育麟	普通话、闽南语	是
60	2010	当爱来的时候	张作骥	普通话、闽南语	是
61	2010	台北星期天	何蔚庭	普通话、塔加路语、英语	是
62	2010	一页台北	陈骏霖	普通话、闽南语	是
63	2010	艋舺	钮承泽	闽南语、普通话	是
64	2011	鸡排英雄	叶天伦	普通话、闽南语	不详
65	2011	赛德克·巴莱	魏德圣	普通话、闽南话、日语	是
66	2011	星空	林书宇	普通话	是
67	2011	阵头	冯凯	普通话、闽南语	是
68	2012	逆光飞翔	张荣吉	普通话	是
69	2012	女朋友·男朋友	杨雅喆	闽南语、普通话	是
70	2012	爱	钮承泽	普通话	是
71	2013	总辅师	陈玉勋	普通话、闽南语	是
72	2013	阿嬷的梦中情人	萧力修 北村丰晴	普通话、闽南语	是
其他电影					
1	2000	榴莲飘飘	陈果	香港影片	

参考文献

[1][法] A．J．格雷马斯:《结构语义学》,蒋梓骅译,天津:百花文艺出版社,2001年。

[2][法] A．J．格雷马斯:《论意义:符号学论文集》,吴泓缈、冯学俊译,天津:百花文艺出版社,2011年。

[3][英] 阿·尼柯尔:《西欧戏剧理论》,徐士瑚译,北京:中国戏剧出版社,1985年。

[4][美] 阿瑟·阿萨·伯格:《通俗文化、媒介和日常生活中的叙事》,姚媛译,南京:南京大学出版社,2000年。

[5][英] 埃里·凯杜里:《民族主义》,张明明译,北京:中央编译出版社,2002年。

[6][美] 爱德华·S.赫尔曼、诺姆·乔姆斯基:《制造共识:大众传媒的政治经济学》,邵红松译,北京:北京大学出版社,2011年。

[7][加] 安德烈·戈德罗、[法] 弗朗索瓦·若斯特:《什么是电影叙事学》,刘云舟译,北京:商务印书馆,2005年。

[8][苏] 巴赫金·迈克尔:《巴赫金全集(第六卷)》,李兆林等译,石家庄:河北教育出版社,1998年。

[9][苏] 巴赫金·迈克尔:《巴赫金全集(第四卷)》,白春仁译,石家庄:河北教育出版社,1998年。

[10][法] 亨利·柏格森:《笑:论滑稽的意义》,徐继曾译,北京:中国戏剧出版社,1980年。

[11][古希腊] 柏拉图:《柏拉图全集》,王晓朝译,北京:人民出版社,2003年。

[12][古希腊] 柏拉图:《理想国》,郭斌和、张竹明译,北京:商务印书馆,

1986 年。

[13][英] 保罗·塔格特:《民粹主义》,袁明旭译,长春:吉林人民出版社,2005 年。

[14] 中国时报五十年报史编辑委员会:《中国时报五十年》,台北:中国时报社,2000 年。

[15][美] 本尼迪克特·安德森:《想象的共同体:民族主义的起源与散布》,吴叡人译,上海:上海人民出版社,2003 年。

[16][英] 布莱恩·麦克奈尔:《政治传播学引论》,殷祺译,北京:新华出版社,2005 年。

[17][美] 查尔斯·林德布洛姆:《政治与市场:世界的政治—经济制度》,王逸舟译,上海:上海三联书店,1992 年。

[18][俄] 车尔尼雪夫斯基:《车尔尼雪夫斯基论文学·中卷》,辛未艾译,上海:上海译文出版社,1979 年。

[19] 陈飞宝:《当代台湾传媒》,北京:九州出版社,2007 年。

[20] 陈鼓应:《老子注译及评介》,北京:中华书局出版社,1984 年。

[21] 陈建忠等主编:《台湾小说史论》,台北:麦田出版社,2007 年。

[22] 陈孝英:《喜剧电影理论在当代世界》,乌鲁木齐:新疆人民出版社,1987 年。

[23][法] 茨维坦·托多罗夫:《散文诗学:叙事研究论文选》,侯应花译,天津:百花文艺出版社,2011 年。

[24][美] 戴卫·赫尔曼:《新叙事学》,马海良译,北京:北京大学出版社,2002 年。

[25][美] 丹尼尔·贝尔:《资本主义的文化矛盾》,赵一凡等译,北京:生活·读书·新知三联书店,1989 年。

[26][英] 丹尼斯·麦奎尔:《麦奎尔大众传播理论》,崔保国、李琨译,北京:清华大学出版社,2006 年。

[27][德] 恩斯特·卡西尔:《符号·神话·文化》,李小兵译,北京:东方出版社,1988 年。

[28][德] 恩斯特·卡西尔:《人论》,甘阳译,上海:上海译文出版社,2003 年。

[29] 佴荣本:《笑与喜剧美学》,北京:中国戏剧出版社,1988 年。

[30][瑞士]费尔迪南·德·索绪尔:《普通语言学教程》,高名凯译,北京:商务印书馆,1980年。

[31][瑞士]费尔迪南·德·索绪尔:《普通语言学教程》,刘丽译,中国社会科学出版社,2009年。

[32][英]迈克·费瑟斯通:《消费文化与后现代主义》,刘精明译,南京:译林出版社,2000年。

[33][美]弗雷德里克·杰姆逊:《后现代主义与文化理论》,唐小兵译,西安:陕西师范大学出版社,1987年。

[34][英]J.G.弗雷泽:《金枝》,徐育新、汪培基、张泽石译,北京:新世界出版社,2006年。

[35][美]埃利希·弗洛姆:《弗洛伊德的使命》,尚新建译,北京:生活·读书·新知三联书店,1986年。

[36][奥]弗洛伊德著:《释梦》,孙名之译,北京:商务印书馆,1996年。

[37][英]菲利普·格雷夫斯:《购物心理学》,静恩英译,北京:中信出版社,2011年。

[38][澳]格雷姆·特纳:《电影作为社会实践》,高红岩译,北京:北京大学出版社,2010年。

[39][法]古斯塔夫·勒庞:《乌合之众:大众心理研究》,冯克利译,北京:中央编译出版社,2000年。

[40]郭有遹:《创造心理学》,北京:教育科学出版社,2002年。

[41] Marvin T. Herrick: *Comic theory in the sixteenth century*, Urbana: University of Illinois Press, 1950.

[42][美]海登·怀特:《后现代历史叙事学》,陈永国、张万娟译,北京:中国社会科学出版社,2003年。

[43][美]海登·怀特:《元史学:19世纪欧洲的历史想象》,陈新译,南京:译林出版社,2013年。

[44][美]汉娜·阿伦特著:《极权主义的起源》,林骧华译,北京:生活·读书·新知三联书店,2008年。

[45]何纯:《新闻叙事学》,长沙:岳麓书社,2006年。

[46]何明修、林秀幸:《社会运动的年代:晚近二十年来的台湾行动主义》,新北:群学出版有限公司,2011年。

[47][德] 黑格尔:《美学（第三卷下册）》，朱光潜译，北京：商务印书馆，1996 年。

[48][德] 黑格尔:《美学（第一卷）》，朱光潜译，北京：商务印书馆，1982 年。

[49][英] 亨利·菲尔丁:《约瑟夫·安德鲁斯的经历》，王仲年译，上海：新文艺出版社，1957 年。

[50] 胡范铸:《幽默语言学》，上海：上海社会科学院出版，1991 年。

[51] 胡文龙、秦硅、涂光晋:《新闻评论教程》，北京：中国人民大学出版社，1998 年。

[52] 黄顺星:《记者的重量：台湾政治新闻记者的想象与实作 1980—2005》，高雄：巨流图书股份有限公司，2013 年。

[53][美] 诺曼·N· 霍兰德:《笑：幽默心理学》，潘国庆译，上海：上海文艺出版社，1991 年。

[54][比利时] J.M· 布洛克曼:《结构主义：莫斯科—布拉格—巴黎》，李幼蒸译，北京：商务印书馆，1980 年。

[55] 焦雄屏:《台湾电影 90——新新浪潮》，台北：麦田出版社，2002 年。

[56][美] 杰拉德·普林斯:《叙事学：叙事的形式与功能》，徐强译，北京：中国人民大学出版社，2013 年。

[57][美] 卡罗·S· 皮尔森:《影响你生命的 12 原型》，张兰馨译，北京：中国广播电视出版社，2010 年。

[58][德] 康德:《判断力批判》，宗白华译，北京：商务印书馆，1996 年。

[59] 柯惠新、王锡苓、王宁:《传播研究方法》，北京：中国传媒大学出版社，2010 年。

[60][美] 肯特·沃泰姆:《形象经济》，刘尧舜译，北京：中国纺织出版社，2004 年。

[61][法] 列维—布留尔:《原始思维》，丁由译，北京：商务印书馆，1981 年。

[62][法] 克劳德·列维—斯特劳斯:《结构人类学》，陆晓禾、黄锡光等译，北京：文化艺术出版社，1989 年。

[63] 林红:《民粹主义：概念、理论与实证》，北京：中央编译出版社，2007 年。

[64] 林语堂:《生活的艺术》,越裔汉译,西安:陕西师范大学出版社,2003 年。

[65] 林语堂:《中国人》,郝志东、沈益洪译,上海:学林出版社,1995 年。

[66] 刘世英、彭征明、袁国娟:《广告也幽默:中外幽默广告鉴赏》,北京:中国时代经济出版社,2006 年。

[67] 刘小新:《阐释的焦虑:当代台湾理论思潮解读》,福州:福建人民出版社,2010 年。

[68] 卢非易:《台湾电影:政治、经济、美学(1949—1994)》,台北:远流出版事业股份有限公司,1998 年。

[69][美] 鲁道夫·阿恩海姆:《视觉思维——审美直觉心理学》,滕守尧译,北京:光明日报出版社,1986 年。

[70] 鲁迅:《鲁迅全集》,北京:人民文学出版社,2005 年。

[71][美] 罗伯特·J·斯滕伯格、凯琳·斯滕伯格:《爱情心理学》,李朝旭等译,北京:世界图书出版公司,2010 年。

[72] 罗钢、刘象愚主编:《文化研究读本》,北京:中国社会科学出版社,2000 年。

[73][美] 罗杰·D.维曼、约瑟夫·R.多米尼克:《大众媒介研究导论》,金兼斌等译,北京:清华大学出版社,2005 年。

[74][法] 罗兰·巴尔特:《符号学原理》,王东亮等译,北京:生活·读书·新知三联书店,1999 年。

[75][法] 罗兰·巴特:《神话——大众文化诠释》,许蔷蔷、许绮玲译,上海:上海人民出版社,1999 年。

[76][奥] 康罗·洛伦兹:《攻击与人性》,王守珍、吴月娇译,北京:作家出版社,1987 年。

[77] 吕东熹:《政媒角力下的台湾报业》,台北:玉山社出版事业股份有限公司,2010 年。

[78] 中共中央马克思恩格斯列宁斯大林著作编译局:《马克思恩格斯选集(第一卷)》,北京:人民出版社,1972 年。

[79][美] 马克斯韦尔·麦库姆斯:《议程设置:大众媒介与舆论》,郭镇之、徐培喜译,北京:北京大学出版社,2008 年。

[80][美] 玛格丽特·马克、卡罗·S·皮尔森:《很久很久以前:以神话原型

打造深植人心的品牌》，许晋福等译，汕头：汕头大学出版社，2003 年。

[81][美] 迈克尔·罗斯金等：《政治科学》，林震等译，北京：华夏出版社，2001 年。

[82][美] 梅尔文·赫利泽：《喜剧技巧》，古丰译，南京：南京大学出版社，2003 年。

[83][荷] 米克·巴尔：《叙述学：叙事理论导论》，谭君强译，北京：中国社会科学出版社，1995 年。

[84][法] 米歇尔·福柯：《规训与惩罚：监狱的诞生》，刘北成、杨远婴译，北京：生活·读书·新知三联书店，1999 年。

[85][美] 尼尔·波兹曼：《娱乐至死》，章艳译，桂林：广西师范大学出版社，2011 年。

[86][加] 诺斯罗普·弗莱：《诺斯罗普·弗莱文论选集》，吴持哲编，北京：中国社会科学出版社，1997 年。

[87][加] 诺斯罗普·弗莱：《批评的剖析》，陈慧等译，天津：百花文艺出版社，1998 年。

[88] 彭芸：《政治广告与选举》，台北：正中书局，1992 年。

[89][苏] 普罗普：《滑稽与笑的问题》，杜书瀛等译，沈阳：辽宁教育出版社，1998 年。

[90][苏] A·齐斯：《马克思主义美学基础》，彭吉象译，北京：中国文联出版社，1985 年。

[91] 钱念孙：《文学横向发展论》，上海：上海文艺出版社，2001 年。

[92][美] 乔纳森·弗里德曼：《文化认同与全球性过程》，郭建如译，北京：商务印书馆，2003 年。

[93][英] 乔治·拉伦：《意识形态与文化身份：现代性和第三世界的在场》，戴从容译，上海：上海教育出版社，2005 年。

[94][法] 热拉尔·热奈特：《叙事话语》，王文融译，北京：中国社会科学出版社，1990 年。

[95][瑞士] 卡尔·古斯塔夫·荣格：《荣格文集》，冯川、苏克译，北京：改革出版社，1997 年。

[96][美] 爱德华·W.萨义德：《东方学》，王宇根译，北京：生活·读书·新知三联书店，1999 年。

[97][美]爱德华·W.萨义德:《文化与帝国主义》,李琨译,北京:生活·读书·新知三联书店,2003年。

[98][美]塞缪尔·亨廷顿:《我们是谁:美国国家特性面临的挑战》,程克雄译,北京:新华出版社,2005年。

[99][法]塞奇·莫斯科维奇:《群氓的时代》,许列民、薛丹云、李继红译,南京:江苏人民出版社,2006年。

[100][俄]维克托·什克洛夫斯基:《俄国形式主义文论选》,方珊译,北京:生活·读书·新知三联书店,1989年。

[101]世新大学新闻系编著:《传播与社会》,台北:扬智文化,1999年。

[102][德]亚瑟·叔本华:《作为意志和表象的世界》,石冲白译,北京:商务印书馆,1982年。

[103]苏晖:《西方喜剧美学的现代发展与变异》,武汉:华中师范大学出版社,2005年。

[104]商周编辑顾问公司:《2013出版年鉴》,台北"文化部",2013年。

[105]谭霈生:《论戏剧性》,北京:北京大学出版社,1981年。

[106][英]特伦斯·霍克斯:《结构主义和符号学》,瞿铁鹏译,上海:上海译文出版社,1987年。

[107][美]W·爱伯哈德:《中国文化象征词典》,陈建宪译,长沙:湖南文艺出版社,1990年。

[108]王丽美:《报人王惕吾:联合报的故事》,台北:天下文化出版股份有限公司,1994年。

[109]王惕吾:《联合报三十年的发展》,台北:联合报社,1981年。

[110]王天滨:《台湾报业史》,台北:亚太图书出版社,2003年。

[111]王先霈:《文学批评原理》,武汉:华中师范大学出版社,2000年。

[112][美]沃尔特·李普曼:《舆论学》,林珊译,北京:华夏出版社,1989年。

[113]伍蠡甫主编:《西方文论选》,上海:上海译文出版社,1979年。

[114][法]西蒙娜·德·波伏娃:《第二性》,陶铁柱译,北京:中国书籍出版社,1998年。

[115][英]休斯:《幽默与夸张》,田俊静译,北京:人民邮电出版社,2009年。

[116][古希腊] 亚里士多德：《诗学》，陈中梅译，北京：商务印书馆，1996年。

[117][古希腊] 亚里士多德：《形而上学》，吴寿彭译，北京：商务印书馆，1997 年。

[118][古希腊] 亚里士多德：《亚里士多德全集（第九卷）》，苗力田主编，北京：中国人民大学出版社，1994 年。

[119] 闫广林：《历史与形式：西方学术语境中的喜剧、幽默和玩笑》，上海：上海社会科学院出版社，2005 年。

[120] 阎立峰：《思考中国电视》，西安：陕西人民教育出版社，2009 年。

[121] 杨丽娟：《理论之后与原型 - 文化批评》，北京：中国社会科学出版社，2010 年。

[122] 杨义：《中国叙事学（第一卷）》，北京：人民出版社，1997 年。

[123] 叶舒宪选编：《神话—原型批评》，西安：陕西师范大学出版社，1987年。

[124] 叶舒宪：《原型与跨文化阐释》，广州：暨南大学出版社，2002 年。

[125][法] 伊·巴丹特尔：《男女论》，陈伏保等译，长沙：湖南文艺出版社，1988 年。

[126][德] 尤尔根·哈贝马斯：《包容他者》，曹卫东译，上海：上海人民出版社，2002 年。

[127] 俞可平：《权利政治与公益政治—当代西方政治哲学评析》，北京：社会科学文献出版社，2000 年。

[128] 曾玉萍：《中兴百货广告作品全集》，长沙：湖南美术出版社，2001 年。

[129][美] 约翰·菲斯克：《电视文化》，祁阿红、张鲲译，北京：商务印书馆，2005 年。

[130][美] 约翰·费斯克：《理解大众文化》，王晓珏、宋伟杰译，北京：中央编译出版社，2001 年。

[131][美] 约翰·费斯克等编撰：《关键概念：传播与文化研究辞典》，李彬译注，北京：新华出版社，2004 年。

[132] 张寅德编选：《叙述学研究》，北京：中国社会科学出版社，1989 年。

[133][美] 张英进：《影像中国：当代中国电影的批评重构及跨国想象》，胡静译，上海：上海三联书店，2008 年。

[134] 郑自隆:《竞选文宣策略：广告、传播与政治行销》，台北：远流出版事业股份有限公司，1992 年。

[135][美] 朱迪斯·巴特勒:《身体之重：论"性别"的话语界限》，李钧鹏译，上海：上海三联书店，2011 年。

[136] 朱光潜:《文艺心理学》，上海：复旦大学出版社，2009 年。

[137] 朱光潜:《西方美学史》，北京：人民文学出版社，1979 年。

后　记

　　本书各章节责任者情况如下:《台湾媒体两岸关系态度研究》——王沛、阎立峰;《台湾"四大报"社论研究》——吴思凡、阎立峰;《台湾"四大报"脸书政治态度研究》——施怡文、阎立峰;《台湾竞选广告的喜剧性研究》——冯琦婧、阎立峰;《台湾广告原型研究》——李美灵、阎立峰;《台湾新新电影的身份认同研究》——黄小芳、阎立峰。全书由阎立峰设置议题,拟定框架,并做修改统稿。冯丹丹、张晓娴、周杨、王亚楠、刘露、崔宝月在注释订正、文字校对、格式编排等方面也付出了很多辛劳。